Friedrich Weissensteiner

Reformer, Republikaner und Rebellen

SERIE PIPER
Band 1954

Zu diesem Buch

Das Kaiserhaus der Habsburg-Lothringer war über die Jahrhunderte keineswegs eine geschlossene Gesellschaft mit einheitlichen Überzeugungen – so sehr man sich von offizieller Seite auch bemühte, aufklärerische Ideen, reformerische Ziele und nicht standesgemäße Ehegatten fernzuhalten. Unweigerlich fand der Wandel der Zeiten und der Wechsel der Vorstellungen auch in die kaiserliche Familie Eingang. Weissensteiners Geschichte dieses Habsburgs der Reformer, Nonkonformisten und Rebellen ist zugleich ein lebendiger Streifzug durch die Geschichte von zwei Jahrhunderten.

Friedrich Weissensteiner, geboren 1927 in Großpertholz/Niederösterreich. Dr. phil. War in Wien Gymnasialdirektor. Er hat sich durch zahlreiche Publikationen zur österreichischen Geschichte einen Namen gemacht.

Friedrich Weissensteiner

Reformer, Republikaner und Rebellen

Das andere Haus Habsburg-Lothringen

Piper
München Zürich

Von Friedrich Weissensteiner
liegen in der Serie Piper außerdem vor:
Die rote Erzherzogin (1527)
Franz Ferdinand (1532)

ISBN 3-492-11954-9
März 1995
R. Piper GmbH & Co. KG, München
Lizenzausgabe mit Genehmigung der
Franz Deuticke Verlagsges. mbH, Wien

Umschlag: Federico Luci
Satz: Wiener Verlag, Himberg
Druck und Bindung: Clausen & Bosse, Leck
Printed in Germany

Inhaltsverzeichnis

Vorwort

Im Vorwort zu meinem Buch über den kaiserlichen Aussteiger Erzherzog Johann Salvator (Johann Orth) habe ich die Meinung geäußert, daß es verlockend wäre, einmal auch der aufklärerisch-liberalen Linie des Hauses Habsburg-Lothringen eine Darstellung zu widmen. Diese Äußerung war durchaus nicht eigenbezogen. Nun bin ich dieser Verlockung selbst erlegen.

Eine aufklärerisch-liberale Linie als Gegenpol zum gottesgnadentümlich gesinnten, konservativen Zweig des habsburgischen Herrscherhauses im Sinne einer familiengeschichtlichen Ab- und Erbfolge hat es natürlich nicht gegeben. Aber die Persönlichkeiten, die in diesem Band, zumeist in knappen Strichen, porträtiert werden, sind miteinander nicht nur blutmäßig, sondern ideengeschichtlich verwandt. Sie waren – mit graduellen Unterschieden – den beiden großen geistigen Freiheitsbewegungen des 18. und 19. Jahrhunderts, der Aufklärung und dem Liberalismus, verpflichtet, ihnen zugetan oder zumindest zugeneigt. Es gibt über die meisten von ihnen interessante, eindrucksvolle Biographien. Eine zusammenfassende Darstellung existiert meines Wissens nicht. Im vorliegenden Band wird der Versuch unternommen, diese Lücke zu schließen.

Der geistige Ahnherr der im obigen Sinn zu verstehenden Linie war Kaiser Joseph II., dessen Reformwerk, so eilig und überstürzt es auch durchgeführt wurde, der Monarchia Austriaca eine Revolution erspart hat. Joseph II. hat keinen eigenen Zweig des Hauses Habsburg-Lothringen begründet, wohl aber sein Bruder und Nachfolger Leopold II. Leopold ist der Stammvater der toskanischen Linie der Dynastie, die in ihren weitverzweigten familiären Verästelungen im Verlaufe von zweihundert Jahren eine Reihe von farbigen, eigenwilligen und interessanten Persönlichkeiten hervorgebracht hat. Die Erzherzöge Johann (von der Steiermark), Rainer, Johann Salvator und Leopold Ferdinand (Leopold Wölfling) entstammten dieser Linie. Manche von ihnen hätten das Zeug in sich gehabt, auch in vorderster Reihe eine Rolle zu spielen. Aber der Platz im Vordergrund war ihnen verstellt. Nach dem Tod Leopolds II. im Jahre 1792 ging die Herrschaft auf seinen (erz)konservativen Sohn Franz II. über (als Kaiser von Österreich Franz I.), dem der unfähige Ferdinand und schließlich der absolutistisch gesinnte Franz Joseph nachfolgten. Den liberal und/oder nonkonformistisch gesinnten Mitgliedern des österreichischen Kaiserhauses blieb unter den obwaltenden politischen Verhältnissen nichts anderes übrig, als sich auf einen eingeschränkten Wirkungskreis zurückzuziehen (Johann, Rainer), ehrgeizige persönliche Aktivitäten zu entfalten (Maximilian von Mexiko), gegen das Regime versteckt (Elisabeth, Rudolf) oder offen zu opponieren bzw. zu rebellieren (Orth, Wölfling, Burg).

Die Auswahl der Persönlichkeiten, die ich in diesem Band vereinige, hätte noch reichhaltiger sein können. So habe ich etwa den wissenschaftlich vielseitig tätigen kaiserlichen Sonderling Erzherzog Ludwig Salvator, den kunstsinnigen jüngsten Sohn Kaiser Leopolds II. und eifrigen Förderer Beethovens Erzherzog Rudolf, Bischof von Olmütz, sowie die Palatine von Ungarn, die Erzherzöge Stephan Viktor und Joseph, nicht berücksichtigt. Ihre Einbeziehung in diese Darstellung hätte den Rahmen des Buches gesprengt.

Quellenstudien habe ich über die Erzherzöge Rainer, Leopold Ferdinand (Wölfling) und Ferdinand Karl (Burg) betrieben. Sie waren nur zum Teil ergiebig, da viel einschlägiges Material in den Wirren der Kriegs- und Nachkriegszeit verlorengegangen ist. Es war mir aber, wie ich glaube, trotzdem möglich, ein ausgewogenes, wenn auch knappes Persönlichkeitsbild dieser so verschieden veranlagten und gearteten Mitglieder des österreichischen Kaiserhauses zu zeichnen.

Auch bei der Arbeit an diesem Band wurde mir vielerseits (große) freundliche Hilfe gewährt. Ich darf mich für Rat und Tat bedanken bei: Dr. Isabella Ackerl, Dr. Wladimir Aichelburg, Dr. Johann Christoph Allmayer-Beck, Dr. Leopold

Auer, Dr. Horst Brettner-Messler, Dr. Peter Broucek, Dr. Carl Corino (Bad Vilbel, BRD), Dr. Michael Habsburg-Lothringen, Elisabeth Kletzer, Dr. Alfred Lechner, Prof. Franz Lenhart (Meran), Dr. Laura Ruaro Loseri (Triest), Marie Christine Prinzessin Liechtenstein, Dr. Stefan Malfér, Dr. Wolf Andrä Orsini-Rosenberg, Gertrud Pederzani-Rauen (Meran), Univ.-Prof. Dr. Helmut Rumpler (Klagenfurt), Univ.-Prof. Dr. Wendelin Schmidt-Dengler, Dozent Dr. Karl Vocelka, Univ.-Prof. Dr. Adam Wandruszka, Dr. Peter Wrabetz.*

Friedrich Weissensteiner

* Personen ohne Ortsangabe sind in Wien wohnhaft oder tätig.

Einleitung

Aufklärung und Liberalismus

Es ist nicht meine Absicht, die beiden großen geistigen Strömungen des 18. und 19. Jahrhunderts, die wir unter den Begriffen Aufklärung und Liberalismus zusammenfassen, in ihrer ganzen intellektuellen Breite und ihrer politischen wie gesellschaftlichen Tiefenwirkung zu analysieren. Dazu fehlt es in diesem Buch an Raum. Es wäre auch vermessen. Wohl aber möchte ich versuchen, diese beiden „Weltanschauungen", die das geistige Antlitz Europas so entscheidend geprägt haben, kurz zu charakterisieren, um in die Ideenwelt der Persönlichkeiten einzuführen, denen dieses Buch gewidmet ist.

Die Aufklärung war – diese Feststellung ist weder neu noch originell – eine geistige Reformbewegung mit klaren gesellschaftspolitischen Zielvorstellungen. Ihr Kampf galt dem absoluten Machtanspruch der Herrscher und dem geistigen Totalitarismus der Kirche. Sie übte Kritik an der bestehenden Gesellschaftsordnung, sie wollte alle Bereiche des Lebens mit Vernunft durchfluten, das Alte, Überlebte, traditionell Überholte durch Neues, Sinnhafteres, Zweckmäßigeres ersetzen. An die Stelle gesellschaftlicher Ungleichheit sollten soziale Gerechtigkeit und Rechtsgleichheit treten, politische und wirtschaftliche Privilegien sollten abgeschafft werden, religiöse Bevormundung geistiger Offenheit und Toleranz weichen. Oberster Maßstab für alle diese Veränderungen sollte, wie gesagt, die Vernunft sein, die rationale Einsichtigkeit, die alles überwacht, korrigiert, regelt, reglementiert. Es war ein Programm von gewaltiger Ausstrahlungs- und Sprengkraft.

Geistige Heimat der Aufklärung waren England und die Niederlande, zwei Staaten, die im 18. Jahrhundert gesellschaftlich und wirtschaftlich fortgeschrittener waren als das übrige Europa. Es war der englische Denker John Locke (1632–1704), der den Begriff der Volkssouveränität prägte und damit der Staatslehre seiner Zeit eine neue geistige Dimension erschloß. Das Volk, so argumentierte Locke, habe dem Herrscher in einem Gesellschaftsvertrag seine Machtbefugnisse abgetreten. Es habe daher auch das Recht, einen Fürsten abzusetzen, wenn er diese Macht mißbraucht. Lockes Auffassung vom Staat, sein Staatsideal, stand in diametralem Gegensatz zur Idee vom Gottesgnadentum des Herrschers, das seine Macht vom Schöpfer der Welt ableitete und sich nur ihm gegenüber verantwortlich fühlte.

Lockes Theorie vom Verfassungsstaat wurde in Frankreich weiterentwickelt. Charles de Montesquieu sah, über Locke hinausgehend, in jedem Staat drei Gewalten wirksam, die Legislative, die Exekutive und die Justiz, deren Konzentration in einer Hand verhindert werden müsse, um den Bürger vor Machtmißbrauch zu schützen. Seine Lehre von der Gewaltenteilung ist noch heute die Grundlage jeder funktionierenden freiheitlich-demokratischen Gesellschaftsordnung. Voltaire, das Haupt der französischen Aufklärung, richtete beißend-sarkastische Angriffe gegen die katholische Kirche, bekämpfte Aberglauben, Intoleranz und Fanatismus und trat für Rede- und Pressefreiheit ein. Jean Jacques Rousseau, der dem Fortschrittsglauben der Aufklärung sein „Zurück zur Natur" entgegensetzte, vertrat die Meinung, daß alle Menschen frei geboren seien.

Die Aufklärer forderten nicht nur mehr Rechte und eine größere Freiheitssphäre für den einzelnen. Der große deutsche Philosoph Immanuel Kant formulierte in einer seiner letzten Schriften („Zum ewigen Frieden") die Prinzipien für eine internationale Friedensordnung. Sein weltbürgerliches Credo, das eine völkerrechtliche Ächtung des Krieges in sich schloß, ist bis heute ein unerfüllter Wunschtraum geblieben. Eine andere Zukunftsvision des Königsberger Universitätsprofessors, der Wunsch, daß sich eines Tages die Herrscher in ihren Regierungsgrundsätzen von den Ideen der Aufklärung leiten lassen würden, ging noch zu seinen Lebzeiten zumindest teilweise in Erfüllung. Die Söhne Maria Theresias, Joseph II., Leopold II. und Erzherzog Maximilian Franz, der letzte Kurfürst von Köln, aber auch König Friedrich II. von Preußen (um noch einen weiteren Regenten zu nennen) setzten die Postulate der Aufklärungsphilosophie in die Tat um. Sie gewährten Religionsfreiheit, bauten die gesellschaftlichen Unterschiede ab, räumten Adelsprivilegien aus dem Weg, humanisierten das Strafrecht, reformierten das Bildungswesen und initiierten staatliche Fürsorgemaßnahmen für hilfsbedürftige Untertanen. Die Kirche wurde der staatlichen Aufsicht und Kontrolle unterworfen.

Die mit der Aufklärung sympathisierenden, von ihrem Gedankengut beeinflußten Monarchen waren nicht Herrscher von Gottes Gnaden. Sie führten eine sparsame Verwaltung ein, fühlten sich dem Volk gegenüber verantwortlich und stellten ihr gesamtes Tun und Handeln unter die Devise des Dienstes am Staat. Die Reformen, die sie durchführten, veränderten wohl die Gesellschaft, nicht aber die politische Ordnung. Die aufgeklärten Monarchen taten „alles für, aber nichts durch das Volk". Für eine Demokratisierung des Staatsaufbaues war die Zeit noch (lange) nicht reif. Dazu bedurfte es weiterer Denkanstöße, gesellschaftlicher und sozialer Entwicklungen, politischer Erschütterungen. Sie wurden angeregt, hervorgerufen, herbeigeführt vom Liberalismus, der großen gesellschaftspolitischen Freiheitsbewegung des 19. Jahrhunderts.

Demokratisierung des Staates: das hieß für die Liberalen nicht Abschaffung der Monarchie, sondern Beschränkung der Rechte des Monarchen durch die Teilnahme des Volkes an staatlichen Entscheidungsprozessen. Die Liberalen riefen nach einer geschriebenen Verfassung. Sie postulierten den Rechts- und Verfassungsstaat mit einer Volksvertretung, der das Recht auf Teilnahme an der Gesetzgebung und auf die Kontrolle der Regierung zustehen sollte. Das Volk sollte freilich durch eine gebildete Elite repräsentiert werden, die Volksvertretung gewissermaßen ein Spiegelbild des Besitzbürgertums sein. An ein demokratisch gewähltes Parlament im Sinne des 20. Jahrhunderts dachten die frühen Liberalen nicht. Sie waren gegen das allgemeine Wahlrecht. Voraussetzungen für das politische Vorrecht, wählen zu dürfen und zu können, waren nach ihrer Meinung Besitz und Bildung. Die Liberalen bekämpften den Obrigkeitsstaat, die ständisch strukturierte Gesellschaftsordnung. Ein Zuviel an Staat war ihnen stets verdächtig. Die Privatsphäre des Bürgers gegen den Moloch Staat zu schützen, abzusichern und auszubauen, gehörte immer zu den wichtigsten Zielen liberaler Politik.

Der Liberalismus – und das ist sein großes historisches Verdienst – kämpfte konsequent und energisch für die Durchsetzung bürgerlicher Freiheitsrechte. Er hat das emanzipatorische geistige Erbe der Aufklärung weitergeführt, mit Nachdruck vertreten und (in manchen Ländern) erfolgreich durchgesetzt. Zu den aufklärerisch-liberalen Grundrechtsforderungen, die längst ein wesentlicher Bestandteil der Menschen- und Bürgerrechte geworden sind, gehörte und gehört die freie Entfaltung der menschlichen Persönlichkeit, das Recht auf freie Meinungsäußerung, auf die Gültigkeit der Gesetze für alle und die Gleichheit aller vor dem Gesetz, der gleiche Zugang zu den öffentlichen Ämtern. Der rechtliche Gleichheitsgrundsatz des Liberalismus umschloß die Forderung nach einer Justizreform mit staatlicher Gerichtshoheit, der Trennung von Justiz und Verwaltung, der Sicherung der Unabhängigkeit der Richter und der Rechte des Angeklagten. Die Öffentlichkeit des Gerichtsverfahrens und die Einführung von Geschworenengerichten sollten den Einfluß der obrigkeitsstaatlichen Justizbürokratie eindämmen und die Teilnahme des Volkes (der Laien) an der Rechtsprechung gewährleisten.

Zum weltanschaulichen Grundkonzept des Liberalismus gehören wesenhaft auch die Freiheit des individuellen Eigentums, der freie Wettbewerb, in dem und durch den sich wirtschaftliches Wachstum im freien Kräftespiel von Angebot und Nachfrage von selbst entfaltet. Dieser Wirtschaftsliberalismus, der von der Freiheit des einzelnen ausgeht und das Gewinnstreben zum wirtschaftlichen Grundprinzip erhebt, hat allerdings im 19. Jahrhundert, in der Epoche des Frühkapitalismus, zur Verelendung weiter Bevölkerungsschichten geführt. Auf diese soziale Herausforderung hat der Liberalismus keine Antwort gefunden. Er ist als gestaltende politische Kraft des 19. Jahrhunderts an der sozialen Frage gescheitert, nachdem es ihm gelungen war, eine der größten historischen Leistungen der Neuzeit zu vollbringen: den Übergang vom Absolutismus zum verfassungsmäßigen Rechtsstaat.

Auch im kulturellen Bereich setzte der Liberalismus das Erbe der Aufklärung fort. Ausgehend von der Grundüberzeugung, daß der gesellschaftliche Status des Menschen nicht von Herkunft und Abstammung bestimmt sein sollte, sondern von Talent und Leistung, traten die Liberalen für den freien Zugang zur Bildung, für die freie Selbstbestimmung des Menschen ein und bekämpften (wie manche Aufklärer) den Klerikalismus und das Übergewicht der katholischen Kirche im Pflichtschulwesen, im gymnasialen und universitären Schul- und Unterrichtsbetrieb.

Aufklärung und Liberalismus: diese beiden großen geistigen Emanzipationsbewegungen waren die Geburtshelfer der modernen Demokratie, der freiheitlich-pluralistischen Gesellschaftsordnung unserer Zeit. Sie haben mit ihrem Glauben an die Humanität und den Fortschritt, durch ihr Eintreten für Freiheit und Toleranz vielen Menschen ein beherzigenswertes Richtmaß für ihr Denken und Handeln vorgegeben, vom kleinen Bürger bis zum Mitglied des Kaiserhauses.

Die Aufklärer

Kaiser Joseph II.

Kaiser Leopold II.

Erzherzog Maximilian Franz

Joseph II.

Der Reformkaiser

Am Montag, dem 13. März 1741, zwischen zwei und drei Uhr, wurde „Ihre Majestät die Königin zu Hungarien, Böheimb, Erzherzogin zu Österreich, die Allergnädigste Landesfürstin, zur unaussprechlichen Freude Allerhöchster Herrschaften wie auch zum Trost allhiesiger Bewohner eines schönen und wohlgestalteten Erzherzog glücklichst entbunden", wie das „Wiener Diarium", die Vorläuferin der „Wiener Zeitung", im schwulstigen Amtsdeutsch der Zeit sprachbuckelnd berichtete.

Nach drei Töchtern, von denen zwei bereits wieder verstorben waren, hatte Maria Theresia endlich einem Sohn, einem Thronfolger, das Leben geschenkt. Die Freude am Kaiserhof war groß, und auch die Wiener feierten die Geburt des Kronprinzen mit gebührendem Enthusiasmus. In den Straßen wurden Lieder gesungen, die Häuser illuminiert, zahlreiche Bürger schmückten ihre Fenster mit kernigen Sinnsprüchen. Einer davon lautete: „Nun können die Feinde losen, weil Österreich tragt Hosen."

Mit den Feinden waren vor allem die Preußen gemeint, die, so wollte es der Wiener Volkswitz, ängstlich aufhorchen, eben „losen", sollten. Friedrich II. von Preußen, den die deutschnationale Geschichtsschreibung später zu einem Nationalheros emporstilisiert hat, war im Dezember 1740 ohne vorherige Kriegserklärung mit seiner Armee in Schlesien eingefallen und stand im Begriffe, diese reiche österreichische Provinz der preußischen Herrschaft zu unterwerfen. Er machte Maria Theresia, der jungen, regierungsunerfahrenen Habsburgerin, ihr Erbe streitig. Sie hat ihm diese völkerrechtswidrige Untat zeitlebens mit Recht nicht verziehen.

Die Habsburgermonarchie stand also im Krieg, aber die Wiener spürten kaum etwas davon. Sie ließen den neugeborenen Thronfolger hochleben, sie faßten seine Geburt geradezu als ein Zeichen göttlicher Vorsehung auf. Mit einem männlichen Thronerben in der Wiege würde das Haus Österreich nicht untergehen, den Stürmen der Zeit widerstehen.

Noch am Tag der Geburt, um halb sechs Uhr abends, wurde das Kind, einem plötzlichen Wunsch der Mutter entsprechend, auf den Namen Joseph getauft, nach dem Hl. Joseph, zu dem sie während ihrer Schwangerschaft oft gebetet hatte. Der Vorname fiel in der jahrhundertelangen Ahnenreihe des habsburgischen Herrscherhauses durchaus aus dem Rahmen. Er war zuvor erst einmal verwendet worden, nämlich für den ältesten Sohn Kaiser Leopolds I. Dieser Joseph I. hatte den habsburgischen Vielvölkerstaat 1705 bis 1711 regiert – ganze sechs Jahre. Nomen est – so scheint es – tatsächlich omen. Joseph II. fiel später als Mensch, als Persönlichkeit, als Herrscher zum Leidwesen der Mutter vollkommen aus dem Rahmen seines angestammten Hauses. Im Jahre 1741 konnte das natürlich niemand ahnen.

Über die Kindheit Josephs II. sind wir, trotz emsiger Bemühungen der Geschichtsforschung, nicht eben vortrefflich informiert. Es fehlt an den entsprechenden Unterlagen. Mit der Pflege und Erziehung des Kleinkindes wurden die Gräfinnen Belrupt und Saurau beauftragt, die von Maria Theresia angewiesen wurden, „die Sauberkeit genau zu beachten, sowohl im Waschen als Kampeln, das alle Tage geschehen soll“. Über diese längst zur Selbstverständlichkeit gewordene körperliche Betreuung hinaus sollten die Kinder nach dem Willen der Herrscherin zeitgerecht zum Gehorsam angeleitet und nicht jedes ihrer Verlangen erfüllt werden. Ob die beiden Erzieherinnen diese Anweisungen strikte befolgt haben, steht zu bezweifeln. Joseph genoß als der männliche Erstgeborene und Thronfolger mehr Fürsorge, als ihm guttat, man ließ ihm manches durchgehen, man verhätschelte und verwöhnte ihn. Man pumpte ihn voll mit Selbstbewußtsein, mit Vorstellungen von der Größe seiner zukünftigen Stellung. Der preußische Gesandte in Wien, Otto Christoph Graf Podewils, dessen Urteile allerdings mit Vorsicht aufzunehmen sind, berichtete über den kleinen Joseph: „Sein Ausdruck ist stolz und hochmütig und sein Wesen ebenfalls. Er hat schon jetzt die höchste Vorstellung von seinem Rang." Die Schuld für die erzieherische Fehlentwicklung maß er der Mutter zu: „Die Kaiserin", schrieb er, „vergöttert den Erzherzog und läßt ihm viele Fehler hingehen, um deretwillen sie ihn strafen sollte. Doch gibt sie sich manchmal das Ansehen einer gewissen Strenge ..."

Die Folgen dieser inkonsequenten Erziehung waren Überheblichkeit, Starrsinn und Widerborstigkeit; Eigenschaften, von denen sich Joseph zeitlebens nicht mehr freispielen konnte. Maria Theresia, die die Entwicklung ihres Ältesten mit Mißbilligung beobachtete, versuchte das Steuer herumzureißen. Im Jahre 1748 bestellte sie den Feldmarschall Graf Karl Joseph von Batthyány zum Koordinator der kronprinzlichen Erziehung. Batthyány war eine rauhe Soldatennatur, die dem Hause Österreich jahrzehntelang auf allen Schlachtfeldern Europas treue Dienste geleistet hatte. Das Pendel schlug nun in die andere Richtung aus. Das Verwöhntwerden wurde durch Härte und militärischen Drill ersetzt. Die Regentin entwarf in ihren Instruktionen an den neuen „Ajo" (Erzieher) ein ungewöhnlich scharfes Charakterbild ihres Sohnes, in dem auch die Schwächen und Schattenseiten nicht fehlten: „Da mein Sohn als ein uns so liebes und importantes Pfand mit großer Zärtlichkeit und Liebe von der Wiege an gepflegt worden ist, ist sicher", schrieb sie dem Haudegen Batthyány, „daß seinem Willen und Verlangen in vielen Stükken zu viel nachgegeben worden, und insbesondere seine Bediente ihn sowohl durch unterschiedliche Schmeicheleien als auch einige unzeitige Vorstellungen seiner Hoheit verleitet, sich gern gehorsamen und ehren zu sehen, hingegen die Widersetzung unangenehm und fast unerträglich zu finden, sich nichts zu versagen, gegen Andere aber leider ohne Gefälligkeit und rude zu handeln.

Obwohl nun zwar diese Neigungen teils durch die dahin angewendete Sorge und Lehren seines fleißigen Abbé in etwas korrigiert worden, mein Sohn auch viele Anzeichen eines guten Herzens von sich gibt, so ist doch sicher, daß seine große Lebhaftigkeit, die man ehmals nicht von ihm vermutet, von welcher man aber in Vielem zu seinem Besten wird profitieren können, dermalen merklich zunimmt, woraus dann erstlich heftige Verlangen entstehen, seinen Willen in allen kleinen Gelüsten zu erfüllen, davon so sehr occupiert zu sein, daß er die Ermahnungen kaum hört …"

„Es wird an ihm auch beobachtet", setzte sie fort, „daß es ihn sehr hart ankommt, seiner Fehler zu convenieren. Er schämt sich derselben und sucht durch andere Discurse oder Ausflüchte sie zu bemänteln, damit er enthoben sein möchte sie zu bekennen oder sich darüber zu demütigen …" Und weiter: „Eine von den Neigungen, die am meisten müssen bestritten werden und abzuwenden gesucht, ist die aus seinem aufgeräumten Gemüt entstehende Lust, an Jedermann die äußerlichen und auch innerlichen Fehler alsbald zu beobachten, sich davon einnehmen zu lassen, dawider zu raillieren, welches nicht allein wider die Liebe des Nächsten, sondern ihn auch an dem vernünftigen Urteil so sehr verhindert, daß er von einer Gestalt oder Contenance oder Sprache eines Menschen frappiert bleibt, die wirklichen Qualitäten nicht mehr erkennen kann und auf diese Weise oft in der Conversation irre gemacht wird, so allenthalben üble Wirkungen nach sich zieht …" Schließlich dekretierte die gestrenge Mama: „Sein Point d'honneur soll in dem bestehen, seiner Eltern Gnade und Liebe durch seinen Fleiß und gute Aufführung zu verdienen und die übrigen Menschen durch Freundlichkeiten und gütige Antworten in allen erdenklichen Gelegenheiten an sich zu ziehen …"

Der Brief Maria Theresias an Batthyány, aus dem wir so lange zitiert haben, ist von hohem Dokumentationswert. Er zeugt von der scharfen Beobachtungsgabe der Regentin, ihren pädagogischen Ab- und weltanschaulichen Ansichten. Sichtbare Erfolge zeitigte er, langfristig gesehen, offenbar nicht. Zwei Jahrzehnte später wird die Mutter dem zum Mitregenten herangereiften Mann dieselben Schwächen und Charakterfehler vorwerfen, die sie im Kind erkannt und getadelt hatte. Wir werden darauf noch zurückkommen.

Die Erziehung Josephs trat nun jedenfalls in ein neues Stadium. Hatte der Kronprinz bis zu seinem siebenten Lebensjahr nur Religionsunterricht erhalten, so wurde nun ein detaillierter Studien- und Stundenplan ausgearbeitet, der Tagesablauf des Knaben bis in das kleinste Detail geregelt. Joseph wurde von frühmorgens bis spätabends in eine pädagogische Tretmühle eingespannt, die auch für ein robusteres Fürstenkind als er es war nur schwer zu ertragen gewesen wäre. Der Kronprinz erhielt Geschichts-, Geographie- und Musikunterricht, er lernte Reiten, Fechten und Tanzen. Religiöse Unterweisung und religiöse Übungen nahmen in seinem Unterrichtsplan einen besonderen Platz ein und beanspruchten einen nicht unbeträchtlichen Teil seiner Zeit.

An Sprachen hatte Joseph außer Latein und Französisch auch noch Italienisch zu lernen. Zudem erhielt er Unterricht im Ungarischen und Tschechischen. Selbstverständlich waren im Lehrplan Josephs auch naturwissenschaftliche Fächer vorgesehen. Naturgeschichte und Physik galten damals zwar nicht als verbindliche Lehrfächer, doch scheint sich der Kronprinz unter dem Einfluß seines Vaters dafür interessiert zu haben. In der Mathematik, die ausführlich gelehrt wurde – neben Arithmetik und Geometrie wurde auch noch Unterricht in Festungsarchitektur betrieben –, besaß Joseph in jüngeren Jahren umfassende Kenntnisse.

Für seine Aufgaben als zukünftiger Herrscher sollte der Kronprinz mit besonderer Intensität vorbereitet werden, hatte doch Maria Theresia am eigenen Leib erfahren, wie bitter es war, ohne die nötigen (Vor-)Kenntnisse ein so kompliziertes Staatsgebilde wie die Habsburgermonarchie regieren zu müssen. Den Auftrag, den Sohn in die Geschichte des Hauses Habsburg und die Geheimnisse der Staatskunst einzuführen, übertrug die Regentin dem Freiherrn Christoph von Bartenstein. Es war keine glückliche Wahl. Bartenstein war ein humorloser, pedantischer Bürokrat, der seine Aufgabe übertrieben ernst nahm. Er verfaßte ein vierzehnbändiges Kompendium der deutschen und österreichischen Geschichte, aus dem er Joseph langatmige und weitschweifende Vorlesungen hielt. Mit dem Ergebnis, daß er dem Schüler das Studium gründlich verleidete, in ihm Desinteresse und Indolenz wachrief. Immerhin dürfte Bartenstein dem Kronprinzen die Triebkräfte geschichtlichen Handelns nahegebracht und ihm Erkenntnisse über und Einblicke in die europäische Staatenwelt und die innere Struktur der Erblande beigebracht haben.

Neben dem Studium der Geschichte erhielt Joseph eine gründliche Ausbildung in den Rechtsfächern, die ihm von seinem fähigsten Lehrer, dem aus Thüringen stammenden Christian August Beck, erteilt wurde. Beck, Professor für Staats- und Lehensrecht am Wiener Theresianum, führte den inzwischen zum Jüngling herangereiften Kronprinzen in die Naturrechtslehre ein, nach der der Staat auf einem Vertrag seiner Bürger beruht und nicht auf einem Abkommen zwischen dem Herrscher und Gott. An der Naturrechtslehre sollte sich Joseph später bei vielen seiner Handlungen (immer wieder) orientieren. Er fühlte sich als erster Diener seines Staates, der rastlos um das Wohl seiner Untertanen bemüht war.

Beck machte seinen Schützling unermüdlich auf die Pflichten des Regenten gegenüber dem Volk aufmerksam, er vermittelte ihm die Grundsätze des aufgeklärten Strafrechtes, demzufolge zwischen Verbrechen und Strafe ein vernünftiges Verhältnis zu bestehen habe. Die Zweifel, die er an der Folter als Mittel der Wahrheitsfindung im Strafprozeß hegte, nahm Joseph bereitwillig in sein im Entstehen begriffenes geistiges Weltbild auf. Schließlich vermittelte er Joseph auch den Gedanken der religiösen Toleranz. Man wird wohl nicht fehlgehen anzunehmen, daß der Rechtslehrer aus Thüringen aus allen diesen Gründen die Gedankenwelt des jungen Joseph entscheidend geprägt hat.

Andere wesentliche Einflüsse auf den Kronprinzen des Hauses Habsburg-Lothringen sind in den Zeitströmungen zu suchen. Der Historiker Eduard Winter, der den geistigen Quellen nachgegangen ist, aus denen Joseph seine Reformideen schöpfte, hat darauf hingewiesen, daß die stärksten Impulse aus Frankreich kamen. Joseph lebte ganz im französischen Kulturkreis. Er verfaßte seine vertraulichen Briefe in französischer Sprache, er holte sich aus den Schriften der französischen Aufklärungsphilosophen so manche Anregung. Obwohl es dokumentarisch nicht nachweisbar ist, kann man mit Sicherheit annehmen, daß Joseph das Werk Voltaires oder zumindest einen Teil davon schon in jungen Jahren heimlich gelesen hat. Immerhin war der „Discours sur l'homme" des großen französischen Philosophen bereits 1738, sein berühmter Essay „Sur les mœurs et l'esprit des nations" 1756 erschienen, als Joseph fünfzehn Jahre alt war. Französische Schriften hat der Mitregent und später der Kaiser – so Winter – mit großer Begierde gelesen. Von den antikirchlichen, gegen die Mißstände in der römisch-katholischen Kirche und im Kirchenstaat gerichteten Schriften der Zeit hat Joseph nachgewiesenermaßen das Werk des italienischen Gelehrten Antonio Lodovico Muratori gekannt. Muratori trat für ein vom Überschwang des Barocks gereinigtes Christentum ein und plädierte für echtes religiöses Engagement anstelle der damals vorherrschenden überquellenden Frömmelei. Natürlich machte die einflußreichste innerkirchliche Strömung der Zeit, der Jansenismus – benannt nach dem holländischen katholischen Theologen Cornelius Jansen (1585–1638) –, auch vor den Toren der Hofburg nicht halt. Der Jansenismus, der die Gnadenlehre des Augustinus vertrat und im Kampf gegen die Jesuiten einer Verinnerlichung der Frömmigkeit das Wort redete, kam über Italien nach Österreich. Er faßte zunächst an der Wiener Universität Fuß und wurde auch von einigen Reformbischöfen, vor allem aber von den Beichtvätern der kaiserlichen Familie, aufgegriffen und vertreten. So war etwa der Propst von St. Dorothea, Ignaz Müller, der ab 1767 als persönlicher Beichtvater Maria Theresias fungierte, Jansenist. Für die geistige Entwicklung Josephs dürfte es noch entscheidender gewesen sein, daß Männer wie sein Lehrer Johann Christoph Bartenstein und Gerard van Swieten, die an den Schalthebeln der politischen Macht saßen, mit dem Jansenismus sympathisierten oder überzeugte Jansenisten waren. Von Maria Theresia in die Zensurkommission berufen, setzte sich van Swieten vehement für das Buch „De statu ecclesiae" ein, das von der Kirche wegen seiner Thesen auf den „Index librorum prohibitorum" (Verzeichnis der verbotenen Bücher) gesetzt worden war. Autor war der Weihbischof von Trier, Nikolaus Hontheim, der das einflußreiche Werk unter dem Pseudonym eines Justinus Febronius 1763 publizierte. Hontheim redete in seinem Buch einer Beschränkung der päpstlichen Vollmacht das Wort und wies dem Kaiser die Stellung eines Advocatus ecclesiae, eines Schirmherrn der Kirche, zu, dem es gestattet sei, auf die Kirchenverwaltung weitgehenden Einfluß auszuüben. Joseph hat das Werk gekannt, es möglicherweise mit Bartenstein genau studiert. Er hat die jansenistischen und febronistischen Ideen in sich aufgenommen und sich später als Kaiser bei seinen kirchlichen und kirchenpolitischen Maßnahmen davon leiten lassen.

Die Ausbildung des Kronprinzen erstreckte sich über das neunzehnte Lebensjahr hinaus bis zu seiner Heirat mit der Infantin Isabella von Parma im Oktober 1760. Joseph hatte beachtliche Kenntnisse, wenn auch ohne jede Systematik, erworben. Er hatte gelernt, sich mündlich und schriftlich ausgezeichnet auszudrücken. Seine hohe Intelligenz, sein scharfer Verstand und sein gutes Gedächtnis berechtigten zu den besten Hoffnungen, doch neigte der Kronprinz zu intellektueller Überheblichkeit und vorschnellem, unbedachtem Urteil. Das Weltbild Josephs war zu dieser Zeit wohl noch nicht dogmatisiert, aber es stand in seinen Grundzügen bereits fest. Maria Theresia, die neben dem eher farblosen Vater und dem glühend verehrten König Friedrich II. von Preußen die wichtigste Bezugsperson des Sohnes war und trotz aller Rivalitäten zeitlebens blieb, staunte nicht wenig, als ihr der zwanzigjährige Joseph eine Denkschrift vorlegte, die den unverbindlichen Titel „Rêveries", Träumereien, trug, aber in einigen Punkten bereits das Regierungsprogramm des späteren Kaisers vorwegnahm. Zwischen dem übermäßigen Reichtum und der schrecklichen Armut, vor allem der Bauern, müsse ein Ausgleich gefunden werden, hieß es da, Herkunft sei kein Vorrecht, sondern eine Verpflichtung, die Wirtschaft müsse durch merkantilistische Maßnahmen gefördert, der Staat unter Einbeziehung Ungarns zentralistisch regiert werden.

In den „Träumereien" des zwanzigjährigen Kronprinzen der Habsburgermonarchie steckte bereits ein revolutionärer Sprengsatz. Und Joseph, das wußte die Mutter, war kein Träumer. Er war ein nüchterner, zum Zynismus neigender Rationalist, der sich in kein Schema pressen ließ, der eigene, neue Wege zu gehen entschlossen war. Noch ahnte sie nicht, daß ihr ältester Sohn dereinst zum Ahnherrn des reformatorisch-aufgeklärten und liberal gesinnten Zweiges des Hauses Habsburg-Lothringen werden sollte, ein kaiserlicher Außenseiter in der langen Herrscherreihe einer altehrwürdigen europäischen Dynastie.

Die Jahre von 1763 bis 1765 waren im Leben Josephs von entscheidender Bedeutung. Am 23. November 1763 verlor der Kronprinz nach dreijähriger Ehe seine heißgeliebte Gattin Isabella von Parma. Isabella, eine junge, schwärmerische Frau von sprühender Geistigkeit und südländischem Temperament, hatte Joseph aus seiner seelischen Verklemmtheit gelöst, ihm ein paar Jahre scheinbar ungetrübten Glückes geschenkt. Ihr Tod stürzte den Zweiundzwanzigjährigen in einen Abgrund der Untröstlichkeit. Seinem Vater klagte er: „Es war der beste Ehestand, der nur immer gefunden werden konnte. In meinem Hause erfreute ich mich glückseliger Ruhe. War ich ausgegangen, welches Vergnügen bereitete mir jedesmal die Rückkehr zu ihr. Kummer und Freude redlich miteinander teilend, haben wir die glücklichsten Tage verlebt. Und das alles wird mir geraubt. Wer kann ermessen, welch ein Verlust das für den Staat, für unsere ganze Familie und für mich Unglückseligen ist! Unersetzlich muß er genannt werden, denn niemals hat es eine Prinzessin, eine Frau gegeben wie sie. Und ich war es, der diesen Schatz besaß, und mit zweiundzwanzig Jahren muß ich ihn verlieren."

Aufschlußreicher sind die Sätze, die er seinem Bruder schrieb: „Ich habe alles verloren ... Aufs tiefste betrübt und darniedergedrückt weiß ich kaum, ob ich noch lebe. Welch schreckliche Trennung; werde ich sie überdauern? Ja gewiß, nur um mein ganzes Leben hindurch unglücklich zu sein."

In der Tat scheint Joseph bis an sein Lebensende nur noch selten persönliches Glück empfunden zu haben. Er hat diesen Schicksalsschlag nie überwunden. Mit der rigorosen Ausschließlichkeit, die sein ganzes Wesen, seinen Charakter ausmachte, widmete er sich von nun an nur noch einer einzigen Aufgabe: dem Wohle des Staates. Mit dem Staat verband Joseph, als Mitregent der Mutter wie als Kaiser, ein geradezu erotisches Verhältnis. Er wollte das Los seiner Untertanen erleichtern, er wollte den Menschen helfen, sie glücklich machen. Aber viele der Maßnahmen, die er zu diesem Zwecke traf, wurden mißverstanden, stießen auf Widerstand oder wurden als Zwangsbeglückung empfunden. Der Reformkaiser blieb auch als Alleinherrscher glücklos.

Vier Monate nach dem Tod Isabellas mußte der Kronprinz des Hauses Habsburg-Lothringen in Frankfurt am Main das Schauspiel der Wahl und Krönung zum Römischen König über sich ergehen lassen. Joseph empfand die barocke Festlichkeit, die mit einem umständlichen Zeremoniell verbunden war, als anachronistische Widerwärtigkeit. In einen prächtigen Ornat gehüllt, der für seine Figur hatte zurechtgeschneidert werden müssen, und mit der viel zu großen Krone schritt er mit seinem Vater auf den Römer, das Frankfurter Rathaus, zu. Der fünfzehnjährige Goethe war Augenzeuge dieser Szene. Er hat sie Jahrzehnte später in „Dichtung und Wahrheit" beschrieben: „Des Kaisers Hausornat von purpurfarbener Seide mit Perlen, mit Steinen reich geziert, sowie Krone, Zepter und Reichsapfel fielen wohl in die Augen: denn alles war neu daran und die Nachahmung des Altertums geschmackvoll. So bewegte er sich auch in seinem Anzuge ganz bequem, und sein treuherzig würdiges Gesicht gab zugleich den Kaiser und Vater zu erkennen. Der junge König hingegen schleppte sich in den ungeheuren Gewandstücken mit den Kleinodien Karls des Großen wie in einer Verkleidung einher, so daß er selbst, von Zeit zu Zeit seinen Vater ansehend, sich des Lächelns nicht enthalten konnte. Die Krone, welche man hatte füttern müssen, stand wie ein übergreifendes Dach vom Kopf ab. Die Dalmatica, die Stola, so gut sie auch angepaßt und eingenäht worden, gewährte doch keineswegs ein vorteilhaftes Aussehen. Zepter und Reichsapfel setzten in Verwunderung: aber man konnte nicht leugnen, daß man lieber eine mächtige, dem Anzug gewachsene Gestalt, um der günstigen Wirkung willen, damit bekleidet und ausgeschmückt gesehen hätte."

Joseph selbst, der schon damals auf Würde und Hoheit wenig Wert legte, meinte nüchtern und illusionslos: „Ich tue mein möglichstes, um mich gerade zu halten, damit meine Knie unter dem Gewicht nicht einknicken." Wie ihm seelisch zumute war, vertraute er der Mutter an: „Dieser Einzug hat mich im Innersten aufgeregt, und ich bedurfte aller Kraft, um mich aufrechtzuerhalten ... Während mein Herz von Gram erfüllt ist, muß ich mir den Anschein geben, als sei ich entzückt davon, zu einer Würde zu gelangen, von der ich nur schwere Lasten, aber keine Annehmlichkeiten erwarte. Ich, der ich die Einsamkeit liebe und mich niemand gern anvertraue, den ich nicht gründlich kenne, ich muß mich immer in der Welt bewegen und mit jedem Fremden Gespräche führen. Ich, der ich ein Mann von wenigen Worten bin, muß den ganzen Tag über schwatzen und Nichtigkeiten im Munde führen. Ich kann Sie versichern, daß mir der Kopf schwirrt ..."

Kaiser Joseph II. mit seinem Bruder Leopold

Der Thronfolger stand in Frankfurt noch ganz unter dem Eindruck des Verlustes, den er durch den Tod seiner geliebten Gemahlin erlitten hatte. „Gerade vier Monate nach dem Tag, an dem ich jene schöne und geliebte Seele von dem Körper sich loslösen sah, fand meine Wahl, an dem Tag, an dem ich von ihrer Leiche mich trennen mußte, mein Einzug statt", lamentierte er der Mama gegenüber und fügte hinzu: „Mit meiner Trauer bin ich jedermann zur Last, ich muß daher alles in mich hinabwürgen und mich den ganzen Tag hindurch verstellen."

Maria Theresia wußte also um die Trauer ihres Sohnes. Aber sie, die ein so mütterliches Herz hatte, kümmerte sich darum herzlich wenig. Noch vor der Abreise Josephs nach Frankfurt fädelte sie aus dynastischen Gründen für ihren Erstgeborenen eine neue eheliche Verbindung ein. Die Auserkorene war Josefa von Bayern, eine Tochter Kaiser Karls VII. Widerstrebend stimmte Joseph dem Vorschlag der Mutter zu. Die Zwangsehe wurde im Jänner 1765 in Schönbrunn geschlossen. Sie wurde für die kleine, dicke, häßliche Josefa zu einem Martyrium. Joseph mied seine Gemahlin, wo immer und wann immer er konnte, er scheint die Ehe mit ihr nicht vollzogen zu haben. In Schönbrunn ließ er den Balkon, der ihre Appartements miteinander verband, mit einem trennenden Verschlag versehen und die Verbindungstür zusperren.

Die Rücksichtslosigkeit seines Verhaltens ist gewiß nicht durch grausame Herzenskälte zu erklären. Joseph rebellierte mit diesem Verhalten gegen die Bevormundung durch die Mutter, er brachte damit zum Ausdruck, daß er in Hinkunft Herr seiner eigenen Entscheidungen sein wollte. Die Leidtragende war die gutmütige Josefa, deren bedauernswertes Schicksal am Hof von den einen belacht und bespöttelt, von den anderen beweint und beklagt wurde. Die bayerische Prinzessin ertrug ihre demütigende Position nicht lange. Sie zog es vor, nach zweieinhalbjähriger Ehehölle an den Blattern zu sterben. Joseph ging keine neue Ehe mehr ein und ließ sich auch keine mehr aufzwingen. Er blieb bis an das Ende seiner Tage allein.

Am 18. August 1765 traf Maria Theresia der schwerste Schlag ihres Lebens. Während der Hochzeitsfeierlichkeiten für den Sohn Leopold starb völlig unerwartet ihr Gemahl Franz Stephan von Lothringen. Franz Stephan hauchte in den Armen Josephs, der gerade in der Nähe war, als der Tod zuschlug, sein Leben aus. Das Verhältnis zwischen Vater und Sohn, das an dieser Stelle wenigstens mit ein paar Sätzen skizziert werden soll, ist für den Historiker schwer darstellbar, weil es dafür kaum schriftliche Unterlagen gibt. Franz Stephan war ein leutseliger, wenig gebildeter Bonvivant, der ganz unter dem Diktat seiner Gemahlin stand. Von den Staatsgeschäften völlig ausgeschaltet, widmete er sich ganz seinen persönlichen Neigungen und Liebhabereien: seiner Sammlerleidenschaft (Münzen, Medaillen, Mineralien), der Jagd und Glücksspielen, seinen Schlössern und Gärten, der Vermehrung seines beträchtlichen Privatvermögens. Er war seinen Kindern sehr zugetan, hatte aber auf ihre Erziehung wenig Einfluß.

Die Vorbildwirkung des Vaters auf den Sohn dürfte sich auf die Geringschätzung der Etikette, den Hang zu einer einfachen Lebensführung und vor allem auf die Offenheit gegenüber den Ideen der Aufklärung beschränkt haben. Ansonsten hatten Franz Stephan und Joseph kaum etwas gemeinsam. Sie waren von ihrem Habitus und ihrer charakterlichen Veranlagung her ganz im Gegenteil grundverschieden. Verkörperte der Vater in seiner Lebensführung und Lebenshaltung die Welt des Barocks, so war Joseph ganz der Mensch einer neuen Zeit: nüchtern, realistisch, rigoros, puritanisch.

Der Tod des Gemahls stürzte Maria Theresia in abgrundtiefe Verzweiflung. Ihre Trauer nahm geradezu antike Ausmaße an. Sie ließ sich das schöne, kaum ergraute Haar abschneiden, verschenkte ihren Schmuck und legte bis an ihr Lebensende die Trauerkleider nicht mehr ab.

Für Joseph leitete der Tod des Vaters eine neue Lebensphase ein. Er wurde von Franz Stephan nicht nur zum Universalerben eingesetzt – die zweiundzwanzig Millionen Gulden betragende Erbschaft verwendete er zur Tilgung von Staatsschulden –, er trat auch dessen Erbe als Römischer Kaiser an. Das bedeutete neue Verpflichtungen, neue Verantwortung. Einen Monat nach dem Tod des Gemahls ernannte ihn Maria Theresia auf Anraten des Fürsten Kaunitz zum Mitregenten, „ohne jedoch von der eigentlichen Beherrschung unserer beständig beysammen zu verbleiben habenden Staaten ganz oder zum Theil etwas zu vergeben“, wie es in dem entsprechenden Dekret abschließend hieß. Die Regentin brachte damit klar zum Ausdruck, daß sie nicht daran dachte, das Steuer der Regierung aus der Hand zu geben. Joseph andererseits war nicht gewillt, neben der herrschsüchtigen Mutter ein

Aschenbrödeldasein zu führen. Er wollte nicht nur mitreden, sondern mitentscheiden, mitregieren. Diese verschiedene Grundeinstellung zur gemeinsamen Regierung, die Charakterunterschiede zwischen Mutter und Sohn sowie generationsbedingte Meinungsverschiedenheiten auf den verschiedensten Gebieten führten in den folgenden eineinhalb Jahrzehnten zu häufigen Auseinandersetzungen, die das Verhältnis zwischen Regentin und Mitregentem zuweilen auf das schwerste belasteten.

Gleich zu Beginn seiner Mitregentschaft setzte Joseph Akzente, die seine Auffassung vom Herrscheramt deutlich dokumentierten. Er löste die verschiedenen Hofhaltungen seiner Geschwister auf, reduzierte die Zahl der im kaiserlichen Marstall gehaltenen Pferde und Maultiere von tausendzweihundert auf achthundert, entzog den Hofdamen die bis dahin gebräuchlichen Sechsergespanne und stellte die äußerst kostspieligen Reiherbeizen ein. Er selbst befreite sich vom Tragen des obligaten spanischen Mantelkleides und zeigte sich nur noch in Uniform. Mit diesen Maßnahmen setzte er ein Zeichen in Richtung auf eine sparsame, unzeremonielle Hofhaltung. Sein nächster Schritt betraf die Streichung der „zu vielen und überhäuften Galatage und die gänzliche Abschaffung der Glückwunschaufzüge an sämtlichen Geburts- und Namenstagen der kaiserlichen Familie". Das Erstaunen bei Hof war groß, und Obersthofmeister Khevenhüller schüttelte mißbilligend sein barockes Haupt. Aber Joseph ließen diese Reaktionen kalt. Unbekümmert um Tadel, Kritik und Ablehnung gab er den Prater, das jahrhundertealte Jagdreservat des kaiserlichen Hofes, zur allgemeinen Benutzung frei. Alle diese Maßnahmen waren wohl Ausfluß der josephinischen Regierungs- und Herrschaftsphilosophie, aber sie hatten lediglich Testcharakter. Joseph ging es um weit mehr. Er wollte den Staat, die Gesellschaft von Grund auf erneuern. Kaum zum Mitregenten ernannt, legte er das Konzept hierfür Maria Theresia in einer umfassenden Denkschrift vor. In ihr waren bereits alle jene Reformideen konkret enthalten, die Joseph später in die Tat umzusetzen versuchte: die Aufhebung der Leibeigenschaft, die Fürsorge für die Armen und Kranken, die Abschaffung der ständischen Sondergerichte, die Gewissensfreiheit, die Zentralisierung und Vereinheitlichung der Verwaltung, die Modernisierung der Armee, die Förderung von Industrie, Handel und Gewerbe, die Lockerung der Zensur, die Hebung des Volkswohlstandes, die Aufhebung der Adelsprivilegien. Gegen einen großen Teil seiner adeligen Zeit- und Standesgenossen hegte Joseph nicht nur eine rational begründete, sondern eine offenkundig emotionale Abneigung. „Die guten Herren glauben, alles erreicht und einen großen Staatsmann herangebildet zu haben", schrieb er einmal, „wenn ihr Sohn in der Messe ministriert, seinen Rosenkranz betet, alle vierzehn Tage beichtet und nichts anderes liest, als was der beschränkte Geist des Beichtvaters gestattet. Wer würde kühn genug sein, nicht zu sagen: das ist ein netter Junge, sehr gut erzogen! Allerdings würde ich antworten: Ja, wenn unser Staat ein Kloster und unsere Nachbarn Karthäuser wären!"

Maria Theresia erschrak über die Tragweite der Reformideen ihres Sohnes. Wollte Joseph alles in Frage stellen, worauf sie und ihre Vorfahren die Macht und Herrschaft ihres Hauses begründet hatten: das Gottesgnadentum der Monarchen, die Vorrangstellung der römisch-katholischen Kirche, die gottgewollte gesellschaftliche Ordnung? Joseph – so befürchtete sie – würde durch sein ungestümes Temperament, seinen unbändigen Tatendrang, seine ihr unverständlichen, fatalen Ansichten die Monarchie in den Abgrund führen. Sie konnte und wollte das nicht zulassen. Mit ganzer Kraft klammerte sie sich an das Staatsruder, ließ dem Sohn kaum einen Spielraum für eigene Entschlüsse, für persönliche Regierungsverantwortung. Die Folge war eine beinahe ununterbrochene Kette von Konflikten, die auf beiden Seiten zu Verdruß, Verbitterung und Frustration führte.

Die Meinungsverschiedenheiten zwischen Mutter und Sohn wurden in der Hauptsache schriftlich ausgefochten, wobei sich Maria Theresia kein Blatt vor den Mund nahm, mit Vorwürfen, Anschuldigungen und Anklagen nicht sparte. Für Josephs intellektuelle Wortspiele, für seine zynische Ironie, der er sich zuweilen nicht enthalten konnte, hatte die Herrscherin überhaupt nichts übrig. „Ihr habt im allgemeinen keine gute Meinung von der Welt", schrieb sie ihm im September 1766, „darum fürchte ich sehr, daß Ihr noch die kleine

Zahl von Ehrenmännern verlieren werdet, wenn Ihr sie zu den anderen tut und sie mit diesen verwechselt. Das ist sehr bedeutsam, denn der Rechtschaffene läßt sich nicht beargwöhnen noch mit den anderen verwechseln, er wird sich, wenn er kann, lieber zurückziehen oder mit geringerem Eifer dienen. Der größte Ansporn ist das Vertrauen, wo das fehlt, fehlt alles ... Ach, ich fürchte, daß Ihr niemals Freunde finden werdet", fuhr sie unbekümmert, aber besorgt fort, „worauf Ihr doch so viel Wert legt, und wer soll Joseph zugetan sein? Denn weder vom Kaiser noch vom Mitregenten kommen diese bissigen, spöttischen, boshaften Züge, sondern vom Herzen Josephs – das ist es, was mir Kummer bereitet, was zum Verhängnis Eures Lebens, unser aller und des Reiches Unglück werden könnte. Ich werde eines Tages nicht mehr sein, aber ich möchte die Hoffnung mitnehmen, in Eurem Herzen weiter zu leben, damit Eure große Familie und Eure Länder nichts durch meinen Tod verlieren, sondern im Gegenteil gewinnen. Kann ich aber solches hoffen, wenn Ihr Euch zu einem derartigen Ton hinreißen laßt, der jegliche Zuneigung und Freundschaft verbannen muß?"

„Hütet Euch wohl davor, mit derlei Bosheiten zu spielen", versuchte sie einige Zeilen weiter dem Sohn einzuhämmern. „Euer Herz ist noch nicht schlecht, aber es wird es werden! Es ist höchste Zeit, daß Ihr aufhört, Geschmack an solchen glatten Redensarten und geistreichen Wortspielen zu finden. Sie sind nur dazu angetan, andere zu quälen und lächerlich zu machen." Und unbarmherzig setzte sie nach: „Ihr seid eine Kokette des Geistes, Ihr jaget ihm urteilslos nach, wo immer Ihr ihn zu finden glaubet. Ein gescheites Wort, eine glänzende Phrase, die Ihr in einem Buch oder sonstwo findet, fesselt Euch, Ihr gebraucht sie bei der ersten Gelegenheit, ohne ernstlich zu überlegen, ob sie auch dahin passen."

Abschließend „umarmte" sie den Sohn zärtlich und bat ihn, ihr die Strafpredigt nachzusehen. Sie möchte nur, meinte sie, den Sohn geliebt und verehrt sehen, wie er es verdiene.

Die mütterliche Kopfwäsche ließ nichts an Deutlichkeit zu wünschen übrig. Aus heutiger (pädagogischer) Sicht scheint sie reichlich unangebracht gewesen zu sein, denn sie traf immerhin einen Fünfundzwanzigjährigen. Nicht immer war Maria Theresia in ihren Briefen an den „lieben Sohn" von so rücksichtsloser Direktheit. Sie zeigte sich auch nachdenklich und einsichtsvoll und versuchte den Gründen für das beiderseitige Mißverstehen nachzugehen. „Woher aber kommt es denn“, schrieb sie Joseph im November 1771, „daß trotz unserer beider ehrlichen und gleichen Ansichten die Dinge einen ganz anderen Verlauf nehmen? Daß wir so oft in unseren Meinungen auseinandergehen, daß wir uns streiten, so daß bereits Unzufriedenheit daraus entstanden ist? Das beschäftigt mich schon lange und macht mich noch niedergeschlagener und zwiespältiger, als ich sonst bin. Liegt das Übel nicht bei uns selbst, weil jeder von seinen Überzeugungen zu sehr eingenommen ist? Wir wollen doch, daß die anderen denken und handeln wie wir – wir selbst aber sind über die Grundsätze und die Wege, die einzuschlagen sind, verschiedener Auffassung.“ Im selben Schreiben machte sie einen vernünftigen Vorschlag: „Sagt mir aufrichtig“, bat sie, „schriftlich oder mündlich, wie ich Euch schon immer darum gebeten habe, meine Fehler, meine Schwächen. Ich will das gleiche tun, aber nach außen hin darf niemand wissen oder auch nur ahnen, daß unsere Auffassungen auseinandergehen. Noch im ersten Jahr 1766 ließ sich alles aufs beste an, aber seitdem sind die Dinge einen anderen Weg gegangen, weil wir beide diesen Grundsatz nicht befolgt haben. Euch liegt es so vortrefflich, nach einem vorgefaßten Prinzip zu handeln. Macht Euch die Mühe, mein lieber Sohn, um das allgemeine Wohl und um unsere Ruhe, schreiben wir uns ein Verhalten und eine Regel vor, wir wollen sie schriftlich niederlegen und miteinander durchsprechen, wie sie unabänderlich zwischen uns gelten soll, ich will auch darüber nachdenken …“

So gut gemeint dieses Ansinnen auch gewesen sein mag, es hat nicht viel gefruchtet. Mutter und Sohn unterschieden sich in ihren Grundeinstellungen zum Leben, zur Religion, zur Gesellschaft und zum Staat so sehr, daß eine gedeihliche, fruchtbringende Zusammenarbeit zwischen ihnen einfach nicht möglich war. Am Weihnachtsabend 1775 schleuderte Maria Theresia in einem Brief ohne Anrede dem Sohn ihren Kummer und ihre Enttäuschung voll ins Gesicht. „Zwischen uns waltet ein böses Verhängnis, mit dem besten Willen verstehen wir uns nicht“, stellte sie einleitend eiskalt fest, um dann besänftigend fortzufahren: „Es ist möglich, daß ich vor lauter Kummer zu niederschlagen bin, um das Vertrauen und diese Eure Offenherzigkeit mir gegenüber richtig würdigen zu können, wie ich sie zu verdienen geglaubt hätte – das ist das Leid meiner alten Tage. Ich darf wohl von mir sagen, daß ich mich seit sechsunddreißig Jahren nur mit Euch abgegeben habe. Sechsundzwanzig davon waren glücklich, von der Gegenwart könnte ich das nicht mehr sagen, da ich niemals mit den allzu gelockerten Grundsätzen in Sachen des Glaubens und der Sitten meine Billigung werde geben können. Ihr zeiget eine zu große Abneigung gegen alle Überlieferung und auch gegen die Geistlichkeit, andererseits sind die von Euch bevorzugten neuen Grundsätze in Moral und Sitte viel zu frei. Mein Herz fühlt richtig, wenn es sich über Eure heikle Lage sorgende Gedanken macht, die mich für die Zukunft bangen lassen. Aber das ist zu sehr schon draußen bekannt geworden, und flugs versteht man bereits, seinen Nutzen daraus zu ziehen ... Ihr könnt mir glauben, daß mein Herz mehr als bekümmert ist, wenn ich sehe, wie wenig das Eure mit mir im Einklang ist und wie hartnäckig Ihr bei Euren alten Vorurteilen beharret. Ich wünschte nur, daß Ihr dabei glücklicher werdet, als ich es bin."

In ihrem Übereifer – oder in ihrer Rage – hatte die Regentin offenbar sogar Josephs Geburtsdatum vergessen (1741). Sie kann sich zum Zeitpunkt der Abfassung des Briefes nur vierunddreißig und nicht sechsunddreißig Jahre mit ihrem schwierigen Erstgeborenen „abgegeben" haben.

Joseph hat die Herrschsucht der Mutter, die ihm nicht einmal in Militärangelegenheiten freie Hand ließ, seelisch sicherlich sehr zu schaffen gemacht. Er empfand sein Leben als „Märtyrium", zum „Verrücktwerden", zum „Davonlaufen". Obwohl er dreimal seinen Rücktritt anbot – im Jänner 1769, im Dezember 1773 und im Dezember 1775 –, lief er doch letzten Endes vor der Verantwortung nicht davon. Er hat aber jede sich bietende Gelegenheit dazu benutzt, dem Hof fernzubleiben, den Fesseln des Hoflebens zu entkommen. Seine vielen Reisen, die für die damalige Zeit ein absolutes Novum darstellten, finden in diesem Bedürfnis des Thronfolgers zum Teil ihre Erklärung. Die fieberhafte Reisetätigkeit Josephs hatte natürlich auch andere Motive. Der Kronprinz wollte den Zustand der Monarchie, die Lebensverhältnisse der Untertanen aus eigener Anschauung kennenlernen, er wollte beobachten, wie sich die politischen, militärischen und wirtschaftlichen Maßnahmen, die von Wien, vom Zentrum aus dekretiert wurden, in den Provinzen auswirkten.

Joseph reiste inkognito unter dem Decknamen eines Grafen von Falkenstein (der Titel gehörte im übrigen zum lothringischen Erbe des Vaters). Auf diese Weise vermied er endlose Zeremonien und konnte mit der Bevölkerung direkt in Kontakt treten. Ganz seinem Stil entsprechend, war Joseph im einfachen Reisewagen und mit bescheidenem Gefolge unterwegs. Er mied herrschaftliche Häuser und Schlösser, übernachtete zumeist in Gast- und Pfarrhöfen und scheute sich nicht, die einfache Kost der Bauern zu sich zu nehmen. Seine Reiseeindrücke hielt er allabendlich in einem Tagebuch fest oder schrieb sich seine Beobachtungen und Wahrnehmungen in Briefen an die Mutter bzw. an die Geschwister von der Seele. Nach Abschluß einer Reise überreichte er das Tagebuch gemeinsam mit Berichten und Petitionen der Kaiserin mit dem Ersuchen, Unrechtmäßigkeiten und Übelstände, die er festgestellt hatte, abzustellen. Zu seinem Leidwesen kamen die Reformen, die er vorschlug, entweder überhaupt nicht zur Durchführung, oder sie beanspruchten eine ungebührlich lange Zeit, da sie vom Staatsrat nicht selten einer umständlichen Begutachtung unterzogen wurden. Diese negative Erfahrung mag (auch) mit dazu beigetragen haben, daß der Kaiser später als Alleinherrscher seine Reformvorhaben mit Ungeduld in kürzester Zeit in die Tat umsetzte.

Für Mißstände aller Art hatte Joseph ein scharfes Auge, und er verstand es auch, sie lebendig und plastisch zu beschreiben. So schilderte er 1766 nach einer Reise durch Böhmen die Ausbeutung der Bauern mit einer Eindringlichkeit, die einer modernen marxistischen Gesellschaftsanalyse gar nicht so übel anstünde: „Da die Robotdienste ganz willkürlich verteilt werden, leben die Bauern ein wirkliches Sklavendasein“, stellte er bedauernd und rügend fest. „Sie werden aufsässig und stumpf und bearbeiten den ihnen anvertrauten Boden schlecht. Sie sind rachitisch, mager und in Lumpen gekleidet. Von Kindheit an zwingt man sie zur Robot. In den baufälligen Hütten schlafen die Eltern auf Stroh, die nackten Kinder auf den breiten Rändern der Lehmerde. Sie waschen

Joseph II. pflügt auf einem Feld bei Slawikowicz

sich nie, was die Ausbreitung von Epidemien fördert. Es gibt keinen Arzt, der sich um sie kümmert ... Nicht einmal ihr persönliches Eigentum ist vor der Gier der großen Herren sicher. Wenn sie ein gutes Pferd haben, zwingt sie der Gutsherr, es ihm zu verkaufen, oder wenn ihr gutes Pferd durch die Fronarbeit verendet, so ersetzt man ihnen den Preis für einen blinden alten Gaul ... Auf jedem Dorfplatz oder vor jedem Schloß stehen Folterwerkzeuge. Widerspenstige Bauern werden ans Eisen geschlossen, man setzt sie dabei auf einen zugespitzten Pflock, der tief ins Fleisch einschneidet. An die Beine bindet man ihnen große Steinblöcke. Für die geringste Kleinigkeit bekommen sie fünfzehn Stockschläge. Der Leibeigene, der zur Arbeit zu spät kommt, sei es auch nur um eine halbe Stunde, wird halb zu Tode geprügelt ... Anderswo hat man aus Mangel an Futtermitteln die Strohdächer der Bauern entfernt, um damit Pferde zu füttern ... Selbst bei guten Ernten müssen die Bauern ihren Herren um Saatkorn bitten, das er ihnen zu Wucherpreisen verkauft. Und die Großgrundbesitzer verjagen die Juden, weil sie selbst Darlehen zu noch günstigeren Bedingungen geben ..." Maria Theresia hatte an der Reisetätigkeit ihres Sohnes absolut keine Freude. „Auf den Kaiser kann ich nicht Rechnung machen", jammerte sie bereits 1769, „weil er gern überall ist, nur nicht zu Hause."

Joseph ließen die mütterlichen Einsprüche und Ermahnungen ungerührt. Seine Reisediplomatie war (auch) ein Teil seiner außenpolitischen Konzeption. So traf er zweimal (1769 in Neisse, 1770 in Mährisch-Neustadt) mit seinem Idol, König Friedrich II. von Preußen, zusammen, ohne daß es gelungen wäre, die preußisch-österreichischen Spannungen auf Dauer abzubauen. In den Gesprächen mit dem Preußenkönig erwies sich Joseph übrigens als meisterhafter Taktiker – der er durchaus sein konnte – und klug abwägender Realpolitiker. Er verschleierte so geschickt seine außenpolitischen Absichten, daß sich der König zu der Bemerkung veranlaßt sah: „Ich kann im Augenblick noch nicht sagen, ob er es auf Venedig, Lothringen oder Bayern abgesehen hat. Aber es ist sicher, daß Europa in Flammen stehen wird, sobald er zur Herrschaft kommt."

Josephs Außenpolitik war, vom Aufklärungsdenken unbeeinflußt, auf eine österreichische Großmachtpolitik angelegt, der jeder Gebietszuwachs willkommen war. Moralische Skrupel kannte er dabei nicht. So setzte er gegen den Widerstand der „Kaiserin" mit Hilfe des Staatskanzlers Kaunitz 1772 in der ersten polnischen Teilung die Erwerbung Galiziens durch, und auch der Gewinn der Bukowina (1775) und des Innviertels (1779) ist auf sein Konto zu buchen. Trotz dieser Gebietserwerbungen hatte Joseph in der Außenpolitik keine glückliche Hand. Sein Plan, die Österreichischen Niederlande (das heutige Belgien) gegen Bayern zu tauschen, scheiterte am Widerstand Friedrichs II., dem es gelang, die deutschen Fürsten gegen dieses Projekt zu mobilisieren. Und auch das Bündnis, das er mit Zarin Katharina II. von Rußland schloß, blieb eine glücklose Karte im außenpolitischen Konzept des Kaisers. Es verwickelte ihn am Ende seiner Regierungszeit in einen verlustreichen, (beinahe) resultatlosen Krieg mit der Türkei. Aber mit diesen Feststellungen haben wir den Ereignissen weit vorausgegriffen.

Im Herbst des Jahres 1780 verschlechterte sich der Gesundheitszustand Maria Theresias, die sich seit langem nicht mehr wohl gefühlt hatte, zusehends. Von einem quälenden Husten geplagt, schied sie am 29. November, gegen neun Uhr abends, aus dem Leben. Joseph, der in den letzten Tagen und Nächten vor ihrem Tod nicht mehr von ihrer Seite gewichen war, war tief getroffen. Von echtem Schmerz erfüllt, schrieb er an Kaunitz: „Das schreckliche Unglück, das mich zu Boden drückt, wird Ihnen, mein teurer Fürst, wohl schon bekannt sein. Ich habe aufgehört Sohn zu sein, und dies war es doch, was ich am besten zu sein glaubte. Bleiben Sie mein Freund, seien Sie meine Stütze und mein Leiter bei Ertragung der Last, die auf mich fällt. Sie wissen ohnedies, wie hoch ich Sie schätze."

Mit dem Tod Maria Theresias ging eine Epoche der österreichischen, der europäischen Geschichte zu Ende. „Voilà, une nouvelle ordre de choses!" rief Friedrich II. von Preußen aus, als ihm die Nachricht vom Ableben seiner großen Gegnerin überbracht wurde. Er hatte damit vollkommen recht. Es begann nun tatsächlich eine neue Ordnung der Dinge.

Mit Maria Theresia wurde die Welt des Barocks zu Grabe getragen. Joseph, ihr ältester Sohn, der nun die Alleinherrschaft übernahm, verkörperte eine neue Generation, eine neue Zeit, eine neue Auffassung vom Herrscheramt, einen neuen Regierungsstil. Er setzte die Reformen, die seine Mutter mit behutsam-taktvoller Vorsicht begonnen hatte, mit so kompromißloser Radikalität fort, er krempelte die Habsburgermonarchie in den zehn Jahren, die ihm dafür zur Verfügung standen, so total um, daß man nicht umhin kann, das Jahrzehnt zwischen 1780 und 1790 als das revolutionärste Dezennium in der jahrhundertelangen Geschichte des Hauses Habsburg(-Lothringen) zu bezeichnen. Es war eine geistige, eine unblutige Revolution von oben, von der Staatsspitze her, keine Revolution von der Straße, von den Volksmassen aus, die der Kaiser inszenierte, wiewohl sie zu guter Letzt in Aufständen gegen das (kaiserliche) Regime endete. Wie immer man zu Josephs Maßnahmen weltanschaulich stehen mag, der Revolutionär auf dem Kaiserthron hat seinen Ländern dadurch einen blutigen Umsturz im Stil der Französischen Revolution erspart.

Joseph nahm mit geradezu fieberhafter Besessenheit und einer beinahe krankhaft anmutenden Arbeitswut seine Tätigkeit als Alleinherrscher auf. Er schonte dabei weder sich noch irgendeinen seiner Minister und Beamten. Sein Arbeitstag begann, wie er seinem Bruder berichtete, um sieben Uhr früh. Er arbeitete dann bis zwei Uhr nachmittags. Nach einem kurzen frugalen Mittagessen setzte er seine (Schreibtisch-)Tätigkeit oft bis Mitternacht oder später fort. Er las jedes Aktenstück selbst, erledigte (wo möglich) alles persönlich. Seine handschriftlichen Anmerkungen und Notizen auf den Akten könnten Bücher füllen. Diese rastlose Tätigkeit basierte auf der aufklärerischen Maxime, daß der Herrscher der erste Diener des Staates zu sein und seine ganze Arbeitskraft dem Wohl seiner Untertanen zu widmen habe. Auch Josephs Lebens- und Regierungsstil, der von spartanischer Einfachheit und geradezu klösterlicher Askese geprägt war, entsprang diesen aufklärerisch-rationalistischen und utilitaristischen Grundsätzen. Der Kaiser war bedürfnislos. Die einfachen Speisen, die er zu sich nahm, wurden nicht mehr in der Hofküche, sondern von einer einzigen Köchin zubereitet. Die Kosten beliefen sich auf durchschnittlich sechs Gulden vierzig Kreuzer pro Tag. Im Vergleich dazu hatte Maria Theresia jährlich sechs Millionen Gulden für den Hofstaat ausgegeben, und Karl VI., der Großvater Josephs, hatte der Hofküche noch jährlich viertausend Gulden allein für Petersilie gezahlt! Joseph trank normalerweise nur Wasser und nippte selbst bei Staatsempfängen bestenfalls an einem Glas Wein. Er rasierte sich selbst und pflegte, wenn er nicht in Uniform erschien, einen braunen, abgenutzten Leibrock zu tragen. Er schlief, so wird berichtet, in seinem Haus im Augarten auf einem mit einer Hirschhaut überzogenen Strohsack, der auf einem primitiven Bettgestell lag. Der jedem Zeremoniell abholde Monarch sperrte Schloß Schönbrunn zu, plante die Versteigerung des Schlosses Hetzendorf und ließ, um Wachpersonal zu sparen, zahlreiche Korridore in der Hofburg mit Brettern zunageln. Bittsteller aus dem Volk empfing er nicht in einem der Prunkräume, sondern im sogenannten Kontrollorgang der Hofburg, wo er mit ihnen ein ungezwungenes Gespräch führen konnte. Den Hofknicks und den Handkuß schaffte er ab. Vergleicht man die Hofhaltung Josephs mit jener der anderen europäischen Fürstenhöfe seiner Zeit, so springt ihre (revolutionäre) Andersartigkeit – den Hof des Preußenkönigs ausgenommen – mit Deutlichkeit ins Auge. Wiewohl der Kaiser prinzipiell an der Sonderstellung des Monarchen festhielt, liegen zwischen seiner Auffassung vom Herrscheramt und dem Gottesgnadentum seiner Vorgänger welt- und gesellschaftspolitische ideologische Kraftströme, die in ihrer ganzen Tragweite nur von wenigen weitblickenden Zeitgenossen erkannt und registriert wurden.

Im Zentrum der Reformen Josephs II. stand der Umbau des habsburgischen Vielvölkerstaates in einen zentralverwalteten Einheitsstaat. Die bisher nur lose miteinander verbundenen Länder und Völker der Monarchie sollten mit Hilfe eines streng zentralistisch organisierten Verwaltungsapparates und einer „genormten", auf den Staat und nicht auf den Monarchen eingeschworenen Beamtenschaft zu einem ganzheitlichen Organismus zusammengeschweißt werden. Diese Gesamtstaatskonzeption duldete weder eine Selbstverwaltung von Provinzen und Städten noch Sonderrechte irgendwelcher Art, wie sie Adel und Klerus auch nach der maria-theresianischen Staatsreform noch immer besaßen. Die Kaiserin hatte mit einem untrüglichen Gefühl für die Grenzen des Möglichen Ungarn von ihren Reformen ausgeklammert. Der politisch wesentlich instinktlosere Joseph beseitigte die Komitatsverfassung, ließ die Stephanskrone, das geheiligte Symbol der ungarischen Staatlichkeit, nach Wien bringen und führte das Deutsche anstelle des Lateinischen als Amtssprache ein. Die Beamten wurden verpflichtet, bis zu einem vorgegebenen Zeitpunkt Deutsch zu lernen. Hinter dieser Maßnahme standen keineswegs Germanisierungstendenzen des Kaisers, sondern schlicht und einfach die Idee, daß in einem geschlossenen Staatskörper eine einheitliche Amtssprache nur nützlich und vorteilhaft sein kann. „Es hat keinen Sinn, die lateinische Sprache durch die ungarische zu ersetzen", hieß es in dem entsprechenden Dekret, „da diese niemals in den slawisch und deutsch sprechenden Teilen des Königreiches allgemeine Verbreitung finden wird. Nur das Deutsche kann zur Führung der Geschäfte in Betracht gezogen werden ... Jeder kann sich leicht vorstellen, welcher Vorteil dem allgemeinen Wohl daraus erwachsen muß, daß im ganzen Reiche die gleiche Geschäftssprache herrscht; infolgedessen werden Bande brüderlicher Liebe alle Teile der Monarchie miteinander verknüpfen."

Davon konnte natürlich keine Rede sein. Im Gegenteil. Die Sprachenfrage erregte die Magyaren ebenso sehr wie die Weigerung Josephs, sich in Budapest zum König krönen zu lassen. Die Empörung war groß, der Nationalstolz der Ungarn tief getroffen. Schließlich mußte der Kaiser im letzten Jahr seiner Regierung die Anordnung zurücknehmen. Kurz vor seinem Tod wurde die Stephanskrone an ihren angestammten Platz in Preßburg zurückgebracht. Josephs Zentralisierungspläne waren gescheitert.

Wie seine staatlichen Umbaupläne stießen auch die kirchenpolitischen Maßnahmen Josephs in weiten Teilen der Habsburgermonarchie auf heftigen Widerstand. Ideologisch gesehen, standen seine kirchlichen Reformen ganz auf dem Boden der Aufklärungsphilosophie. Joseph setzte in der Kirchenpolitik fort, was die Mutter begonnen hatte. Seine Entscheidungen waren freilich ungleich radikaler, tiefgreifender, unmäßiger. Schon im ersten Jahr seiner Herrschaft erließ Joseph das „Toleranzpatent", das den größeren Gemeinschaften der nichtkatholischen Christen, den Lutheranern, Calvinisten und Griechisch-Orthodoxen, die freie Ausübung ihrer Religion gestattete. Sie durften nun ihre eigenen Bethäuser errichten, jedoch ohne Glocken, Türme und einen öffentlichen Zugang von der Straße her. Die Position der römisch-katholischen Kirche als Staatsregligion blieb unangetastet, die protestantischen Gemeinden konnten sich jedoch nach einem mehr als zwei Jahrhunderte dauernden Untergrunddasein nunmehr offen organisieren. Der Zulauf zu den neu anerkannten Religionsgemeinschaften war überraschend groß, sodaß sich der Kaiser 1782 genötigt sah, den Übertritt zum Protestantismus von einem sechswöchigen „Bekehrungsunterricht" beim zuständigen katholischen Priester abhängig zu machen. Trotz dieser einschränkenden Maßnahmen markiert das „Toleranzpatent", das in Teilen der katholischen Kirche in Österreich auf Ablehnung stieß, aus heutiger Sicht einen (begrüßenswerten) Wendepunkt in der habsburgischen Kirchenpolitik. Es gewährte den Nichtkatholiken, was nicht übersehen werden sollte, auch die bürgerliche Gleichberechtigung mit der katholischen Bevölkerungsmehrheit. Von nun an durfte ein Protestant öffentliche Ämter bekleiden, ein Gewerbe erlernen und akademische Würden erwerben. Die Religionszugehörigkeit sollte dem Dienst am Staat und an der Gemeinschaft nicht mehr länger im Wege stehen.

Josephs nächster Schritt betraf die Juden, denen in den habsburgischen Ländern (und nicht nur dort) wesentliche bürgerliche Rechte verweigert wurden. Anfang 1782 erließ der Kaiser ein Toleranzpatent für die Juden, das zunächst auf Wien und das Land unter der Enns beschränkt blieb, später jedoch auch auf die anderen Länder ausgedehnt wurde. Er gestattete ihnen darin die Ausübung zahlreicher Berufe und ermöglichte ihnen den Besuch von Schulen einschließlich der Universitäten. Außerdem durften sie christliche oder jüdische Dienstboten halten und in der Stadt Wohnungen mieten, was in der Praxis auf die allmähliche Auflassung der Gettos hinauslief. Bestehende diskriminierende Bekleidungsvorschriften wurden aufgehoben. Joseph setzte diese Maßnahmen nicht nur aus humanitären, sondern auch aus wirtschaftlichen Gründen. „Meine Absicht geht keineswegs dahin", deklarierte er, „die jüdische Nation in den Erbländern mehr auszubreiten, oder da wo sie nicht tolerirt ist, neu einzuführen, sondern nur da, wo sie ist, in dem Maße, wie sie als tolerirt besteht, dem Staate nützlich zu machen." Der Kaiser hat das Judenpatent, das tief verwurzelten Vorurteilen begegnete, gegen den heftigen Widerstand eines Teiles seiner Beamtenschaft und breiter Bevölkerungskreise durchgesetzt.

Der Neuregelung des Verhältnisses zu den nichtkatholischen Glaubensgemeinschaften folgte die spektakulärste und folgenschwerste kirchenpolitische Entscheidung Josephs: die Aufhebung aller jener Klöster, deren Insassen weder in der Jugenderziehung noch der Krankenpflege tätig waren, sondern lediglich ein kontemplatives, dem Gebet und der Verehrung Gottes gewidmetes Leben führten. Schon unter der frommen Maria Theresia, die gegenüber den Mißständen in den Ordensgemeinschaften keineswegs blind war, war es zu Klosteraufhebungen in der Lombardei, zur Auflösung des Jesuitenordens und zur Einschränkung von Prozessionen und Feiertagen gekommen. Die Entscheidung Josephs war daher keineswegs so ungewöhnlich, wie sie oft hingestellt wurde und wird. Sie entsprach auch durchwegs dem staatstheoretisch-utilitaristischen und populationistischen Denken der Zeit, das für (unnütze) Zölibatäre, die keinen Beitrag zum Allgemeinwohl leisteten, wenig übrig hatte. Man kann daraus auch keine persönliche Kirchenfeindlichkeit Josephs ableiten. Der Kaiser traf diese Maßnahmen aus rein praktischen, nüchtern-weltlichen Überlegungen. Er wollte auch die Orden und die Ordensgeistlichkeit in die seelsorgerisch-erzieherischen und sozialkaritativen Aufgaben der Kirche einbinden. Josephs Maßnahme war von durchschlagender Wirksamkeit. Innerhalb weniger Jahre wurden von den etwas mehr als zweitausend in Österreich und Ungarn bestehenden Klöstern ungefähr ein Drittel aufgehoben, ihr Vermögen vom Staat eingezogen und dem „Religionsfonds" zugeführt, der „zum Nutzen der Religion und der Nächstenliebe" verwendet werden sollte. Dieser Fonds, der in Österreich bis zum Jahre 1938 bestand, diente dem Ausbau der Seelsorge und der staatlichen Besoldung der Weltpriester. Den Mönchen wurde es freigestellt, Weltgeistliche zu werden, ihr Klosterleben im Ausland fortzusetzen oder eine Pension zu beziehen.

Beim Verkauf beziehungsweise der Versteigerung des Klosterbesitzes kam es leider zur Devastierung von Kirchen, zur Verschleuderung wertvollen Kulturgutes und zum Umbau von Klöstern zu Spitälern, Irrenhäusern und Fabriken, was gewiß nicht im Sinne des Kaisers war. Mit der Klosteraufhebung ging eine Neugestaltung der Priesterausbildung, eine neue Pfarrorganisation und eine Diözesanregulierung einher. Um den Klerus im Geist des aufgeklärten Reformkatholizismus zu erziehen, wurden staatliche Generalseminare geschaffen, die dem Einfluß der Bischöfe entzogen waren. Eine ordenseigene Erziehung sollte es in Hinkunft nicht mehr geben. Ein besonderes Anliegen war dem reformfreudigen Kaiser die Neuordnung der Seelsorge. „Wo die Seelsorger an der Zahl zu wenig, oder von ihren Gemeinden zu entfernt sind", dekretierte er, „werden nach Maßgabe der Volksmenge, entweder eigene neue Pfarrer oder Lokalkapläne bestimmt, oder die von ihren Pfarreien zu weit entlegenen Ortschaften näheren zugeteilt, als durch welche Veränderung in Zukunft niemand weiter, als höchstens eine Stunde, bis zu seiner Pfarrkirche haben soll. Wo die Kirchen und Pfarrhöfe mangeln, werden dieselben, wenn die Ortschaften solche nicht selbst freiwillig herstellen, aus dem Religionsfonds erbaut ... Die neuen Kirchen oder armen und alten Pfarreien, werden mit Paramenten der aufgehobenen Klöster und Kirchen unentgeltlich versehen ... Von Klöstern werden diejenigen, welche entweder zur Versehung der eigenen Pfarren, oder zur Aushilfe der Seelsorge notwendig sind, beibehalten, und wird für dieselben eine angemessene Zahl von Geistlichen, mit einem auf alle Vorfälle berechneten zureichenden Überschuß, bestimmt. Die übrigen für die Seelsorge ganz entbehrlichen Klöster gehen nach und nach ein, und werden in diesem Maße mit den noch bestehenden ihres Ordens vereint ..."

Zur Zeit Josephs wurden allein in Nieder- und Oberösterreich, in der Steiermark und in Kärnten sechshundertvierzig neue Pfarren gegründet, denen etwa einhundertfünfzig aufgelassene Klöster gegenüberstanden. Hunderte Kirchen und Pfarrhöfe wurden neu gebaut, in den Schulen mußte zweimal pro Woche Religionsunterricht erteilt werden. In der Gottesdienstordnung für Niederösterreich vom Jahre 1785 verfügte der Kaiser, daß „erwachsene Leute, wenn sie sonntags zum Gottesdienst zu gehen verhindert sind, nachmittags bei der Christenlehre erscheinen müssen". Wie wir aus diesen Maßnahmen ersehen können, ging es Joseph bei seinen kirchenpolitischen Entscheidungen prinzipiell um die Erneuerung des kirchlichen Lebens. Er verfolgte damit auch die Absicht, die Kirche in den Staat einzubauen, die Geistlichen als Erzieher des Volkes in seinen Dienst zu stellen. Viele seiner Zeitgenossen waren zu einer solchen Sicht der Dinge freilich begreiflicherweise nicht fähig oder bereit. Sie hielten den Sohn Maria Theresias für einen Feind der Kirche, einen Frevler gegen geheiligte Traditionen.

Aus der Perspektive der Verbesserung kirchenorganisatorischer Strukturen ist auch die von Joseph geschaffene neue Diözesaneinteilung zu sehen. Das Bistum Passau, dem seit dem Mittelalter weite Teile Ober- und Niederösterreichs unterstanden, wurde gänzlich ausgeschaltet. An seine Stelle trat für Oberösterreich das neu errichtete Bistum Linz. Niederösterreich wurde zwischen dem Erzbistum Wien und St. Pölten, wohin das Bistum Wiener Neustadt verlegt wurde, aufge-

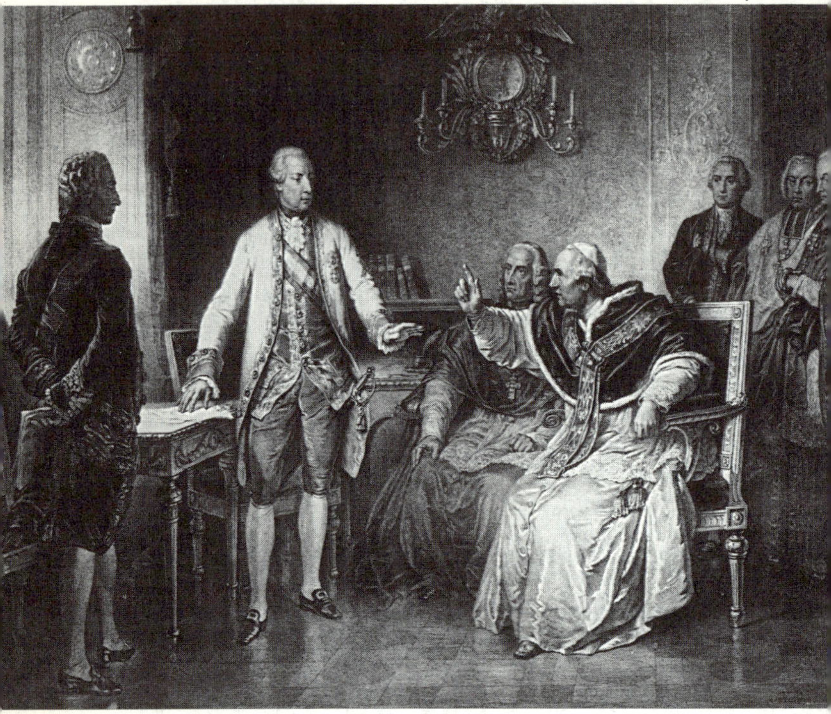

Joseph II. bei einer Aussprache mit Papst Pius VI.

teilt. Der Umfang und die Rechte der dem Erzbistum Salzburg unterstehenden Bistümer Gurk, Seckau und Lavant wurden erweitert.

Joseph II. begnügte sich nicht damit, den Gedanken der religiösen Toleranz durchzusetzen, die Kirchenorganisation und die Seelsorge neu zu regeln. Er griff auch in das Glaubensleben und die Gottesdienstordnung ein. Die meisten Prozessionen wurden abgeschafft, die Wallfahrten stark reduziert, die Anzahl der Feiertage von zweiundvierzig auf siebenundzwanzig herabgesetzt. Volksbräuche wie das Perchtenlaufen, das Jodeln und Peitschenknallen wurden verboten. Der Kaiser schreckte auch nicht davor zurück, sogar die Zahl der Kerzen, die am Altar brennen durften, festzulegen und zu verfügen, daß aus Gründen der Hygiene und der Sparsamkeit die Toten nicht in Särgen, sondern in Säcken beigesetzt werden sollten. Mit diesen (polizei)staatlichen Eingriffen in den Kultus, den Volksglauben und die Volksfrömmigkeit überschritt Joseph zweifellos den Rubikon seiner Kirchenpolitik und setzte sich zudem (unnötigerweise) dem Vorwurf der Kleinlichkeit und der Lächerlichkeit aus. Sie erzeugten viel böses Blut und mußten teilweise zurückgenommen werden.

Mit Unmut, Widerspruch und Widerstand gegen viele dieser Maßnahmen reagierte auch die Amtskirche, wiewohl es im österreichischen Klerus bis in den Bischofs- und Erzbischofsrang hinauf Josephiner, Parteigänger des Kaisers, gab. Schon im Frühjahr 1782 (vom 22. März bis zum 22. April) kam Papst Pius VI. persönlich nach Wien, um Joseph vor allem zur Rücknahme seines Dekretes über die Klosteraufhebung zu bewegen. Der römische Oberhirte wurde vom Kaiser freundlich empfangen und von der Bevölkerung umjubelt. In der Sache erreichte er jedoch kaum etwas. Joseph machte nur geringe Zugeständnisse. Er blieb im Kern bei den getroffenen Entscheidungen.

Umstritten, aber zukunftsweisend und ihrer Zeit weit voraus waren die Sozialreformen Josephs II. Unter allen sozialpolitischen Maßnahmen des Reformkaisers nahm die Aufhebung der Leibeigenschaft den bedeutsamsten Rang ein. Seit dem Mittelalter waren die Bauern ihren Grundherren leibeigen, mußten an sie Abgaben leisten und waren an einigen Tagen der Woche zur Fronarbeit auf den Herrenhöfen verpflichtet. Sie durften ohne Zustimmung des Grundherrn nicht heiraten und mußten ihre Söhne und Töchter freikaufen, wenn diese ein Handwerk erlernen wollten.

Schon Maria Theresia hatte Maßnahmen zur Verbesserung des rechtlichen und wirtschaftlichen Status der Bauern gesetzt. Joseph, der als Physiokrat im Ertrag von Grund und Boden die Grundlage des Volkswohlstandes sah, hob mit seinem berühmtgewordenen „Untertanenpatent“ vom 1. November 1781 die Leibeigenschaft in Böhmen, Mähren und Schlesien auf. Einige Jahre später wurde die Verfügung auch in den Alpenländern verkündet, um eine einheitliche Rechtslage zu schaffen. Die Bauern konnten sich fortan frei bewegen, ihre selbsterzeugten Produkte beliebig verkaufen und

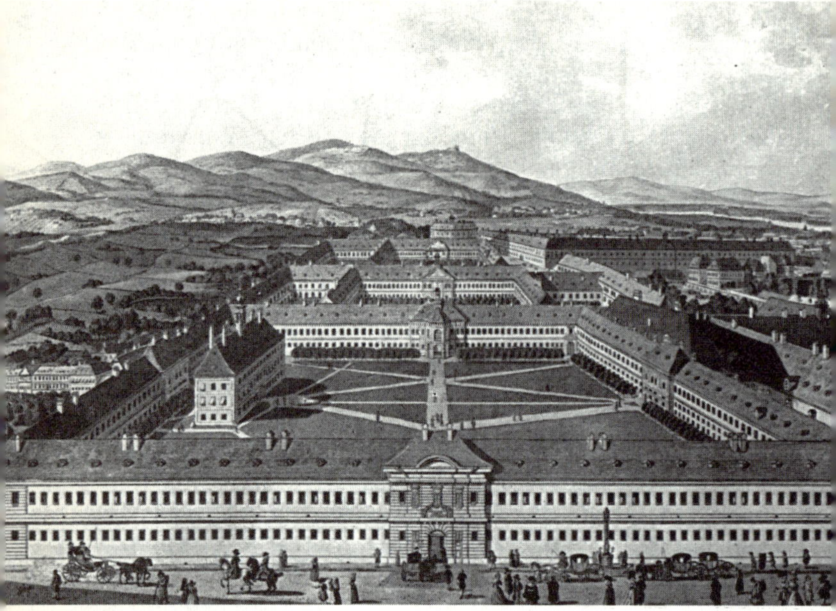

Ansicht des Allgemeinen Krankenhauses in Wien

aus eigener Entscheidung heiraten. Wohl blieb eine gewisse Abhängigkeit von der grundherrlichen Obrigkeit bestehen – die endgültige Bauernbefreiung erfolgte bekanntlich erst 1848 –, aber das Los der Bauern wurde durch diesen denkwürdigen Schritt des Kaisers, dem andere Maßnahmen, wie zum Beispiel die Grundsteuerregulierung, folgten, bedeutend erleichtert. Der Kaiser hat bei seinen Agrarreformen zweifellos Weitblick gezeigt und sich bleibende Verdienste um den Bauernstand erworben.

Nicht minder verdienstvoll waren Josephs Fürsorgemaßnahmen. Vom humanitären Geist der Zeit beseelt, ließ der Kaiser Irrenanstalten, Waisen- und Findelhäuser sowie Spitäler errichten. Der ansonsten äußerst sparsame Monarch scheute hierfür keine Kosten. Das 1784 eröffnete Allgemeine Krankenhaus in Wien, das noch heute in Verwendung steht, beweist in seiner Weitläufigkeit das großzügige Mäzenatentum des Kaisers auf wohlfahrtsstaatlichem Gebiet. Zu den bleibenden Leistungen des josephinischen Zeitalters zählt auch die Rechtsreform. Der Kaiser ging hierbei von der Idee der Gleichheit vor dem Gesetz und der Strafe als einem Mittel der Abschreckung aus. Schon zur Zeit der Mitregentschaft Josephs war die Folter abgeschafft worden. Unter seiner Alleinregierung folgte die Aufhebung der Todesstrafe, standrechtliche Verfahren ausgenommen. An ihre Stelle traten überaus harte Strafen wie das berüchtigte Schiffsziehen auf der Donau oder das Anschmieden in Ketten. Selbst der Verbrecher sollte nach dem Utilitaritätsprinzip der Aufklärung dem Staat durch Zwangsarbeit noch Nutzen bringen. Um eine asoziale Tat zu sühnen, wurden bewußt Strafen verhängt, die als soziale Schande galten, wie zum Beispiel das öffentliche Scheren des Haupthaares bei Frauen oder das öffentliche Gassenkehren, das auch adelige Verbrecher traf. Mit diesen Maßnahmen durchbrach das josephinische Strafgesetz in voller Absicht den traditionellen Klassencharakter der österreichischen Justiz.

Auch im Bereich des Zivilrechtes gab es wesentliche Änderungen. Im Jänner 1783 erließ der Kaiser ein Ehegesetz, das die Ehe als bürgerlichen Vertrag definierte, was seitens der Kirche auf schärfsten Widerspruch stieß. Joseph ließ sich dadurch jedoch nicht beirren. Die Ehegesetzgebung und die Ehegerichtsbarkeit wurden nunmehr ausschließlich vom Staat wahrgenommen. Das Ehepatent gestattete unter bestimmten Voraussetzungen sogar die Scheidung, allerdings nur für nichtkatholische Eheleute. Die Töchter wurden den Söhnen rechtlich gleichgestellt, die Rechtsstellung der unehelichen Kinder verbessert. Eine neue, für die damalige Zeit sehr fortschrittliche Gerichtsordnung mit drei Instanzen wurde für alle Bürger ohne Unterschied des Standes verbindlich.

Auf dem Gebiet des Bildungswesens ging Joseph als Alleinherrscher den Weg weiter, den bereits die Mutter mit seiner Unterstützung beschritten hatte. Der Kaiser förderte vor allem den Elementarunterricht, der den Kindern aus allen Bevölkerungsschichten zugute kommen sollte. Die Zahl der Trivialschulen (Volksschulen) wurde erheblich vermehrt, die Ausbildung verbessert. Gegen Eltern, die ihre Kinder nicht regelmäßig zur Schule schickten, ging Joseph mit Arbeits- und Geldstrafen vor. Der Besuch von Privatschulen wurde verboten. Andererseits wurde begabten und unbemittelten

Schülern aus dem Bürger- und Bauernstand der Zugang zu den Gymnasien und Universitäten erleichtert. Bei der Auswahl der Lehrer waren „ohne Rücksicht der Nation und Religion“ allein Fachwissen und Können ausschlaggebend. Mit diesen Maßnahmen verfolgte der Kaiser pädagogische Grundsätze, die den Abbau von Bildungsbarrieren und Bildungsprivilegien zum Ziele hatten. Sie haben erst in unserer Zeit ihre endgültige Verwirklichung gefunden. Weniger gut kamen in der josephinischen Bildungspolitik die Universitäten weg, die als Ausbildungsstätten für treue Staatsbeamte betrachtet wurden. Die Hochschulen verloren ihre Autonomie und wurden der Aufsicht durch staatliche Direktoren unterstellt. Manche von ihnen (Brünn, Graz, Innsbruck), an denen nur noch die Jurisprudenz gelehrt werden durfte, sanken auf den Status von Gymnasien ab. Die Einschätzung der Universität als bloße geistige Gebäranstalt für Staatsdiener war gewiß ein Fehler. Und es war sicherlich falsch, daß Joseph das Deutsche an Gymnasien und Universitäten zur allein zulässigen Unterrichtssprache erklärte. Dem Kaiser fehlte es da wohl an Verständnis für das kulturelle Eigenleben der in seinem Reich lebenden Völker.

Industrie und Gewerbe entwickelten sich im josephinischen Jahrzehnt überdurchschnittlich gut. Der Kaiser unterstützte den Aufbau neuer Industrien durch staatliche Subventionen, gewährte aber keine Monopolrechte. In manchen Provinzen verdoppelte sich die Beschäftigtenzahl. Die mit der Industrialisierung verbundenen Mißstände bei der Frauen- und Kinderarbeit wurden zu mildern versucht, in den Staatsbetrieben gab es Ansätze zur Kranken- und Altersversorgung. Joseph II. war mit seiner Sozialgesetzgebung seiner Zeit weit voraus und nahm Gedanken vorweg, die erst Jahrzehnte später von der Arbeiterbewegung aufgegriffen wurden. Um den Gewerbefleiß anzuspornen, wurden die Privilegien der Zünfte eingeschränkt, denn es sollte „jedem erlaubt sein, auf beliebige Art sein Brot zu verdienen“. Die Einwanderung ausländischer Spezialisten und Facharbeiter wurde gefördert, die Binnenzölle wurden weitgehend aufgehoben. Durch rigorose Einfuhrverbote versuchte Joseph die heimische Industrie zu schützen, andererseits bahnte er der Warenausfuhr durch Prämien und durch die Errichtung und den

Ausbau von Straßen und Hafenanlagen alle Wege. Bei allen seinen Wirtschaftsmaßnahmen erwies sich der Kaiser als umsichtig und vorurteilslos, ohne auf eine bestimmte Wirtschaftsdoktrin bedingungslos eingeschworen zu sein, so doktrinär er auch sonst oft handeln mochte.

Zum Gesamtbild der alle Gebiete des staatlichen Lebens umfassenden Reformtätigkeit Josephs II. gehören auch seine Maßnahmen zur Durchsetzung der von der Aufklärung geforderten Gedanken- und Geistesfreiheit. Seit der Erfindung des Buchdruckes ging man in allen europäischen Monarchien – England ausgenommen – gegen das kritische gedruckte Wort mit scharfen Zensurgesetzen vor. Verbotene Bücher und Schriften wurden verbrannt, die Besitzer unliebsamer Publikationen mit Geldstrafen belegt. In Österreich erstreckte sich die Zensur nicht nur auf das antikirchliche und unmoralische, sondern auch auf das politische Schrifttum. Noch 1767 erließ Maria Theresia ein Patent gegen das „Verbrechen der Freigeisterei". Joseph schuf mit seinem Zensurgesetz vom 11. Juni 1781 die Voraussetzungen für eine freiere Entfaltung des Schrifttums. Die Zensur blieb wohl bestehen, sie wurde jedoch äußerst großzügig gehandhabt. Die Zensoren der „Bücher-Zensur-Hauptkommission" sollten lediglich gegen Druckwerke vorgehen, die unsittliche Aussprüche und Zoten enthielten und die die christliche Religion systematisch angriffen oder verächtlich machten. Kritik jedweder anderer Art und Schmähschriften über sonstige Themen waren zugelassen, vorausgesetzt, daß sie nicht anonym erschienen. Selbst die Person des Kaisers blieb davon nicht ausgenommen, ein für die damalige Zeit unerhörtes Novum.

Die Lockerung der Zensur durch Joseph II. löste eine Springflut von Publikationen aus. Pamphlete und Broschüren des verschiedensten Inhaltes schossen wie Pilze aus dem Boden. Es war viel unsaubere Polemik und viel geistiges Unkraut darunter. Joseph war darüber bitter enttäuscht.

Der geistige Freiraum, den der Kaiser schuf, kam auch dem Theater zugute. Die Spielfreiheit sorgte für größere Abwechslung in den Spielplänen, das Niveau der Vorstellungen wurde durch das Engagement hervorragender Schauspieler angehoben. Joseph, der der Theater- und Musikkultur seiner Zeit großes Interesse entgegenbrachte, erwarb sich mit der

Erhebung des „Theaters nächst der Burg“ zum neuen „Hof- und Nationaltheater“ ein bleibendes Verdienst.

Kaiser Joseph II. widmete sich mit geradezu selbstzerstörerischer Rastlosigkeit den Staatsgeschäften. Er kannte in der Verfolgung seiner Ziele keine persönliche Schonung. Die vielen beschwerlichen Reisen, die er unternahm, die monomanische Ausschließlichkeit, mit der er seine Aufgaben erfüllte, untergruben seine Gesundheit. Im Herbst 1788 kehrte der Kaiser von einem Türkenkrieg, auf dem er die Strapazen der einfachen Soldaten geteilt hatte, krank nach Wien zurück. Die ärztliche Behandlung, der er sich sofort unterzog, nutzte wenig. „Ich huste, ich speie, und das Atmen fällt mir schwer“, schrieb er an seinen Bruder Leopold. „Ich trinke Selterwasser und Ziegenmilch, aber ich merke nichts von einer Besserung. Das dauert jetzt schon acht Monate.“ Der Kaiser litt, wie man heute annimmt, an einer exsudativen Lungentuberkulose. Nach einer monatelangen Phase relativen Wohlbefindens machte der Krankheitsverlauf ab Jänner 1790 rapide Fortschritte. Ständiges Fieber, Hustenanfälle, Atemnot und Brustschmerzen peinigten den vom Tod gezeichneten Monarchen. Joseph, der um sein nahes Ende wußte, arbeitete unermüdlich weiter. Er regelte seine Nachfolge, traf Anordnungen, diktierte Briefe an seine Geschwister, an Freunde, an Zarin Katharina II., den Fürsten Kaunitz. Die Welt ringsum stand in Flammen. In Frankreich tobte die Revolution, die Niederlande und Ungarn rebellierten gegen das verhaßte kaiserliche Regime. In der Nacht vom 19. zum 20. Februar 1790 konnte Joseph, offenbar unter dem Einfluß schmerzstillender Mittel, einige Stunden ruhig schlafen. Um fünf Uhr morgens wachte er auf und verlangte nach seinem Beichtvater. Fünf Minuten später starb er. Er war knapp neunundvierzig Jahre alt geworden.

Der Kaiser wurde in der Uniform eines Feldmarschalls aufgebahrt und drei Tage später in einem einfachen, schmucklosen Kupfersarg zu Füßen der prunkvollen barokken Särge seiner Eltern in der Wiener Kapuzinergruft beigesetzt.

Die Regierungszeit Josephs II. stellt in der Herrschaftsabfolge des Hauses Habsburg(-Lothringen) eine tiefgreifende Zäsur dar. Das progressive Reformwerk des Kaisers hat durch zwei Jahrhunderte das soziale und geistige Leben unseres Landes beeinflußt. Joseph wurde damit, ideologisch gesehen, zum geistigen Ahnherren einer habsburgischen Linie, die, von den Regierungsgeschäften größtenteils (leider) ferngehalten, in Opposition zu den konservativen und restaurativen Kräften der Dynastie mit neuen Zielen und neuen Mitteln eine Revision des (monarchischen) Herrschaftsgedankens erstrebte. Die Aufklärer, die (liberalen) Nonkonformisten und die Republikaner unter den Habsburgern kamen nach Kaiser Leopold II., dem Nachfolger Josephs, nicht mehr zum Zug. Die bewahrenden, gegen die Zeit und die Zeitströmungen regierenden Mitglieder des Hauses Habsburg-Lothringen haben sich, letztlich zum Schaden des Staates und der Dynastie, durchgesetzt. Joseph II. freilich war seiner Zeit weit voraus. Er lebte hundert Jahre zu früh. Das war seine persönliche Tragik als Herrscher wie als Mensch.

Leopold II.

Der konstitutionell gesinnte Monarch

Vierzehn Tage vor seinem Tod, am 6. Februar 1790, schrieb Joseph II. an seinen Bruder Leopold, der seit einem Vierteljahrhundert in der Toskana herrschte, einen bewegenden Brief. „Ich beschwöre Dich bei Deiner Freundschaft für mich und bei Deiner Pflicht gegen die Staaten, welche Dir gehören werden und die das Erbteil unserer Väter wie Deiner Kinder bilden, jetzt aber rascher Hilfe bedürfen, Dich so schnell als nur irgend möglich hierher zu begeben. Ich kann nur dann ruhig sterben", setzte er fort, „wenn ich den Staat in den Händen seines Oberhauptes weiß ... Du kennst mein Herz, meine Freundschaft für Dich. Beurteile selbst den Trost, den es mir gewähren wird, Dich vor meinem Tod noch zu sehen."

Zwei Tage später forderte er den Bruder erneut dringend auf, rasch zu kommen. Leopold kam nicht. Er war einer Erkrankung halber nicht reisefähig. Das Nervenfieber und die fiebrige Erkältung mit nervösen Koliken, die die Reise nach Wien zunächst verhinderten, kamen dem Großherzog von Toskana nicht ungelegen. Er war froh, dem Sterben des Bruders und den anschließenden Begräbniszeremonien nicht beiwohnen zu müssen. Mit Joseph, dessen Regierungsstil er nicht guthieß, aus mancherlei Gründen nicht gutheißen konnte oder wollte, verbanden ihn höchstens äußerlich familiäre Beziehungen und Gefühle. Die beiden Brüder verkörperten bei gleichgerichteten ideologischen Grundsätzen ausgeprägte Wesengegensätze.

Nachdem Leopold in der Toskana einen Regentschaftsrat eingerichtet und ein paar Angelegenheiten, die die habsburgische Monarchie und das Heilige Römische Reich betrafen, geregelt hatte, brach er am 1. März 1790 von Florenz nach

Wien auf. Er sollte seine geliebte Arnostadt nur noch einmal wiedersehen. In der Kaisermetropole an der Donau erwartete den in der Toskana äußerst erfolgreich gewesenen Reformer die schwerste Aufgabe seines Lebens: die Konsolidierung des Habsburgerreiches nach dem Scheitern der Einheitsstaatsidee durch seinen glücklosen Vorgänger.

Leopold, der drittgeborene Sohn Maria Theresias und Franz Stephans von Lothringen, war sechs Jahre jünger als sein ältester Bruder Joseph. Er erblickte am 5. Mai 1747 im Schloß Schönbrunn das Licht der Welt. Die Freude über die Geburt eines Sohnes in der kaiserlichen Familie war groß, denn bei der hohen Kindersterblichkeit in der damaligen Zeit schien der Weiterbestand der Dynastie im Mannesstamm nun endgültig gesichert.

Die geistige Welt, in die Leopold hineingeboren wurde, war im Umbruch begriffen. Von Frankreich ausstrahlend, schlugen die Ideen der Aufklärung langsam auch im kaiserlichen Wien und in der Monarchie Wurzeln. 1748 erschien Charles de Montesquieus bedeutsames Werk „L'Esprit des lois" („Der Geist der Gesetze"), das in zwei Jahren zwanzig Auflagen erlebte. Das Buch, das in Österreich zunächst verboten war, wurde über Betreiben Gerard van Swietens 1753 von der Zensur zur Lektüre freigegeben. Es wurde Leopold von seinen Lehrern und Erziehern, wahrscheinlich auszugsweise und in vereinfachter Form, nahegebracht und übte auf dessen politisches Denken einen großen Einfluß aus. Nicht minder bedeutungsvoll für die geistige Entwicklung des Erzherzogs war das Werk des italienischen Geschichtsforschers Antonio Lodovico Muratori „Della publica felicità ogetto de' buoni principi" („Über das Glück der Allgemeinheit, den Gegenstand guter Grundsätze"), von dem wir bereits gehört haben. Muratori übte darin scharfe Kritik an den Auswüchsen der barocken Frömmigkeit mit ihrem überquellenden Stiftungswesen und ihrer übertriebenen Heiligen- und Reliquienverehrung. Er trat für eine Reduzierung der Feiertage ein und befürwortete ein sanftes, tolerantes Christentum. Sein aufgeklärter Reformkatholizismus hatte eine große geistige Strahlkraft, in deren Bannkreis auch Joseph und Leopold gerieten. Schließlich dürfte auch die „Enzyklopädie", das Standardwerk der französischen Aufklärung, dessen Erscheinen mit der Kindheit und Jugend Leopolds zusammenfiel, die Staatsauffassungen des Erzherzogs weitgehend beeinflußt haben.

Wie bei jedem anderen Menschen waren neben dem geistigen Umfeld Erbe und Erziehung die beiden wichtigsten Faktoren für die Entwicklung Leopolds. Über die pädagogische Einwirkung der *auch* die Familie und das Familienleben dominierenden Mutter auf den Drittgeborenen braucht man keine großen Worte zu machen. Maria Theresia hat ihm wie den übrigen Kindern Gottesliebe und Pflichtbewußtsein eingeschärft, sie hat seine Erziehung bestimmt und überwacht – wir werden darauf noch zurückkommen – und ihm auch noch Ratschläge erteilt, ihn gelobt, ermahnt und getadelt, als er bereits erwachsen war und selbst eine Schar von Kindern hatte. Während sie mit Joseph nur schlecht und recht zurechtkam, ihr die Töchter auf den Thronen Frankreichs, Neapels und Parmas mehr als einmal Kummer bereiteten, hatte sie an Leopold im großen und ganzen nicht allzuviel auszusetzen. Gleichwohl geriet der sanfte, tiefsinnige Leopold eher dem Vater nach. Er erbte dessen ausgeprägte Neigung für alles Technische, seinen Sinn und seine Begabung für Wirtschafts- und Finanzfragen. Auch Leopolds Hang zur Melancholie, seine Abneigung gegen Prunk- und Prachtentfaltung, seine Vorliebe für bürgerliche Einfachheit waren ein Erbe Franz Stephans. Schließlich dürfte auch die religiöse Vorstellungswelt des Erzherzogs vom Aufklärungskatholizismus des Vaters, der mit jansenistischen und freimaurerischen Vorstellungen durchsetzt war, stark beeinflußt worden sein. Die strenge Erfüllung der religiösen Pflichten, wie der tägliche Messebesuch und das häufige Empfangen des Altarsakramentes, waren sowohl für Joseph wie für Leopold eine Selbstverständlichkeit.

Eines der einschneidendsten Ereignisse im Leben des jungen Leopold, das seine charakterliche Entwicklung und seine künftige Stellung im Rahmen des Erzhauses mitbestimmte, war der Tod seines um zwei Jahre älteren Bruders Karl im Jahre 1761. Der damals Vierzehnjährige verlor mit Karl seine wichtigste geschwisterliche Bezugsperson, denn weder der sechs Jahre ältere Joseph noch sein Bruder Ferdinand, der um sieben Jahre jünger war als er, eigneten sich wegen des zu großen Altersunterschiedes als vertraute Jugend- und Spielgeführten. So wuchs Leopold in der Krise der Pubertätszeit ohne gleichaltrige Kontaktperson, ohne einen brüderlichen Freund auf, was seinen Hang zur Nachdenklichkeit und zur Melancholie möglicherweise verstärkt hat.

Der Tod des Bruders veränderte auch seine Position innerhalb der Familie. War Leopold bislang als Souverän des Herzogtums Modena vorgesehen gewesen, so fiel ihm jetzt als künftiger Herrschaftsbereich die größere und bedeutendere Toskana zu. Diese Veränderung der Aufgabenstellung innerhalb der Dynastie machte auch eine Neuordnung der Erziehung notwendig. Als Instrukteur des kleinen Leopold wirkte zunächst ein gewisser Jakob Sauboin, dessen freie und moderne Erziehungsmethoden der Erzherzog so sehr schätzen lernte, daß er ihm später in Florenz die Erziehung seiner Söhne anvertraute. Sauboin und Leopolds zweiter Lehrer, Jean Brasseur, wurden von Franz Stephan ausgewählt. Die Erziehung des Vierzehnjährigen, die bisher formell vom Ajo des Thronfolgers, Feldmarschall Graf Karl Batthyány, geleitet worden war, wurde Mitte August 1761 in die Hände von General Graf Franz Thurn gelegt. Sein jüngerer Bruder Anton wurde Leopolds Kammerherr. Die Brüder Thurn, die den jungen Erzherzog in der entscheidenden Entwicklungsphase zwischen dem vierzehnten und achtzehnten Lebensjahr prägten, waren gebildete Offiziere und neigten der herrschenden Geistesströmung der Zeit, der Aufklärung, zu. Ungefähr zur selben Zeit, als Franz Thurn seine erzieherische Tätigkeit aufnahm, begann die Unterweisung Leopolds in Staats-, Natur- und Völkerrecht durch den prominenten Rechtslehrer Carl Anton von Martini. Martini stammte aus dem Trentino. Er studierte bei Paul Josef Riegger in Innsbruck das Naturrecht und erhielt 1754 den für diese Disziplin neu errichteten Lehrstuhl an der Wiener Universität. Wie sein Lehrer einem Freimaurerorden angehörend, stand Martini mit seinen staats- und naturrechtlichen Auffassungen fest auf dem Boden der Aufklärung. Er war ein Verfechter der sogenannten „Vertragstheorie“, die den Staat als eine von den Menschen durch Abschluß eines Gesellschafts- oder Unterwerfungsvertrages geschaffene künstliche Organisation ansah, deren Hauptzweck die Regelung des Zusammenlebens ist. Für ein von Gott stammendes Recht, für ein Gottesgnadentum des Regenten, war in dieser Rechtsauffassung kein Platz. Martini betonte die Verantwortung des Fürsten gegenüber dem Volk, seine Verpflichtung, sich für das öffentliche Wohl einzusetzen. In der Frage des Verhältnisses zwischen Staat und Kirche vertrat er den Standpunkt, daß der Herrscher die Religion vor Angriffen zu schützen habe. Andererseits stehe ihm das Recht zu, die Zahl der Priester und Ordensleute zu verringern, Feiertage und Prozessionen im öffentlichen Interesse einzuschränken, in den Ritus einzugreifen, einer übermäßigen kirchlichen Bautätigkeit zu begegnen. Martinis theoretische Überlegungen und Postulate sind später von Joseph II. und Leopold II. in die kirchenpolitische Tat umgesetzt worden.

Ob Maria Theresia die weltanschauliche Position der Erzieher ihrer Kinder genau gekannt oder richtig eingeschätzt hat, steht zur Debatte. Jedenfalls hat sie wie im Falle ihres erstgeborenen Sohnes auch dem Erzieher Leopolds, Graf Franz Thurn, genaue pädagogische Anweisungen erteilt und dabei mit großartiger Menschenkenntnis ein Persönlichkeitsbild des Erzherzogs entworfen. „Er ist träge und faul", heißt es da, „in diesem Punkt müssen Sie mit Genauigkeit arbeiten. Sie müssen sehr darauf achten, daß er sich, sitzend, stehend oder gehend, ohne Verrenkungen hält, denn in seinem Alter nehmen junge Leute oft eine Gewohnheit an, die ihnen dann für immer bleibt. Er ist ganz voll derartiger Unarten."

„Was den Geist und das Herz betrifft", fuhr sie beratend fort, „so müssen sie sich vor allem darum bemühen, seine Veranlagung und seine Neigungen gründlich zu studieren, um seine Begabungen fruchtbar zu machen und sogar geschickt einen Vorteil aus seinen Schwächen und Fehlern zu ziehen, mit dem äußersten Bemühen, sie auszureißen und zu erstikken, sowohl durch Ermahnung wie durch Gewohnheit. Man darf ihm keinerlei Vertraulichkeit mit irgend jemandem gestatten, wohl aber Höflichkeit gegen jedermann empfehlen ... Er ist sehr empfänglich für Vorurteile", wußte sie dem Ajo weiter mitzuteilen, „und er gibt sie nur schwer auf, da er von sich selbst eine zu gute Meinung hat und es nicht liebt, um Rat zu fragen und diesen zu befolgen." Nach dieser strengen mütterlichen Kritik widmete sie sich den Vorzügen des Knaben. „Leopold hat von Natur ein gutes, großmütiges und mitleidiges Herz", schrieb sie. „Er ist wissensdurstig und möchte sich sogar in die abstraktesten Materien vertiefen. Er ist recht geschickt in seinen Aufgaben, aber er hat zugleich eine falsche Scham, die ihm unendlich schadet. Er sucht seine Ziele durch Listen und auf krummen Wegen zu erreichen, die man ihm nicht angehen lassen darf. Ich wünschte, daß er in Miene und Haltung freier, offener und sicherer wäre, in Aussprache und Stimme weniger grob, in Benehmen und Ausdrucksweise gewinnender. Er liebt sehr die kleinen Leute und die Platitüden. Er möchte gerne höflich sein, aber er weiß sich noch gar nicht dementsprechend zu benehmen."

Es komme, stellte die Herrscherin weiter fest, nicht so sehr auf den Lehrstoff und die Unterrichtsstunden an, sondern auf die Formung seines Charakters, vornehmlich in freundschaftlichen Gesprächen; deshalb, so ordnete sie an, „werden Sie hauptsächlich versuchen, ihn zu Debatten mit Ihnen aufzumuntern, und ihn daran zu gewöhnen, selbst über seine Zukunft nachzudenken."

Mit diesen Zeilen nahm Maria Theresia pädagogische Zielvorstellungen des 20. Jahrhunderts vorweg. Abschließend erteilte sie Thurn den Auftrag, dem Knaben begreiflich zu machen, „wie wichtig es für ihn ist, am Waffenhandwerk Geschmack zu gewinnen und sich in dieser Wissenschaft auszubilden, da das der einzige Weg ist, auf dem ein Prinz von seiner Herkunft sich der Monarchie nützlich erweisen, in der Welt glänzen und besonders meine Liebe erwerben kann." Thurn, der bald das Vertrauen seines Schützlings gewann, blieb in dieser Hinsicht der Erfolg versagt. Leopold hatte zeitlebens für das Militär nur sehr wenig übrig.

Graf Franz Thurn war zunächst von seiner neuen Aufgabe wenig begeistert, ja, er empfand sie sogar als lästig. Er widmete sich seinem Aufgabenbereich jedoch mit so viel Fleiß und Eifer, daß ihm schon sehr bald die Anerkennung der Kaiserin zuteil wurde.

Neun Monate nach Übernahme seiner Erziehertätigkeit erstattete der Graf den Eltern einen ausführlichen Bericht über seine bisherige Arbeit, in dem er die erreichten Erziehungsfortschritte den noch immer vorhandenen Mängeln und Fehlhaltungen seines Zöglings gegenüberstellte. Das aufschlußreiche Dokument würde man heute als Psychogramm eines pubertierenden Knaben bezeichnen und werten. Thurn bemängelte vor allem, daß Leopold sein Äußeres vernachlässige, sich im Umgang mit Domestiken des Wiener Dialektes bediene, spucke und Nägel beiße. Sein Auftreten sei aber sicherer geworden, er beginne sich zu bemühen, liebenswürdig zu erscheinen und zeige ein wachsendes Bemühen nach vernünftiger Unterhaltung. Über die Studienfortschritte seines Schützlings berichtete er: „Seine Königliche Hoheit beherrscht sehr gut die französische, die deutsche und die lateinische Sprache und ein wenig die böhmische, ist aber nicht sehr stark in der Kunst, sich schriftlich auszudrücken; er ist sehr gut in Religion, weltlicher und kirchlicher Geschichte, Geographie und Naturgeschichte. Er ist sehr gut in Physik unterrichtet und in den ihn gelehrten Teilen der Rechtskunde. Er versteht genügend von Mechanik und besitzt mehrere schöne Kenntnisse; unter anderem ein besonderes Talent, gut zu rechnen und sich dadurch in der Gesellschaft sehr beliebt zu machen. Er kennt gut seine Mathematik, und man braucht ihm nur mehr die Praxis jener, die sich auf Kriegskunst bezieht, beizubringen."

Maria Theresia gab die wichtigsten Punkte des Erziehungsberichtes an ihren Sohn mit mütterlichen Ermahnungen weiter. Leopold anerkannte die Berechtigung der Vorwürfe und versprach Besserung. Die körperliche und geistige Entwicklung des Erzherzogs nahm in den folgenden Jahren allerdings nur langsam einen zufriedenstellenden Verlauf.

Am 12. Jänner 1765 verzichtete Joseph II. in einem feierlichen Renunziationsakt zugunsten seines Bruders auf die Herrschaft in der Toskana. Für Leopold, der bereits zwei Jahre zuvor mit Maria Luisa, der Tochter des spanischen Königs Karl III., verlobt worden war, begann nun ein neuer Lebensabschnitt. Kaiservater Franz Stephan hielt es für angezeigt, dem Sohn für die bevorstehenden Regenten- und Ehepflichten schriftlich Ratschläge zu erteilen. Er empfahl ihm tägliche Gewissenserforschung, schärfte ihm ein, den eigenen Wünschen und Vorurteilen zu mißtrauen, warnte ihn vor Schmeichlern und ermahnte ihn zur Eintracht in der Familie und zur Unterordnung unter das Familienoberhaupt. Als vorrangige Herrschertugenden bezeichnete der lebenserfahrene

Franz Stephan Milde, Sanftmut und Höflichkeit. Sie seien, meinte er, auch die wichtigsten Eigenschaften für eine glückliche Ehe.

Die Empfehlungen und Ermahnungen des Vaters fielen bei Leopold, dessen religiöse und politische Grundsätze mit jenen des Kaisers im wesentlichen übereinstimmten, auf fruchtbaren Boden. Seine sanfte, weise Herrschaft wurde von den meisten seiner toskanischen Untertanen später sehr geschätzt, seine Ehe, der sechzehn Kinder entstammten, war im Vergleich mit anderen Fürstenehen der Zeit harmonisch und glücklich.

Die Hochzeitsfeierlichkeiten des Erzherzogs mit seiner spanischen Braut fanden im August 1765 in Innsbruck statt. Sie wurden durch eine Erkrankung Leopolds und den Tod Franz Stephans, der vermutlich einem Herzinfarkt zum Opfer fiel, überschattet. Die Abreise des jungen Paares war für den 30. August vorgesehen. Trotz des ungeheuren Schmerzes, den sie über das Ableben des geliebten Gemahls empfand, fühlte sich Maria Theresia verpflichtet, ihrem drittgeborenen Sohn ausführliche Anweisungen für seine zukünftigen Aufgaben als Souverän mit auf den Weg zu geben. Die Instruktionen der Kaiserin sind so ausführlich und umfassend, daß ihr Inhalt im Rahmen dieser kurzen biographischen Skizze auch nicht annähernd wiedergegeben werden kann.

Um Zeit für seine Beobachtungen zu gewinnen, solle er zunächst alles so belassen, wie es sein Vater eingerichtet habe, riet ihm die Mutter eingangs und empfahl ihm, sich vor den „kleinen Leuten" zu hüten. Er sei ihr Souverän und solle sich keine Vertraulichkeit und Scherze mit ihnen erlauben. Leopolds Neigung zur Verachtung der Etikette war offenbar ihre größte Sorge. Er dürfe an seinem Hof keine Unordnung, keinen Skandal dulden, solle die Vorschriften der Religion beobachten und seinem Volk ein gutes Beispiel geben. Feste Tage für die Staatsgeschäfte und die Audienzen seien nützlich, meinte sie dann, die Justiz sei eine der wichtigsten Verpflichtungen eines Herrschers. Er müsse die Gesetze beachten und die Schuldigen bestrafen. Er solle in kleinen Dingen Entgegenkommen zeigen, um sich in den großen Fragen seine eigene Stellungnahme vorbehalten zu können, sich nie erregen und nie etwas befehlen: Man erreiche damit nichts. Man müsse bessern und strafen können, ohne heftig zu werden. Und wörtlich meinte sie dann: „Wenn du von den Pfaden der Tugend und der Vernunft abweichst, wirst du sehr viel schuldiger sein als ein anderer. Suche deine Pflichten als Souverän, als Vater deiner Völker gut zu erfüllen. Sei ständig besorgt um ihr Wohlergehen, um ihnen zu helfen, sie zu unterstützen, sie zu ermutigen."

Dieser allgemeinen Instruktion war eine Unterweisung über die Religion angeschlossen, in der die Kaiserin die zu beachtenden Pflichten aufzählte: Empfang der heiligen Sakramente wenigstens einmal im Monat, Fasten am Vorabend der Marienfeiertage, Beichten, auch ohne zu kommunizieren, alle acht oder mindestens alle vierzehn Tage, namentlich an Sonntagen, täglicher Besuch der heiligen Messe, abends Rosenkranz, beim Morgengebet täglich eine geistliche Lesung, zu Ostern Beichte „über ein Jahr her", am Ende des Jahres, nach der Übung des Wiener Hofes, eine dreitägige Einkehr, ebenso völlige Einsamkeit am Geburts-, Namens- und Todestag seines Vaters, in der Karwoche öffentliche Kommunion des ganzen Hofes, nach Wiener Brauch am Gründonnerstag „öffentliche Fußwaschung an zwölf armen Greisen durch den Großherzog, an zwölf Greisinnen durch die Großherzogin".

Abschließend erteilte die besorgte Mutter dem Sohn medizinische Ratschläge und regelte das gesamte Gesundheitswesen am Hof zu Florenz. „Krankheiten werden uns von Gott auferlegt", schrieb sie, „um unsere Tage zu beschließen oder, was häufig geschieht, uns zu prüfen, wenn wir uns im Glück vergessen. Wenn man sich von Anfang an des besten Arztes vergewissert, so soll man sich ihm völlig anvertrauen, zumal wenn er ein guter Christ und Ehrenmann ist." Nach diesen grundsätzlichen Feststellungen nahm sie sich Leopold ganz persönlich vor. „Wenn Ihr in Laxenburg die Schwächeanfälle, die Ihr dort hattet, eingestanden hättet", klagte sie, „wäret Ihr kaum in den jetzigen Zustand geraten, der die Hochzeit in Tränen verwandelt hat und dessen Spuren Ihr noch lange zu fühlen haben werdet. Ihr werdet viel Zeit und Schonung brauchen, um ganz wiederhergestellt zu sein ... Euer Körper ist geschwächt, mutet ihm nicht zu viel zu und bedenket, daß Ihr weniger bei Kräften seid als ein anderer. Doch wenn Ihr die guten Ratschläge befolgt, mäßig lebt, nichts verheimlicht, wenn Ihr bei einer Krankheit Euch ganz ruhig verhaltet und das Übel hinnehmt als aus Gottes Hand ..., dann hoffe ich, Euch noch als einen gesunden und kräftigen Fürsten zu erleben. Dabei möchte ich Euch nicht verschweigen, daß Ihr Euch mehr als jeder andere in acht nehmen müßt, da Ihr weder die Blattern noch die Masern gehabt habt und deshalb alles bei Euch mit größerer Vorsicht zu nehmen ist."

Mit diesen nützlichen Ratschlägen und einer langen Reihe von präzisen, konkreten Anweisungen versorgt, trat Leopold mit seiner jungen Frau und einem kleinen Hofstaat, wie vorgesehen, am 30. August 1765 die Reise nach Florenz an. Er sollte dem Land, das er zu regieren bestimmt war, in den nächsten 25 Jahren den Stempel seiner unverwechselbaren Persönlichkeit aufdrücken.

Das Großherzogtum Toskana war zur Zeit, als Leopold die Herrschaft antrat, mit etwas mehr als zwanzigtausend Quadratkilometern ungefähr so groß wie die Steiermark. Es zählte 1765 nicht ganz eine Million Einwohner. Der Kleinstaat mit der Hauptstadt Florenz und den anderen Stadtrepubliken hatte zwischen dem 13. und dem 17. Jahrhundert im Kultur- und Geistesleben Europas eine hervorragende Rolle gespielt. Durch das großzügige Mäzenatentum der Medici, die durch Handel und Geldgeschäfte zu Reichtum und Ansehen gelangt waren, war Florenz im 15. und 16. Jahrhundert ein Mittelpunkt der italienischen Renaissance, ein geistiges Zentrum von immenser Strahlkraft gewesen, das schöpferische Persönlichkeiten vom Schlage Michelangelos, Leonardo da Vincis, Donatellos und Macchiavellis in seinen Mauern beherbergte, um nur einige der Größten zu nennen. Unter der Herrschaft der letzten Mediceer verlor der Stadtstaat im ausgehenden 17. Jahrhundert sehr an Bedeutung. Dennoch war das geistige Leben nie zur Gänze erloschen. Auf dem Gebiet der Naturwissenschaften wurde die große Tradition Galileis fortgeführt, aber auch in den Geistes- und Wirtschaftswissenschaften leisteten die toskanischen Akademien Ersprießliches. Die günstige geographische Lage in der Mitte Italiens und das nachwirkende kulturelle Prestige trugen im 18. Jahrhundert zur Verlebendigung des geistigen Klimas in Florenz und in den Universitätsstädten Siena und Pisa bei. Aus Frankreich und England fanden aufklärerische Ideen und neue religiöse Strömungen Eingang in das Land.

Wirtschaftlich und politisch sah der Zustand der Toskana weniger erfreulich aus. Das Land war keine politische Einheit. Die Bewohner, allen voran das städtische Patriziat, die Beamtenschaft und die Geistlichkeit, erhofften sich daher vom Wechsel der Dynastie, der 1737 eintrat, eine Besserung vor allem der wirtschaftlichen Situation. Nach dem Erlöschen der mediceischen Linie im Mannesstamm kam das Großherzogtum an Franz Stephan von Lothringen. Dieser hielt sich 1739 mit Maria Theresia etwas mehr als drei Monate in Florenz auf, ließ aber in den darauffolgenden Jahren das Land von einer Regentschaft regieren. Die landesherrlichen Einkünfte flossen nach Wien, die notwendigen tiefgreifenden Reformen auf vielen Gebieten blieben aus. Wohl brachte die habsburgisch-lothringische Herrschaft gegenüber der mediceischen Zeit so manche Besserung, aber die Enttäuschung und die Unzufriedenheit mit dem Regime Franz Stephans waren in der Toskana unüberhörbar. Und so konzentrierten sich viele Hoffnungen auf den neuen Regenten, den jungen Leopold, als dieser am Morgen des 13. September 1765 unter dem Jubel der Bevölkerung in Florenz einzog.

Leopolds Regierungsantritt sowie seine ersten Maßnahmen waren vollkommen unspektakulär. Der neue Herrscher vermied jedwede Prunkentfaltung. Er verfügte eine Amnestie für Verbrecher und ließ an die Armen von Florenz zweitausend Scudi verteilen. Erst nach der Hoftrauer für den verstorbenen Vater und nach dem Ende der Fastenzeit fand am 31. März 1766 im Palazzo Vecchio die Huldigung der Untertanen statt. Einige Wochen später traten Leopold und seine Gemahlin eine Reise durch das Land an. Sie besichtigten Kirchen und Museen, wohnten Theateraufführungen und sportlichen Wettkämpfen bei, die ihnen zu Ehren gegeben wurden, und besuchten Spitäler und Waisenhäuser. Auf dieser und auf späteren Reisen lernten sie die wichtigsten Landschaften und Städte ihres Herrschaftsgebietes kennen und erhielten einen persönlichen Einblick in die Probleme und Nöte der Bevölkerung. Leopold erkannte auf diesen Fahrten durch sein Land auch die Notwendigkeit einer umfassenden Staats- und Verwaltungsreform. Im Gegensatz zu seinem Bruder Joseph und

Stadtansicht von Florenz (19. Jh.)

seinem bedächtigen Naturell entsprechend, überstürzte er jedoch nichts. Er ließ sich vor jeder Maßnahme, vor jeder Entscheidung von Experten und erfahrenen Staatsmännern beraten, hörte sich ihre divergierenden Ansichten geduldig an und wog das Für und Wider sorgfältig ab, ehe er sich eine persönliche Meinung bildete.

Als vordringlichste Maßnahme sahen der junge Großherzog und Graf Franz Rosenberg, der den am 9. Februar 1766 verstorbenen Franz Thurn als Leiter der toskanischen Regierung abgelöst hatte, Reformen auf dem Gebiete der Landwirtschaft an. Die Hungersnot der Jahre 1763/64 und die Mißernte von 1766 zwangen zu energischen Maßnahmen. Leopold und seine Berater begegneten der Notlage durch den Ankauf von Getreide im Ausland und die befristete Freigabe des Getreidehandels. Der 18. September 1767 brachte dann den endgültigen Sieg der Freihandelslehre in der Agrarpolitik. „Da uns bekannt ist, wie schädlich und drückend für das Volk die Steuern und Monopole sind, denen die Herstellung und der Verkauf des Brotes unterliegen“, hieß es im Einleitungspassus des für die damalige Zeit bahnbrechenden Gesetzes, „so haben wir beschlossen, mehrere Erleichterungen und Freiheiten zu gewähren, nicht nur für Herstellung, Verkauf und Transport des Brotes, sondern auch für den Handel, Verkauf und Transport von Weizen, Korn und deren Mehl, die wir auf jede mögliche Weise zur Förderung des Anbaus in unseren Staaten zu begünstigen und zu ermuntern wünschen."

Als Entscheidungsgrundlage für weitere Reformmaßnahmen sollte eine statistische Erhebung über die landwirtschaftlichen Verhältnisse des Landes dienen, die der Großherzog Ende 1766 anordnete. Mit der Durchführung wurde eine Kommission von Fachleuten betraut, deren Mitglieder Vorschläge für Änderungen in den verschiedensten Wirtschaftszweigen ausarbeiteten. Die Reformpolitik Leopolds wurde auf diese Weise in den Grundzügen abgesteckt und in den folgenden zwei Jahrzehnten Zug um Zug verwirklicht. Um die Ausarbeitung und Realisierung des leopoldinischen Reformwerkes hat sich vor allem der „Innenminister" des Großherzogs, Pompeo Neri, verdient gemacht.

Zu den wichtigsten Voraussetzungen für die spätere Wirtschafts-, Sozial- und Kirchenpolitik Leopolds gehörten zwei Reformmaßnahmen, die Leopold 1768/69 durchführte. Der Großherzog hob die sogenannte Generalpacht auf, mittels der sich die toskanischen Landesfürsten nach Verpachtung der Einkünfte aus Steuern, Zöllen und Abgaben an Private ihr Geld verschafften, und verhinderte mit dem Amortisationsgesetz ein weiteres Anwachsen des Grundbesitzes der Kirche durch fromme Stiftungen. Das Gesetz sollte auch eine gerechtere Verteilung des Kirchenbesitzes zugunsten des Säkularklerus auf Kosten der Orden bewirken. Es verfolgte somit im wesentlichen das Ziel, das Joseph in Österreich durch die Klösteraufhebung erreichte. Leopold ging freilich wesentlich klüger und behutsamer ans Werk als der kompromißlose Kaiser.

Schon nach wenigen Jahren seiner Herrschaft in der Toskana gewann Leopold zusehends an Selbstvertrauen und entwickelte eine für eine Persönlichkeit von etwas mehr als zwanzig Jahren erstaunlich reife Lebens- und Weltschau. In einem Brief an Joseph vom 11. August 1768 philosophierte er: „Der Mensch ist geschaffen, um zu denken und nachzudenken, und man ist so angefüllt mit Geschäften und notwendigen Zer-

Florenz: Gartenansicht des Palazzo Pitti

streuungen, an denen man wegen der Öffentlichkeit teilnehmen muß, daß wir fast unser ganzes Leben lang nur an andere denken und fast nie Zeit haben, an uns selbst zu denken, und es ist doch nur auf diese Weise, daß man gut über die anderen denken lernt ..."

Die geistige Sammlung, das Überdenken der gemachten Erfahrung und die Planung des nächsten Schrittes: das waren die Maximen, von denen sich die Regierungskunst Leopolds leiten ließ.

Nicht nur im staatlichen, auch im familiären Bereich ging für den jungen Großherzog vieles nach Wunsch. Im Palazzo Pitti, dem Regierungssitz der großherzoglichen Familie, kamen mit schöner Regelmäßigkeit Kinder zur Welt. Der Mitregent in Wien registrierte es mit unbefangen-heiterer Freude und Offenheit. „Deine Gemahlin ist wieder guter Hoffnung", schrieb er dem Bruder 1768, „fahre fort, gesunde Kinder in die Welt zu setzen, die Dir ähnlich sind, Du kannst mich Dir nicht inniger verpflichten, sie werden immer die meinigen bei jeder Gelegenheit sein, dem Staat ist gedient und ich bin der Verpflichtung enthoben, eine Frau zu haben, was ein Zustand ist, den ich verabscheue". Zwanzig Jahre später, nach der Geburt des sechzehnten Kindes, formulierte er ein wenig neidisch und vorwurfsvoll: „Möge der kleine Rudolf den Abschluß Deiner Fruchtbarkeit bilden! Zehn lebende Buben, davon der älteste schon verheiratet, sind wohl ausreichend, um die Thronfolge des Hauses sicherzustellen."

Der verheiratete älteste Sohn Leopolds war übrigens Franz, der als der „Biedermeierkaiser" (1792–1835) und der „gute Kaiser Franz" in die Geschichte eingegangen ist.

In den Jahren 1769 und 1770 führte Leopold weitere kleine Reformvorhaben durch. So hob er das geistliche Asylrecht auf, unterstellte die Klostergefängnisse weltlichen Gerichten und ließ Vorarbeiten für die Einführung der Gewerbefreiheit durchführen. Der junge Großherzog, der sich mit Eifer und Fleiß seinen Aufgaben widmete, spielte sich mehr und mehr von den Einflüssen seiner Ratgeber frei. Als Graf Franz Rosenberg mit Ende des Jahres 1770 seinen Dienst in Florenz quittierte und nach Wien zurückkehrte, übernahm Leopold mit starker Hand das Kommando. Damit begann nach der Zeit seiner Lehrjahre die Ära seiner Selbstregierung.

Am 25. Jänner 1790, einen Monat vor dem Tod Josephs, schrieb Leopold seiner Schwester Marie Christine, mit der er seit langem eifrig korrespondierte, einen Brief, in dem er seine staats- und kirchenpolitischen Grundsätze darlegte. „Ich glaube", formulierte der kluge, besonnene Großherzog im staatspolitischen Teil des Schreibens, das man als Bekenntnisschrift werten kann, „daß der Souverän, selbst der erbliche, nur der Delegierte des Volkes ist, für das er bestellt ist, und daß er diesem alle seine Sorgen, Mühen und Nachtwachen widmen soll; daß jedes Land ein Grundgesetz oder einen Vertrag zwischen dem Volk und dem Souverän haben soll, welches die Autorität und die Macht des letzteren beschränkt; daß wenn der Souverän dieses Gesetz nicht hält, er tatsächlich auf seine Stellung verzichtet, welche ihm nur unter der Bedingung verliehen wurde, und daß man nicht mehr verpflichtet ist, ihm zu gehorchen; daß die ausübende Gewalt dem Souverän, die gesetzgebende aber dem Volk und seinen Vertretern zusteht und daß dieses bei jedem Thronwechsel neue Bedingungen stellen kann. Daß der Souverän sich weder direkt noch indirekt in die Zivil- oder Kriminalgerichtsbarkeit einmischen, ihre Formen und Strafen nicht ändern, keine Aufträge und Delegierungen usw. erteilen darf; daß der Souverän dem Volke jährlich eine genaue Rechnung über die Verwendung der öffentlichen Einkünfte und Finanzen schuldet, daß er nicht das Recht hat, willkürlich irgendwelche Steuern, Zölle und Gebühren aufzuerlegen; daß die Anordnungen des Souveräns erst Gesetzeskraft erhalten und zum Gehorsam verpflichten nach der Zustimmung der Stände; daß das Militär nur zur Landesverteidigung verwendet werden darf und niemals gegen das Volk. Daß niemand verhaftet oder abgeurteilt werden darf, außer auf Befehl der ordentlichen Richter und nach den ordentlichen Formen und öffentlich, aber niemals durch irgendeinen willkürlichen Befehl, selbst nicht von seiten des Souveräns selbst." Und er schloß diesen Teil seiner Ausführungen mit dem bedeutungsvollen Satz: „Denn der einzige Zweck der Gesellschaften und Regierungen ist das Glück ihrer Individuen."

Die Ideen, die Leopold in diesem Schreiben zum Ausdruck brachte, waren das Ergebnis eines langjährigen geistigen Reifeprozesses. Sie reflektierten das Weltbild eines konstitutionell gesinnten Regenten, der sich die Auffassungen und (progressiven) Forderungen der Staatsdenker seiner Zeit zu eigen gemacht hatte. Leopold, der „sovrano filosofo" (Philosophenfürst), wie man ihn später nannte, hat in der Toskana nicht alle diese Ideen in die Tat umsetzen können. Er regierte nicht konstitutionell, da das Verfassungsprojekt, das er ausarbeiten ließ – wir werden darauf noch zurückkommen –, auf dem Papier blieb. Aber das umfangreiche Reformwerk, das er in seinem Großherzogtum durchführte und mit dem er die Toskana zu einem modern verwalteten Flächenstaat, zu einem der fortschrittlichsten Länder Europas machte, ist von diesen Absichten, vom humanitären Glauben an eine vernünftigere und gerechtere Gesellschaftsordnung durchflutet.

Nach der Aufhebung der Kornpreisregelung setzte Leopold weitere Maßnahmen auf dem Sektor der Agrarpolitik. Die Frondienste der Bauern wurden abgelöst, bedrückende Gewohnheitsrechte des Adels, wie zum Beispiel das Weiderecht auf zum Ackerbau geeignetem Land, aufgehoben. Unter Einsatz beträchtlicher Geldmittel wurde unfruchtbarer

Boden für die Landwirtschaft nutzbar gemacht und den Bauern zur Kultivierung und Besiedlung übergeben. Dieser Bodenmeliorisation waren aber durch die unzureichenden technischen Möglichkeiten der Zeit Grenzen gesetzt. So blieb etwa die völlige Sanierung des malariaverseuchten Gebietes südlich von Siena einer späteren Epoche vorbehalten. Leopolds wichtigstes Anliegen auf agrarischem Gebiet war die Aufteilung großer Ländereien in kleine Bauerngüter. Er selbst ging hiebei dem großgrundbesitzenden Adel und der Kirche, von denen Widerstand gegen diese Maßnahme zu erwarten war und auch kam, mit gutem Beispiel voran. Der Bodenreform des Großherzogs war freilich trotz bester Absichten kein voller Erfolg beschieden. Die kleinen Bauerngüter waren krisenanfällig. Sie konnten sich im Falle von Mißernten und Naturkatastrophen gegenüber der Konkurrenz der Großgrundbesitzer nicht behaupten und wurden vielfach von diesen wieder aufgekauft. Leopold hat diese Entwicklung, die er nicht zu steuern vermochte, mit Ärger und Entrüstung beobachtet.

Hand in Hand mit der Agrarreform ging eine umfangreiche Reform der Wirtschaft, deren Kernstück die Beseitigung aller Binnen- und Zwischenzölle, der Mauten und Sonderabgaben war. Das seit Jahrhunderten bestehende Zunftsystem und die Zunftgerichtsbarkeit wurden aufgehoben. Es war nunmehr jedem Bürger möglich, einen Beruf seiner Wahl zu ergreifen.

Die besondere Liebe des Erzherzogs gehörte dem Ausbau der Straßen. Leopold, der oft und gerne reiste, kannte sein Land ganz genau und wußte daher aus persönlicher Anschauung, wo eine Verbesserung der Verkehrs- und Handelswege nottat. Das verhältnismäßig dichte Netz von Verkehrsadern, das er anlegen ließ, legte sich über die gesamte Toskana und verband das Land mit dem Kirchenstaat und den im Norden angrenzenden Fürstentümern Parma und Modena.

Der wirtschaftlichen Vereinheitlichung, die Leopold mit allen diesen Maßnahmen erreichen wollte, entsprach die administrative. Durch eine neue Gemeindeordnung und den rationellen Aufbau der Verwaltung von der Gemeinde bis zur Spitze des Staates machte der Großherzog die Toskana gegen zähen Widerstand zu einem modernen Einheits- und Flächenstaat. Der Neustrukturierung der Behördenorganisation folgte konsequenterweise die Neuorganisation des Justizwesens. Nach einer Reihe von vorangegangenen Edikten, deren vorbereitender Charakter unverkennbar war, erließ Leopold am 30. November 1786 ein neues Strafgesetzbuch. Es wurde später in mehrere Sprachen übersetzt und von den größten Denkern der Zeit als Musterbeispiel humanitärer Gesinnung gerühmt. Die „Constitutio Criminalis Leopoldina" atmete den Geist des großen italienischen Rechtsgelehrten Cesare Beccaria, Verfasser des Buchs „Dei delitti e delle pene" (Von den Verbrechen und Strafen). Es enthielt im Sinne der Humanisierung des Strafrechtes eine Reihe für die damalige Zeit revolutionärer Bestimmungen. Die Todesstrafe wurde abgeschafft, die Tortur verboten. Die Möglichkeit der Vermögenseinziehung wurde gestrichen, der Tatbestand des Majestätsverbrechens aufgehoben. Die Abschaffung der Gerichtsgebühren ermöglichte es fortan jedem Staatsbürger, sein Recht vor Gericht ohne finanzielle Belastung zu suchen. Durch die Beseitigung der Privilegien des Adels und der Geistlichkeit wurde dem Gedanken der Gleichheit aller Bürger vor dem Gesetz zum Durchbruch verholfen. Das Untersuchungsverfahren und das Strafrechtsurteil mußten öffentlich erfolgen, eine Verhaftung durfte, außer beim Delikt in flagranti, nur nach einem richterlichen Befehl vorgenommen werden. Der Richterstand sollte unabhängig und bestens ausgebildet sein. Den Richtern wurde es untersagt, sich durch Nebeneinkünfte zusätzliche Bezüge zu verschaffen. Die Strafen wurden gemildert, ihr Ausmaß reichte von der Geldstrafe über Pranger und öffentliche Züchtigung bis zur lebenslänglichen Haft.

Der leopoldinische Kriminalkodex war ein Meilenstein auf dem Weg zur modernen Rechtsstaatlichkeit. Er hat gehalten, was sich sein Urheber von ihm erwartet hat: Durch die Humanisierung des Strafrechtes ging die Zahl der Verbrechen in der Toskana merkbar zurück. Registrierte man im Jahre 1766 2398 Verbrechen, so weist die Statistik für 1784 nur noch 570 Delikte aus. Das Abschreckungsprinzip durch harte und grausame Strafen, das das Kriminalrecht durch die Jahrtausende beherrscht hatte, hatte sich, (zum erstenmal) statistisch nachweisbar, als falsch erwiesen.

Dem neuen Strafgesetz war deshalb ein so großer Erfolg beschieden, weil ihm nach gründlicher Vorbereitung eine Reform des Polizeiwesens vorangegangen war. Leopold teilte das ganze Land in Polizeidistrikte ein, die jeweils einem Polizeikommissar unterstanden. Die oberste Leitung des Polizeiwesens wurde einem Polizei-Inspektor übertragen, der in Florenz residierte. Die Hauptstadt selbst war in vier Sprengel unterteilt, an deren Spitze ein juristisch gebildeter und geschulter Polizeikommissar stand. Diesem waren ein von der Regierung bezahlter Arzt und ein Geburtshelfer zugeteilt, welche Verunglückten, plötzlich Erkrankten und unbemittelten Wöchnerinnen unentgeltlich Hilfe zu leisten hatten. Die vorbildliche, zukunftsweisende Sozialeinrichtung wurde von der Florentiner Unterschicht gerne und häufig in Anspruch genommen.

Die Kommissare hatten den Auftrag, in ihrem Bezirk die Einhaltung der Gesetze und Verordnungen zu überwachen, über alle Vorfälle ein genaues Register zu führen und kleinere Konflikte durch ihre Autorität und durch gutes Zureden bereits im Keim zu ersticken. Sie hatten gewissermaßen zunächst einmal eine Friedens- und Schiedsrichterfunktion, ihre primäre Aufgabe war die präventive Verbrechensbekämpfung. Auch mit dieser Zielsetzung erwies sich der Großherzog als ausgesprochen modern denkender, seiner Zeit weit vorauseilender Regent.

Leopold „der Weise" war ein Friedensfürst, ein grundsätzlich unmilitärischer Mensch, der für soldatisches Imponiergehabe wenig übrig hatte. Aus dieser geistig-charakterlichen Wurzel verbunden mit volkswirtschaftlich-finanziellen Überlegungen entsprang seine Idee, das toskanische Militär durch eine Bürgermiliz zu ersetzen. Eine Reform mit diesem Endzweck würde dem Staat „gesündere, kräftigere, verläßlichere Soldaten geben, ohne Desertionen, die das Land bevölkern würden und nicht wie jetzt unverheiratet, lasterhaft, unnütz in Friedenszeiten, wo sie nur dazu dienen, die Eitelkeit gewisser Persönlichkeiten zu nähren und für den Staat verloren sind", meinte der Großherzog.

Mit der Ausarbeitung eines entsprechenden Planes betraute Leopold seinen Berater in Finanz- und Verwaltungsfragen, Francesco Maria Gianni. In den Jahren 1780/81 wurden mit Dekret des Großherzogs die Garnisonen im Lande

Leopold als Großherzog von Toskana

mit wenigen Ausnahmen aufgelöst, die Aufstellung von Bürgermilizen angeordnet, die Festungen anderen Zwecken zugeführt. Die Miliz-Idee Leopolds, die im Sinne des weltbürgerlich-humanitären Pazifismus der Aufklärung einen Beitrag zur Schaffung eines dauerhaften Friedens leisten sollte, ist an der grausamen politischen Realität des 18. Jahrhunderts gescheitert. Leopold mußte im Februar 1790 die Miliz wegen Nichtbewährung auflösen, sein Nachfolger, Ferdinand III., hat sie überhaupt abgeschafft. Das Scheitern des Experimentes sollte man dem friedfertigen Großherzog jedoch nicht zum Vorwurf machen. Leopold ging in seinen Bemühungen, sein Land aus den Konflikten der europäischen (Groß-)Mächte herauszuhalten, sogar noch einen Schritt weiter. Er proklamierte mit Edikt vom 1. August 1778 die Neutralität seines Landes. Diese einseitige Erklärung, die natürlich keinen völkerrechtlich-verbindlichen Charakter hatte, ist trotz ihrer Weltfremdheit bewundernswert und entsprang völlig und in konsequenter Weise der Staatsphilosophie dieses ungewöhnlichen Fürsten.

Über das Verhältnis zwischen Herrscher und Volk hatte Leopold sehr klare und eindeutige Vorstellungen. Vom Despotismus seines Bruders abgestoßen, von den Ideen der französischen Aufklärungsphilosophie beeinflußt und beeindruckt von den Vorgängen jenseits des Atlantiks, wo sich die englischen Siedler in Nordamerika mit der Unabhängigkeitserklärung vom 4. Juli 1776 vom Mutterland losgesagt hatten, ließ er von dem schon erwähnten Francesco Maria Gianni mit dezidierten inhaltlichen Zielvorgaben ein Verfassungsprojekt für die Toskana ausarbeiten. Gianni legte dem Großherzog zwischen 1779 und 1782 drei Entwürfe vor, die von diesem Punkt für Punkt durchgesehen und mit Änderungsvorschlägen versehen wurden. Der dritten und endgültigen Fassung gab Leopold am 8. September 1782 schließlich seine Zustimmung.

Die Verfassung der Toskana, die als krönender Abschluß des leopoldinischen Reformwerkes gedacht war, ging vom Grundsatz der „unveräußerlichen Rechte" des Volkes aus. Es sah die Mitbestimmung, die Mitverantwortung der Regierten an der Regierung vor und postulierte kategorisch die Beschränkung der Machtbefugnisse des Herrschers. Der Regent sollte für alle seine Maßnahmen nicht mehr Gott, sondern seinem Volk verantwortlich sein. Er regierte nicht mehr „Dei gratia", sondern über Auftrag des Volkes. Als Verkörperung der Exekutivgewalt standen ihm der Oberbefehl über das Heer, die Ernennung der Minister, der Beamten, der Offiziere und Richter, die Verleihung von Adelsdiplomen sowie das Begnadigungsrecht zu. Der Volksvertretung, die in eine Gemeindeversammlung, eine Provinzialversammlung und eine für das ganze Land repräsentative Generalversammlung gegliedert sein sollte, oblag die Gesetzgebung. Diese Gewaltenteilung zwischen Herrscher und Volksvertretung entsprach dem Modell, das Charles de Montesquieu in seinem Buch „Der Geist der Gesetze" entworfen hatte.

Leopold war vom Herrschaftsmodell, das er in seinem toskanischen Verfassungsprojekt verankern ließ, zutiefst überzeugt. „Die begrenzte Monarchie, wo die exekutive Gewalt in den Händen eines einzigen ist und die gesetzgebende Gewalt in jenen der Repräsentanten der Nation, ist die beste von allen", schrieb er einmal. In seiner progressiven politischen und gesellschaftlichen Gedankenwelt hatte natürlich die überholte feudale Gesellschaftsordnung keinen Platz mehr. Als natürliche Stände, die zusammen die Nation bilden sollten, ließ er lediglich die „possessores", die Besitzer von Land und Häusern, und die „artisti stabiliti", die Handwerker und freien Berufe, gelten. Nach einer Anekdote, die gewiß gut erfunden ist, soll der Großherzog einem ausländischen Besucher auf die Frage, wieviele Stände oder Klassen er in seinem Lande habe, geantwortet haben: „Nur zwei – Männer und Frauen." Es wäre sicherlich falsch, Leopold schon allein deshalb als Anhänger einer klassenlosen Gesellschaft zu bezeichnen. Der Wegbereiter für eine neue, gerechtere Gesellschaftsordnung war er jedenfalls. Der Philosoph auf dem Fürstenthron, „il dottore", wie ihn seine Schwestern und Brüder ein wenig herablassend titulierten, hatte den Plan, seinen Verfassungsentwurf in der Toskana zum Grundgesetz zu erheben. Aber daraus wurde nichts. Ein Jahr nach Abschluß der Arbeit an dem großartigen Projekt machte Joseph II. der Toskana einen Besuch, bei dem der Kaiser dem Bruder das Versprechen abrang, das Land nach Josephs Tod mit den österreichischen Erbländern zu vereinigen, wozu es allerdings nicht kam. Unter diesen Umständen konnte der Großherzog sein kühnes Verfassungsprojekt, das sich von den Verfassungen der anderen habsburgischen Länder grundsätzlich unterschied, (leider) nicht in die politische Realität umsetzen.

Auch in seiner Kirchenpolitik schlug der reformfreudige, menschenfreundliche toskanische Großherzog neue Wege ein. Persönlich war Leopold durchaus von echter Religiosität erfüllt. „Die Pflicht jedes Christen, aber vor allem der Großen und der Frauen", schrieb er einmal, „ist die Sanftmut, zu lindern, trösten, entschuldigen, soweit es möglich ist, den anderen zu helfen, sich für sie zu interessieren und Gutes zu tun." In seiner Kirchenpolitik ließ er sich jedoch nicht von diesem milden, vom Gebot der Nächstenliebe beherrschten Christentum leiten, sondern von jansenistischen Ideen und vom antikurialen Staatskirchendenken der Aufklärung. Seine kirchlichen Reformmaßnahmen zielten zunächst darauf ab, die Macht und den Einfluß der Kurie in der Toskana einzuschränken. Durch eine Reihe von Edikten wurde die Veröffentlichung von päpstlichen Bullen an die Genehmigung des Großherzogs gebunden, die geistliche Gerichtsbarkeit reformiert, Maßnahmen zur Stärkung der Landesbischöfe gegenüber der Kurie verfügt. Der Kampf des Großherzogs gegen die päpstliche Politik, der auch eine Reform der katholischen Lehre und der inneren Kirchendisziplin zum Ziele hatte, wurde jedoch von den romtreuen toskanischen Bischöfen nicht mitgemacht, so daß Leopold letztlich zu einem kirchenpolitischen Kurswechsel gezwungen war, den er mit der ihm eigenen Bedächtigkeit durchführte.

Leopolds härtester Schlag gegen die Kirche, der in der Toskana wie auch schon in den habsburgischen Erbländern große Erregung verursachte, war die Auflösung zahlreicher Klöster und ihre Umwandlung in Schulen und wohltätige Anstalten. Von dreihundertfünfundvierzig Männerklöstern mußten einhundertdreißig die Tore schließen, von sechstausendachthundert Mönchen etwas weniger als zweitausend das Kloster verlassen. Noch schlimmer erging es den Frauenklöstern, von denen beinahe die Hälfte aufgelassen wurde. Gleichzeitig erließ der Großherzog auch strenge Bestimmungen für die Aufnahme in einen Orden. Für den Eintritt in ein Kloster wurde ein Mindestalter (vierundzwanzig Jahre für Männer, zwanzig Jahre für Frauen) festgelegt und die Aufnahme an die Zustimmung der Regierung in Florenz gebunden. Weitere Maßnahmen Leopolds richteten sich gegen den Prunk und den Luxus der Kirche, gegen den übermäßigen Heiligen- und Reliquienkult, die Äußerlichkeiten des Barockkatholizismus und der Volksfrömmigkeit. Er bemühte sich um die Vertiefung und Verinnerlichung des religiösen Lebens und versuchte den Klerus dazu zu bringen, sich auf seine eigentlichen priesterlichen Aufgaben zu besinnen: auf den Gottesdienst, die Seelsorge und die Unterweisung der Gläubigen. Seine Intentionen wurden jedoch (oft mit Absicht) nicht verstanden oder boshafterweise mißdeutet.

Gegen Ende seiner Regierungstätigkeit in der Toskana widmete sich der Großherzog mit Eifer der Reform des Schul- und Bildungswesens. Für Leopold, der an pädagogischen Fragen sehr interessiert war, hatten Volksbildung und Volkserziehung ganz im Sinne der Aufklärung einen eminent wichtigen gesellschaftspolitischen Aspekt. Ziel der Erziehung war für ihn der nützliche, gottesfürchtige und gesetzestreue Bürger. Durch ein besseres Bildungsangebot für breitere Volksschichten sollten auch die veralteten ständischen Schranken, die den wirtschaftlichen und politischen Fortschritt hemmten, abgebaut werden. Dem Großherzog ging es aber auch darum, das Schulwesen dem Zugriff der Kirche zu entziehen und es unter staatlicher Aufsicht zu vereinheitlichen. Im übrigen ist es bemerkenswert, daß der unerhört fleißige Leopold nicht nur in mehreren Aufzeichnungen seine Gedanken zur Schulreform zu Papier brachte, sondern auch mit Johann Heinrich Pestalozzi, dem berühmtesten Pädagogen seiner Zeit, in brieflichen Kontakt trat. Zu einer Realisierung der Projekte, die der Schweizer Armenerzieher und Schriftsteller dem Großherzog vorgeschlagen hat, ist es allerdings nicht gekommen. Die Toskana verdankt ihrem tatkräftigen Herrscher aber die systematische Ordnung des Volksschulwesens auf dem Lande mit der kostenlosen Verteilung praktischer Lehrbücher an Lehrer, Dorfpfarrer und Schüler, die an einzelnen Orten erprobt wurde, und die Neuordnung des Universitätsstudiums. Auch die Erziehung und Ausbildung der Mädchen hat Leopold zu einer Zeit gefördert, als man im übrigen Europa von der Idee des Frauenstudiums noch weit entfernt war.

Ein besonderes Verdienst erwarb sich der Großherzog um die Ausgestaltung und Bereicherung der berühmten florentinischen Kunstsammlungen. Durch den Ankauf bedeutender Privatsammlungen und wertvoller Einzelstücke wurden die Altertumssammlung, die Münzsammlung und die Sammlung der Zeichnungen und Kupferstiche bedeutsam vermehrt. Die zeitgenössische Kunst wurde mit der Gründung der noch heute bestehenden Kunstakademie (Accademia di Belli Arti) großzügig gefördert. Dem Nützlichkeitsdenken des Aufklärungszeitalters und der lothringischen Familientradition entsprechend, galt Leopolds Hauptinteresse allerdings nicht den schönen Künsten, sondern den Naturwissenschaften, vor allem der Chemie, der er sich selbst mit Eifer widmete. Als „nützliche Wissenschaften" betrachtete der Großherzog auch die Medizin, die Montanistik, die Nationalökonomie und die Geschichte. Die Etruskologie erhielt durch den Ankauf von Vasen und Graburnen großen Auftrieb. Leopold unterstützte aber auch die Herausgabe der Werke Macchiavellis und gab den Auftrag zur Abfassung einer „Geschichte des Großherzogtums Toskana unter der Herrschaft des Hauses Medici." Das monumentale neunbändige Werk erschien 1781. Es beschreibt eindrucksvoll den Aufstieg und Niedergang des berühmten Herrschergeschlechtes und wirft durch die Schilderung der Mißwirtschaft und Korruption der letzten Mediceer per Kontrast ein strahlendes Licht auf die milde, aufgeklärte Regierung Lcopolds. Diesen nicht unerwünschten Nebeneffekt hat der Großherzog, der sich der Bedeutung und Wirksamkeit „propagandistischer" Aufklärung voll bewußt war und sich ihrer mit durchschlagendem Erfolg bediente, gewiß goutiert.

Gegen Ende seiner Regierungstätigkeit in der Toskana führte Pietro Leopoldo, wie ihn die Italiener nannten und noch heute nennen, eine Reform durch, die ihm immer schon am Herzen gelegen war: die Tilgung der Staatsschulden. Mit Generaledikt vom März 1788 verfügte der Herrscher, daß innerhalb von drei Monaten die in der Hand von Gemeinden und öffentlichen Körperschaften befindlichen Obligationen gegen die Grundsteuer abgelöst werden sollten. Auch die privaten Staatsgläubiger wurden aufgefordert, sich an dieser Operation zu beteiligen. In der Tat ist es Leopold gelungen, auf diese Weise in den folgenden zwei Jahren ungefähr zwei Drittel der toskanischen Staatsschulden abzutragen. Der Übergang von der direkten zur indirekten Besteuerung, der mit diesen Maßnahmen verbunden war, hat vor allem für die städtische Bevölkerung Härten mit sich gebracht, die durch die Herabsetzung der Salzsteuer nur zum Teil gemildert werden konnten. Bedenkt man, daß das Frankreich der Bourbonen zur gleichen Zeit am Problem der riesenhaften Staatsschulden zugrunde gegangen ist, wird man die große leopoldinische Finanzoperation insgesamt positiv beurteilen können.

Drei Wochen nach dem Tod Josephs II. – wir haben es einleitend festgestellt – verließ Leopold am 1. März 1790 die Toskana, um die Nachfolge des Bruders in den habsburgischen Erblanden und im Reich anzutreten. Mit dem impulsiven, übereilt handelnden Joseph ist der vorsichtige, klug abwägende Leopold zeitlebens nur sehr schwer zurechtgekommen. Zähneknirschend fügte er sich den Ratschlägen und Anordnungen des Kaisers. Zum offenen Widerspruch fehlte ihm die nötige Courage. Seine Abneigung, seinen versteckten Haß gegen den Bruder vertraute er in einer geheimen Kurzschrift seinen Privataufzeichnungen an, die Universitätsprofessor Adam Wandruszka, sein verdienstvoller Biograph, in mühsamer Arbeit entziffert hat. In einem mit „Stato della famiglia“ betitelten Schriftstück urteilte er über Joseph: „Der Kaiser hat sehr viel Talent, Fähigkeit und Lebhaftigkeit, er versteht sofort und hat die Gabe des Gedächtnisses und der Rede, da er gut zu reden und sehr gut schriftlich zu konzipieren versteht ... Er ist ein harter, gewalttätiger Mann, voll Ehrgeiz, der alles sagt und tut, um gelobt zu werden und damit man von ihm in der Welt spricht. Er weiß nicht, was er will und langweilt sich mit allem und ist gar nicht fleißig, verachtet allen Arbeitseifer und die Geschäfte, außer den militärischen, er will sich nie Mühe geben und erledigt sie sofort nach dem ersten Eindruck, den man ihm vermittelt oder den er gewinnt, ohne ihn zu prüfen, um sich keine Mühe zu machen, wobei er sich auf sein großes Talent verläßt. Er duldet keinen Widerspruch und ist voll willkürlicher, gewalttätiger Grundsätze und des stärksten, gewalttätigsten, härtesten Despotismus. Er liebt niemanden, macht ein freundliches Gesicht denen, die er wegen ihrer Begabung braucht, aber dann macht er auch diese lächerlich. Er verachtet alles, was nicht seine Idee ist, und liebt und will keine anderen Leute als jene ohne Talent, die wie bloße Maschinen und nichts anderes gehorchen und die ihm die Ehre all dessen lassen, was getan wird. Er hat keine Prinzipien und gar keinen Arbeitseifer, schreit, schilt und bedroht alle und entmutigt sie. Er glaubt, mit seinem Talent alle übervorteilen zu können, er verachtet alle, hält unglaubliche, despotische und äußerst unkluge Reden über das, was er machen möchte ...“ Das Verhältnis zur Mutter charakterisierte Leopold so: „Er hat nach Charakter und Geschmack Freude daran, immer allem zu widersprechen und alles das zu machen, was man nicht will, und die anderen auch in den kleinsten Dingen zu kränken und besonders die Kaiserin, und deshalb streiten und schreien sie miteinander, wobei er immer ärgerliche Dinge sagt und sie ärgert und ihr droht, weggehen zu wollen und einen Skandal heraufzubeschwören und die Mitregentschaft aufzugeben und ähnliche Dinge."

Einige Jahre später, nach einem längeren „Zwangsaufenthalt" in Wien, beurteilte er die Persönlichkeit, die Arbeit und den Arbeitsstil des Bruders um kein Jota freundlicher. „Der Kaiser ist immer mit allem unzufrieden und schlechter Laune", stellte Leopold fest, „er will jede Sache auf seine Weise ohne Widerreden, Vorstellungen oder Schwierigkeiten, und wenn es nicht sofort nach seinem Belieben geht, wird er sofort übel gelaunt. Alle schmeicheln ihm aufs äußerste, ihn freut das, sie sehen und wissen es und mißbrauchen es. Er spricht nur von sich, lobt nur sich, schreibt sich alles zu, und so verärgert er alle ... Da er alles in Schwarz sieht und sich mit nichts mehr unterhält", malte Leopold schwarz in schwarz weiter, „sucht er allein zu sein und hat weder Erquickung noch Aussprache noch Trost von irgend jemandem, da ihm in seiner üblen Laune alle ausweichen ... Er ist nicht gewöhnt und versteht es nicht, sich selbst zu unterhalten und zu beschäftigen, er mißbraucht sein Talent und die Leichtigkeit zur Arbeit, aber er arbeitet nur wenig und unregelmäßig und nicht mit Ordnung und System, ein wenig geht er dahin und ein wenig dorthin. Die Arbeit beginnt ihm schwerzufallen. Es ekelt ihn alles. Jetzt ist er über das Land und über alle verärgert und angeekelt ..."

Diese vom Haß diktierten, überscharfen Urteile über den mit zunehmenden Jahren sicherlich verbitterten, vereinsamten Kaiser stellen dem Charakter Leopolds, in dem auch die dunklen Seiten nicht fehlten – Mangel an Aufrichtigkeit, Verschlossenheit und ein grenzenloses Mißtrauen –, kein gutes Zeugnis aus.

Der Großherzog urteilte nicht nur übelwollend-abfällig über den Bruder, die Mutter und die Geschwister, er malte verschiedentlich auch den Zustand der habsburgischen Monarchie in den düstersten Farben. In den Erblanden gäbe es eine Unzahl von Mißständen, es herrschten Verwirrung, Unordnung und Korruption, meinte er. Nun mußte er in diesem von ihm so hart und mitleidlos kritisierten Staatswesen die Nachfolge seines Bruders antreten.

Es war in der Tat keine leichte Aufgabe, die den nunmehr dreiundvierzig Jahre alten Leopold in Wien erwartete. Die Österreichischen Niederlande, das heutige Belgien, befanden sich im Aufruhr, in Ungarn stand eine Erhebung unmittelbar bevor. Der Krieg gegen die Türkei band einen Großteil des österreichischen Heeres, ein Waffengang mit Preußen lag im Bereich der Möglichkeit. Die ständische und die kirchliche Opposition in den einzelnen Ländern murrten unüberhörbar. Um die kritische außen- und innenpolitische Situation, in der sich die österreichische Monarchie befand, zu meistern, bedurfte es rascher, vor allem aber kluger und wirksamer Maßnahmen. Leopold erkannte mit seinem scharfen staatsmännischen Blick die Zeichen der Zeit. Es war ihm von allem Anfang an vollkommen klar, daß die bedrohte Monarchie nur durch Zugeständnisse an die unzufriedenen Völker und Interessengruppen zu retten sein würde. Der neue Regent, der in der Toskana sehr viele wertvolle Erfahrungen gesammelt hatte, war fest dazu entschlossen, diese notwendigen Konzessionen zu machen. Und zwar nicht nur aus Gründen politischer Taktik, sondern weil er von deren Unerläßlichkeit in seinem Innersten überzeugt war. Der diplomatisch geschickte, klarsichtige Leopold bemühte sich zunächst um eine Lösung der außenpolitischen Konfliktsituation. Nach längeren Verhandlungen, die er mit geschmeidigem Geschick führte, gelang es ihm, unter Herausgabe der im Krieg gemachten Eroberungen auf der Grundlage des Status quo den Krieg mit der Türkei zu beenden. Auch mit Preußen, das die Rebellion in den Niederlanden und die Unzufriedenheit in Ungarn geschürt hatte und unterstützte, führte er gegen den Willen des Staatskanzlers, Wenzel Fürst Kaunitz, eine Versöhnung herbei. Durch diese diplomatisch klugen Schachzüge außenpolitisch abgesichert, konnte er nunmehr an die Befriedung Ungarns und die Rückeroberung der Österreichischen Niederlande denken.

Gleich zu Beginn seines Regierungsantrittes in den Erblanden setzte Leopold gegenüber den Ungarn einige versöhnliche Gesten. Er ließ Latein als Amtssprache in den Komitaten wieder zu und löste die verhaßte josephinische Polizeiorganisation auf. Der ungarische Reichstag wurde entgegen der habsburgischen Herrschaftstradition nicht nach Preßburg, sondern nach Buda, in die alte nationale Hauptstadt der Magyaren, einberufen. Mit diesen Maßnahmen wollte Leopold beweisen, daß er gewillt war, den Wünschen des ungarischen Adels nach ständischer Selbstverwaltung weitgehend entgegenzukommen. Der konsequent seine Ziele verfolgende Herrscher war jedoch fest entschlossen, an der Aufrechterhaltung der Herrschaft seines Hauses in Ungarn nicht rütteln zu lassen. Leopolds Beharrlichkeit führte auch in diesem Fall zum Erfolg. Nachdem er die ungarische Adelsopposition nach wenigen Verhandlungsmonaten meisterhaft ausmanövriert hatte, fand am 15. November 1790 in Preßburg seine Krönung zum ungarischen König statt. Zum Palatin wurde ein Sohn Leopolds, der erst achtzehnjährige Alexander Leopold, per Akklamation gewählt. Schon fünf Wochen zuvor, am 9. Oktober 1790, war Leopold nach altem Zeremoniell in Frankfurt am Main als Leopold II. zum römisch-deutschen Kaiser gewählt und gekrönt worden.

Nach der Kaiserkrönung und seinem offenkundigen Erfolg in Ungarn konnte Leopold darangehen, auch die Hoheit seines Hauses in den Österreichischen Niederlanden wiederherzustellen. Anfang Dezember 1790 besetzten österreichische Truppen ohne Blutvergießen Brüssel. Der weise Leopold nützte seinen Sieg nicht zur Demütigung seines Gegners aus. Er erließ, wie versprochen, eine Amnestie für die Aufständischen, stellte die alten ständischen Freiheiten wieder her, hob das Generalseminar für die Ausbildung von Priestern auf und widerrief die josephinischen Verordnungen auf kirchenpolitischem Gebiet. Innerhalb eines Zeitraumes von knapp neun Monaten war es dem „sovrano filosofo" auf diese Weise gelungen, sich inmitten schwerster Bedrängnisse von vielen Seiten erfolgreich zu behaupten. Es war eine Meisterleistung an diplomatischem Geschick und politischem Weitblick, die einer Mischung aus geduldigem Zuwarten, energischem Handeln und beharrlicher Zielstrebigkeit entsprang. In den Freudenbecher seiner Erfolge fiel auch ein Wermutstropfen, der Leopold mit Bitterkeit erfüllte. Schon bald nach seiner Abreise aus Florenz brachen in der Toskana Unruhen aus, die sein Reformwerk zu gefährden drohten. Leopold reagierte nach anfänglicher Konzessionsbereitschaft hart und entschlossen: Er führte die Todesstrafe wieder ein und stellte durch österreichisches Militär aus der Lombardei Ruhe und Ordnung wieder her. Am 21. Juli 1790 verzichtete er zugunsten seines zweitgeborenen Sohnes Ferdinand, der an die Staatskunst des Vaters bei weitem nicht herankam, auf den großherzoglichen Thron.

Um den aufgebrachten Adel in den östereichischen und böhmischen Ländern rasch zu beruhigen, machte ihm Leopold bei seinem Regierungsantritt das Zugeständnis, die verhaßte josephinische Steuer- und Urbarialregulierung aufzuheben und die ständischen Verfassungen wiederherzustellen. Diese Konzessionsbereitschaft entsprach durchaus seiner Überzeugung vom Wert geschichtlich gewachsener Institutionen in den verschiedenen Erbländern. Sodann forderte er die ständische und kirchliche Opposition auf, alle Beschwerden zu sammeln, zusammenzustellen und sie ihm mit Vorschlägen zu deren Behebung vorzulegen. Durch diesen geschickten psychologischen Schachzug gewann er Zeit für seine außenpolitischen Maßnahmen, über die wir bereits gesprochen haben. Ganz allgemein formuliert kann man sagen, daß Leopold nach dem Grundsatz „fortiter in re, suaviter in modo“ in Äußerlichkeiten geschickt nachgab, an seinen substantiellen politischen und gesellschaftlichen Auffassungen jedoch mit zäher Beharrlichkeit festhielt.

Das große geschichtliche Ereignis am Ende der Regierungszeit Leopolds II. war die Französische Revolution. Leopold stand den Vorgängen in Frankreich zunächst mit Sympathie gegenüber, schien doch die Revolution allen jenen Ideen zum Durchbruch zu verhelfen, denen er selbst anhing und die er zum Leitmotiv seiner Reformtätigkeit gemacht hatte. Als er im weiteren Verlauf der Geschehnisse von den französischen Emigranten zum energischen Einschreiten gegen die Revolution und zur Hilfeleistung für seine Schwester Marie Antoinette gedrängt wurde, ließ er sich aus Gründen der Staatsräson zu keinerlei voreiligen Entschlüssen und Handlungen hinreißen. Der friedfertige, den Krieg zutiefst verabscheuende Kaiser war davon überzeugt, daß ihm ein Konflikt mit dem revolutionären Frankreich nur Nachteile bringen konnte. Leopolds Hauptaugenmerk galt nach wie vor den innerstaatlichen Reformen, die durch einen Krieg lediglich verzögert, wenn nicht überhaupt unmöglich gemacht wurden. Erst nach der mißglückten Flucht des französischen Herrscherpaares und nach einem verzweifelten Hilferuf Marie Antoinettes forderte Leopold die Monarchen in einem Rundschreiben auf, die Ehre Ludwigs XVI. und seiner Gemahlin wiederherzustellen und den Ausschreitungen der Französischen Revolution entgegenzutreten. Schließlich fand er sich zu einem Treffen mit König Friedrich Wilhelm II. von Preußen auf Schloß Pillnitz in Sachsen bereit, bei dem die beiden Monarchen ihre Solidarität mit dem französischen Königshaus bekundeten, ein militärisches Eingreifen in Frankreich jedoch von der Zustimmung der übrigen europäischen Mächte abhängig machten (Pillnitzer Deklaration). Die Deklaration wurde sowohl von den Emigranten als auch von den Revolutionären mißdeutet und für die Verfolgung ihrer eigenen politischen Ziele ausgeschlachtet. Über die Friedfertigkeit der Politik des Kaisers gibt es aber wohl keinen Zweifel, auch wenn oder gerade weil Leopold am 7. Februar 1792 aus den Notwendigkeiten der Zeit heraus und gewissermaßen als Vorsichtsmaßnahme mit Preußen ein militärisches Defensivbündnis schloß.

Es blieb Leopold erspart, den Ausbruch des Krieges mit dem revolutionären Frankreich mitzuerleben. Nach einer Erkältung und einer offenbar falschen medizinischen Behandlung wurde der rastlos tätige Kaiser am 1. März 1792 vom Tod dahingerafft. Die Todesursache dürfte mit großer Wahrscheinlichkeit eine linksseitige Lungenentzündung mit eitriger Pleuritis gewesen sein. Später auftauchende Behauptungen über eine Vergiftung durch Freimaurer oder Jesuiten sind nie bewiesen worden und können als bloße Vermutungen gewertet werden.

Der plötzliche und unerwartete Tod Leopolds war für Europa, vor allem aber für die Habsburgermonarchie, ein schwerer Schlag. Leopold hatte in den Erblanden sein in der Toskana erprobtes Reformwerk gerade erst begonnen. Sein ältester Sohn und Nachfolger, der konservative Franz II., führte das zukunftsorientierte Werk in seinen Grundzügen nicht weiter. Unter seiner Herrschaft wurde jede freiheitliche Regung unterdrückt, liberales Gedankengut mit Härte und Konsequenz bekämpft und geächtet. Österreich wurde zu einem Hort der Reaktion. Das politische Credo des sympathischen, klugen Leopold, dessen Grundpfeiler Frieden, Freisinnigkeit und gesellschaftlicher Fortschritt waren, geriet mehr und mehr in Vergessenheit. Der überzeugte Friedensfreund, der gerechtigkeitsliebende Weltverbesserer, der modern denkende Reformer und Staatsmann Leopold II. wurde im Geschichtsbewußtsein der Österreicher von Maria Theresia, Joseph II. und Franz II. vollkommen in den Hintergrund gedrängt. Er hat das nicht verdient. Leopold zählt zu den großen europäischen Staatenlenkern des 18. Jahrhunderts, auch wenn er ein Vierteljahrhundert lediglich einen italienischen Kleinstaat regiert hat und nur zwei Jahre lang die habsburgische Monarchie.

Erzherzog Maximilian Franz

Aufklärer im Bischofsornat

Maximilian Franz war das sechzehnte und jüngste Kind Maria Theresias und Franz Stephans von Lothringen. Als der Erzherzog am 8. Dezember 1756 das Licht der Welt erblickte, war die Mutter neununddreißig Jahre alt und Österreich stand am Beginn eines neuerlichen Krieges mit seinem Erzfeind Preußen. Das Ringen zwischen den beiden Staaten, in das auch die übrigen europäischen Großmächte eingriffen, sollte sieben Jahre dauern und die Kräfte der Regentin wie des Landes voll beanspruchen. Die Kriegsereignisse gingen am Benjamin der Kaiserfamilie, an dem die Eltern mit besonderer Liebe hingen, gewiß spurlos vorüber. Seine frühe Kindheit war, so wird man annehmen dürfen, unbeschwert.

Maximilian wuchs gemeinsam mit seinem um zweieinhalb Jahre älteren Bruder Ferdinand auf. Maria Theresia, die an der Erziehung ihrer Kinder großen persönlichen Anteil nahm, übertrug die Ausbildung ihrer beiden jüngsten Söhne bewährten Männern. Zum Ajo bestellte sie Graf Sigmund Rudolf Goëss, zu dessen Stellvertreter Anton Graf Thurn, der später in den Dienst Leopolds, des nachmaligen Großherzogs der Toskana, übertrat und durch Generalmajor Graf Karl Franz Callenberg ersetzt wurde. Die Erzieher brachten den beiden Prinzen militärischen Drill und weltmännischen Umgang bei. Die schulischen Fächer wurden von tüchtigen Hauslehrern unterrichtet, unter denen der prominente Rechtsgelehrte Carl Anton von Martini besondere Erwähnung verdient. Martini war es, der den zum Jüngling heranreifenden Maximilian mit den Lehren der Aufklärung vertraut machte und ihn geistig entscheidend prägte. Wenn Maximilian auch, wie wir noch hören werden, ein gemäßigter Vertreter der Aufklärung war, so ist doch der Einfluß des bedeutenden Rechtslehrers in seinem ganzen Denken und in vielen seiner Handlungen spür- und nachweisbar.

Der junge Maximilian war nicht unbegabt, wiewohl seine Fähigkeiten an jene seiner älteren Brüder Joseph und Leopold nicht heranreichten. Er faßte rasch auf, hatte ein gutes Sprachtalent und zeigte schon früh eine leidenschaftliche Vorliebe für die Kunst, vor allem für die Musik. Er war wahrheitsliebend, freimütig und offen, doch bemängelten die Erzieher schon am Knaben einen schwer zu beugenden Starrsinn. Ihre erzieherischen Bemühungen und Besserungsversuche galten auch seinem zurückhaltenden, verschlossenen Wesen, das sich nicht selten in unverhohlenem Mißtrauen gegenüber seiner Umgebung spiegelte, seiner unerschütterlichen Gleichgültigkeit und geistigen Trägheit.

Maria Theresia blieben diese charakterlichen Mängel ihres jüngsten Sohnes, der bereits im Alter von neun Jahren nach dem Tod des Vaters zum Halbwaisen geworden war, nicht verborgen. Sie beklagte seine mürrische Verschlossenheit und mißbilligte andererseits die plumpe Vertraulichkeit, die der Erzherzog nicht selten im Umgang mit seinen Bediensteten an den Tag legte. Als sie den knapp Achtzehnjährigen im Jahre 1774, wie dies damals üblich war, in die weite Welt schickte, um seine Bildung zu vertiefen und ihn Lebenserfahrung sammeln zu lassen, gab sie ihm ein Instruktionsschreiben mit auf die Reise, in dem es an guten Ratschlägen, Ermahnungen, Vorwürfen, Warnungen und kritischen Bemerkungen nicht fehlte. „Ich glaube, daß manche Seiten Eures Charakters noch nicht entwickelt sind“, stellte sie nüchtern fest und fuhr, Lob und Tadel mischend, fort: „Ihr seid verschlossen mit einer Mischung von Heftigkeit und Trägheit, Ihr seid noch jung, habt Geist und Feuer, besitzet ein tüchtiges Wissen und habt schon viel gesehen und gehört.“ Und dann wurde die gestrenge Mama, die es ihren Kindern gegenüber an rückhaltloser Offenheit nie fehlen ließ, noch deutlicher: „Eure Lässigkeit und die Angewohnheit, nichts aus eigenem Antrieb zu tun und Euch immer wieder dasselbe vorpredigen zu lassen“, rügte sie den Sohn, „machen mir Sorge, daß hinter dieser hartnäckigen Gleichgültigkeit eine Dickköpfigkeit steckt, die Euren Willen selbst wider besseres Wissen durchsetzen zu können glaubt.“

Neben diesen nicht gerade aufmunternden Mahnungen und Ermahnungen enthielt die Denkschrift wohlgemeinte Verhaltensmaßregeln allgemeiner Art, die der mütterlichen Fürsorglichkeit dieser ungewöhnlichen Frau ein vorzügliches Zeugnis ausstellen. Ob sie der Jüngling zu schätzen gewußt hat oder nicht, können wir bestenfalls vermuten.

Die von der Mutter anbefohlene Kavalierstour führte Maximilian zunächst nach Brüssel und von dort nach Paris, an den Hof seiner Schwester Marie Antoinette. Von Frankreich, wo sich der Erzherzog bei manchen Anlässen höchst ungeschickt benahm und mancherlei Mißfallen erregte, kehrte Maximilian über Nancy, die alte Hauptstadt Lothringens, und nach Besuchen an einigen süddeutschen Höfen nach elfmonatiger Abwesenheit wieder nach Wien zurück. Der Heimkehrer machte auf die Mutter einen günstigen Eindruck. „Ich bin mit Euren Manieren recht zufrieden", urteilte sie vor dem Antritt des zweiten Teiles seiner Reise. „Auch seid Ihr im Gespräch gewandter geworden, keine anmaßenden Albernheiten mehr und ohne die Neigung, zu viel und auf spöttische Weise zu erzählen, was ich bei Euch befürchtet hatte. Macht weiter so, und Ihr werdet zu meiner Freude das Ziel erreichen, das ich Euch gesetzt habe." Aber es wäre nicht Maria Theresia gewesen, wenn sie nicht gleich auch ein paar Ermahnungen hätte folgen lassen, die aus der Distanz von zweihundert Jahren doch ein wenig nach kleinlicher Nörgelei anmuten. „Mit Eurer Körperhaltung bin ich nicht zufrieden", meinte sie tadelnd, „und finde sogar die alte Angewohnheit, sich etwas schief zu halten, eher noch schlimmer geworden, auch nehmt Ihr alles so nah an die Augen, daß man meinen könnte, ihr wäret kurzsichtig." Und weiter: „Ich habe beobachten müssen, daß Ihr oft die Hände im Gesicht oder am Mund haltet, um Euch zu kratzen oder an den Nägeln zu kauen, laßt das gefälligst, es sieht ganz übel aus und macht Euch lächerlich ..." Vorhaltungen dieser Art wären einem Neunzehnjährigen gegenüber heute völlig unangebracht.

Die zweite Reise des jungen Fürsten ging über Salzburg nach Italien, wo Maximilian in Parma (bei seiner Schwester Amalia), Mailand, Neapel (Schwester Maria Karolina war dort Königin), in der Ewigen Stadt (Audienz beim Papst) und in Florenz (bei Bruder Leopold) Station machte. Nach Besuchen in Modena, Genua und Turin kehrte er im Dezember 1775 wieder in die Kaiserresidenz an der Donau zurück.

Maria Theresia und Joseph ließen sich über das Auftreten und Gehaben Maximilians von überall Berichte zusenden. Der Benjamin des Kaiserhauses stand also – höchstwahrscheinlich ohne es zu wissen – allerorts unter dauernder Beobachtung. Die umfangreichste, detaillierteste Schilderung seiner Persönlichkeit stammt von Großherzog Leopold I. von Toskana. Leopold entdeckte an seinem Bruder eine Reihe von anerkennenswerten Eigenschaften: eine ausgeprägte Wahrheitsliebe, ein ausgezeichnetes Erinnerungsvermögen, einen prägnanten Gerechtigkeitssinn, treffendes Urteil, Witz, Selbstbeherrschung, Kaltblütigkeit. Leopold sparte jedoch in seinem Psychogramm die negativen Seiten im Charakterbild des (noch unfertigen, unausgeglichenen) Bruders nicht aus. Maximilian sei, so berichtete er nach Wien, von erschreckender Indolenz und von einem auffallenden Mißtrauen und Argwohn gegenüber jedermann. Er sei jedweder Beeinflussung unzugänglich, es falle schwer, ihm näherzukommen. Der scharfsichtige Leopold zeigte mit diesen Feststellungen zweifellos die charakterlichen Schwachstellen des Erzherzogs auf, die – wir haben es bereits geschildert – schon die Erzieher im Knaben bemerkt und bemängelt hatten. Maximilians Hang zur Indolenz schwand mit zunehmenden Jahren mehr und mehr. Das Mißtrauen (gegen Gott und die Welt) begleitete ihn durch das Leben. Zur bedingungslosen Hingabe an einen Freund war der jüngste Sproß Maria Theresias nie fähig. Er blieb nicht nur unverheiratet, sondern auch einsam. So liebenswürdig, ungezwungen und leutselig er auch sein konnte, sein zuweilen derber Spott, sein Sarkasmus und seine Gefühlsleere schufen persönliche Distanz, ließen eine tiefergehende Zuneigung zu ihm nicht aufkommen.

Dem nach Wien zurückgekehrten Maximilian standen schwere Zeiten bevor. Schon vor Antritt seiner Reise hatte ihm die Mutter bedeutet, daß er für eine militärische Karriere und die Statthalterschaft in Ungarn vorgesehen sei. Nach der doch eher vergnüglichen Kavalierstour trat nun der Alltag in seine Rechte. Maximilian wurde auf seinen künftigen Beruf theoretisch vorbereitet. Er erhielt Instruktionen über den Aufbau des Heeres, die Ausbildung der Soldaten, die Behördenorganisation, den Instanzenzug, die Verhältnisse in Ungarn. Im Frühjahr 1776 begann dann endgültig der Ernst des Lebens. In Steinamanger wurde der Erzherzog in die Praxis des Militärlebens eingeführt. Maria Theresia war skeptisch. Ihr Benjamin war alles andere als eine soldatische Natur. Sie war fest davon überzeugt, daß der strenge Militärdienst die Kräfte Maximilians überfordern werde. Sie sollte sich täuschen. Der Zwanzigjährige kam körperlich gestärkt, vergnügt und verändert, geradezu geläutert nach Wien zurück. Er hatte die Bewährungsprobe bestanden, er war mit seiner Aufgabe gewachsen. Im Frühjahr 1777 bereiste Maximilian Ungarn, das Land, das er einmal verwalten sollte. Die Denkschrift, in der er seine Reiseeindrücke wiedergab, weist ihn als einen aufmerksamen Beobachter aus. Vor allem aber wird darin deutlich, daß der Erzherzog entschlossen war, alle Mißstände, die er gesehen hatte, im Sinne der Forderungen der Aufklärung abzustellen. Er stimmte mit seinem Bruder Joseph in der Theorie darüber überein, daß es die Pflicht des Herrschers sei, seine Untertanen glücklich zu machen. Im Gegensatz zum impulsiven, ungeduldigen Kaiser plädierte er aber für überlegte, behutsame Reformen, für einen (bedächtigen) Schritt nach dem andern. Das vorsichtige Taktieren entsprach seinem Naturell. Noch hatte er freilich kein Betätigungsfeld, um seine politischen Grundsätze in die Tat umsetzen zu können. Aber er durfte – so wollte es zumindest der Kaiser – schon bald seine militärischen Fähigkeiten und soldatischen Tugenden unter Beweis stellen. Als es 1778 zu einem neuerlichen Waffengang mit Preußen kam (Bayrischer Erbfolgekrieg), nahm Joseph den Bruder in das militärische Hauptquartier mit, das in Böhmen stationiert war. Maximilian steckte die Strapazen des Feldlagers zunächst großartig weg. Bald zeigte es sich jedoch, daß er den enormen Anstrengungen des Militärdienstes doch nicht gewachsen war. Nach einer leichten Erkältung brach er körperlich vollkommen zusammen. Sein Zustand war so besorgniserregend, daß er nach Wien zurückgebracht werden mußte. Erst nach mehreren schmerzhaften Operationen konnte seine Gesundheit von den Ärzten wiederhergestellt werden. An eine militärische Laufbahn war jedoch nicht mehr zu denken. Das Leben des Erzherzogs war an einem Wendepunkt angelangt. Aber nicht er stellte die Weichen neu, sondern die dominierende Mama, die auch ihren jüngsten Sohn ihren politisch-diplomatischen Absichten unterwarf.

Das Los, das Maria Theresia, wenn auch zunächst widerstrebend, ihrem Lieblingssohn zudachte, war der geistliche Stand. Schon 1769 hatte die Regentin den dreizehnjährigen Maximilian zum Koadjutor seines Oheims, des Prinzen Karl von Lothringen, als Hochmeister des Deutschen Ordens wählen lassen. Die Würde war nicht nur mit einer Pfründe, sondern auch mit der Verpflichtung zum Zölibat verbunden. 1779, zehn Jahre später, eröffnete sich für die Kaiserin überraschend die Aussicht, ihrem jüngsten Sohn die Nachfolge im Kurfürstentum Köln, das seit 1723 mit dem Bistum Münster verbunden war, zu verschaffen und damit die Position des Hauses Habsburg im Reich zu stärken. Der regierende Kurfürst war alt, schwach und energielos. Freiherr Kaspar Anton von Belderbusch, der eigentliche Leiter der erzbischöflichen Regierung, hielt – nicht nur aus staatspolitischen Gründen und Überlegungen – Ausschau nach einem Koadjutor. Vom österreichischen Gesandten am Kölner Hof, Graf Franz Georg Metternich-Winneburg, dem Vater des späteren großen österreichischen Staatskanzlers, tatkräftig unterstützt, fiel seine Wahl auf Erzherzog Maximilian. Maria Theresia winkte zunächst ab, und auch der Prinz verspürte anfänglich keinerlei Neigung für den Priesterberuf. Schließlich lenkten sie aber beide ein. Die Mutter aus Gründen der Staatsräson, der Sohn eher aus Gehorsam denn aus Überzeugung.

Nach langen diplomatischen Verhandlungen mit den beiden Domkapiteln, bei denen auch Geld keine unbedeutende Rolle spielte, und nach Überwindung politischen Widerstandes – Preußen sprach sich ganz entschieden gegen das Projekt aus – war es dann schließlich soweit: Im August 1780 wurde Maximilian Franz in Köln und Münster einstimmig zum Koadjutor des Erzbischofs gewählt. Alle formalen Schwierigkeiten, die der Wahl entgegenstanden, waren vorher fürsorglich aus dem Weg geräumt worden. Der Papst hatte die Wählbarkeit des Prinzen dekretiert und ihn für die Dauer von fünf Jahren von den höheren Weihen dispensiert. Maria Theresia hatte knapp vor ihrem Tod über ihren preußischen Erzfeind einen beachtlichen diplomatischen Sieg errungen. Schon vor dem Bekanntwerden des Wahlergebnisses empfing der Erzherzog im Oratorium der Burgkapelle durch den päpstlichen Nuntius die Tonsur. Ein paar Wochen später erhielt er die niederen Weihen. Maximilian Franz fügte sich erstaunlich gelassen in sein Schicksal und vertiefte sich mit Eifer in die Studien, die sein neuer Beruf verlangte. Die Kaiserin registrierte es mit Befriedigung. „Er hat", schrieb sie über die Anlegung der Tonsur, „dieser Zeremonie sich mit so viel Würde und Sammlung unterzogen, daß ich meine Tränen nicht zurückhalten konnte."

Der zum Priester gewandelte Erzherzog blieb zunächst weiter in Wien. Eine Übersiedlung nach Bonn war, solange der alte Kurfürst lebte, nicht vorgesehen. Wohl aber mußte Maximilian im Herbst 1780 eine Reise nach Deutschland antreten, um sich nach dem Tod seines Oheims in Mergentheim als Hochmeister des Deutschen Ordens installieren zu lassen. Er stattete bei dieser Gelegenheit auch Bonn einen Besuch ab, wo er vom gesamten Hofstaat ehrerbietig empfangen und von der Bevölkerung mit Vivatrufen begrüßt wurde. Nach seiner Rückkehr in die kaiserliche Residenz fand er die Mutter bei schlechter Gesundheit. Maria Theresia, die ihrem jüngsten Sohn besonders zugetan war, starb am 29. November 1780 in seiner Gegenwart.

Mit seinem Bruder Joseph, der nun das Steuer des Hauses Habsburg-Lothringen in die Hand nahm, verstand sich Maximilian mehr schlecht als recht. Da er sich dem Willen des Kaisers jedoch im wesentlichen unterordnete, ist es zwischen den Brüdern zu keinen ernsthaften Konflikten gekommen.

Auch die folgenden Jahre verbrachte Maximilian Franz, der als Hochmeister des Deutschen Ordens in den Rang eines Reichsfürsten aufgestiegen war, am Wiener Hof. Er machte Reisen, weilte dann und wann in Mergentheim und war im übrigen voll und ganz damit beschäftigt, sich auf seine künftige Tätigkeit als Fürst und Landesherr vorzubereiten. Mit großem Eifer betrieb er das Studium der Staatswissenschaften, wobei er sich, wie wir aus seinem Nachlaß wissen, vorwiegend aufklärerischer Schriften bediente. Die Meinungen und Lehren der Aufklärung bestimmten auch sein theologisches Studium. Maximilian exzerpierte nicht nur die vielbändige „Histoire ecclesiastique“ des Gallikaners Claude Fleury und las jansenistisch beeinflußte Bücher. Auch seine Theologielehrer – der Dominikaner Gazzaniga, der Augustiner Bertieri, Abt Rautenstrauch – waren Anhänger der neuen Geistesrichtung, Wegbereiter des Josephinismus. Unter ihrem Einfluß vertiefte sich die Abneigung Maximilians gegen die Privilegien der Kurie, wuchs seine Skepsis gegenüber den katholischen Orden. Der künftige Kurfürst von Köln und Fürstbischof von Münster stand mit seinen theologischen Auffassungen auf dem Boden des Staatskirchentums. Er stimmte inhaltlich mit der Kirchenpolitik seines Bruders Joseph überein, mißbilligte jedoch die Art und das Tempo der Maßnahmen, die vom Kaiser auf diesem Gebiet anbefohlen und durchgeführt wurden.

Am 15. April 1784 schied Kurfürst Maximilian Friedrich nach kurzer Krankheit aus dem Leben. Die Nachricht von seinem Tod langte sechs Tage später in Wien ein. Maximilian Franz machte sich unverzüglich nach Bonn auf, um die Nachfolge anzutreten. Sowohl im Kurfürstentum Köln als auch in Münster vollzog sich die Übernahme der Amtsgeschäfte reibungslos. Die feierliche Inthronisation als Erzbischof fand am 5. August 1784 in Anwesenheit des Kapitels und der Stände des Erzstiftes im Dom zu Köln statt, etwas mehr als zwei Monate später rollte das Fest der Huldigung in Münster ab. So war nun auch der jüngste Sohn Maria Theresias in den Rang eines regierenden souveränen Herrschers aufgestiegen. Sein Herrschaftsgebiet war zwar verhältnismäßig klein, denn die geistlichen Kurfürsten hatten im Verlauf des 18. Jahrhunderts an Macht, Autorität und Ansehen eingebüßt. Maximilian Franz übernahm also kein beneidenswertes Erbe. Er war keine überragende Persönlichkeit, kein himmelstürmendes Herrschergenie. Aber er hatte einen gesunden Menschenverstand, eine klug abwägende Urteilskraft und ein ausgeprägtes Selbstbewußtsein. Er hatte durchaus das Zeug in sich, ein kleines Staatswesen durch die Fährnisse einer aufgewühlten Zeit zu lenken, und er brachte für seine schwere Aufgabe aus Wien ein fertiges Konzept mit.

Maximilians Staatsauffassung – wir wissen es bereits – entsprach dem Ideal des aufgeklärten Herrschers seiner Zeit. Er war durchdrungen vom Bewußtsein der Verantwortung seiner Stellung, er sah es als seine Aufgabe an, in väterlicher Weise für das Wohl und Glück seiner Untertanen zu sorgen. „Land und Leute regieren ist ein Amt, eine Staatsbedienung", hieß, ein wenig ungeschickt formuliert, seine oberste Regierungsdevise. Der junge Kurfürst wollte Mißstände abstellen, den Lebensstandard seiner Untertanen heben und auf allen möglichen Gebieten Reformen durchführen. Diese Reformen mußten aber wohlüberlegt sein, auf Tradition, Herkommen und Geschichte Rücksicht nehmen, in Einklang stehen mit den Neigungen und Wünschen des Volkes. So dachte er, und danach handelte er auch.

Den Anfang machte Maximilian Franz klugerweise im eigenen Haus. Vom Grundsatz einer geordneten, sparsamen Hofhaltung überzeugt, sorgte er für höhere landesfürstliche Einnahmen, schaffte unnötige Vergünstigungen und Ausgaben ab, verringerte die Zahl der Bediensteten, umriß die Verantwortlichkeit jedes Beamten und verlangte die Vorlage aller Rechnungen zur persönlichen Durchsicht. Der Reform des Hofes folgte die innere Neuordnung der Staatsbehörden mit dem Ziel einer zweckmäßig geordneten, sauberen und sparsamen Verwaltung. Von der Beamtenschaft verlangte der Kurfürst Kenntnisse und Fähigkeiten, unbestechliche Korrektheit und ein hohes Maß an Pflichtbewußtsein. Eine Reihe von Verordnungen regelte die Dienstzeit und die schnelle, gewissenhafte und pünktliche Erledigung der Amtsgeschäfte. „Die Staatsdiener können sich nicht lebhaft genug von der Wahrheit durchdringen, daß ihre Ämter der Trost und nicht die Geißel der Regierten sein müssen", formulierte Max Franz formal wie immer umständlich, aber inhaltlich durchaus fortschrittlich und modern. Auch die adeligen Amtsleute verpflichtete der Kurfürst dazu, selbst etwas zu tun und nicht andere die Arbeit verrichten zu lassen.

Nicht minder fortschrittliche Ideen vertrat der Kurfürst auf dem Gebiet der Rechtsprechung. „Die Justiz muß stets gerecht, aber auch soviel möglich prompt sein", dekretierte er und fügte daran das aufklärerische Credo: „Sie ist bestimmt, um den Schwächeren nach Gerechtigkeit gegen des Stärkeren eigenmächtige Eingriffe zu schützen." Der Ruf nach gerechter, schneller und billiger Justiz entsprach dem philanthropi-

Maximilian Franz als Kurfürst von Köln

schen Geist der Zeit, von dem sich Maximilian Franz wie sein Bruder Joseph bei allen seinen Überlegungen und Entscheidungen weltanschaulich leiten ließ. „Ich werde“, schrieb er einmal dem Grafen Metternich, „mein ganzes Leben lang suchen, den Schwachen und Bedrückten zu schützen, nur die Gerechtigkeit seiner Sache wird mich dabei lenken, und nicht mein persönlicher Vorteil.“ Um diese Devise in die Tat umzusetzen, bedurfte es gerade auf dem Sektor der Justiz energischer, zielbewußter Maßnahmen. Sie stießen freilich auf hartnäckigen Widerstand und waren nur schwer, wenn überhaupt, durchzusetzen. Durchgreifende Veränderungen des bestehenden Rechtssystems sind dem Kurfürsten versagt geblieben. Immerhin gelang es ihm, die offenkundigsten Mißstände abzustellen und die Korruption einzudämmen. Bestechliche Richter verloren ihr Amt, die Gerichte erhielten den Auftrag, sich bei ihren Urteilen von Objektivität und Un-

Ansicht von Köln, 1. Hälfte des 18. Jahrhunderts

parteilichkeit leiten zu lassen. Die Kompetenzen der einzelnen Gerichte wurden durch landesfürstliche Verordnungen abgegrenzt, der Instanzenzug vereinfacht und beschleunigt, als oberste Instanz ein Appellationsgericht eingerichtet. Der Kurfürst machte die Vollstreckung von Todesurteilen von seiner Einwilligung abhängig, milderte das Strafrecht, verbesserte das Gefängniswesen und traf Maßnahmen gegen die Mißhandlung von Gefangenen.

Auch die erzieherischen und bildungspolitischen Maßnahmen, die Maximilian Franz in seinem Kurfürstentum setzte, standen ganz im Dienste der Aufklärung. Oberstes Ziel aller seiner Bestrebungen auf diesem Gebiet war die Förderung der Volksbildung. Das Bildungsreformprogramm des Kurfürsten setzte daher folgerichtig bei der Volksschule an, wobei ihm wohl die Maßnahmen der Mutter in den habsburgischen Erbländern als Vorbild dienten. Maximilian Franz ließ neue Elementarschulen errichten, sorgte für die bessere Ausbildung der Lehrer in Lehrerseminaren und gab didaktische An-

weisungen von erstaunlicher Modernität: Die Schüler sollten, so forderte er, den Lehrstoff verstehen und ihn nicht blind und gedankenlos auswendig lernen. Widerstand gegen die allgemeine Schulpflicht (zwischen sechs und zwölf Jahren) begegnete er mit harten Strafen.

Für die Gymnasien und die von seinem Vorgänger gegründete Bonner Universität zeigte der Landesfürst geringeres Interesse. Das Geld für alle diese Maßnahmen auf dem Bildungssektor kam aus einem neu eingerichteten Schulfonds, der aus den Überschüssen der Staatskasse gespeist wurde.

Als Merkantilist zielte Maximilian Franz auf eine aktive Handelsbilanz ab. Der Erreichung dieses Zweckes dienten alle seine wirtschaftspolitischen Maßnahmen: die Privilegien für die Unternehmer zwecks Errichtung von Manufakturen, die Abschaffung der Binnenzölle, die Verbesserung der Handelswege. Unter dem Einfluß physiokratischer Ideen zeigte sich der Erzbischof aber auch land- und forstwirtschaftlichen Anliegen gegenüber durchaus aufgeschlossen. Darüber hinaus diente seine Wirtschaftspolitik auch der Wohlfahrt des Volkes, wenngleich er sich auch auf diesem Gebiet auf Einzelmaßnahmen beschränkte. Immerhin machte sich Maximilian Franz Gedanken über die Entlohnung der Arbeiter, richtete einen Armenfonds ein und ließ im Erzstift Getreidehäuser errichten, aus denen die Bedürftigen billigen Weizen beziehen konnten. Insgesamt galt sein Augenmerk der materiellen Besserstellung seiner Untertanen.

Obwohl Maximilian Franz für den Priesterberuf keine innere Berufung spürte – er war durch äußere Umstände in den geistlichen Stand gedrängt worden –, war er ehrlich darum bemüht, sein Amt voll und ganz auszufüllen. Sein Lebenswandel war untadelig, er nahm seine priesterlichen Pflichten ernst. „Ich war gottlob nie Jesuit, nie Jansenist, nie Scotist, nie Thomist, nie Molinist", sagte er einmal, „sondern ich strebte bloß, ein guter Christ zu sein." Er war davon überzeugt, seine kirchliche Gesinnung mit den Anschauungen einer gemäßigten Aufklärungsphilosophie vereinbaren zu können. Katholizismus und Aufklärung schlossen seiner Meinung nach einander nicht aus. Die Kirche bedurfte der Reform. Sie mußte von Äußerlichkeiten im Kultus befreit, vom Aberglauben gereinigt werden. Der zum Teil ungebildete Klerus bedurfte einer besseren Ausbildung und mußte den Gläubigen in persönlicher Lebensführung und Moral ein Vorbild sein. Unter diesem Aspekt sind die kirchlichen Reformen zu sehen und zu verstehen, die der Kurfürst-Erzbischof in seinem Territorium durchführte. Sie waren samt und sonders maßvoll. Maximilian Franz hob keine Klöster auf, wiewohl er von den kontemplativen Orden nicht sonderlich viel hielt. Er unterzog sie lediglich einer strengeren Kontrolle. Der Klerus wurde zur verständnisvolleren Unterweisung der Gläubigen angehalten, Mißstände und Fehlentwicklungen im Gottesdienst wurden abgeschafft. Kirchenpolitisch stand Maximilian Franz auf seiten der Erzbischöfe von Trier und Mainz, die den Einfluß der Kurie in Deutschland, vor allem in der Nuntiaturgerichtsbarkeit, eindämmen wollten. Der Papst blieb jedoch unnachgiebig, und so söhnte sich der Kurfürst mit Rom wieder aus.

Maximilian Franz war in allen seinen Lebensäußerungen mäßig und bescheiden. Er legte wenig Wert auf sein Äußeres und war im Umgang mit seinen Untertanen ungezwungen, leutselig und liebenswürdig. Steife Etikette und unnötiges Zeremoniell waren ihm, wie seinem Vater Franz Stephan von Lothringen, zuwider. Höfisches Schranzentum flößte ihm Widerwillen ein, auf Schmeichelei reagierte er mit Spott und Hohn. Maximilians Hofhaltung war einfach, wenn auch nicht so spartanisch wie die seines Bruders Joseph. Der sehr gebildete Fürterzbischof fand Gefallen an geistreicher Unterhaltung, er hatte einen trockenen Humor und einen sprühenden Witz, den er zuweilen sarkastisch gegenüber anderen und sich selbst einsetzte. Politisch ein kühl rechnender, nüchterner Realist, hatte der jüngste Sohn Maria Theresias doch auch für Wissenschaft und Kunst etwas übrig, wenngleich er als Bauherr und Mäzen nicht sonderlich auffallend in Erscheinung trat. Maximilians ganze künstlerische Leidenschaft gehörte der Musik. „Er weiß Stücke, Schauspieler, musikalische Kompositionen und praktische Tonkünstler mit Einsicht und Geschmack zu beurteilen", schrieb ein Zeitgenosse über ihn. „Er besitzt selbst einen ansehnlichen Vorrat (den er noch immer vermehrt) der neuesten und besten Opernpartituren, die er selbst sehr fertig liest und womit er sich zuweilen nachmittag nach besorgten Regierungsgeschäften im Kabinett amüsiert." Die Leidenschaft des Kurfürsten für die Musik beschränkte sich nicht auf die eigene Person. Maximilian ließ in Bonn eine Nationalbühne errichten, die am 3. Jänner 1789 eröffnet wurde, er fühlte sich mit Mozart sehr verbunden und brachte dem Werk Joseph Haydns Achtung und Wertschätzung entgegen. Sein größtes Verdienst um die Musik erwarb er sich allerdings durch die Förderung des jungen Ludwig van Beethoven. Der Erzbischof, der die geniale musikalische Begabung Beethovens frühzeitig erkannte, unterstützte die Reisen des jungen Musikers zur Ausbildung nach Wien und blieb mit ihm zeitlebens in Kontakt. Maximilian Franz war allerdings kein großzügiger Mäzen des jungen Komponisten – dazu war er zu sparsam. Beethoven grollte ihm jedoch (deshalb) nicht. Er trug sich mit der Absicht, seinem fürstlichen Gönner seine erste Symphonie zu widmen, doch wurde dieses Vorhaben durch den frühen Tod des Kurfürsten verhindert.

Das politische und menschliche Schicksal des Habsburgers auf dem Kölner Kurfürstenthron wurde in der weiteren Folge von den Vorgängen in Frankreich bestimmt. Im westlichen Nachbarland Deutschlands stand das politische Barometer gegen Ende des Jahrhunderts auf Sturm. Der höfische Absolutismus Ludwigs XIV. und seiner Nachfolger hatte vollends abgewirtschaftet, Adel und Klerus hielten zäh und uneinsichtig an ihren wirtschaftlichen, gesellschaftlichen und rechtlichen Privilegien fest, breite Volksschichten waren von jeder politischen Betätigung ausgeschlossen. Halbherzige Reformversuche lösten die Probleme nicht und kamen zu spät. Als am 14. Juli 1789 eine erregte Volksmenge die Bastille, das verhaßte Staatsgefängnis, in Paris stürmte, läutete dieses Ereignis, ohne daß es die meisten Zeitgenossen anfangs zu erkennen vermochten, eine neue, revolutionäre Epoche ein. Die feudale Gesellschaftsordnung zerbrach und wurde (nicht nur in Frankreich) von der bürgerlichen abgelöst.

Die revolutionären Vorgänge in Frankreich lösten in den anderen europäischen Staaten die verschiedensten Reaktionen aus. Die Skala der Gefühlsregungen reichte von begeisterter Zustimmung bis zur wütenden, haßerfüllten Ablehnung. Kurfürst Maximilian stand den Ereignissen im Nachbarland anfänglich durchaus nicht verurteilend gegenüber. Er kannte die dortigen Mißstände, er gönnte dem frivolen, hochmütigen französischen Adel, der durch seinen Eigennutz und seine Zügellosigkeit die Revolution mit herbeigeführt hatte, einen Denkzettel. Die adeligen Emigranten, die 1789 und später an den deutschen Fürstenhöfen Zuflucht suchten, hielt er von seinem Land fern.

Als er erkannte, daß die Revolution alle Dämme brach, alle (gesellschaftlichen) Schranken niederriß, wurde er zu einem ihrer entschiedensten Gegner. Von einer Herrschaft der Masse wollte er nichts wissen. Diese arte in Zügellosigkeit aus, sobald man ihr freie Hand lasse, schrieb er einmal, deshalb müsse sie von wenigen aufgeklärten, gesitteten Menschen regiert und in Schranken gehalten werden. Der Erzbischof, dessen ganze Politik auf die Erhaltung des Friedens ausgerichtet war, wollte die revolutionären Ideen durch eine schärfere Überwachung der Presse und eine strengere Aufsicht über die Universität von seinem Territorium fernhalten. Von einem Eingreifen des Auslandes in die innerfranzösischen Verhältnisse riet er dringend ab. Er sah im Recht die oberste Norm politischen Handelns. Sein (lobenswerter)

Neutralitätsstandpunkt war freilich höchst unrealistisch. Weder ließ sich der Krieg mit Frankreich vermeiden noch blieb sein Land von den militärischen Ereignissen im Gefolge der Revolution verschont.

Nachdem er schon vorher einmal gezwungen worden war, seine Residenz für ein paar Monate zu verlassen, mußte der Erzbischof am 3. Oktober 1794 vor der heranrückenden französischen Armee Bonn mit seinem gesamten Hofstaat endgültig räumen. Er sollte die Stadt und sein geistliches Kurfürstentum, das er ein Jahrzehnt lang umsichtig und klug geleitet hatte, nicht mehr wiedersehen. Der Kurfürst-Erzbischof von Köln und Fürstbischof von Münster wurde zum heimatlosen Flüchtling. Sein Herrscherschicksal war in den folgenden Jahren an das Auf und Ab der Kriegsereignisse gekettet, Flucht und gelegentliche Rückkehr nach Münster und Mergentheim wechselten einander in bunter Folge ab. Vergeblich versuchte Maximilian Franz in dieser Zeit schwerster Bedrängnis, die Interessen des Heiligen Römischen Reiches und seine Position als Reichsfürst gegenüber den Machtansprüchen Preußens und den politischen Wunschvorstellungen Österreichs zu behaupten. Seine Friedensbemühungen und sein deutscher Patriotismus blieben dabei auf der Strecke. Die Hoffnung auf eine Befreiung des Erzstiftes Köln von der französischen Fremdherrschaft gab Maximilian Franz nicht auf. Aus eigener Kraft und mit eigenen Mitteln konnte er diese Wende jedoch nicht herbeiführen. Er war dabei auf die Hilfe seines Neffen, Kaiser Franz' II., und auf die Koalition der europäischen Staaten gegen das revolutionäre Frankreich angewiesen. Der Kaiser zog freilich seine habsburgischen Staatsinteressen dem Wohl und Wehe der Reichsfürsten vor. Preußen ging seit 1795 seine eigenen politischen Wege, und die Heere der Koalition konnten sich letztlich gegen die Feldherrnkunst eines Napoleon Bonaparte nicht behaupten.

Maximilian Franz klammerte sich an den berühmten Strohhalm, wenn er den Glauben an seine Restitution als Kurfürst-Erzbischof von Köln nicht aufgab. Denn die Geschichte war über die (anachronistische) Existenz der geistlichen Staaten längst hinweggeschritten. Der Zweite Koalitionskrieg (1799–1801), der mit einem Sieg der französischen Waffen endete, begrub die Hoffnungen des Fürsterzbischofs auf eine Rückkehr in seine angestammten Länder endgültig. Das Heilige Römische Reich stand vor seiner Auflösung. Maximilian Franz ist es erspart geblieben, den endgültigen Zerfall des ehrwürdigen, seit langem morschen Staatsverbandes miterleben zu müssen. Sein Erdendasein neigte sich dem Ende zu. Um den Gesundheitszustand des Erzbischofs stand es schlecht. Maximilian neigte zur Fettleibigkeit. Durch unmäßige Nahrungsaufnahme nahm seine Körperfülle im Laufe der Jahre derart zu, daß der Kurfürst, wie ein Abgesandter des westfälischen Adels um die Jahreswende 1797/98 berichtete, kaum vom Stuhl aufzustehen vermochte. Der Erzbischof versuchte, seine Lebensweise zu ändern. „Ich speise jetzt mit äußerst strenger Diät sowohl in Quantität als Qualität und lasse mir das Essen in eigenen Portionen in vier zinnenen Einsatz-Schalen anrichten. Nebstdem trinke ich sauerschmekkenden Wein und fahre täglich spazieren, steige auch, so oft es nur die Witterung zuläßt, aus und gehe zu Fuß, indem mir der Bediente einen zusammengelegten Feldsessel nachträgt, worauf ich mich augenblicklich, sobald die Kräfte mich verlassen, mehrere Male niedersetze", schrieb er am 4. Dezember 1798 an seinen Hofmarschall. Aber es half alles nichts. Zur Fettsucht gesellten sich seelische Depressionen, ein abnormes Schlafbedürfnis, Melancholie und ein zeitweiliger Lebensüberdruß. Anfang Dezember 1799 zeigten sich die ersten Spuren einer fortschreitenden Wassersucht, ein Rotlauf an den Beinen verschlimmerte seinen Zustand. Der Kurfürst entschloß sich nun, vom fränkischen Ort Ellingen, wo er sich zuletzt aufgehalten hatte, nach Wien zu übersiedeln.

An Leib und Seele gebrochen, kehrte der Vierundvierzigjährige Ende April 1800 als schwer bewegungsbehinderter Invalide in seine Vaterstadt zurück. In den fünfzehn Monaten Lebenszeit, die ihm noch beschieden waren, nahm er wohl noch geistig an den politischen Vorgängen Anteil, die sich in Europa abspielten, aber seine Widerstandskraft gegen die schwere Krankheit, an der er litt, erlahmte mehr und mehr. In der Nacht vom 26. auf den 27. Juli 1801 schied der jüngste Sohn Maria Theresias aus dem Leben. Sein Leichnam wurde in der Wiener Kapuzinergruft, der Familiengruft der Habsburger, beigesetzt.

Die Nonkonformisten

Erzherzog Johann

Erzherzog Rainer

Erzherzog Maximilian

Erzherzog Johann

Kaiserlicher Außenseiter, Volksfreund und Rebell

Sechs Brüder und vier Schwestern waren noch am Leben, als Maria Ludovica, die Gemahlin Leopolds I. von Toskana, am 20. Jänner 1782 im Palazzo Pitti zu Florenz ihr dreizehntes Kind zur Welt brachte. Es war ein Sohn, dem bis 1788 noch drei weitere männliche Sprößlinge folgen sollten. Der junge Prinz wurde auf den für einen Habsburger eher ungewöhnlichen Namen Johann getauft, nach Don Giovanni, dem Stadtpatron von Florenz. Und noch etwas war ungewöhnlich bei dieser Taufzeremonie in der winterlichen Toskana: Als Taufpate fungierte nicht, wie dies in Herrscherfamilien üblich und bei allen seinen älteren Geschwistern auch geschehen war, ein Verwandter aus dem Hochadel, sondern ein armer, redlicher Florentiner Bürger namens Giovanni Filippo Barellai. Der reformfreudige Vater schreckte offenbar selbst im Familienkreis und bei intimsten Familienfeiern vor Neuerungen nicht zurück. Er demonstrierte bei jeder Gelegenheit Volksnähe und Volksverbundenheit. Wo sonst als am Hof von Florenz wäre im 18. Jahrhundert im übrigen Europa ein solcher Taufakt möglich gewesen?

Und seltsam: Der kleine Johann, der übrigens nach seinem Oheim, Kaiser Joseph II., auch noch den Beinamen Joseph erhielt, sollte von allen Söhnen Leopolds dem Vater am meisten nachgeraten, sein geistiges Erbe bewahren und weiterführen. Mehr als das: Dieser Johann sollte sich dereinst vom Hofleben weitestgehend emanzipieren und in der Steiermark, die ihm zur Heimat wurde, inmitten des Volkes leben und zum populärsten Habsburger werden, den es je gab. Die großherzogliche Taufzeremonie des Jahres 1782 hatte so, vom heutigen Standpunkt aus betrachtet, mehr als nur Symbolcharakter.

Der kleine Giovanni wuchs am Florentiner Hof, dessen Mittelpunkt der leutselige und menschenfreundliche Großherzog war, auf. Er bewahrte dem Vater, den er verehrte und bewunderte, zeitlebens ein treues Angedenken. „Mein Vater ist auf verschiedene Weise beurtheilet worden“, schrieb der über Fünfzigjährige in seinen „Denkwürdigkeiten“: „Die in Toskana von ihm geführte Regierung zeigte, was man von ihm erwarten konnte. Er übernahm den Staat in großer Verwirrung und hatte genug zu thun, um überall Ruhe und Ordnung wieder herzustellen. Für so eine kurze Periode hat er viel geleistet. Manche wollen behaupten, so guter Regent als er für einen kleinen Staat gewesen, so wenig sey er der Aufgabe für einen aus verschiedenen Theilen bestehenden großen in einer bewegten Zeit gewachsen gewesen. Ich glaube dieß nicht ... Aber zu kurz die Regierung, um nach dem Resultate ein Urtheil zu fällen. Das ist gewiß: es fehlte ihm weder an Einsicht, noch an guten Willen noch an Thätigkeit, allein er hatte gesehen, wie es seinem Vorgänger Joseph ergangen. War es ihn denn zu verargen, wenn er mehr Vorsicht und Klugheit anwandte, alles reiflich überlegte? Seine hinterlassenen Papiere dürften manchen Aufschluß darüber geben. Offen, leutseelig, sanft und gut, mit Gemüth (rücksichtlich des Herzens seiner großen Mutter gleich).“

Wenn Leopold auch sanft und gut war, seine Kinder ließ er streng, doch nach modernen pädagogischen Grundsätzen erziehen. Ungehorsam und Trotz wurden wohl streng bestraft, aber mit Dressur, wie noch am Hofe Maria Theresias, hatte die Erziehung der Kinderschar Leopolds dennoch nichts zu tun. Die kleineren Kinder verbrachten den Großteil ihrer Zeit in der frischen Luft. Sie tummelten sich in den Boboli-Gärten, die den Palazzo Pitti umgaben, oder in den Parkanlagen der zahlreichen toskanischen Lustschlösser, in denen sich die großherzogliche Familie vom Frühjahr bis zum Spätherbst abwechselnd aufhielt. Die Kinder kamen dort auch mit den einfachen Leuten in Berührung, mit Bauern und Handwerkern, deren Leben und Arbeitswelt sie auf diese Weise kennenlernten. Der Kontakt zum Volk war nämlich nicht nur eine Regierungsmaxime, sondern auch ein pädagogischer Grundsatz des aufgeklärten Leopold. Seine Kinder sollten nicht in der Isoliertheit eines Palais aufwachsen und dort Standesdünkel kultivieren, sie sollten sich nicht besser dünken als die Söhne und Töchter anderer Bevölkerungsgruppen. Der Fürst, so meinte Leopold, müsse „sich leutselig verhalten, ohne Unterschied alle Leute grüßen, auch die Angehörigen des niederen Volkes, und sich zu Fuß gehend sehen lassen ..." Der Keim zu dieser Volksnähe mußte bereits in der Kinderseele sprießen. Die Aufklärungspädagogik des fortschrittlich gesinnten Großherzogs fiel nicht bei allen seinen Sprößlingen auf fruchtbaren Boden. Bei Johann trug sie jedenfalls prachtvolle erzieherische Früchte.

Seinen ersten Unterricht erhielt der kleine Johann durch eine deutsche Kammerfrau. „Sie nahm sich herzlich meiner an", weiß er später zu berichten, „war freundlich, fröhlich, äußerst gut und gebildet, eines biedern, edlen, deutschen Charakters." Von ihr lernte er die am Hofe des Vaters gebräuchliche italienische Umgangssprache, sie brachte ihm Deutsch und die Anfangsgründe des Lesens und Schreibens bei.

Mit der Vollendung seines sechsten Lebensjahres wurde die Leitung der Erziehung des Prinzen dem Hofmeister seines älteren Bruders, Anton Marchese Fredrigo Manfredini, anvertraut. Manfredini, ein überzeugter Anhänger der Aufklärung, war wegen seiner Pedanterie, seiner doktrinären Geisteshaltung und seiner militärisch schroffen Art nicht gerade der ideale Pädagoge. Er ließ dem Drang des jungen Prinzen nach Selbständigkeit zuwenig Spielraum. Von Johann weitaus höher geschätzt wurde der Schlesier Anton Ludwig. Er war „streng, dabey freundlich und gut, sehr belesen", erinnert sich Johann später, „und besaß eine hübsche Bücher Sammlung mit Bilderbücher, physikalische und optische Instrumente". Es war gewiß dieser Anton Louis, wie er sich dem Geist der Zeit entsprechend nannte, der neben dem Vater das Interesse des Kindes auf die Naturwissenschaften lenkte. Der bildungsfreundliche Großherzog zog nämlich nicht nur Professoren und bekannte Gelehrte an seinen Hof. Er führte in seinem chemischen Laboratorium Experimente durch und veranstaltete Vortrags- und Experimentalabende, die im kleinen Johann einen unauslöschlichen Eindruck hinterließen.

Die unbeschwerte Kindheit Johanns wurde im Februar 1790 durch den Tod Kaiser Josephs II. im fernen Wien jäh unterbrochen. Der Vater, der die Nachfolge antrat, verließ Florenz. Johann und einige seiner Brüder nahmen ein paar Monate später Abschied von der Arnostadt. Nach einer fünfzehntägigen Reise, die sie zuletzt durch Tirol, Kärnten und die Steiermark führte, erreichten sie schließlich die Kaiserstadt an der Donau. Die Bergwelt der Alpen, die er zum erstenmal sah, faszinierte den achtjährigen Johann besonders. Die Liebe zu den Bergen, die damals in ihm entfacht wurde, sollte ein Leben lang währen. Aus ihr sollte er später in den Krisensituationen seines Daseins immer wieder Kraft, Mut und Zuversicht schöpfen.

In Wien begann für den kleinen Johann ein neuer Lebensabschnitt. Die Hofburg, in der sein Vater nun residierte, war ein düsterer, unübersichtlicher Gebäudekomplex mit verwinkelten Gängen und endlosen Zimmerfluchten. Die älteren Brüder ließen ihn ihre Überlegenheit spüren, die Eltern konnten sich um die Familie kaum kümmern, der Gewöhnungsprozeß an die neuen Lehrer, die mit Strenge ihres Amtes walteten, beanspruchte Zeit. In seiner kindlichen Hilflosigkeit fand Johann damals lediglich bei einem seiner Erzieher Halt und Zuflucht: bei dem Schweizer Armand Graf Mottet, einem Hauptmann im Ingenieurkorps, der ihn mit der Frühgeschichte des Hauses Habsburg vertraut machte und ihn geistig mit gütiger Hand lenkte. „Er gab meinem Herzen die wahre Richtung", urteilte Johann später über ihn, „ich werde ihm nie vergessen, was ich ihm zu verdanken habe; so ein Freund ist unschätzbar." 1792, nach knapp zweijährigem Aufenthalt im ungeliebten Wien, traf Johann ein schwerer Schicksalsschlag, den der Zehnjährige in seiner vollen Tragweite gewiß nicht abzuschätzen vermochte. Knapp hintereinander starben der verehrte Vater und die geliebte Mutter, die sich stets mit gefügiger Sanftmut dem Willen ihres Gemahls untergeordnet hatte. Johann war (fast über Nacht) zum Vollwaisen geworden.

Franz, der älteste Sohn des verstorbenen Kaiserpaares, trat als Franz II. die Nachfolge des Vaters an. Der politische Horizont verdüsterte sich zusehends. Schon bald nach dem Regierungsantritt des neuen Herrschers begann mit der

Kriegserklärung des revolutionären Frankreich an Preußen und Österreich das Zeitalter der Koalitionskriege, das Europa, rechnet man die Kriege Napoleons hinzu, länger als zwei Jahrzehnte in Atem halten sollte. Den kleinen Johann hat der Kriegsausbruch zunächst nicht unmittelbar betroffen. Was ihn viel direkter anging, war die neue Situation am Kaiserhof. Sein um vierzehn Jahre älterer Bruder Franz übernahm nun über ihn und die anderen (minderjährigen) Geschwister die Vormundschaft. Und Franz ließ vom ersten Augenblick keinen Zweifel daran, daß er, vor allem von seinen jüngeren Brüdern, bedingungslose Unterordnung verlangte. Jahrzehnte später erinnerte sich Johann: „Wir wurden beinahe vergessen, man begann uns Kleinere und meine Schwestern entfernt zu halten. Die Lehrer hatten willenlose Menschen zu erziehen, eines blinden Gehorsams, jede Überzeugung gefangen gebend ... Jede Äußerung, welche mit den Ansichten, die man als Gesetz annahm, nicht übereinstimmte, wurde gerügt, ja geahndet, und alles angewendet, um den Geist zu drücken und einzuschüchtern ...“

Die Lehrer Johanns: das waren nun keine aufgeklärten Josephiner mehr, wie sie in Florenz und in der Wiener Anfangszeit tätig waren, sondern in der überwiegenden Mehrzahl Männer vom Schlage Franz' II.: Konservativ, jeder selbständigen geistigen Regung abhold, versuchten sie dem kritischen, weltoffenen Geist des jungen Prinzen Zügel anzulegen, ihn zu knebeln. Diese pädagogische Zielsetzung zeitigte keinen oder zumindest keinen durchschlagenden Erfolg. Zu tief eingewurzelt waren bereits die geistigen Neigungen des Prinzen, dessen Interesse den Hofsammlungen galt und der schon damals damit begann, durch selbständige Büchereinkäufe den Grundstock für eine eigene Bibliothek zu legen.

Johanns historische und geographische Neigungen wurden durch den Schweizer Historiker Johannes von Müller gefördert und vertieft, dessen Bücher der Erzherzog mit Eifer studierte. Aus der Bekanntschaft mit Müller wurde später eine persönliche Freundschaft, die sich in einem umfangreichen Briefwechsel manifestierte. Müller lenkte Johanns Interesse auf die Lebensbedingungen der Alpenbewohner, auf das Studium der bäuerlichen Kultur und entfachte in dem schwärmerisch veranlagten Jüngling eine Schweiz-Romantik, die in der Phantasie des jungen Erzherzogs bis zum politischen Programm zur Befreiung der Schweiz von der französischen Unterdrückung ausuferte. Auf Müller ging auch Johanns Idee vom Volkskrieg zurück, auf die wir noch zu sprechen kommen werden. Müller ermunterte den Erzherzog schließlich zu systematischen Geschichtsstudien, aus denen Johann allmählich die Überzeugung gewann, daß die Welt des Menschen einem beständigen Wandel unterworfen sei, daß es kein Innehalten geben dürfe, keine Politik des Stillstandes. Die gesellschaftliche Veränderung und der soziale Fortschritt sollten aber nicht durch revolutionäre Prozesse bewirkt werden, sondern durch tiefgreifende Reformen auf allen Gebieten. Das organische Fortschrittsdenken des jungen Johann stand natürlich im diametralen Gegensatz zur restaurativen Gedankenwelt des ältesten Bruders und barg für die Zukunft eine Fülle von Konfliktstoff in sich. Franz und Johann verkörperten geistige Gegensätze, die immer wieder aufs neue mit Heftigkeit aufeinanderprallten. Hierbei zog der Jüngere zumeist den kürzeren, fühlte sich zurückgesetzt, übervorteilt, beiseitegeschoben. Er reagierte mit ingrimmigem Gehorsam, Zurückhaltung, innerer Emigration, alternativer Lebensführung, rebellischer Aufsässigkeit.

Johanns wissenschaftliche Studien, die auch das Staats- und Zivilrecht umfaßten – sein Lehrer in dieser Materie war Franz von Zeiller, der geistige Urheber des Allgemeinen Bürgerlichen Gesetzbuches –, gingen Hand in Hand mit seiner militärischen Ausbildung. Unter der Leitung erfahrener Offiziere und bewährter Exerziermeister wurde der keineswegs für den Soldatenberuf geschaffene kaiserliche Prinz, wahrscheinlich auf Befehl des Kaisers, wie ein Rekrut behandelt. Franz verfolgte dabei offenbar die Absicht, den unbequemen, aufsässigen jüngeren Bruder zur Räson zu bringen. Johann erinnerte sich noch viele Jahre später mit Schaudern an diese Zeit. „Es sollte der Unterricht so lange als möglich ausgedehnt werden", schrieb er, „damit er so lange als möglich dauere, den ganzen Witz darin setzend, mich die Schule für den dümmsten Rekruten ohne Barmherzigkeit durchgehen zu lassen und mich ebenso zu behandeln. Es war darauf abgesehen, mich mürbe zu machen und alles, was in mir Selbständigkeit andeutete, niederzudrücken. Daher auch die Grobheiten aller Art ... Da lernte ich die Qual kennen, welche der arme, rohe Rekrut leiden muß, bis derselbe das Gewehr gerade balancieren lernt wie bei der Infanterie, so bei der Kavallerie ..."

Johann lehnte sich gegen diesen Rekrutendrill auf, aber es nützte nichts. Der Monarch blieb unerbittlich. Aber der gute Kaiser Franz hatte mit dem widersetzlichen, rebellischen Bruder, den man des Republikanismus verdächtigte, was für den mißtrauischen Herrscher gleichbedeutend war mit Aufwiegelung und Hochverrat, noch viel Schlimmeres vor. Er betraute den Nichtsahnenden, der kaum seine militärische Grundausbildung abgeschlossen hatte, am 8. September 1800, mitten im Zweiten Koalitionskrieg, mit dem Oberbefehl des Heeres. Man braucht nicht viel Phantasie dazu, um sich den Entschluß des Kaisers in seiner ganzen Ungeheuerlichkeit vorstellen zu können. Ein achtzehnjähriger, militärisch vollkommen unerfahrener junger Mann wurde mit voller Absicht als Schlachtopfer den französischen Revolutionsgeneralen gegenübergestellt, die nicht nur über bessere strategische Konzepte, sondern auch über ein wesentlich schlagkräftigeres Heer verfügten. Johann erhielt von seinem mißgünstigen Bruder zwar nur die formelle Führung der Truppe, das wirkliche Kommando, die eigentliche Befehlsgewalt lag bei Feldmarschall Franz Freiherr von Lauer, dessen Anordnungen er sich bedingungslos fügen mußte. Lauer war jedoch für das Kommando gleichfalls nicht zum mindesten befähigt. Johann hat später in seinen „Denkwürdigkeiten" die Order seines „lieben Bruders" als einen Mißbrauch seiner Unerfahrenheit bezeichnet. „Ich war so überrascht und betroffen", schrieb er, „daß ich meine Gedanken nicht fassen konnte. Ich stammelte ganz verwirrt, daß ich alle meine Kräfte aufbieten würde, ihm gut zu dienen, allein mir wollte die Sache darum doch nicht gefallen, denn ich fühlte meine gänzliche Unwissenheit, und ich liebte zu sehr meinen Bruder Carl, um eine Freude über das Ereignis zu haben." In seinem Tagebuch notierte er: „Die Wahl fiel auf jenen, der am wenigsten nach seinen damaligen Verhältnissen dazu geeignet war."

Die Sorge um seinen Bruder Karl, der wegen Meinungsverschiedenheiten mit dem Kaiser den Oberbefehl über das Heer zurückgelegt hatte, war übrigens vollkommen unbegründet. Und so konnte die (vorhersehbare) Katastrophe nicht ausbleiben. Die Armee erlitt bei Hohenlinden eine empfindliche Niederlage. Der junge Erzherzog entging samt seinem Gefolge nur mit Mühe der Gefangennahme. Als die französischen Heere unaufhaltsam in die österreichischen Erbländer vorrückten, entschloß sich der Kaiser, Erzherzog Karl an die Spitze der Armee zurückzuberufen. Diesem gelang ein rascher Waffenstillstand mit den Franzosen, dem kurze Zeit später der Friede von Lunéville folgte. Der Zweite Koalitionskrieg war zu Ende. Das militärische Desaster wird bis heute dem schuldlosen Johann angelastet.

Die verlorene Schlacht von Hohenlinden, für die er nominell die Verantwortung trug, stürzte den jungen Erzherzog in eine schwere Identitätskrise. Johann machte sich Selbstvorwürfe. Er hatte versagt, Schuld auf sich geladen. Das Schuldgefühl peinigte ihn, löste eine melancholische Stimmung in ihm aus, die bis an den Rand der Depression heranreichte. Diesen schwermütigen Stimmungen sollte Johann, vor allem nach Mißerfolgen, zeitlebens unterworfen bleiben. Sie waren ein unentrinnbares Erbe des Vaters.

Für die Niederlage im Zweiten Koalitionskrieg zeichnete jedoch nicht er, sondern der kaiserliche Bruder verantwortlich, der ihn in dieses militärische Himmelfahrtskommando hineingehetzt hatte. Dem intelligenten, hellsichtigen Johann muß das bald klar geworden sein. Es kam ihm allerdings kein Wort des Protestes über die Lippen. Er verdrängte alle seine mißliebigen Gefühle gegenüber dem allmächtigen Bruder. Wohl war er begabter und – schon damals – beliebter als der Kaiser, aber seiner Position, seiner Rangordnung nach der Schwächere. Franz war der „Herr“, die unüberwindliche Vaterfigur im Leben des Erzherzogs, die ihm noch zahlreiche Demütigungen und Hintansetzungen zufügen sollte.

Nach dem Debakel von Hohenlinden erwies sich Franz, wahrscheinlich weil ihn sein schlechtes Gewissen plagte, dem jüngeren Bruder gegenüber als großzügig. Er ernannte ihn zum „Generaldirektor des österreichischen Fortifikations- und Geniewesens“ sowie zum Direktor der militärischen Ingenieurakademie in Wien. Einige Zeit später wurde er zum General der Kavallerie und zum stellvertretenden Präsidenten des Hofkriegsrates ernannt. Der neue, eher administrative Aufgabenbereich, der ihm nunmehr zugeteilt war, sicherte Johann entscheidenden Einfluß bei der Neugestaltung des Festungsbaues und somit der österreichischen Landesverteidigung. Nach seiner Ernennung zum Oberdirektor der Theresianischen Kadettenakademie oblag ihm auch die Ausbildung des österreichischen Offizierskorps.

Der Erzherzog widmete sich mit jugendlichem Feuereifer seinen neuen Aufgaben. Bereits im Spätsommer und im Herbst des Jahres 1801 unternahm er mehrere Inspektionsreisen durch die österreichischen Alpenländer, auf denen er die Möglichkeiten für den Bau von Festungsanlagen erkundete. Sein Weg führte ihn natürlich nach Tirol, für dessen Naturschönheiten und Bewohner er sich schwärmerisch zu begeistern begann. Überschwenglich notierte er in seinem Tagebuch: „Aus den Gebirgen entspringen die Wasser, welche die Ebenen beherrschen. Dort ist noch der Menschheit Kern. Von dort muß Rettung kommen."

Er wollte Tirol, dessen militärstrategische Bedeutung er sofort erkannte, zur Alpenfestung ausbauen, an Straßenkreuzungen, Flußläufen und Pässen Verteidigungsanlagen errichten. Die seit alters her bestehende Tiroler Wehrfreiheit und der ungewöhnliche Freiheitssinn der Bevölkerung inspirierten ihn auch zur Idee der umfassenden Volksbewaffnung im Kampf gegen Napoleon. Johann nutzte seine Reisen auch zu natur- und landeskundlichen Studien und knüpfte Kontakte zu Wissenschaftlern und Forschern an, die geologische und pflanzenkundliche Sammlungen über die Alpenregionen anlegten und umfangreiche Beschreibungen über Land und Leute durchführten. Der Erzherzog lernte bei seinen Tirolaufenthalten auch Andreas Hofer, den „Sandwirt von Passeier", kennen und kam mit dem Historiker Josef Freiherr von Hormayr in Berührung. Hormayr wurde über Intervention Johanns nach Wien berufen, avancierte 1802 zum Leiter des Hof- und Staatsarchives und übte in den folgenden Jahren auf das politische Wollen des Erzherzogs einen bestimmenden Einfluß aus.

Johann trug sich eine Zeitlang mit dem Gedanken, in Tirol, das ihm ans Herz gewachsen war, seinen dauernden Wohnsitz zu nehmen. Aber daraus wurde nichts. Die Zeitläufte ließen die Ausführung des Planes nicht zu. Schon zeichnete sich am politischen Horizont ein neuerlicher Waffengang der europäischen Großmächte mit Napoleon Bonaparte, dem Kaiser der Franzosen, ab. Johann hatte 1804 nach zahlreichen Denkschriften und Memoranden den Auftrag erhalten, in Tirol eine Volksmiliz, den sogenannten Landsturm, zu organisieren, der neben der und in Verbindung mit der regulären Armee eingesetzt werden konnte. Für die restlose Durchführung dieser Aufgabe blieb ihm jedoch nicht genug Zeit. Bereits ein Jahr später brach der Dritte Koalitionskrieg aus. Mit dem Oberbefehl der österreichischen Truppen in Tirol betraut, traf er alle Vorkehrungen für den Widerstand. Er brannte darauf, die Schlappe von Hohenlinden gutzumachen, sein militärisches Talent unter Beweis zu stellen. Er bekam dazu jedoch keine Gelegenheit. Das Schicksal wollte es anders. Nach dem raschen Siegeszug der französischen Armeen in Süddeutschland erhielt Johann den Befehl, Tirol kampflos zu räumen und sich mit seinen Truppen der Armee seines Bruders Karl anzuschließen. Schweren Herzens fügte er sich dieser Entscheidung. In einem Brief versicherte er den Tiroler Ständen: „Es wird in kurzem die Zeit kommen, wo es mir erlaubt sein wird, mich wieder unter meinen treuen Tirolern einzufinden."

Vorläufig sah es allerdings nicht danach aus, als würde er dieses Versprechen bald einlösen können. Nach dem verlorenen Krieg mußte Österreich im Frieden zu Preßburg Tirol und Vorarlberg an Bayern abtreten.

Die neuerliche Niederlage gegen das napoleonische Frankreich war auf das Versagen der Militärbürokratie und der politischen Führung, auf die überholten Kommandostrukturen und den unpatriotischen, schwunglosen Geist in der Armee zurückzuführen. Das wurde Johann nun zur Gewißheit. Und er war fester denn je davon überzeugt, daß man der Revolution nur mit einem neu entfachten, nicht auf die Dynastie bezogenen Patriotismus und einem Volksheer erfolgreich begegnen könne. Der Erzherzog machte dazu Vorschläge: Jeder männliche Bürger (nicht Untertan!) zwischen dem achtzehnten und dem dreißigsten Lebensjahr sollte registriert, in jedem Regimentsbezirk eine Miliz gebildet werden.

Jedermann, also nicht nur Adeligen, sollte der Offiziersrang offenstehen, der einfache Soldat mit einem Sinn für seine Berufung, mit patriotischem Geist erfüllt werden. Was Johann vorschwebte, war der verantwortungsbewußte Bürger in Uniform, nicht der willenlose, der Willkür des Offiziers ausgesetzte, geschundene und ausgeblutete Krieger. Der Soldat, so meinte Johann, solle zur Selbständigkeit des Denkens und Handelns erzogen werden, nicht zu blindem Gehorsam. Die Reformen, die der weitblickende Erzherzog vorschlug, wurden ergänzt durch einen neuen Studienplan für die Kadettenanstalten der Monarchie, in dem er sich unter anderem für die militärwissenschaftliche Bildung in der Armee aussprach und die Einrichtung von Bibliotheken vorschlug. Darüber hinaus machte Johann in seiner Eigenschaft als Generaldirektor des österreichischen Geniekorps, der er noch immer war, weitere Vorschläge zur Befestigung von Straßen, Pässen und Flußtälern. Er erarbeitete somit ein geschlossenes militärpolitisches Konzept, das auf eine umfassende Landesverteidigung und die Mobilisierung aller Kräfte hinauslief. Der bewaffnete Volkskrieg, den er entfachen wollte, wurde von Hormayr, seinem engen Vertrauten und Mitarbeiter, pamphletistisch untermauert und unterstützt. Mit politisch wichtigen Gruppen in Tirol hielt der Erzherzog in diesen Jahren seine alten Kontakte aufrecht und knüpfte neue.

Und wie verhielt sich der Kaiser? Was sagte er zu den Plänen, wie beurteilte er die Aktivitäten des Bruders? Der vorsichtige, mißtrauische Franz, dem der Begriff „Volk“ an sich schon suspekt war, beantwortete Johanns Vorschläge zunächst einmal überhaupt nicht. Er drückte damit seine Mißbilligung aus. Aber auch Erzherzog Karl, das habsburgische Militärgenie, stand der Milizsystemidee des Bruders skeptisch-ablehnend gegenüber. Er befürwortete wohl eine Militärreform, wollte sie jedoch auf das traditionelle Heer beschränkt wissen. Trotz dieser Widerstände von höchster Seite ließ Johann nicht locker, kämpfte er um die Durchsetzung seiner Ideen weiter. Und diesmal kam ihm die militärische Situation in Europa zur Hilfe, stand die historische Entwicklung auf seiner Seite. In Spanien formierte sich gegen das französische Besatzungsregime der Widerstand des Volkes. Bürger und Bauern, einfache Leute und arme Teufel begannen gegen die Franzosen einen unerbittlichen Kleinkrieg (eine „Guerilla“) zu führen, errangen Siege und zerstörten den Mythos von der Unbesiegbarkeit der französischen Armeen. Die Idee vom Volkskrieg, nein, der Volkskrieg selbst, hatte sich glänzend bewährt.

Die Meldungen aus Spanien machten nicht nur auf die Regierung und die obersten Militärkreise, sondern auch auf den Kaiser Eindruck. Am 9. Juni 1808 erließ Franz ein Patent, mit dem er die Errichtung der österreichischen Landwehr genehmigte. Mit ihrer Einrichtung und Führung in Innerösterreich (Steiermark, Kärnten und Krain) wurde Erzherzog Johann betraut. Johann war damit am Ziel seiner Wünsche angelangt. Er war zur Zentralfigur in der Habsburgermonarchie geworden. In den folgenden Monaten war er vollauf damit beschäftigt, seine Pläne in die Tat umzusetzen. Er bereiste neuerlich mehrmals die Alpenländer, organisierte den Bau von Forts, Sperren und Palisaden, machte Vorschläge zur Verbesserung der Adjustierung der Soldaten im Gebirgseinsatz, verfaßte Dienstvorschriften und Instruktionen für die Landwehr und fachte den Patriotismus der Bevölkerung an. Seine subversiven Kontakte zu Tirol liefen weiter. Gemeinsam mit Andreas Hofer und anderen Tirolern beschloß er in der Wiener Hofburg den Plan einer landesweiten Erhebung.

Im Februar 1809 fiel in Wien die Entscheidung für einen Angriffskrieg gegen Frankreich. Anfang April begannen die militärischen Operationen. Johann erließ einen von Hormayr verfaßten Aufruf an die Tiroler. „Tyroler!“ hieß es darin, „ich bin da, das Wort zu lösen, das ich Euch am 4. November 1804 gab: Daß gewiß die Zeit kommen werde, wo mir das hohe Vergnügen zu Theile werden wird, Mich wieder unter Euch zu befinden ... Der Augenblick setzt Euch in die Lage, in dem großen, heiligen Kampf eine Hauptrolle zu spielen ... Ich bin gewiß, ihr werdet Euch Eurer Väter, ihr werdet Euch des Allerhöchsten Vertrauens, ihr werdet Euch unsrer großen Erwartung würdig beweisen! – Erzherzog Johann.“

Bereits nach vier Tagen war Tirol in österreichischen Händen, und Johann, der mit dem Oberbefehl über die Truppen in Italien betreut worden war, besiegte die Franzosen bei Sacile. Aber die Niederlagen der Hauptarmee auf dem nördlichen Kriegsschauplatz unter dem Kommando Erzherzog

Karls und der rasche Vormarsch Napoleons auf Wien zwangen ihn zum Rückzug. Wie schon 1805 hielt der Korse an der Spitze seiner Truppen in der kaiserlichen Hauptstadt seinen Einzug, erlitt jedoch kurze Zeit später bei Aspern eine Niederlage. Die Schlacht war allerdings nicht kriegsentscheidend. Wenige Wochen später machte Napoleon die Schlappe wieder wett. Er schlug die österreichische Armee bei Deutsch-Wagram und entschied den Krieg endgültig für sich. Johann, von Karl zur Unterstützung herbeigerufen, langte mit seiner Armee – ob verschuldet oder nicht, muß offenbleiben – verspätet auf dem Schlachtfeld ein. Die (Mit-)Schuld an der Niederlage wurde jedenfalls ihm zugeschoben.

Die Verleumdungen, die über ihn am Hof und in der Öffentlichkeit kursierten, sowie die Niederwerfung des Tiroler Aufstandes und der abermalige Verlust des Landes schmerzten ihn tief. Er verfiel in Depressionen, machte sich Selbstvorwürfe, wurde physisch krank. Von der großen Politik angeekelt, zog er sich auf seinen Landsitz Thernberg im niederösterreichischen Schwarzatal zurück, den er 1807 erworben hatte. Hier fand er allmählich seine innere Ruhe und seine körperliche Gesundheit wieder. Er betrieb historische und geographische Studien, beschäftigte sich mit Fragen der praktischen Landwirtschaft und wandte sein Interesse in immer stärkerem Maße der benachbarten Steiermark zu. Auf zahlreichen Wanderungen in Begleitung weniger Freunde und ortskundiger Führer entdeckte er die vielgestaltige Schönheit der steirischen Bergwelt und lernte das Land und seine Bewohner schätzen und lieben. Im Jahre 1811 verwirklichte er mit der Gründung eines Landesmuseums, des Joanneums, seinen alten Plan, in Graz eine zentrale Bildungsstätte zu schaffen, die allen Schichten der Bevölkerung zugänglich sein und dienen sollte. Der reichhaltigen naturwissenschaftlichen Sammlung Johanns, die er als Grundstock zur Verfügung stellte, wurden bald eine kulturhistorische Abteilung, ein Münz- und Antikenkabinett, eine Bildergalerie und eine Bibliothek angegliedert. Weitere Abteilungen kamen (später) hinzu. Die Sammlung alter Dokumente und Handschriften, die der Erzherzog anregte, führte zur Gründung eines Landesarchivs. Das Bergwesen, die Technik und die Forstwirtschaft fanden im Joanneum eine wissenschaftliche Heimstätte. Über Initiative Johanns wurden am Institut, das nach den Intentionen seines Begründers eine Kombination von Museum und Lehranstalt sein sollte, auch Lehrkanzeln eingerichtet. Aus der Technischen Lehranstalt am Joanneum entwickelte sich später die Technische Universität Graz. Einer besonderen Förderung des Erzherzogs erfreute sich die Landesgeschichte, für deren Erforschung er weder Mühe noch Kosten scheute. Johann ließ auch umfangreiches volks- und heimatkundliches Material zusammentragen und erhob damit die Volkskunde zu einer eigenständigen wissenschaftlichen Disziplin.

Mit der Gründung des Joanneums und den damit verbundenen zahlreichen Tätigkeiten und Aktivitäten legte der Erzherzog den Grundstein für ein steirisches Landes- und Kulturbewußtsein. Hinter allen seinen Bemühungen um die Steiermark, auf die wir später noch einmal zurückkommen werden, stand eine politische Idee: Johann sah die Stärke des Habsburgerstaates in der Verschiedenheit und Verschiedenartigkeit seiner Provinzen. Er trat für eine größere staatspolitische und kulturelle Selbständigkeit der Landesbehörden gegenüber den Wiener Zentralstellen, für ein vermehrtes Maß an föderativem Eigenleben ein. Er war – man verzeihe mir diese Contradictio in adjecto, diesen Widerspruch in sich –, ein föderalistisch gesinnter Josephiner. Trotz der Hinwendung, der aufkeimenden Liebe zur Steiermark hat der Erzherzog in allen diesen Tagen aber sein Tirol nicht vergessen.

Nach den blutigen Ereignissen des Jahres 1809 hatten zahlreiche Tiroler außer Landes Zuflucht gefunden. Um sie finanziell zu unterstützen und zu betreuen, setzte der Kaiser eine Hofkommission ein, an deren Spitze er Josef Hormayr und den Kreishauptmann von Traiskirchen, Anton Leopold Roschmann, berief. Hormayr benutzte seine Position bald dazu, in Tirol einen bewaffneten Aufstand zu planen. Er knüpfte über Agenten Kontakte zum Ausland und weihte auch Johann nach und nach in seine Pläne ein. Der Erzherzog versicherte ihn seiner Unterstützung und stellte sich an die Spitze der geplanten Erhebung. Gegen Jahresende 1812, als die Dinge schon sehr weit gediehen waren, notierte er in seinem Tagebuch: „Ich bin zu allem bereit, ob in *Güte* gegen Napoleon oder *mit dem Schwerte …*“

Der Aufstand sollte unter dem Codewort „Alpenbund“

stattfinden und neben Tirol „die Salzburgischen Gebürge, Vorarlberg, Illyrien, die wälschen Thäler und die Schweiz" umfassen (Tagebucheintragung Johanns vom Februar 1813). Als Tag des Aufstandsbeginns wurde der 19. April 1813 festgesetzt. Aber die Erhebung hat nie stattgefunden. Sie wurde durch Roschmann verraten.

Fürst Klemens Metternich, der 1809 die Leitung der Staatsgeschäfte übernommen hatte, schlug mit Zustimmung des Kaisers hart zu. Die Rädelsführer wurden verhaftet und in das Gefängnis geworfen. Erzherzog Johann, dem man vorwarf, er habe sich an die Spitze eines selbständigen „Alpenkönigtums" stellen wollen, wurde unter Polizeiaufsicht gestellt. Sein geliebtes Tirol sah er erst zwanzig Jahre später wieder.

Die Aufdeckung der „Alpenbund"-Verschwörung hatte für Johann weitreichende Folgen. Er behielt wohl seine Stellung als Generaldirektor des österreichischen Geniewesens bei, vom Entscheidungskampf gegen Napoleon blieb er jedoch ausgeschlossen. Auch auf dem Wiener Kongreß spielte er lediglich die Rolle eines unbeteiligten Privatmannes. Nach einer Reise durch Frankreich, England und Schottland, auf der er wertvolle Einblicke in die englische Eisen- und Stahlindustrie gewann und die gesellschaftlichen Auswirkungen des Industrialisierungsprozesses aus eigener Anschauung kennenlernte, kehrte er im Frühjahr 1816 voller neuer Eindrücke in die Steiermark zurück. Er zog für sein weiteres Leben nun jene Konsequenz, die sich aus seinen militärischen und politischen Fehlschlägen, aber auch aus seiner Lebensphilosophie notwendigerweise ergab: Er kehrte der „großen Welt" den Rücken und begann in der Steiermark, abseits vom eitlen Treiben, der Herzlosigkeit, der Genuß- und Verschwendungssucht der Stadt, ein neues Leben. Aus dem Streiter gegen die Machtansprüche Napoleons und den kaiserlichen Absolutismus wurde endgültig ein Rebell gegen höfische Konvention, ein beispielhafter Vorkämpfer für ein naturverbundenes Leben.

Als sich Johann, vom höfischen Lebensstil angewidert, von der Großstadt auf das Land zurückzog, den Frack ein für allemal gegen den graugrünen Lodenrock eintauschte, war er ein Mittdreißiger. Er hatte noch – wie wir heute wissen

Erzherzog Johann als Jäger

– mehr als vier Jahrzehnte rastloser Tätigkeit vor sich. Denn dieser ungewöhnliche Habsburger, dieses volksverbundene Mitglied des Kaiserhauses lebte im Gegensatz zu vielen seiner Standesgenossen nicht in den Tag hinein. Sein Lebensinhalt waren nicht Genießen und Nichtstun, sondern Arbeit im Dienst der Gemeinschaft. Er verpraßte nicht sein Vermögen, fraß nicht das Brot seiner Untertanen. Er hatte ein feines Gespür, ein hochentwickeltes Empfinden für Not und soziales

Unrecht. „Wie kann man fröhlich sein“, schrieb er einmal nach dem Besuch eines Ballfestes beim Fürsten Metternich, „wenn so viele Tausende bedrängt sind? Während hier das Teuerste verfressen und versoffen wird, alles in Silber und Gold prangt, Hunderte von Kerzen verbrennen, um eine gezwängte Lustbarkeit zu beleuchten, während viele Kleider, die ein großes Geld zum Teil nach dem Ausland brachten, an einem Abend verdorben werden, weint mancher biedertreue Hausvater bei seiner Milchsuppe und seinem schwarzen Brot, oft nicht hinreichend für seine Kinder, sie satt zu machen, erschöpft von der Arbeit ...“

Den armen Leuten beizustehen, inmitten des Volkes zu leben, seine Sorgen kennenzulernen und zu teilen, das war die Lebensaufgabe, die sich der Erzherzog stellte, der Inhalt seines jahrzehntelangen erfolgreichen Wirkens in der und für die Steiermark.

Johanns vordringlichstes Interesse, sein Herz gehörte dem Bauernstand. Auch nach den Reformen Josephs II. blieben die Bauern die Lasttiere der menschlichen Gesellschaft. Sie waren als Untertanen der Grundherrschaft abgabepflichtig, sie arbeiteten viel und verdienten wenig. Sie waren unwissend, ihre Arbeitsmethoden waren rückständig. Johann versuchte, ihren Lebensstandard und ihr Selbstvertrauen zu heben, die wissenschaftlichen Errungenschaften der Zeit in den Dienst der Landwirtschaft zu stellen. Zu diesem Zweck gründete er 1819 die steirische Landwirtschaftsgesellschaft. Sie stand allen bäuerlich Tätigen offen und hatte in ihren besten Zeiten fünfzig Filialen mit etwa dreißigtausend Mitgliedern. Die Mitglieder – untertänige Bauern wie aristokratische Grundherren – waren gleichberechtigt und wählten in geheimer Wahl den Präsidenten. Mit dieser demokratischen Organisationsform – das Wort selbst durfte natürlich nicht verwendet werden – nahm Johann spätere Entwicklungen im Agrarbereich voraus. Dem Erzherzog ging es bei seinen Maßnahmen für den Bauernstand vor allem um praktische Hilfe und Förderung. Er ließ in dem 1822 in Graz gegründeten bäuerlichen Versuchshof die damals modernsten landwirtschaftlichen Maschinen und Gerätschaften erproben, auf Versuchsfeldern wurden systematisch neue Anbaumethoden studiert. Der Kartoffelanbau, der Obst- und Weinbau wurden gefördert, man erprobte neues Saatgut, baute aus Amerika herbeigeholte Mais- und Weizensorten an. Um nach existenzgefährdenden Naturkatastrophen wie Brand, Hagelschlag und Überschwemmungen helfend einspringen zu können, wurde die wechselseitige Brandschadenversicherungsanstalt gegründet, die am 1. Juni 1829 ihre Geschäftstätigkeit aufnahm und bereits nach dem ersten Jahr ihres Bestandes nicht weniger als sechstausend Mitglieder zählte. Johanns Wirken für den Bauernstand war deshalb von Erfolg gekrönt, seine landwirtschaftlichen Ambitionen glaubwürdig, weil er selbst mit gutem Beispiel voranging. „Die Überzeugung des Mächtigen, was Beispiel in der Landwirtschaft vermag, war es“, schrieb er einmal, „was mich bewog, in einer der rauhesten Gegenden (am Nordabhang des Seebergsattels bei Mariazell, Anm. d. Verf.) den Brandhof zu kaufen, um dort mit den gleichen den Landleuten zu Gebote stehenden Mitteln und Kräften zu zeigen, wie man mit Fleiß, Beharrlichkeit und Überzeugung und soweit als menschliche Kräfte reichen, den ungünstigen klimatischen Einflüssen Nahrung abgewinnen und den für die Gebürge so hochwichtigen Gegenstand der Viehzucht und deren Nebenzweige und Produkte veredeln und vermehren könne.“

Der Erzherzog ließ den Hof vergrößern und umgestalten. Er legte dabei selbst Hand an, „arbeitete als Maurer wie jeder andere“. Diese körperliche Tätigkeit war nicht als Show gedacht oder als Anbiederung. Er bekundete damit seine Verbundenheit mit dem Volk.

Johanns Interesse galt nicht nur dem Bauernstand. Von seinem Englandaufenthalt brachte er die Erkenntnis mit, daß die Industrialisierungswelle, die auf der Insel im Gange war, vor dem europäischen Kontinent nicht haltmachen würde. Auch die wirtschaftlich rückständige Habsburgermonarchie würde sich ihr nicht verschließen können. Der Erzherzog hatte in England allerdings auch die feste Überzeugung gewonnen, daß die totale Industrialisierung nicht wünschenswert sein konnte. Sie würde, so meinte er, die jahrhundertealte, organisch gewachsene Gesellschaftsstruktur zerstören, zur Entmenschlichung, zur Entwurzelung der bäuerlichen Welt führen. Man mußte den mechanisch-technischen Fortschritt behutsam und sinnvoll einsetzen, versuchen, zwischen Industrie und Landwirtschaft eine Symbiose zustande zu bringen, ein Zusammenleben zu gegenseitigem Nutzen. Johann selbst wollte unter Beweis stellen, daß es möglich sei, Bauer und Industrieller in einem zu sein. 1822 kaufte er in Vordernberg, in der Nähe des steirischen Erzberges, ein Radwerk (eine Hochofenanlage). Er wollte auch auf industriellem Gebiet beispielhaft wirken und neue Maßstäbe setzen.

Die steirische Eisengewinnung, und -verarbeitung war rückständig und wenig produktiv. Die Fördermethoden waren veraltet. Der Erzberg wurde in Stollen abgebaut, das Erz mußte in Säcken mühsam abtransportiert werden. Gestützt auf das Gutachten eines Bergbausachverständigen, wurde auf Betreiben des Erzherzogs der planlose, gefährliche Stollenbau eingestellt und nach und nach durch den Etagenbau ersetzt. Seinen unermüdlichen Bemühungen gelang es auch, die Vordernberger Radmeister zu einer Genossenschaft zu vereinigen, die den Erzabbau gemeinsam besorgte und die nötigen technischen Einrichtungen gemeinschaftlich ankaufte. Durch diese Maßnahmen wurde das steirische Erz wieder konkurrenzfähig, die Produktion am Erzberg stieg innerhalb eines Zeitraumes von fünfzehn Jahren auf mehr als das Doppelte (1815: sechstausend Tonnen, 1829: dreizehntausend Tonnen). Eine eigene Montanschule in Vordernberg, aus der später die Montanistische Hochschule in Leoben hervorging, sorgte für wissenschaftliche Forschung und Nachwuchs in der Montanistik.

Erzherzog Johann war nicht nur ein umsichtiger, sondern auch ein fürsorglicher Unternehmer. 1838 wurde auf seine Anregung die „Bruderlade der Berg- und Hüttenarbeiter“ gegründet, deren Aufgabe es war, für die Kranken und Arbeitsunfähigen zu sorgen. Die Verwaltung und Leitung dieser freiwilligen Sozialeinrichtung besorgten Arbeitgeber und Arbeitnehmer gemeinsam, die auch gemeinsam für die Dotierung der „Lade“ aufkamen. Den Bergarbeitern stand ein eigener Arzt zur Verfügung, es wurden Pensionen fixiert, Witwen- und Waisenrenten ausgesetzt. In einer Zeit, in der die Sozialpolitik noch nicht zu den selbstverständlichen Aufgaben des Staates gehörte, waren diese Sozialmaßnahmen von beachtenswerter Fortschrittlichkeit.

Johann hatte zu den Arbeitern ein im besten Sinn des

Wortes patriarchalisches Verhältnis. Er kümmerte sich um ihre Arbeits- und Lebensbedingungen, um ihr persönliches Wohl. Entlassungen aus wirtschaftlichen Gründen ließ er in seinen Betrieben (Johann besaß neben Vordernberg noch ein Hammerwerk in der Weststeiermark und ein Walzwerk in Krems bei Voitsberg) nicht zu. Der Mensch und seine Arbeitskraft waren für ihn mehr als ein meßbarer Kosten-Nutzen-Faktor. Für die soziale Problematik im Gefolge der Industrialisierung hatte der hellsichtige Erzherzog lange vor Karl Marx buchstäblich einen sechsten Sinn.

Johann erkannte auch lange Zeit vor den meisten seiner Zeitgenossen die wirtschaftliche und militärische Bedeutung des Eisenbahnbaues. Er träumte von einer Bahnverbindung zwischen Prag und Triest. Als man sich schließlich zum Bau der Südbahn entschloß und die Trasse über Westungarn führen wollte, um dem Gebirge auszuweichen, kämpfte er mit aller Kraft gegen diesen Plan an. Die Steiermark durfte aus diesem Projekt nicht ausgeklammert werden. Er erzwang die Trassierung über den Semmering und ließ die Vermessungsarbeiten von Offizieren seines Geniekorps durchführen. Der Erzherzog, der wegen der Steigung zwischen Gloggnitz und Mürzzuschlag an eine Pferdebahn gedacht hatte, erlebte noch die Eröffnung der Semmeringstrecke und die Überwindung der Paßhöhe durch eine Dampfeisenbahn.

Trotz seiner vielseitigen Inanspruchnahme und seiner regen Anteilnahme an allem, was in der Steiermark geschah, fand Erzherzog Johann doch genug Zeit, um die „grüne Mark" Jahr für Jahr nach allen Richtungen hin zu durchwandern. Er kletterte auf Berggipfel, übernachtete in Almhütten, sprach mit Bauern, Bergknappen und Jägern über deren Leben und Lebensnöte. Fast immer war er von Naturwissenschaftlern und Malern begleitet, die die alpine Pflanzenwelt untersuchten und katalogisierten, die landschaftliche Schönheit der steirischen Bergwelt und die malerische Tracht der Bevölkerung in Bildern festhielten.

Auf einer dieser Wanderungen durch das Ausseerland begegnete Johann 1819 am Toplitzsee der Postmeisterstochter Anna Plochl. Das fünfzehnjährige Mädchen erregte durch seinen natürlichen, unbefangenen Liebreiz und seine Anmut

Anna Plochl als Braut

die Aufmerksamkeit des Erzherzogs, der damals siebenunddreißig Jahre alt war. Eine Woche später traf er auf einer Wanderung ins Sölktal am Schwarzensee abermals mit dem Mädchen zusammen, das von Aussee aus mit einigen Bekannten einen Tagesausflug dorthin unternommen hatte. In einem Gespräch unter vier Augen fragte der Erzherzog das junge Mädchen, ob es schon jemandem sein Herz geschenkt hätte. Als Anna die Frage verneinte, sagte er: „Dann da niemand Unrecht geschieht – Seyn Sie mir guth." Damit begann eine beziehungsreiche Liebesgeschichte, die im Volksmund, im

Heimatroman, in den Klatschspalten der Zeitungen und im Film weidlich ausgeschlachtet worden ist. Johann hat die einzelnen Stadien später in einem literarischen Selbstzeugnis mit dem Titel: „Der Brandhofer und seine Hausfrau“ beschrieben, um Legenden entgegenzuwirken und Unwahrheiten (geschickt) zu korrigieren. Genützt hat es nichts. Die Lovestory zwischen dem steirischen Prinzen und der Postmeisterstochter aus Aussee ist noch heute ein beliebtes, mit viel Phantasie und Romantik angereichertes Illustriertenthema.

Für den Historiker hat diese Liebesbeziehung neben der menschlichen auch eine staatspolitische Seite. Erzherzog Johann war Mitglied einer alteingesessenen Dynastie, die – wie die übrigen europäischen Herrscherhäuser – eheliche Verbindungen schon aus Gründen der Staatsräson nur mit ihresgleichen zuließ. Die Angehörigen des Kaiserhauses waren Objekte der Heiratspolitik. Über Flirts, Liebschaften und amouröse Abenteuer mit unstandesgemäßen Adeligen und Bürgerlichen sah man im Hause Habsburg mit großzügig geübter Toleranz hinweg. Aber es war ein ungeschriebenes Gesetz, daß man keine unebenbürtigen Ehen einging. Man war in seiner Partnerwahl nicht frei. Das wußte natürlich auch Erzherzog Johann. Der Erzherzog war jedoch fest entschlossen, seine „Nani“, der er drei Jahre nach ihrer ersten flüchtigen Begegnung das Eheversprechen gegeben hatte, zu heiraten. Es war eine neuerliche, offen-rebellische Herausforderung des Kaisers und des Wiener Hofes. Franz II., der Johanns politische Ansichten, seine Lebensphilosophie und seinen Lebenswandel stets mißbilligt hatte, ließ Erkundigungen einziehen, die Metternich eigenhändig verfügte. „Seine Majestät wünschen eine *schleunige,* jedoch mit aller Umsicht zu erhebende Auskunft über den Postmeister zu Aussee in Österreich, Namens Plochel, und über seine Familie“, hieß es in der entsprechenden Anweisung. Und weiter: „Man hat nämlich Kunde, daß Se. kaiserl. Hoheit, der Erzherzog Johann, mit der Tochter des Postmeisters zu Aussee sich in ein so enges Liebesverhältnis eingelassen hat, daß Höchstderoselber sogar mit dem Vorhaben sie zu ehelichen, sich beschäftigten. Ob und wie lange das Verhältnis besteht? ...“

Johann wußte, daß er seit langem von der Polizei „observiert“ wurde. Über die Details der zuletzt angeordneten Erhebungen scheint er jedoch nicht informiert gewesen zu sein. Es war ihm aber klar, daß er für seine Ehe die Zustimmung des Kaisers brauchte. Also fuhr er am 5. Februar 1823 nach Wien, um sie sich in einer persönlichen Unterredung zu verschaffen. Nach einem längeren Gespräch erteilte Franz überraschenderweise seine Zustimmung. Die schriftliche Ausfertigung, die vom Kaiser eigenhändig mit Bleistift redigiert wurde, hatte folgenden Wortlaut: „Für die zur Beruhigung Deines Gewissens von mir erbetene eheliche Verbindung mit der Jungfrau Anna Plochl von Aussee in Steyermark, ertheile ich Dir hiermit meine Zustimmung, jedoch nur unter der ausdrücklichen Bedingnis, daß dadurch weder ihr, noch den aus der Ehe entstehenden Kindern ein Anspruch von was immer für eine Art auf Deinen Namen, Stand und Versorgung von Seite des österreichischen Staates und von Seite unseres Hauses erwachsen dürfe."

Der Erzherzog und das junge Bürgermädchen von Aussee waren überglücklich. Aber der Jubel kam zu früh. Einige Zeit später machte der Kaiser seine Eheerlaubnis wieder rückgängig. Johann fügte sich dem kaiserlichen Wunsch. Er verschob den bereits fixierten Ehetermin. Die schriftliche Heiratserlaubnis gab er dem Bruder nicht zurück. Am grundsätzlichen Entschluß, Anna zu heiraten, hielt er fest. Um vor aller Welt zu dokumentieren, daß er nicht gesonnen war, von ihr zu lassen, nahm er sie als Leiterin seines Haushaltes in seinem Vordernberger Radmeisterhaus auf. Er vollzog damit offen die Abkehr von seiner Familie, vom Haus Habsburg. Sechs Jahre mußten der Erzherzog und Anna Plochl dann noch warten, ehe der Kaiser seine Meinung abermals änderte und seine endgültige Zustimmung zur Heirat gab. Es waren nach Johanns Darstellung schwere, qualvolle Jahre selbstauferlegter Enthaltsamkeit, Jahre der Anfeindungen, der üblen Nachrede, der Kränkungen, der grüblerischen Selbstquälerei. Der Kaiser verbot eine öffentliche Hochzeit. So heiratete der Erzherzog, der um diese Zeit bereits als der ungekrönte heimliche Fürst der Steiermark galt, seine geliebte Anna am 18. Februar 1829, um elf Uhr nachts, heimlich und verstohlen in der Kapelle des Brandhofes. Die Trauung nahm der Dechant von Lorenzen vor, als Trauzeugen fungierten Vincenz Huber, ein Gewerke aus Mürzzuschlag, und Johanns Sekre-

Erzherzog Johann mit seiner Gattin Anna und seinem Sohn Franz

tär Zahlbruckner. Die Ehe war überaus glücklich und währte bis zum Tode des Erzherzogs im Jahre 1859. Zehn Jahre nach der Heirat wurde dem Paar ein Sohn geboren, der – man kann es kaum glauben – auf den Namen Franz getauft wurde. 1845 als Graf von Meran in den erblichen Grafenstand erhoben, wurde er der Begründer einer weitverzweigten Familie.

Die Zeit zwischen 1815 und 1848, zwischen dem Wiener Kongreß und den revolutionären Ereignissen in West-, Mittel- und Südeuropa, war die große Zeit des Fürsten Metternich. Mehr als drei Jahrzehnte lang bestimmte der aus einem rheinländischen Grafengeschlecht stammende Diplomat und Staatsmann vom Wiener Ballhausplatz aus die Geschicke Europas. Er stemmte sich mit allen Mitteln gegen den geistigen und gesellschaftlichen Fortschritt, unterdrückte alle freiheitlichen politischen Regungen, die die Änderung, den Sturz der bestehenden Ordnung zum Ziele hatten. Erzherzog Johann, der sich aus dem politischen Leben fast zur Gänze zurückgezogen hatte, war kein Freund Metternichs. Er mißbilligte seine Politik, verabscheute seinen aristokratischen Lebensstil, beargwöhnte seine diplomatische Geschmeidigkeit. Es gab zwischen dicsen beiden so verschiedenartigen Persönlichkeiten kaum einen Berührungspunkt. Johann hielt nicht nur die Innenpolitik Metternichs für falsch. Er trat für das Recht der Völker auf Freiheit und Selbstbestimmung ein, er sympathisierte offen mit den Freiheitsbewegungen der Griechen und Polen, die dem politischen Bevormundungssystem Metternichs einen ersten Stoß versetzten, es ins Wanken brachten. Er stand mit diesen Ansichten in scharfem Gegensatz zur offiziellen Linie der österreichischen Außenpolitik. Metternich sah das nicht gerne, aber er konnte nichts dagegen tun. Johann war ohnedies politisch kaltgestellt, er wurde polizeilich überwacht. Den Mund konnte man ihm nicht verbieten. Also versuchte der kluge Staatsmann nach dem Tod Kaiser Franz' II. (1835), den Erzherzog wieder stärker in das staatliche Geschehen einzubinden, ihm außenpolitische (Schein-)Funktionen zu übertragen. 1835 wurde Johann als offizieller Vertreter Österreichs zu den Manövern der preußischen, später der russischen Armee entsandt, 1837 machte er auf Wunsch des Kaisers eine Reise nach Rußland, der Türkei und Griechenland. Man betraute ihn mit Repräsentationsaufgaben, und schließlich ernannte man ihn sogar 1846 zum Kurator der neugegründeten Akademie der Wissenschaften. An seiner Skepsis gegenüber dem vormärzlichen Regime, dessen Ende er voraussah und -sagte, änderte das alles nichts. „Wir stehen am Vorabend von Ereignissen der bedenklichsten Art, Ereignissen, die, wenn man den bisherigen Gang beibehält, nicht ausbleiben können. Und doch will man nicht begreifen, daß es auf dem bisher eingehaltenen Wege, nach dem bisherigen Takt im Handeln nicht gehen kann ... bald wird weder Zeit noch Kraft, noch Vorsicht, noch Einwirken mehr ausreichen, um jenes Gewitter zu entfernen, welches alles zur Entscheidung bringen muß", notierte er am 1. Jänner 1848 (prophetisch) in seinem Tagebuch.

Das Gewitter kam rascher, als viele Zeitgenossen Johanns erwarteten oder befürchteten. Im Februar 1848 brach in Paris die Revolution los, am 13. März schoß Militär in der Wiener Herrengasse auf Bürger und Studenten. Welche Rolle der Erzherzog an diesem Tag, an dem der verhaßte Fürst Metternich zur Abdankung gezwungen wurde, in der Wiener Hofburg spielte, ist nie eindeutig geklärt worden. An den entscheidenden Beratungen hat er jedenfalls teilgenommen, und man kann wohl als sicher annehmen, daß er sich nicht gegen die Demission des Staatskanzlers ausgesprochen hat. So oder so: Der beim Volk beliebte, fortschrittlich gesinnte Erzherzog, der auf seine Art nicht das offizielle, sondern das *andere* Haus Habsburg verkörperte, steht durch die revolutionären Ereignisse des Jahres 1848 plötzlich (wieder) im Mittelpunkt des politischen Geschehens. Man setzt hüben wie drüben Hoffnungen auf ihn. Für die Revolutionäre ist er der Mann der Stunde, die Persönlichkeit, die sie sich als konstitutionellen Herrscher vorstellen könnten. Der Hof erwartet von ihm, daß er die Wogen der Revolution glättet und setzt ihn auch dazu ein. Johann stellt in Graz die Ruhe wieder her und mobilisiert in Tirol die Landwehr zur Verteidigung der Grenzen gegen die Aufständischen in Oberitalien. Am 17. Juni 1848 ernennt ihn Kaiser Ferdinand I., der nach den Maiunruhen mit dem Hof nach Innsbruck geflohen ist, zu seinem Stellvertreter und überträgt ihm „die ganze Machtvollkommenheit als konstitutionellen Kaiser von Österreich" für die Dauer seiner Abwesenheit. Johann fährt nach Wien, wird von der Bevölkerung begeistert empfangen und beruhigt durch eine kluge öffentliche Erklärung vor den Offizieren der Nationalgarde die erregten Gemüter. Die akademische Jugend veranstaltet ihm zu Ehren sogar einen Fackelzug. Der sechsundsechzigjährige Erzherzog ist zum revolutionären Idol geworden. Aber die große Stunde Johanns schlägt erst. Am 29. Juni 1848 wählt ihn die deutsche Nationalversammlung, die erste gewählte Volksvertretung Deutschlands, auf Vorschlag ihres Präsidenten, Heinrichs von Gagern, mit überwältigender Mehrheit zum Reichsverweser, zum Staatsoberhaupt. Johann

Erzherzog Johann in Wien 1848

fühlt sich „geschmeichelt und geehrt". Er nimmt die Wahl an. „Ich, meine Herren, ich bitte davon überzeugt zu sein, bringe keinen anderen Ehrgeiz mit, als den, dem gemeinsamen Vaterland in meinem vorgerückten Alter meine letzten Kräfte zu weihen", erklärt er den Deputierten der Nationalversammlung, die ihm in der Hofburg die offizielle Nachricht von der Wahl überbringen.

Am 12. Juli 1848 wird der neue Reichsverweser in der Frankfurter Paulskirche, dem Sitzungssaal der deutschen Nationalversammlung, vereidigt. Es ist ein feierlicher Augenblick, der Höhepunkt im abwechslungsreichen Leben des habsburgischen Erzherzogs. Die Stimmung in der Paulskirche ist euphorisch und begeistert. Gagern spricht sogar vom Beginn einer neuen Zeitrechnung. Aber das ist natürlich eine vom Taumel des Augenblicks diktierte Übertreibung. Nach der Vereidigung fährt der Reichsverweser, der erste gewählte Machthaber in der Geschichte Deutschlands, in das Palais Taxis, wo ihm vom Bundestag die neue deutsche Zentralgewalt übertragen wird. Johann ist dem Parlament gegenüber „unverantwortlich", ein Quasi-Monarch sozusagen, aber eben nur ein solcher. Er wird das bald zu spüren bekommen.

Am 15. Juli ernennt er sein erstes Reichsministerium mit dem bayerischen Reichsrat Fürst Karl von Leiningen als Ministerpräsidenten und dem Österreicher Anton von Schmerling als Innenminister. Aber diese Reichsregierung ist nicht ihm verantwortlich, sondern der Volksvertretung, und damit dem Wechselspiel der Tagespolitik ausgesetzt. Die neue deutsche Reichsgewalt hat im übrigen überhaupt keine reale Macht: Sie hat kein Geld, keine Büros, keine ihr nachgeordneten Behörden im Land, kein Heer. Die Macht liegt noch immer oder schon wieder bei den deutschen Einzelstaaten. Ob sich Johann darüber zu diesem Zeitpunkt im klaren gewesen ist, ist schwer zu sagen. Er hat gar nicht sehr viel Zeit, die politische Situation gründlich zu überdenken. Nach einer Woche Aufenthaltes in Frankfurt reist er nach Wien zurück, um als Stellvertreter des Kaisers in der Winterreitschule der Hofburg den ersten österreichischen Reichstag zu eröffnen. Auch in Wien wird er (wieder) herzlich empfangen, von einer großen Volksmenge begrüßt. Johann ernennt ein neues Ministerium, mahnt zu Ruhe und Besonnenheit. Die Lage ist gespannt, der Nationalitätenhader unüberhörbar. Viel mehr als beschwichtigen kann er in dieser Situation ohnedies nicht. Also geht er wieder zurück nach Frankfurt. In einer Kundmachung an die Wiener vor seiner Abreise spricht er von der Liebe zur Heimat, aber vor allem auch davon, „daß sein Herz für das große deutsche Vaterland erglüht". Man kann das tatsächlich wörtlich nehmen: der Habsburger Johann ist wohl ein guter österreichischer Patriot, aber er denkt und fühlt deutsch(-national). Die deutsche Einheit bedeutet ihm viel, das Wort vom gemeinsamen großen deutschen Vaterland kommt ihm sehr oft und sehr leicht über die Lippen.

Die Frankfurter jubeln ihm (wieder), vor allem aber seiner Frau, zu, als das „Bürgerpräsidentenpaar" am 3. August

1848 in ihrer Stadt Einzug hält. Für Johann beginnen nun schwere Wochen und Monate. In der Paulskirche prallen die Meinungen der einzelnen Fraktionen hart aufeinander. Welche Gebiete soll das neue deutsche Reich umfassen? Soll Österreich eingegliedert werden und, wenn ja, in welcher Form? Wer soll die Führung in diesem neuen Staatsgebilde übernehmen – Österreich (großdeutsche Lösung) oder Preußen (kleindeutsche Lösung)? Wie soll das Verhältnis von Volk und Fürsten aussehen? Welche Rechte sollen den Einzelstaaten eingeräumt werden? Auf diese Fragen gibt es zahllose Antworten, die Abgeordneten können sich auf keinen gemeinsamen Nenner einigen. Der Reichsverweser vermittelt, redet zu, grollt, mahnt zur Einigkeit. Es nützt wenig. Offenkundig ernüchtert und frustriert, notiert er in seinem Tagebuch: „Was ist der Reichsverweser? Dermalen ein leerer Name, welcher viele Hoffnungen erweckt, die er zu erfüllen keine Macht hat; ein Mann, der durch seine Persönlichkeit nicht einschreiten, höchstens guten Rat geben darf, wo es dann noch die Frage ist, ob man demselben Folge geben will ... Sollte dieses so bleiben, so gestehe ich, daß ich mich nicht fähig noch berufen fühle, so ein Amt zu bekleiden."

Im Oktober 1848 flammt die Revolution in Wien erneut auf. Der kaiserliche Hof flieht nach Olmütz. Die Donaumetropole wird nach einer kurzen Belagerung durch kaiserliche Truppen erobert, die Führer der Aufständischen werden standrechtlich erschossen. Im November übernimmt Fürst Schwarzenberg das Amt des Ministerpräsidenten. Am 2. Dezember 1848 übergibt Ferdinand die Kaiserwürde seinem achtzehnjährigen Neffen Franz Joseph. Der junge Kaiser und Schwarzenberg gehen nun daran, die österreichische Monarchie als zentralistisch regierte Großmacht wiederherzustellen.

Die Ereignisse in der Habsburgermonarchie haben ihre Rückwirkungen auf die Frankfurter Paulskirche. Das Kleindeutschtum setzt sich dort allmählich durch. Die Position des Reichsverwesers wird immer schwieriger, immer schwächer. Gesundheitlich angeschlagen, besitzt Johann nicht die Kraft, klare Entscheidungen zu treffen. Er hat aber zweifellos auch seine Stellung überschätzt, er kämpft auf verlorenem Posten. In der Heimat läßt man ihn im Stich, macht ihn verächtlich.

Anna, die treu an seiner Seite verweilt, klagt: „Wie schmerzlich berührt es mich, daß man in Wien und besonders in meinem Vaterland unseren Engels-Erzherzog so herabsetzt – und sogar im Theater karikiert ... Und wer rührt sich für ihn? Niemand!“

Als sich Ende März 1849 die Mehrheit des Frankfurter Parlaments für die kleindeutsche Lösung entscheidet, bietet Johann seinen Rücktritt an. Franz Joseph, der ihn einige Zeit später in einem Brief an seine Mutter abschätzig den „Onkel Reichsvermoderer“ nennt, ersucht ihn zu bleiben. Und Johann harrt aus Pflichtbewußtsein weiter aus. Er bleibt im Amt, obwohl es längst schon keine legitime deutsche parlamentarische Volksvertretung mehr gibt, obwohl in Österreich und Preußen schon längst die Reaktion gesiegt hat. Erst im Dezember 1849 legt er die Reichsverweserschaft nieder. Am Neujahrstag 1850 verläßt er Frankfurt und kehrt, verbittert und enttäuscht, in seine geliebte Steiermark zurück.

Erzherzog Johanns letzter Lebensabschnitt hatte begonnen. Der Bürde (ungeliebter) politischer Verantwortung ohne reale Entscheidungsgewalt enthoben, konnte er sich nun wieder ganz den Aufgaben widmen, die ihm am Herzen lagen: den gemeinnützigen Vereinen und Instituten, die er gegründet hatte, der kulturellen Tätigkeit in der Steiermark. „Jetzt beginne ich wieder mein früheres Wirken“, schrieb er schon wenige Wochen nach seiner Rückkehr an einen Freund. Trotz des Frankfurter Fiaskos war seine Vitalität ungebrochen. Und die Politik in ihrer ursprünglichsten Bedeutung im Sinne des griechischen Wortes „Polis“, das auch Gemeinschaft, Arbeit für die Gemeinschaft bedeutet, holte ihn noch einmal ein. Im Sommer 1850 wählten ihn die Bewohner von Stainz – Johann hatte 1840 die Herrschaft Stainz gekauft und zu einem Mustergut ausgebaut – zu ihrem Bürgermeister. Der Achtundsechzigjährige versagte sich nicht. Er nahm die Wahl an. Aus Gastein, wo er sich gerade aufhielt, schrieb er den Stainzern am 30. Juli 1850 folgenden Brief: „Meine lieben Stainzer! Die von Euch auf mich gefallene Wahl zu Eurem Gemeindevorstand hat mich als Beweis Eures Vertrauens sehr erfreut, ich zögere keinen Augenblick, dieselbe anzunehmen. Meine Gesinnung gegen Euch konnten die veränderten Verhältnisse nicht ändern, so wie früher als Grundherr, Euer Freund, für Euer Wohl besorgt, so izt als Glied Eurer Gemeinde. Wir wollen nun ernstlich, aufrichtig und beharrlich die Aufgabe lösen, welche uns von unserm Kaiser und seiner Regierung zu lösen gegeben ist …"

Johann nahm seine erste öffentliche Funktion in der grünen Mark ernst. Er führte bei den Gemeinderatssitzungen den Vorsitz und war bis zu seinem Tode unermüdlich im Dienste der kleinen, damals siebenhundert Seelen zählenden Kommune in der Südsteiermark tätig. Darüber hinaus unterstützte er in diesen letzten Jahren soziale Vorhaben, ging auf die Jagd, machte Reisen und ordnete seine umfangreichen schriftlichen Aufzeichnungen, die er zu einer Selbstdarstellung seines Lebens verarbeiten wollte. 1858 stattete er anläßlich einer Reise nach Belgien der alten Reichsstadt Frankfurt am Main einen Besuch ab und traf dort mit jenem Mann zusammen, den damals noch kaum jemand kannte, der aber bald europäische Geschichte machen sollte: Otto von Bismarck. Er mißbilligte Bismarcks Ansichten zur Lösung der deutschen Frage, die ihm dieser in einem kurzen Gespräch darlegte. Es blieb dem ehemaligen Reichsverweser erspart, die Realisierung dieser Pläne mitansehen zu müssen.

Am 6. Mai 1859 zog sich der Erzherzog bei der Begrüßung seines aus Florenz vertriebenen Neffen, des Großherzogs Leopold II. von Toskana, der sich in Graz auf der Durchreise befand, eine Erkältung zu. In den nächsten Tagen verschlechterte sich sein Gesundheitszustand, am 10. Mai warf ihn eine Lungenentzündung auf das Krankenlager. Tags darauf verstarb er. Der von allen Teilen der Bevölkerung betrauerte Tote wurde in der steirischen Hauptstadt im Mausoleum Ferdinands II. beigesetzt. Zehn Jahre später wurde der Leichnam in die Grabkapelle des Schlosses Schenna in Südtirol überführt, wo der ungewöhnliche, volkstümliche Habsburger seine letzte Ruhestätte fand.

Erzherzog Rainer

Der erste konstitutionelle Ministerpräsident des Kaisers

Er war drei Jahre älter als Franz Joseph (geb. 1827) und starb drei Jahre vor ihm (1913). Viel mehr als ihre Lebensspanne und eine gewisse figürliche Ähnlichkeit hatten die beiden aber wohl nicht gemeinsam. Dennoch haben sie sich zeitlebens gar nicht so übel miteinander vertragen. Zwar war ihr Verhältnis nicht immer harmonisch – es kann im wesentlichen als freundlich-distanziert betrachtet werden –, aber zu einem größeren, nicht wieder gutzumachenden Eklat ist es zwischen ihnen nicht gekommen.

Weltanschaulich hatten der Kaiser und der Erzherzog, der nach dem Tode Albrechts (1895) immer stärker in die Rolle des Doyens des Hauses hineinwuchs, wohl nicht sehr viel gemeinsam. Franz Joseph war im Grunde seines Herzens ein Absolutist. Obwohl er nach 1859 vorübergehend und nach 1866 auf Dauer gezwungen war, konstitutionell zu regieren, blieb er in seinem tiefsten Inneren ein Monarch von Gottes Gnaden, ein von seiner göttlichen Sendung erfüllter und überzeugter Herrscher. Erzherzog Rainer war zweifellos konstitutionell gesinnt, wenngleich er seine politischen Überzeugungen nicht an die große Glocke hängte und dem Kaiser trotz divergierender Auffassungen in manchen Fragen stets in Loyalität verpflichtet blieb. Rainer wird von manchen seiner Zeitgenossen, von Memoirenschreibern und Historikern als liberal bezeichnet. Der literarischen und historischen Zeugnisse für diese Etikettierung gibt es die Fülle. So rühmt etwa der k.u.k. Diplomat Heinrich Graf von Lützow Rainers „ausgesprochen liberale und deutschfreundliche Gesinnung“,[1] und Rudolf Sieghart, die graue Eminenz einiger österreichischer Kabinette, schreibt: „Der wackere Erzherzog Rainer ... war ein Mann von durchaus fortschrittlicher Gesinnung, ein Liberaler von altem Schrot und Korn, ein wirklicher Freund und Förderer der Wissenschaften."[2]

Ein Liberaler von altem Schrot und Korn war Erzherzog Rainer ganz gewiß nicht. Das ist eine Übertreibung. Er war aber zweifellos liberal gesinnt, er stand den Ideen und Forderungen des Liberalismus durchaus wohlwollend gegenüber. Aber wie weit er sich mit ihnen in seinem Inneren identifizierte, identifizieren konnte oder auch nur wollte, wird sich kaum mehr feststellen lassen. Er hat sich dazu nicht geäußert. Wohl aber läßt sich mit Sicherheit sagen, daß in Erzherzog Rainer ein ausgeprägter Zug von josephinischer Geistigkeit lebte, daß er sich dem aufklärerischen Ideal der Freiheit des Geistes verbunden fühlte. Mehr als das: Rainer hat sich als eifriger Förderer von Kunst und Wissenschaft unermüdlich für die geistige Freiheit eingesetzt und sie verteidigt, wenn er sie bedroht sah. Als im Jahre 1888 der klerikal gesinnte Fürst Aloys Liechtenstein im Reichsrat einen Gesetzesentwurf vorlegte, der auf die Wiedererrichtung der konfessionellen Volksschule hinauslief, sagte Rainer einige Zeit später bei der Eröffnung der Jahressitzung der kaiserlichen Akademie der Wissenschaften in deutlicher Anspielung auf die Revisionstendenzen der Katholisch-Konservativen in der Schulgesetzgebung: „Leider muß es gesagt werden, daß der Kampf gegen Aufklärung und Fortschritt eröffnet wurde, was gerade wir doppelt beklagen, weil wir den Wert des Wissens und der Bildung erkennen. Wir wollen hoffen, daß diese trübe Erscheinung eine vorübergehende sei."[3]

Wenn diese Worte auch nicht in der Öffentlichkeit gefallen und daher wahrscheinlich wirkungslos geblieben sind, so reflektieren sie doch die fortschrittlichen kulturpolitischen Ansichten des Erzherzogs. Auch in dieser Hinsicht unterschied sich Rainer vom konservativen Kaiser, auf dessen tiefsitzendes, eingefleischtes Banausentum man nicht eigens hinzuweisen braucht.

Rainers Hinneigung zu den schönen Künsten und zur Wissenschaft war ein väterliches Erbe, wiewohl auch die Mutter, Maria Elisabetha von Savoyen-Carignan, sich für Malerei und Bildhauerei, für Geschichte und Völkerkunde interessierte. Der Vater, Erzherzog Rainer Joseph, war der zehnte Sohn des Großherzogs Leopold von der Toskana, des großen, konstitutionell gesinnten Herrschers, der sein mittelitalienisches Territorium zu einem Musterland der Aufklärung gemacht hatte. Rainer (der Ältere) wurde 1818 Vizekönig des Lombardo-Venezianischen Königreiches, das er bis zum Revolutionsjahr 1848 regierte. Bereits in den Jahren 1808 und 1809 war er mit zwei Denkschriften an die Öffentlichkeit getreten, die auf eine Regenerierung der Monarchie nach dem ungarischen Verfassungsmodell abzielten.[4] Aus der „Hungarisierung Österreichs" wurde natürlich nichts, und nach 1815, nach der Wiederherstellung der alten, vorrevolutionären Staatsordnung, versickerten seine Warnrufe und Reformvorschläge vollends ungehört und unerhört in der Metternichschen Staatskanzlei. Nach dem Fehlschlag seiner Reformideen entwickelte Rainer Initiativen auf karitativem und wirtschaftlichem Gebiet: Er ließ Waisenhäuser und Kinderbewahranstalten errichten und baute die Straßenverbindungen und Wasserwege in der Lombardei aus. Große politische Erfolge waren ihm nicht beschieden. Er wird daher nicht zu Unrecht bisweilen als „mezzo sovrano", als „halber, durchschnittlicher Souverän", verspottet.

Erzherzog Rainer Joseph hatte zwei Töchter und sechs Söhne, von denen der jüngste, Maximilian Karl, bereits im Alter von drei Jahren starb. Der viertgeborene Sohn, Rainer Ferdinand, erblickte am 11. Jänner 1827 das Licht der Welt. Er wurde eine Woche nach seiner Geburt vom Erzbischof von Mailand, Graf Carl Cajetan Gaisruck, getauft und wuchs mit seinen Geschwistern in der Residenz des Vaters auf. Es war die Zeit, in der Gaetano Donizetti an der Mailänder Scala wirkte, damals wie heute eine der führenden Opernbühnen der Welt, und Guiseppe Verdi seine ersten Triumphe feierte. Die italienische Widerstandsbewegung gegen die habsburgische Fremdherrschaft, das „Risorgimento", predigte die „Wiederauferstehung", die Einheit und Freiheit der italienischen Nation, und setzte sich unüberhörbar in Szene. Vor diesem kulturellen und nationalstaatlichen Hintergrund wurde der junge Rainer zum dynastietreuen Mitglied des österreichischen Kaiserhauses erzogen. Über seine Ausbildung wissen wir wenig, doch steht fest, daß schon der Knabe bibliophile Neigungen zeigte und sich für Geschichte und Geographie, für die bildenden Künste und die Musik interessierte. Der Lektüre historischer und geographischer Werke hat sich der Erzherzog dann auch zeitlebens mit Eifer gewidmet.

Von den Lehrern Rainers ist nur einer namentlich bekannt: Karl Moering, der den Rainer-Söhnen Mathematik beizubringen versuchte. Moering war eine außerordentlich interessante Persönlichkeit. Er wurde 1810 in Wien geboren, besuchte die Ingenieur-Akademie und bereiste 1841 bis 1844 die Vereinigten Staaten von Amerika, wo sein besonderes Augenmerk dem Eisenbahnwesen galt. Moering übersetzte für Erzherzog Johann technische Schriften aus dem Englischen und verfaßte selbst zahlreiche technische Arbeiten. Der konstitutionell und deutschliberal gesinnte Mann wurde 1848 von der Wiener Vorstadt Neubau in die Frankfurter Nationalversammlung entsandt, wo er durch seine politische Sehergabe auffiel. Nach Österreich zurückgekehrt, setzte sich der vielseitig Begabte für den Ausbau der Marine ein und avancierte in der k.u.k. Armee bis zum Generalmajor. Er beendete seine abwechslungsreiche Laufbahn als Statthalter für Triest und die Küstenlande.

Von Moering stammt eine aufschlußreiche Bemerkung über seine ehemaligen Schüler. Nach einer Unterredung mit Erzherzog Johann, der damals das Amt des Reichsverwesers bekleidete, am 26. November 1848, vermerkte er in seinem Tagebuch: „Unterredung mit dem Reichsverweser um ½7 Uhr Abends, wo er meine Meinung über die 5 Söhne seines Bruders Rainer verlangt und welchen ich am befähigtsten hielte, einen der mittelamerikanischen Throne, wie denjenigen von Bolivien anzunehmen. Ich sprach mich gegen Leopold aus, weil er ohne Herz, gegen Ernst, weil er obgleich bieder doch zu träge, gegen Sigmund, weil er obschon geistreich und fein zu matt und unenergisch, gegen Heinrich weil er zu gut und gemütlich, dagegen für Rainer aus, weil er von allen der listigste, zäheste und unternehmendste ist."[5]

Erzherzog Rainer bestieg weder einen mittel- noch seinen südamerikanischen Thron. Wahrscheinlich ist ihm ein solches Angebot gar nicht gemacht worden, und wenn, dann hätte es der „listige" Rainer vermutlich zurückgewiesen. Ein romantischer Träumer wie Ferdinand Max, der Bruder Franz Josephs, der zwei Jahrzehnte später im fernen Mexiko sein

Leben lassen mußte, war er wohl nicht. Er stand fest auf dem Boden der Realität.

Zu dem Zeitpunkt, zu dem sein ehemaliger Lehrer die für ihn so schmeichelhafte Bemerkung machte (von der er natürlich nichts wußte), befand sich der junge Erzherzog längst nicht mehr in Mailand, sondern in der Kaiserresidenz Wien, wohin er 1844 zur militärischen Ausbildung abkommandiert worden war. Am Ballhausplatz saß noch immer Staatskanzler Fürst Klemens Lothar Metternich und spann europaweit seine politischen Fäden. Die Netze, mit denen er Völker und Staaten umgarnte, waren aber bereits löchrig geworden. Erzherzog Rainer erlebte 1848 den Ausbruch der Revolution in Wien und die Abdankung des beim Volk verhaßten Staatskanzlers. Welche Rolle er im Sturmjahr 1848 spielte, ob er mit dem Kaiserhof Wien verließ oder – was wahrscheinlicher ist – in der Armee seinen Dienst versah, muß mangels schriftlicher Unterlagen ungeklärt bleiben. Der junge Offizier – Rainer war bereits am 15. Jänner 1843 zum Oberst beim 1. Infanterieregiment befördert worden – mag zumindest dem Verlangen nach einer Verfassung nicht ablehnend gegenübergestanden sein.

Der Freiheitsrausch des liberal gesinnten Bürgertums und die nationalen Forderungen der Völker im habsburgischen Vielvölkerstaat wurden blutig unterdrückt. Ab 1852 regierte Franz Joseph, der achtzehnjährig zur Kaiserwürde gelangt war, (wieder) absolut. Er war nicht mehr, wie er es ausdrückte, „unverantwortlicher Monarch“, sondern ein unumschränkter Herrscher, dessen Wille sich bis in den fernsten Winkel seines Reiches Geltung verschaffte.

Das Jahr 1852, das im politischen Leben der Habsburgermonarchie eine Wende markierte, brachte auch eine Veränderung in den persönlichen Lebensverhältnissen des Erzherzogs. Am 21. Februar schloß Rainer mit seiner Cousine Erzherzogin Maria Karolina in der Augustinerkirche den Bund der Ehe. Maria Karolina war eine Tochter Erzherzog Karls, des Siegers von Aspern. Sie wurde am 10. September 1825 geboren und trat auf Wunsch des Vaters mit neunzehn Jahren in das Theresianische Damenstift in Prag ein, dessen fünfte Äbtissin sie war. Sie wurde dieser Würde enthoben und erhielt vom Heiligen Stuhl die Dispens für die Heirat. Die Ehe blieb kinderlos, war jedoch außerordentlich harmonisch und dauerhaft. Rainer und seiner Gattin war es gegönnt, 1912 das seltene Fest der diamantenen Hochzeit zu feiern.

Rainer erbte nach dem Tod des Vaters „alle in den venetianischen Provinzen liegenden Besitzungen, eine Mineraliensammlung sowie Herbarien und andere naturwissenschaftliche Gegenstände", da er, wie es im Testament hieß, „Liebe zu diesen wichtigen Studien hat".[6]

Im Jahre 1854 erwarb das jungvermählte Ehepaar von der Ersten Österreichischen Spar-Casse in der Wiedner Hauptstraße 63, im heutigen vierten Wiener Gemeindebezirk, ein Palais, das bald zu einem Mittelpunkt der Wiener Gesellschaft, vor allem von Künstlern und Wissenschaftlern, wurde. Es fiel 1957 (leider) der Spitzhacke zum Opfer und mußte einem zwölfstöckigen Bürogebäude der Semperit-AG weichen.

Der wohlhabende, jedoch jedwedem Schaugepränge abholde, leutselige Erzherzog und seine gottverbundene Gattin hatten stets ein Herz für die Armen. Die mildtätige Maria Karolina übte die Patronanz über Kinderverwahranstalten, Arbeitervereine, Schulen, Kinderspitäler, Waisenhäuser und Knabenasyle aus, der hilfreiche Erzherzog unterstützte Bedürftige und Notleidende und zahlte seinen Bediensteten nach deren altersbedingtem Ausscheiden aus ihrem Arbeitsverhältnis aus der eigenen Tasche eine Pension aus.

1852, ein paar Monate nach seiner Eheschließung, wurde Erzherzog Rainer vom Kaiser zum Inhaber des 59. Infanterieregimentes, des Salzburger Hausregimentes, ernannt, das noch heute seinen Namen trägt. 1854 beförderte ihn Franz Joseph zum Generalmajor, 1861 wurde er in den Rang eines Feldmarschalleutnants erhoben.[7]

Inzwischen waren in der Politik Entscheidungen von beachtlicher Tragweite gefallen. Im April 1859 brach zwischen der Donaumonarchie und dem durch ein Geheimabkommen mit Frankreich verbündeten Piemont-Sardinien, das sich das Ziel gesetzt hatte, der habsburgischen Herrschaft in Italien ein Ende zu setzen, ein Krieg aus. Der junge Kaiser und seine Ratgeber, allen voran Außenminister Graf Karl Ferdinand Buol-Schauenstein, sind wegen diverser diploma-

Erzherzog Rainer empfängt im Park seines Palais auf der Wieden eine Abteilung des Wiener Städtischen Knabenhortes

tischer Ungeschicklichkeiten, die ihnen unterliefen, von der Schuld am Ausbruch der Feindseligkeiten nicht freizusprechen. Der italienische Waffengang wurde zu einem Desaster für die kaiserliche Armee. In den verlustreichen Schlachten bei Magenta und Solferino schwer aufs Haupt geschlagen, mußte Franz Joseph, der sich ohne Erfolg als Feldherr versucht hatte, nach dem verlorenen Krieg die Lombardei an Napoleon III. abtreten. Der Kaiser der Franzosen gab das Gebiet, das länger als ein Jahrhundert habsburgisch gewesen war (1714 bis 1859 mit einer Unterbrechung zur Zeit Napoleons), im Tauschweg gegen Nizza und Savoyen an das neu entstandene Königreich Italien weiter. Die militärische Niederlage in Italien hatte Folgen. Eine Reihe von Persönlichkeiten im Ministerrang wurde entlassen, unter ihnen Alexander Bach, der Architekt des neoabsolutistischen Systems, und der hochbegabte Finanzminister Karl Ludwig Freiherr von Bruck, dem man den drohenden Staatsbankrott in die Schuhe schob. Sündenböcke für die eigenen Fehler und Versäumnisse zu finden, fiel Franz Joseph, vor allem als junger Herrscher, nicht sonderlich schwer. Viel mehr Überwindung kostete es ihn, aus der Niederlage auch die nötigen Konsequenzen für das Staatswesen zu ziehen. Der Neoabsolutismus war jedenfalls am Ende, der Ruf nach einer Verfassung und liberalen Reformen unüberhörbar.

Der Kaiser konnte dem Gedanken an eine Änderung des Staatsaufbaues nichts, aber auch schon gar nichts abgewinnen. Noch im Juli 1859 wies er die „seit einiger Zeit auftretenden konstitutionellen Gelüste", wie er die Forderungen nach einer politischen Neuordnung abschätzig bezeichnete, mit Entschiedenheit zurück. Schließlich war er aber doch notgedrungenermaßen zu Konzessionen bereit. Allerdings zum niedrigst möglichen Preis. Am 5. März 1860 kündigte er die Einberufung eines „verstärkten Reichsrates" an, dem ungefähr sechzig Mitglieder angehören sollten und mit dessen Vorsitz er Erzherzog Rainer betraute. Das Gremium war ein bloßes Beratungsorgan und hatte mit einem konstitutionellen Vertretungskörper überhaupt nichts zu tun. Es wurde für den 31. Mai zu einer ersten Sitzung einberufen. „Meine Herren! Ernst ist die Lage des Vaterlandes in dem Augenblick, in welchem der verstärkte Reichsrat sich zum ersten Mal versammelt, aber eine bessere Zukunft steht uns bevor, und ich beglückwünsche Sie, meine Herren, daß ihnen der schöne Beruf geworden ist, zu ihrer Verwirklichung an hervorragender Stelle mitzuwirken",[8] meinte der Erzherzog in seiner Eröffnungsansprache ein wenig zu prophetisch.

Die bessere Zukunft, von der Rainer sprach, war natürlich ein Wunschtraum, was immer er sich darunter vorgestellt haben mag. Der Donaumonarchie standen noch schwere Zeiten bevor. Der notwendige Umbau des Staates hatte noch nicht einmal begonnen. Mit einem verstärkten Reichsrat, dessen Mitglieder vom Kaiser aus dem weltlichen und kirchlichen Hochadel ernannt wurden, gaben sich die Liberalen und die Anhänger des historisch-traditionellen Föderalismus, die für eine größere Selbstverwaltung der Kronländer eintraten, natürlich nicht zufrieden. Sie verlangten eine Verfassung. Der

Kaiser gab schließlich und endlich nach und beauftragte den polnischen Großgrundbesitzer Graf Agenor Goluchowski mit der Ausarbeitung einer Konstitution. Das Ergebnis war das sogenannte „Oktoberdiplom", das Franz Joseph am 20. Oktober 1860 unterschrieb. Es sah neben dem Reichsrat die Mitwirkung der Landtage bei der Gesetzgebung vor. Die Mitglieder beider Pseudoparlamente waren von der Gnade des Kaisers abhängig. Sie bedurften für die Ausübung ihres Mandates der Allerhöchsten Zustimmung. Von einer repräsentativen Volksvertretung war weit und breit nichts zu bemerken. Der Verfassungsentwurf stieß bei den Ungarn, die einen eigenen Reichstag verlangten, und beim liberalen Bürgertum auf heftigen Widerstand. Goluchowski wurde vom Kaiser seines Amtes enthoben. An seiner Stelle berief Franz Joseph den großdeutschen Liberalen Anton von Schmerling. Die Leitung des Ministerrates wurde mit Allerhöchstem Handschreiben vom 4. Februar 1861 Erzherzog Rainer übertragen. Er führte den Titel eines Präsidenten der Ministerkonferenz. Über die Frage, warum der Kaiser ein Mitglied seiner Familie zum Ministerpräsidenten ernannte, kann man nur Vermutungen anstellen. Er wollte mit der Bestellung Rainers offenbar indirekten Einfluß auf die Ministerkonferenz ausüben, die ausgeprägt konstitutionellen Neigungen und die Machtposition Schmerlings durch die Person des Erzherzogs neutralisieren beziehungsweise schmälern. Das willige Sprachrohr des Kaisers war Rainer allerdings nicht. Da Rainers liberale Neigungen damals bereits bekannt waren und er eine gewisse Volkstümlichkeit besaß, andererseits die Beliebtheit des Kaisers um diese Zeit viel zu wünschen übrig ließ, wäre es auch denkbar, daß sich Franz Joseph durch diese Maßnahme, die in der Geschichte der Donaumonarchie ein Einzelfall blieb, einen Popularitätszuwachs versprach.[9]

Der junge, vierunddreißigjährige Erzherzog nahm seine politische Aufgabe außerordentlich ernst. Sein Verhältnis zu Schmerling war politisch spannungsfrei, persönlich unbelastet und von gegenseitigem Respekt getragen. Rainer präsidierte den zahlreichen Sitzungen (allein vom 7. Februar bis zum 2. November 1861 waren es mehr als zweihundert!), nahm an den Beratungen teil und gab Stellungnahmen ab. Er faßte seine Position keineswegs als nur repräsentativ auf. Seine politischen Äußerungen waren allerdings vielfach zurückhaltend und wohlabgewogen, seine Initiativen bescheiden. Er hat die Anliegen des Liberalismus trotz seiner (gemäßigt) liberalen Gesinnung kraft seines Amtes offen und öffentlich nicht unterstützt, sondern blieb stets dem Kaiserhaus verpflichtet und dem Kaiser gegenüber persönlich loyal.[10] Erzherzog Rainer verkörperte im österreichischen Kaiserhaus also gewissermaßen die loyale liberale Opposition. Konflikte mit Franz Joseph und Erzherzog Albrecht, seinem weltanschaulichen Antipoden, hat der vornehme, versöhnliche Rainer geflissentlich vermieden.

Über Rainers Tätigkeit als Ministerpräsident liegt eine Äußerung eines Zeitgenossen vor, die von den Ergebnissen der wissenschaftlichen Forschung abweicht. Ignaz Freiherr von Plener, der im Kabinett Rainer-Schmerling als Finanzminister fungierte, schrieb in einem Nachruf auf den Erzherzog: „Rainer war kein Titelpräsident, sondern der geist- und kraftvolle Leiter der Regierung; er griff mit seinem Scharfsinn in die Verhandlungen mit Treffsicherheit ein, wußte Meinungsdifferenzen mit Weisheit zu begleichen und machte sein aufrichtiges Bestreben, Österreich die Früchte eines ehrlichen Konstitutionalismus zu erschließen, zur zielbewußten Tat."[11]

Aber wir sind den Ereignissen vorausgeeilt. Anton von Schmerling arbeitete mit tatkräftiger Unterstützung des Juristen Hans von Perthaler nach seiner Bestellung einen Verfassungsentwurf aus, der als „Februarpatent" in die Geschichte eingegangen ist. Der Zentralist Schmerling hielt an der Idee der Gesamtmonarchie fest. Sein Verfassungsmodell sah ein Herrenhaus mit erblichen, vom Kaiser ernannten Mitgliedern und ein Abgeordnetenhaus vor, dessen Vertreter von den Landtagen entsandt werden sollten. Sie bildeten gemeinsam den Reichsrat, dessen Befugnisse im Vergleich zum Oktoberdiplom zugunsten der Landtage erweitert wurden. Der Reichsrat erhielt das Recht, Gesetzesvorlagen einzubringen und das jährliche Budget zu bewilligen, aber der Kaiser behielt sein Einspruchsrecht und wies jede Verminderung seiner Herrschergewalt zurück. Die Minister blieben weiterhin ihm verantwortlich. Die Wahlordnung nach Kurien sicherte dem liberal gesinnten deutschsprachigen Bürgertum eine ausschlaggebende Position.

Der neue Reichsrat wurde am 1. Mai 1861 mit einer Thronrede Franz Josephs eröffnet. Der Kaiser, der dem Absolutismus in seinem Herzen zeitlebens nicht abschwor, legte auf die Gesamtstaatsverfassung seines Reiches ein feierliches Gelöbnis ab. Aber schon bei diesem Anlaß zeigte es sich, daß die Schmerling-Verfassung nicht der Weisheit letzter Schluß war. Die Landtage Ungarns, Kroatiens, Venetiens und Istriens sandten keine Vertreter. Die Tschechen, Slowenen und Polen kamen nicht zu allen Sitzungen. Das „Schmerling-Theater", wie die Wiener den Reichstag abschätzig und boshaft nannten, war von allem Anfang an ein Rumpfparlament.

Das Ministerium Rainer-Schmerling blieb fast viereinhalb Jahre lang im Amt. Es war keineswegs eine institutionelle Einheit, sondern war in eine ungarische und eine reichszentralistische Fraktion gespalten. Die Meinungen prallten oft hart aufeinander, so daß die Vermittlerrolle des präsidierenden Erzherzogs nicht selten auf eine harte Probe gestellt wurde.

In der Amtszeit der Regierung Rainer-Schmerling wurden die Geschworenengerichte geschaffen, die Strafprozeßordnung erneuert, Gesetze zum Schutze des Hausrechtes und der persönlichen Freiheit beschlossen. Gleich zu Beginn ihrer Tätigkeit brachte das Protestantenpatent vom 8. April 1861 den Evangelischen beider Konfessionen eine weitgehende Autonomie. Erzherzog Rainer mußte nach eigener Aussage dem Kaiser das Patent abringen.[12]

Im Sommer 1865 wurde das Kabinett Rainer-Schmerling vom Kaiser entlassen. Der Historiker Paul Molisch schildert die Entlassung so: „Als der Kaiser aus Ungarn zurückkehrte und Erzherzog Rainer gegen die Umbesetzung der Stelle des ungarischen Hofkanzlers Vorstellungen erhob, erhielt er die aufgeregte Antwort: Wenn du wirklich mit Majlàth durchaus nicht sein willst, kannst du ja gehen, es hängt von dir ab. Daraufhin legte der Erzherzog sein Amt nieder. Auch die übrigen Minister erkannten ihre Stellung als unhaltbar und traten zurück."[13]

Erzherzog Rainer hat sich offiziell nie wieder politisch betätigt und sich bei allen seinen Äußerungen größte Zurückhaltung auferlegt.

Das Jahr 1866, das Schicksalsjahr der Donaumonarchie, sah den liberal gesinnten Erzherzog im militärischen Hauptquartier in Italien. Die kaiserliche Armee errang dort unter dem Kommando des Erzherzogs Albrecht über die Italiener bei Custozza einen vielbeachteten Sieg. Die Rolle, die Rainer dabei spielte, dürfte unbedeutend gewesen sein.[14] Aber der Krieg gegen das Preußen Bismarcks wurde nicht in Italien entschieden, sondern in Böhmen. Und dort erlitten die Truppen des Kaisers bei Königgrätz am 3. Juli die alles entscheidende Niederlage. Österreich verlor Venetien an Italien und mußte aus dem Deutschen Bund ausscheiden. Es war ein Wendepunkt der deutschen, der europäischen Geschichte. Innenpolitisch führte die militärische Niederlage zum „Ausgleich" mit Ungarn, zum Dualismus, zur Schaffung der österreichisch-ungarischen Doppelmonarchie. Der Anfang vom Ende des alten Habsburgerreiches war angebrochen.

Erzherzog Rainer war an den politischen Entscheidungen, die auf Königgrätz folgten, nicht beteiligt. Der Ausgleich mit Ungarn widersprach jedoch zweifellos seiner zentralistisch orientierten Gesamtstaatskonzeption. Er hat sich öffentlich dazu jedoch nicht geäußert. Er setzte, soweit bekannt ist, nach 1866 nur noch *eine* persönliche politische Willensdemonstration, als er nämlich 1871 im Herrenhaus gegen die Regierung Hohenwart stimmte, die durch die sogenannten böhmischen Fundamentalartikel den Tschechen eine ähnliche Stellung wie den Ungarn zubilligen wollte.[15]

In den folgenden Jahrzehnten konzentrierte er seine ganze Arbeitskraft auf seinen Beruf als kaiserlicher Offizier und auf die Förderung und Unterstützung von Kunst und Wissenschaft.

Die militärische Niederlage des Jahres 1866 gegen das besser organisierte und ausgerüstete preußische Heer ließ die Stärkung und Reorganisation der k.u.k. Armee dringend geboten erscheinen. Die hierzu erforderlichen Maßnahmen erfolgten bemerkenswert prompt nach dem Vorbild anderer Staaten. 1868 wurde die allgemeine Wehrpflicht eingeführt, und noch im selben Jahr erging ein Armeebefehl des Kaisers, in dem Franz Joseph die Schaffung der k.k. Landwehr bekanntgab. Sie sollte neben der Feldarmee die strategische Reserve für die Verteidigung der engeren Heimat bilden und nach und nach zu einem integrierten Bestandteil des Heeres werden. Tatsächlich hat sich die österreichische Landwehr nach großen finanziellen und organisatorischen Schwierigkeiten in den fünfzig Jahren ihres Bestehens aus milizartigen Anfängen zu einer vollwertigen Truppe entwickelt.[16]

Erzherzog Rainer, der vom Kaiser am 20. Juni 1872 zum Landwehroberkommandanten ernannt wurde, hatte an dieser Entwicklung maßgebenden Anteil. Er bildete ein taugliches Offizierskorps heran, sorgte für eine kriegstüchtige Ausbildung der Mannschaft und unternahm ohne Rücksicht auf Gesundheit und Bequemlichkeit mühsame Inspektionsreisen bis in die entlegensten Garnisonen des Reiches. Seine fast vierunddreißigjährige Tätigkeit als Kommandant der Landwehr bedürfte noch einer Würdigung. Am 2. Mai 1906 legte der Neunundsiebzigjährige, der neben dem Kaiser längst zum Doyen des Hauses Habsburg-Lothringen geworden war, seinen Posten zurück. Der Kaiser willfuhr der Bitte um Enthebung und richtete an den Erzherzog ein Handschreiben, in dem neben dem amtlichen Dank und der Anerkennung für die Leistungen Rainers auch persönliche Töne mitschwangen:

„Schmerzlich bewegt Mich Euer Liebden aus Gesundheitsrücksichten gestellte Bitte um die Enthebung vom Oberkommando Meiner Landwehr", heißt es darin, „welches Sie durch 34 Jahre mit edelster Hingebung und zum erfolgreichsten Gedeihen der Institution, als leuchtendes Muster aller militärischen Tugenden geführt haben. Indem ich Ihrer Bitte willfahren muß, sehe ich Euer Liebden, der Sie nun durch fast 63 Jahre mit nie erlahmendem Eifer gewirkt haben, einen jener Vielbewährten, welche mir im Wandel der Zeiten, in guten wie in trüben Tagen, mit Rat und Tat treu zur Seite standen, zurücktreten. Ich vermag die dankerfüllte Anerkennung, welche ich Ihnen schon oftmals bekundete, nur in dem Herzenswunsch zu fassen: Der Allmächtige schenke Euer Liebden noch viele gute Jahre erfreuenden Rückblickes auf Ihre so erhebende Vergangenheit."[17]

Das vordringlichste und lebenslange Anliegen des noblen, korrekten, aber etwas phantasielosen Erzherzogs, der sich im österreichischen Kaiserhaus zu den Idealen der geistigen und politischen Freiheit bekannte, war der Fortschritt der

Wissenschaft und der Kunst. Er interessierte sich für die Tiefseeforschung und die Archäologie, war ein ständiger Besucher der Ausstellungen im Wiener Künstlerhaus und lud alljährlich einen Kreis von Gelehrten und Künstlern in seinen Palast auf der Wieden ein, um sich mit ihnen über ihre Arbeit und ihre Probleme zu unterhalten. Erzherzog Rainer gründete gemeinsam mit Rudolf Eitelberger das k.k. Österreichische Museum für Kunst und Industrie (heute: Österreichisches Museum für angewandte Kunst), dessen Protektorat er von 1863 bis 1897 innehatte. Er gab damit dem Kunstgewerbe entscheidende Impulse.

Bereits im Jahre 1861 war Rainer als Kurator an der Spitze der kaiserlichen Akademie der Wissenschaften berufen worden. Diese Position nahm er bis zu seinem Tode ein. Der Initiative Rainers verdankt die Akademie eine höhere finanzielle Dotierung durch den Kaiser, eine Reihe von interessanten Forschungsaufträgen und ein besseres Verständnis der Öffentlichkeit für ihre Anliegen, auf die der Erzherzog bei jeder Gelegenheit aufmerksam machte. Das größte Verdienst um die wissenschaftliche Forschung erwarb sich Rainer durch den Ankauf der Papyrussammlung „El Fayum". Ägyptische Bauern waren im Winter 1877/78 in der Provinz Fayum auf große Mengen Papyri gestoßen. Der Erzherzog kaufte den wertvollen Fund und betraute den Orientalisten Karabacek, den Gräzisten Karl Wessely und den Ägyptologen Jakob Krall mit der Aufgabe, die im Laufe der Zeit auf ungefähr einhunderttausend Schriftstücke anschwellende Sammlung systematisch zu ordnen, zu entziffern und zu beschreiben. Am Fortgang dieser mühsamen wissenschaftlichen Arbeit nahm Rainer interessierten Anteil und führte mit Professor Karabacek einen regen Briefverkehr.

„Es freut mich sehr", schrieb er dem Gelehrten am 16. Juni 1884, „daß wieder wichtige Funde unter den Papyri gemacht wurden, sowohl unter den griechischen als auch den arabischen und römischen, was immer neuesten Beweis von dem immensen Eifer gibt, welche die Herren der so gefällig übernommenen Arbeit widmen. Hoffentlich gelingt die Lösung der einzelnen Blätter des Papyrusbuches, so daß dasselbe ganz gelesen werden kann; dies gäbe sicherlich manche interessante Daten!

Indem ich Ihnen meinen Dank wiederhole und die günstigen Ergebnisse Ihrer Bemühungen wünsche, bleibe ich

Ihr ergebener Rainer."[18]

Die Papyrussammlung des Erzherzogs, die seinen Namen trägt („Papyrus Erzherzog Rainer"), ist nicht nur eine der größten der Welt, sie ist in jeder Beziehung einmalig. Sie reicht vom 14. Jahrhundert vor bis zum Ende des 14. Jahrhunderts nach Christus und enthält aufschlußreiche Texte aus den verschiedensten Kulturbereichen. Auf einem der Papyri, den man wohl zu den kostbarsten zählen darf, ist ein Teil des Johannes-Evangeliums aufgezeichnet.

Rainer schenkte die Sammlung am 18. August 1899 Kaiser Franz Joseph zum neunundsechzigsten Geburtstag, der sie in die k.k. Hofbibliothek eingliedern ließ. Sie gehört heute zu den wertvollsten Beständen der Handschriftensammlung der Österreichischen Nationalbibliothek.

Als 1873 in Wien eine Weltausstellung eröffnet wurde, fungierte der populäre Erzherzog als deren Präsident. Gemeinsam mit Erzherzog Karl Ludwig, dem Bruder des Kaisers, empfing Rainer die zahlreichen ausländischen Staatsoberhäupter, die damals in die Donaumetropole kamen, um ihnen die Sehenswürdigkeiten, vor allem die Rotunde, zu zeigen, die siebzigtausend Quadratmeter große Ausstellungshalle mit der gigantischen Glaskuppel, die inmitten des Ausstellungsgeländes im Wiener Prater errichtet worden war. Die Rotunde sollte den Aufschwung der Wirtschaft in der k.u.k. Monarchie, den Aufbruch in das Zeitalter des Industrialismus symbolisieren. Aber der Glanz, den die adelige und die großbürgerliche Gesellschaft im Wien des Jahres 1873 entfaltete, war nicht mehr als ein schönes, kurzlebiges Feuerwerk. Am 9. Mai 1873, neun Tage nach der Eröffnung der Weltausstellung, fielen die Börsenkurse. Die Aktien verloren bis zu siebzig Prozent ihres Kurswertes, Spekulanten machten pleite, Fabriken und Banken mußten ihre Tore schließen, viele kleine Leute verloren, vom Börsenschwindel erfaßt, ihre Ersparnisse. So mancher von ihnen vermeinte, durch Selbstmord einem unerträglich gewordenen Leben entfliehen zu müssen. Auch Ludwig Viktor, der jüngste Bruder des Kaisers, verspekulierte zweihunderttausend Gulden. Der Verlust traf ihn hart, aber nicht tödlich. Von Erzherzog Rainer ist gleiches nicht bekannt. Auch eine persönliche Stellungnahme zu den unerfreulichen Ereignissen rund um den Börsenkrach fehlt.

In den folgenden Jahren und Jahrzehnten wurde der Erzherzog vom Kaiser immer wieder mit repräsentativen Aufgaben betraut und um Rat gefragt. So wohnte Rainer 1878 als offizieller Vertreter der Donaumonarchie dem Leichenbegängnis König Viktor Emanuels von Italien bei und sprach sich ungewohnt entschieden gegen das Eheprojekt Franz Ferdinands mit Sophie Chotek aus. „Jeden Mann treffen in seinem Lebenslaufe mehr oder weniger schwierige, auch schmerzliche Augenblicke", schrieb er dem Thronfolger. „Die Erinnerung an die Pflicht, hilft dieselben zu überwinden und je höher man steht, desto weniger darf man sich von der Erfüllung derselben abbringen lassen. Aus diesen Ursachen ist es mir nicht möglich, für Deinen Wunsch einzutreten. Ich sehe in der Durchführung dieser Deiner Absicht, die Nachteile für das Reich, *glaube nicht,* daß Du nach einer Reihe von Jahren die gesuchte Zufriedenheit besitzen werdest, werde es daher stets für meine Pflicht halten, wenn ich aufgefordert werde, mich hierüber zu äußern, *dagegen* zu sprechen."[19]

Rainers Ton klingt in diesem Schreiben fast wie jener Erzherzog Albrechts, des Moralapostels der Donaumonarchie.

Am 21. Februar 1902 feierten Erzherzog Rainer und seine Gattin das Fest der goldenen Hochzeit. Aus diesem Anlaß wurden dem Jubelpaar zahlreiche Ehrungen zuteil. Vertreter aus Wissenschaft, Politik und Kunst brachten Huldigungsadressen dar, im Theater an der Wien fand eine Festvorstellung statt, die philosophische Fakultät der Universität Wien und die technische Hochschule verliehen dem Erzherzog das Ehrendoktorat. Der Kaiser, der eigens aus Budapest angereist kam, nahm inmitten des gesamten Hofstaates in der Hofburgkapelle an der von Erzbischof Taliani in Vertretung des Papstes zelebrierten Trauungsfeierlichkeit teil. Auch die Wiener Bevölkerung erwies dem beliebten Erzherzogspaar die gebührende Reverenz. Besonders herzlich waren die Ovationen auf dem Wiener Naschmarkt, wo Rainer seit Jahr und Tag ein paarmal in der Woche Gemüse und Obst einkaufte und mit den Standlerinnen so manches scherzhafte Wort wechselte.[20] Einer Deputation, die die Glückwünsche der Wiener Judengemeinde überbrachte, erwiderte der Erzher-

Erzherzog Rainer mit seiner Gattin Maria Karolina

zog in deutlicher Anspielung auf den Antisemitismus in der Kaiserstadt: „Sie haben in den letzten Jahren manche schwere Stunde gehabt, wirklich ungerechtfertigt, wir beten alle zu einem Gott, wir in unseren Gotteshäusern, Sie in Ihren Synagogen, und wir sind alle Österreicher, ohne Unterschied der Konfession und Nation; nur Einigkeit macht stark, und wir Österreicher brauchen die Einigkeit."[21]

Es war das mutige Wort eines Mannes, der geistige Freiheit und religiöse Toleranz zu den Leitsternen seines Lebens gemacht hatte.

Gesundheitlich ging es dem Erzherzog, von kleinen Unpäßlichkeiten abgesehen, verhältnismäßig gut, wie aus einigen Briefen an den Thronfolger Franz Ferdinand hervorgeht.

Es war ihm und seiner Gemahlin vergönnt, 1912, wie gesagt, auch noch das seltene Fest der diamantenen Hochzeit zu feiern. Ein Jahr später, am 27. Jänner 1913, knapp nach Vollendung seines sechsundachtzigsten Lebensjahres, schloß der betagte Erzherzog nach kurzer Krankheit für immer die Augen. Sein Leichnam wurde in der Hauskapelle seines Palais auf der Wieden aufgebahrt, unter großer Anteilnahme der Bevölkerung in die Hofburgkapelle gebracht und am letzten Jännertag des Jahres 1913 in der Kapuzinergruft beigesetzt.

Als Franz Joseph vom Tod des Erzherzogs erfuhr, sagte er zu seinem Generaladjutanten, dem Grafen Eduard Paar: „Er war aber auch schon ein uralter Mann.“[22] Der Kaiser war nur um drei Jahre jünger. Er selbst und das Reich, das er regierte, waren uralt. Aber das wollte der greise, gramgebeugte Monarch offenbar nicht wahrhaben.

Maximilian von Mexiko

Kaiserlicher Schwärmer und Phantast

Fast auf den Tag genau ein Jahr nach der folgenschweren Niederlage der österreichischen Armee bei Königgrätz gegen die Preußen traf den Kaiser erneut ein harter, diesmal familiärer Schicksalsschlag. Am 30. Juni 1867 erreichte ihn bei einem Aufenthalt in Bayern die Nachricht, daß sein Bruder, Erzherzog Ferdinand Maximilian, elf Tage zuvor im fernen Mexiko von einem republikanischen Exekutionskommando erschossen worden war. Das Mexiko-Abenteuer des glücklosen Habsburgers, der seine politischen Phantasmagorien mit dem Tod bezahlen mußte, hatte ein tragisches Ende gefunden.

Franz Joseph nahm die Schreckensnachricht, wie alle Hiobsbotschaften vorher und nachher, gefaßt auf. Er war schon in jungen Jahren ein Meister an Beherrschung. Gefühle stellte er – zumindest vor der Öffentlichkeit – nicht zur Schau. Was ihn innerlich bewegte, vertraute er lange Zeit nur der geliebten Mama, später ab und zu der Gattin und zuletzt im persönlichen Gespräch oder in Briefen seiner „Seelenfreundin" Katharina Schratt an.

Mit seinem Bruder Ferdinand Maximilian verband Franz Joseph von frühester Jugend an nicht allzuviel. Zu ungleich waren ihre Veranlagung, ihr Wesen, ihre Ansichten und Anschauungen. Maximilian war von zarter, beinahe fragiler Konstitution. Er besaß ein weiches, schwärmerisches Gemüt und eine lebhafte, ungezügelte Phantasie, die nicht selten mit ihm durchging. Er war liebenswürdig und charmant, ein gewinnender Gesellschafter von bestrickender Herzlichkeit. Sein offenbar angeborener Sinn für das Schöne ließ ihn schon in jungen Jahren zu einem eifrigen Kunstsammler, zu einem deklarierten Liebhaber der schönen Künste werden. Er besaß ein natürliches Ausdruckstalent und interessierte sich leidenschaftlich für Literatur und Geschichte, vor allem für die seines Hauses und seiner Familie. Der Reichtum der Tier- und Pflanzenwelt faszinierte ihn, zur Natur und ihrer Schönheit fühlte er sich hingezogen. Seine Intelligenz war überdurchschnittlich hoch, sein Ehrgeiz maßlos. Hingegen litt seine Tatkraft unter der Unstetheit seiner Natur. Auf Perioden hektischer Betriebsamkeit und überquellenden Tatendranges folgten (Lebens-)Abschnitte, die von tiefer Niedergeschlagenheit, Spannungslosigkeit und Lethargie geprägt waren. Systematische Arbeit, Konsequenz und kraftstrotzende Energie gehörten nicht zu den starken Seiten dieser im großen und ganzen sympathischen, liebenswerten und beliebten Persönlichkeit.

Franz Joseph hatte einen völlig anders gelagerten Charakter. Er war nüchterner, kühler, verschlossener, phantasieloser, energischer, konsequenter, fleißiger, innerlich gefestigter. Auf eine knappe Formel gebracht, könnte man sagen, daß in Maximilian das wittelsbachische Erbe durchschlug (eine Seelenverwandtschaft mit Kaiserin Elisabeth und Kronprinz Rudolf ist unverkennbar), während in Franz Josephs Erbanlagen das habsburgische Erbgut dominierte.

So ungleich die beiden Brüder einander waren, so wenig stimmten sie in vielen ihrer Meinungen und Auffassungen überein. Wir werden später darauf noch zu sprechen kommen. Zu diesem Interessenskonflikt, der in einigen Situationen zu ernsthaften, spannungsgeladenen Auseinandersetzungen führte, gesellten sich auf seiten Maximilians die psychischen Komplexe, die mit dem Rang und der Rolle des Zweitgeborenen in einem regierenden Herrscherhaus nicht selten verbunden sind. Maximilian mußte hinter dem älteren Bruder, den er an Intelligenz und Begabung, vor allem aber auch an menschlicher Kontaktfähigkeit überragte, zurückstehen. Sein Tatendrang konnte sich nicht ausleben, sein Ehrgeiz blieb unbefriedigt. Die größtenteils repräsentativen Aufgaben, die man ihm übertrug, füllten ihn nicht aus. Er fühlte sich zurückgesetzt, behindert, frustriert. Sein Nonkonformismus und seine Oppositionsneigung gegenüber dem Bruder sind von daher zu erklären. Gewissermaßen als Ausgleich für alle diese Hemmnisse, die ihm aufgrund seiner Zweitrangigkeit auferlegt waren, pflegte er als der weitaus beliebtere der beiden Brüder zielstrebig seine Popularität. Zumindest was die Volkstümlichkeit anlangte, wollte er den vom Schicksal begünstigteren älteren Bruder in den Schatten stellen. Die Beliebtheit und die intellektuelle Überlegenheit des Jüngeren lösten andererseits in Franz Joseph Gefühle der Eifersucht, der Unsicherheit und Angst aus. Die „Vivat Maximilian"-Rufe, die dem Kaiser nach der verlorenen Schlacht von Königgrätz auf seiner Fahrt von der Burg nach Schönbrunn aus der am Straßenrand stehenden, verbitterten Menge entgegenschallten, müssen Franz Joseph ins Herz getroffen haben. Seinen Sturz, eine Übernahme der Regierungsgeschäfte durch den populären jüngeren Bruder brauchte er indessen nicht zu befürchten. Ferdinand Maximilian befand sich zu diesem Zeitpunkt längst im unerbittlichen Kampf um sein mexikanisches Kaisertum.

Der zweitälteste Sohn der ehrgeizigen Sophie von Bayern und des biederen, unbedeutenden, gutmütigen Erzherzogs Franz Karl von Habsburg-Lothringen wurde am 6. Juli 1832 im Schloß Schönbrunn geboren. Ferdinand Max war, wie sich bald herausstellen sollte, nicht nur das begabteste, sondern auch das ausgelassenste und unbeherrschteste Kind des Ehepaares. Blond und gutaussehend, zog er die Aufmerksamkeit der Umgebung auf sich und erregte Gefallen. „Er ist ein guter kleiner Herzensjunge", schrieb Sophie an ihre Mutter, „aber sein Leichtsinn und seine Faulheit machen mir manchmal Sorge für die Zukunft. Wenn nur einmal etwas Ordentliches aus ihm wird! Bombelles, der ihn förmlich anbetet, ist guten Mutes, aber Coronini manchmal ganz verzweifelt."

Heinrich Graf Bombelles und Graf Alexander Coronini-Cronberg gehörten zum Erziehungsteam des Erzherzogs, dem selbstverständlich eine ausgezeichnete Ausbildung zuteil wurde. Neben der traditionellen Pflege der Fremdsprachen – Französisch, Italienisch, Englisch, Ungarisch und Tschechisch – erhielt Maximilian Unterricht in Philosophie, Geschichte und Kirchenrecht. Sein Lehrer in den zuletzt genannten Fächern war Joseph Othmar Rauscher, der spätere Erzbischof von Wien. Die militärische Ausbildung lenkte Major Franz von Hauslab, die rechtswissenschaftlichen Kenntnisse vermittelte Dr. Johann Perthaler, den der Erzherzog später in seine Dienste nahm. Perthaler und der junge Italienischlehrer Gian-Battista Bolza dürften im Geist des jungen Prinzen die Saat des Liberalismus gelegt haben, die im Mannesalter wohl aufging, sich aber gegen die vom Konservativismus bestimmte Indoktrination durch die anderen Lehrer nie vollends durchzusetzen vermochte.

Ferdinand Maximilian war ein schwieriger Schüler, der seinen Lehrern so manchen Streich spielte. Er versöhnte sie jedoch andererseits wieder durch seine Intelligenz und seine vielseitigen Interessen. Trotz des gedrängten Stundenplanes, der kaum Zeit für Muße übrigließ, genoß der Erzherzog in Schönbrunn, Laxenburg und Ischl, wo die Familie in einer Mietvilla so manchen schönen Sommer verbrachte, eine glückliche Kindheit. Den exotischen Tieren im Schönbrunner Zoo und den fremdartigen Pflanzen in den Gewächshäusern gehörten seine Aufmerksamkeit und kindliche Liebe, während er im Gegensatz zu Franz Joseph für das Militär nur wenig übrighatte. Maximilian schrieb gerne Gedichte, malte und führte genaue, sorgfältige Tagebücher. Er war gesellig und träumte von fernen Ländern.

Im Alter von dreizehn Jahren unternahm der Erzherzog mit seinen Brüdern eine Reise in die italienischen Provinzen des Hauses Habsburg-Lothringen. Die Prinzen besuchten Verona, wo der greise Feldmarschall Radetzky für sie einen Ballonaufstieg arrangierte, der Maximilian in Erstaunen und Begeisterung versetzte. Der Erzherzog zeigte von diesem Zeitpunkt an zeitlebens großes Interesse für die Zukunft der Luftfahrt.

Sein volles Engagement und seine ganze Leidenschaft im militärischen Bereich sollten später freilich dem Ausbau der österreichischen Marine gehören. Die Liebe zur See, die eine wesentliche Voraussetzung dafür war, scheint Ferdinand Maximilian auf dieser Italienreise gefaßt zu haben. Auf einer Fahrt entlang der istrischen Küste eröffnete der Knabe seinen erstaunten Begleitern jedenfalls ungefragt und unvermittelt, daß er Seemann werden wolle. Noch war er freilich zu jung, um diesen Entschluß, der, wie sich später herausstellte, ernst gemeint war, wahrmachen zu können. Sechs Jahre danach war es dann aber soweit. 1851 trat der neunzehnjährige Erzherzog in die Marine ein und sammelte seine ersten nautischen Erfahrungen auf der „Novara“, dem Schiff, das ihn auf seinem Lebensweg begleiten sollte.

In den dazwischenliegenden Jahren wuchs Ferdinand Maximilian zu einem jungen Mann heran, wurde weiter ausgebildet und sammelte Erfahrungen für das Leben. Zu den einprägsamsten Erlebnissen des Erzherzogs gehörten zweifellos die revolutionären Ereignisse des Jahres 1848, in deren Gefolge seinem achtzehnjährigen Bruder die österreichische Kaiserwürde übertragen wurde. Ferdinand Maximilian erlebte die Zeremonie in Olmütz aus nächster Nähe. Was an diesem 2. Dezember 1848 in seinem Herzen vor sich ging, wissen wir nicht. Aber sein Haupterzieher, der schon genannte Graf Heinrich Bombelles, glaubte nach der Thronbesteigung Franz Josephs eine Veränderung im Wesen seines Schülers erkennen zu können. Ferdinand Maximilian wurde zunehmend ernster, nachdenklicher, ruhiger. Wahrscheinlich war dieses veränderte Verhalten nur der Ausdruck seines Reifungsprozesses. Aber es wäre doch auch denkbar, daß Ferdinand Max in Olmütz zum ersten Mal mit Deutlichkeit bewußt wurde, daß er zeitlebens hinter dem älteren Bruder würde zurückstehen müssen. Es war ein Gedanke, den er bisweilen unerträglich fand, mit dem er schwer zurechtkam. Der Erzherzog hatte nun auch ein Alter erreicht, in dem ein junger Mensch darangeht, sich eine Lebensphilosophie zurechtzuzimmern. Eine Sammlung von Vorsätzen auf einigen Notizblättern, die er häufig bei sich trug – sie sind im Wiener Staatsarchiv aufbewahrt –, gibt Einblick in seine (jugendliche) Denkwelt und seine Wertvorstellungen. Es heißt da unter anderem:

„1. Der Geist dominiere den Körper und halte ihn in Maß und Sitte.
2. Nie ein unwahres Wort, selbst nicht aus Not oder Eitelkeit.
4. Gerechtigkeit in Allem und Jedem.
13. Nie über Religion oder Autorität spotten.
15. Jeden hören, Wenigen trauen.
16. Sich nie vom ersten Eindruck hinreißen lassen.
19. Beim Beurteilen fremder Fehler an die eigenen denken.
26. Schweigen, wo Du es nicht besser machen kannst.“

Es waren hochgesteckte Ziele, treffliche Grundsätze und Lebensregeln, die der impulsive Maximilian allerdings nicht immer einzuhalten vermochte. Der temperamentvolle Erzherzog hielt mit seiner Meinung nicht hinter dem Berg. Er mißbilligte die unnachgiebige Politik des Bruders gegenüber den Magyaren und empörte sich über die Brutalität der kaiserlichen Vergeltungsmaßnahmen nach der Niederschlagung des ungarischen Aufstandes im Jahre 1849. Er schwieg nicht, obwohl er nichts ändern, nichts besser machen konnte. Und so mehrten sich am Kaiserhof die Stimmen, die der Meinung waren, es sei an der Zeit, den lästigen Mahner seinen Dienst bei der Marine antreten zu lassen.

Im September 1850 übersiedelte Ferdinand Maximilian nach Triest, das ihm als Hauptquartier zugewiesen worden war. Er verließ die Stadt, mit der und mit deren Bewohnern ihn zeitlebens ein inniges Band verband, jedoch bereits nach eineinhalb Jahren wieder, um auf Wunsch der Mutter gemeinsam mit seinem jüngeren Bruder Carl Ludwig auf dem kaiserlichen Kriegsdampfer „Vulcan“ eine Besichtigungsreise nach Griechenland und Smyrna zu unternehmen, bei der er seine erste Lehrzeit zur See absolvieren sollte.

Der Erzherzog hat die Eindrücke seiner Reise in einem Tagebuch festgehalten. Mit geradezu byronscher Griechenlandbegeisterung schildert er darin seinen Besuch auf der Akropolis und beschreibt in leuchtenden Farben die orientalische Pracht und Exotik der Stadt Smyrna. Der kunstbegeisterte Maximilian ließ sich in Smyrna jedoch auch den Sklavenmarkt zeigen, wo ihn der Anblick der geschundenen Kreatur vor „Mitleid und Ekel beinahe krank“ machte. Er wollte auf einer Reise ein ungeschminktes Bild von dem Land bekommen, das er besuchte, nicht nur das sehen, was sein Herz erfreute und ihn in seinen (Vor-)Urteilen bestärkte. Er faßte das Reisen nicht als snobistisches Hobby und Freizeitvergnügen auf, sondern als eine Möglichkeit zur Erweiterung seines geistigen Horizonts. Viele seiner Zeit- und Standesgenossen teilten diese Auffassung nicht.

Ferdinand Maximilian reiste gerne und viel. Er durchquerte mehrere Male das Mittelmeer, besuchte Portugal, Spanien und England und unternahm, von seiner „Reisemonomanie" getrieben, 1860 eine Fahrt nach Brasilien, auf die wir noch zurückkommen werden. In Portugal lernte er 1852 die große Liebe seines Lebens kennen: Maria Amalia aus dem Hause Braganza. Maria Amalia war, um mit seinen eigenen Worten zu reden, „eine vollkommene Prinzessin, wie man sie selten findet". Ferdinand Maximilian gedachte sie zu heiraten. Aber das junge Mädchen starb ein Jahr später auf der Insel Madeira an einem Lungenleiden. Der Erzherzog hat den Tod dieser ungewöhnlich hübschen Frau zeitlebens nicht verwunden. Er trug den Ring, den sie ihm schenkte, bis zu seiner Todesstunde und gedachte ihrer noch in seinem Abschiedsbrief, den er vor seiner Hinrichtung in Mexiko an die geliebte Mutter schrieb.

Ferdinand Maximilian schrieb alle seine Reiseerlebnisse nieder und ließ sie für Geschenkzwecke drucken. Seine Reiseskizzen sind nach seinem Tod zusammen mit seinen Aphorismen und Gedichten unter dem Titel „Aus meinem Leben" als siebenteiliges Werk, überarbeitet, gestrafft und „zensuriert", veröffentlicht worden.

Von seiner Griechenlandreise nach Triest zurückgekehrt, trat Ferdinand Max unverzüglich seinen Dienst als Leutnant in der k.u.k. Marine an, die damals dem Kommando eines Dänen, des Vizeadmirals Hans Birch von Dahlerup, unterstand. Dahlerup mag den Befehl, den Bruder des Kaisers unter seine Fittiche zu nehmen, mit gemischten Gefühlen aufgenommen haben. Er wurde angenehm überrascht. Der Erzherzog erwies sich als außerordentlich interessiert, diensteifrig und pflichtbewußt. Der kaiserliche Bruder in Wien konnte aufatmen. „Vor allem melde ich", schrieb er erleichtert an die Mutter, „daß Max blüht, stark wie ein Bär, lustig wie gewöhnlich ist, immer auf dem Schiff zu bleiben pflegt und sehr fleißig ist."

Ferdinand Maximilian freundete sich binnen kurzer Zeit mit einigen jungen Offizieren an, die so wie er mit Hingabe und Eifer in der Marine dienten, aber über die stiefmütterliche Behandlung der Flotte durch die Wiener Dienststellen ungehalten waren. Und bald sah es der Erzherzog ja selbst: Die k.u.k. Marine führte ein Dornröschendasein. Vor allem fehlte es an allen Ecken und Enden an Geld. Trotz der von Dahlerup eingeleiteten Reformmaßnahmen war der Ausbildungsstand von Mannschaft und Offizierskorps vergleichsweise niedrig, der Schiffspark unzureichend. Die überalterten und ungeeigneten Hafenanlagen bedurften dringend einer Sanierung, die Kommandosprache wurde nur langsam vom Venezianischen auf das Deutsche umgestellt.

Erzherzog Ferdinand Maximilian entschloß sich, bei seinem nächsten Besuch in Wien Franz Joseph auf die Vernachlässigung der k.u.k. Marine aufmerksam zu machen und ihn um Abhilfe zu ersuchen. Aber der junge Kaiser hatte dringendere Sorgen. Preußen bekämpfte die Vormachtstellung Österreichs im Deutschen Bund, Rußland versuchte mit Vehemenz seinen Einfluß auf dem Balkan auf Kosten der Türkei zu festigen. Ein Krieg zwischen den beiden einander verfeindeten Ländern zeichnete sich ab. Die Habsburgermonarchie mußte ihre Position als Kontinentalmacht stärken und notfalls verteidigen. Für ehrgeizige Flotten- und Seemachtpläne hatte der Kaiser (auch) aus diesen Gründen nichts, aber auch schon gar nichts übrig. Immerhin nahm sich Franz Joseph vor, seinem seebegeisterten Bruder in seiner Marine ein größeres Betätigungsfeld zu verschaffen. Er ernannte Ferdinand Maximilian zum Korvettenkapitän und beförderte ihn bereits zwei Jahre später, am 10. September 1854, zum Konteradmiral. Mit gleichem Datum übertrug er dem Zweiundzwanzigjährigen anstelle des Feldzeugmeisters Graf Franz Wimpffen, der nach dem Abgang Dahlerups die Flotte interimistisch befehligt hatte, das Marine-Oberkommando. Die Ernennung stieß in Hofkreisen auf heftige Kritik. In der Tat war es mehr als gewagt, einem jungen, unerfahrenen Erzherzog ein so hohes und verantwortungsvolles Amt anzuvertrauen. Aber Ferdinand Maximilian hat das Vertrauen des Kaisers durch seine Begeisterungsfähigkeit und sein Organisationstalent voll gerechtfertigt. Er wurde zu einem der fürsorglichsten und erfolgreichsten Befehlshaber der k.u.k. Marine.

Im Unterschied zum Wiener Hof wurde die Nachricht von der Ernennung Maximilians bei der Flotte in Triest und Venedig mit Begeisterung aufgenommen. Endlich werde etwas geschehen, notierte der spätere Admiral Wilhelm von Tegetthoff, der damals in Triest diente, in seinem Tagebuch. Und kurze Zeit darauf berichtete er seinem Vater: „Ich bin vollkommen überzeugt, Erzherzog Max ist voll Energie und Liebe für den Seedienst ... Vielleicht lächelt endlich unserer stiefmütterlich behandelten Marine eine freundlichere Sonne." Der Erzherzog stürzte sich mit Feuereifer in seine neue Tätigkeit. Er beschleunigte den Ausbau von Pola zum Zentralkriegshafen der Monarchie, ließ anstelle der ungeeigneten Zisternen eine Wasserleitung errichten und begann damit, die veraltete Flotte nach englischem Vorbild umzugestalten. Die alten hölzernen Kriegsschiffe wurden nach und nach durch moderne Panzerschiffe ersetzt, die Dampfkraft löste den Segelantrieb ab. Zur Vertiefung der nautischen Kenntnisse der Seeleute, zur Förderung der Handelsinteressen Österreichs und zur Demonstration der kaiserlichen Flottenpräsenz ordnete Ferdinand Maximilian zahlreiche Ausfahrten der k.u.k. Kriegsmarine an. In den Jahren 1857 bis 1859 umsegelte ein österreichisches Forschungsschiff, die Fregatte „Novara", die Erde und kehrte mit reichen wissenschaftlichen Ergebnissen in ihren Heimathafen Triest zurück. Der zäh seine seepolitischen Ziele verfolgende Erzherzog setzte die Schaffung eines eigenen Marineministeriums durch, gründete ein Marinemuseum und ein hydrographisches Institut. Seine eingehende Beschäftigung mit Ozeanographie beweist die Weitgespanntheit seiner maritimen Interessen. Als er vom Kaiser im Dezember 1856 zum Vizeadmiral befördert wurde, war diese Rangerhöhung der sichtbare Ausdruck und die verdiente Anerkennung für seine bleibenden Verdienste um den Um-, Auf- und Ausbau der österreichischen Flotte.

Bereits im Mai 1856 war der vierundzwanzigjährige Erzherzog mit seiner ersten großen diplomatischen Mission betraut worden. Franz Joseph schickte ihn nach Paris, um kurz nach dem Ende des Krimkrieges die Stimmung am französischen Kaiserhof zu erkunden. Ferdinand Maximilian war vom Pariser Hof und von Napoleon III. zunächst (maßlos) enttäuscht. Der Kaiser der Franzosen, der damals die Geschicke Europas maßgeblich beeinflußte, hatte für ihn überhaupt nichts Kaiserliches an sich. „Die kleine unansehnliche Gestalt, das durch und durch nicht noble Äußere, der schleppende Gang, die unschönen Hände, der schlau suchende Blick der matten Augen", wie er Napoleon dem Bruder in Wien schilderte, waren nicht dazu angetan, einen günstigen

Eindruck auf ihn zu machen. Aber das sollte sich bald ändern. Je öfter er den Kaiser traf, je näher er ihn kennenlernte, desto stärker unterlag er dem Charme dieser eigenartigen, schillernden Persönlichkeit. In seinen Berichten an Franz Joseph kommt dieser Sinneswandel klipp und klar zum Ausdruck. „Napoleon ist einer jener Männer", schrieb er schon ein paar Tage nach seiner Ankunft, „deren Persönlichkeit im ersten Augenblick nichts Gewinnendes hat, die aber durch große Ruhe und edle Einfachheit des Charakters eine nachhaltige günstige Wirkung erzielen ..."

Die Kaiserin bezauberte den jungen, leicht entflammbaren Erzherzog von allem Anfang an. „Wie Eugenie in ihrer Erscheinung den Hof veredelt und läutert", schwärmte er, „so ist sie durch ihren inneren Wert, durch ihr zartes Wesen, durch ihre Frömmigkeit und durch ihren Wohltätigkeitssinn der einzige Schutzengel, das versöhnende Prinzip in Frankreichs höheren Regionen. Was ihre Physiognomie unwiderstehlich macht und was auf jeden einen tiefen Eindruck hervorbringt, ist der wehmütige, zum Herzen gehende Zug, der um ihre Augen lagert und sich in den von der Stirne abwärts sinkenden Bögen der Augenbrauen äußert. Es gibt dem Antlitz einen Ausdruck der sanften Melancholie, der sich mit der Heiterkeit der übrigen Züge wundersam paart."

Wenn Napoleon III. in seinen politischen Äußerungen auch recht unverbindlich und vage blieb, so wurde die Mission des Erzherzogs am Pariser Kaiserhof in Wien doch durchaus optimistisch beurteilt. Franz Joseph lobte den Bruder, „daß er den Kaiser mit viel Takt und Geschicklichkeit zu behandeln gewußt und dadurch unserer Stellung zu Frankreich und unserer künftigen Lage wesentliche Dienste geleistet" habe. – Drei Jahre später führten Frankreich und Österreich gegeneinander Krieg.

Von Napoleon ungemein freundlich verabschiedet, reiste der Erzherzog nach Brüssel weiter, wo er König Leopold I. einen offiziellen Höflichkeitsbesuch abstattete. Er wurde auf Schloß Laeken, der nur ein paar Meilen von Brüssel entfernten königlichen Residenz, in allen Ehren empfangen. Der schlaue, geschäftstüchtige belgische Herrscher aus der Familie Sachsen-Coburg machte auf Ferdinand Maximilian einen zwiespältigen Eindruck. Der Erzherzog lernte wohl die politische Klugheit Leopolds schätzen, seine lehrhafte Art und seine Selbstgefälligkeit gingen ihm jedoch bald auf die Nerven. Hingegen fand Maximilian Leopolds einzige Tochter, die sechzehnjährige Charlotte, äußerst anziehend. Sie sah gut aus und war für ihr Alter sehr gebildet und belesen. Die junge Prinzessin machte allerdings einen ernsten, in sich gekehrten Eindruck und hatte von ihrem Vater Eigenschaften geerbt, die der Erzherzog bei seinem Kurzbesuch am belgischen Königshof natürlich nicht in voller Schärfe erkennen konnte. Sie war ein nüchterner Verstandesmensch, willensstark, eitel und schrankenlos ehrgeizig. Ferdinand Maximilian sollte diese dominierenden Persönlichkeitsmerkmale noch früh genug zu spüren bekommen.

Die Sympathie des Erzherzogs für die Prinzessin beruhte auf Gegenseitigkeit, denn auch Charlotte hielt den Bruder des österreichischen Kaisers vom ersten Augenblick an für äußerst liebenswert. Sie fand ihn ritterlich in seinem Betragen, von nobler Denkart und echtem geistigen Adel. Das nach Zuneigung hungernde Mädchen spürte bei Ferdinand Maximilian jene menschliche Wärme, die sie bei ihren Brüdern vermißte. Erst nach und nach bemerkte sie, daß ihre Temperamente sich nicht gut vertrugen, daß Maximilian ihrem männlichen Idealbild nicht entsprach. Der geltungssüchtige König sah es mit unverhohlenem Vergnügen, daß die beiden jungen Leute aneinander Gefallen gefunden hatten. Es paßte durchaus in seine ehrgeizigen Pläne, seine einzige Tochter mit dem ranghöchsten Erzherzog des österreichischen Kaiserhauses zu verehelichen. Er zwang ihr den habsburgischen Prinzen jedoch nicht auf, überließ ihr die Entscheidung. Ferdinand Maximilian reiste aus Brüssel ab, ohne sich zu erklären. Er fuhr nach Triest zurück und beschäftigte sich in den nächsten Monaten mehr mit der Planung seines Schlosses Miramar als mit Heiratsabsichten. Eine Verbindung mit dem Hause Coburg hielt er bei näherer Überlegung offenbar doch nicht für wünschenswert. Der belgische König ließ jedoch nicht locker. Dem sanften Drängen seiner Vermittler gelang es schließlich, den zögernden Erzherzog zum endgültigen Entschluß zu bewegen. Im Dezember 1856 wurde in Belgien die Verlobung Maximilians mit Charlotte fixiert, nachdem es über den materiellen Teil des Ehevertrages harte und zähe Verhandlungen mit dem König gegeben hatte. „Ich tue mir ein wenig darauf zugute, dem alten Knauser schließlich doch etwas von dem, was seinem Herzen am teuersten ist, abgerungen zu haben", berichtete Ferdinand Maximilian mit genüßlichem Amüsement dem Kaiser nach Wien. Er hatte dem sparsamen Schwiegervater immerhin 535000 Francs in Schmuckstücken und 2874000 Francs in Wertpapieren als Aussteuer entlockt.

Die verwandtschaftliche Verbindung mit dem ehrwürdigen Haus Habsburg-Lothringen, für die er so große finanzielle Mittel aufwenden mußte, genügte Leopold I. nicht. Er wünschte sich für seinen zukünftigen Schwiegersohn im Rahmen der Monarchie eine würdige, möglichst unabhängige Stellung. Nach einigen Monaten unentschlossenen Zögerns und vorsichtigen Abwägens und nach einem Besuch der habsburgischen Besitzungen in Norditalien entschloß sich Franz Joseph, den nach Taten dürstenden Bruder mit Handschreiben vom 28. Februar 1857 zum Generalgouverneur des Königreiches Lombardei-Venetien zu ernennen.

Ferdinand Maximilian war um seine neue Stellung nicht zu beneiden. Norditalien glich seit der Niederwerfung der Revolution von 1848/49 durch Feldmarschall Radetzky einem Heerlager. Die österreichischen Garnisonen hatten nach wie vor volle Kriegsstärke, die Verwaltung war rückschrittlich und repressiv. Es gab eine unübersehbare, starke antihabsburgische Strömung, die sich immer häufiger in Demonstrationen und Mißfallenskundgebungen aller Art entlud. Der Kaiser war aus eigener Anschauung über die Lage informiert. „Das hiesige Terrain gehört wohl zu den schwierigsten, die es gibt", schrieb er einen Tag nach der Ernennung Maximilians zum Generalgouverneur an seine Mutter. „Unser Herrgott wird helfen und die Zeit nebst Maxens Takt viel machen." Mit Takt allein konnte man die schwierigen Probleme in den norditalienischen Provinzen des Kaisers freilich ganz gewiß nicht lösen. Und die Zeit arbeitete nicht für, sondern viel eher gegen den starrköpfigen Absolutismus Franz Josephs. Das war Maximilian klarer als dem Kaiser, der sich entweder falschen Hoffnungen hingab oder die Zeichen der Zeit nicht verstand.

Charlotte und Maximilian als Gouverneure des Königreiches Lombardo-Venetien

Maximilian nahm sein neues Amt, das die militärischen Agenden nicht miteinschloß – den Oberbefehl über die in Norditalien stationierten Truppen erhielt anstelle Radetzkys der Ungar Feldzeugmeister Franz Graf Gyulai –, sehr ernst und ging mit Feuereifer ans Werk. Er wollte keineswegs eine Galionsfigur des Wiener Hofes sein, eine Marionette des Kaisers. Er hatte die feste Absicht, seine eigenen politischen Zielvorstellungen zu verwirklichen, unbeeinflußt und unbehindert von den Wiener Zentralstellen. Das war freilich, wie er nur allzubald erkennen mußte, eine völlig falsche Einschätzung seiner Position und der mit ihr verbundenen beziehungsweise ihr zugedachten Wirkungsmöglichkeiten.

Am 20. März 1857 hält der neue Generalgouverneur seinen Einzug in Venedig und erlebt dabei seine erste Enttäuschung. Der Empfang ist nicht unfreundlich, aber kühl. Ferdinand Maximilian verschiebt daraufhin seinen Besuch in Mailand und nimmt sich zunächst der dringlichsten Probleme in den beiden habsburgischen Provinzen an. Er schafft Mißstände ab und beseitigt kleinliche Schikanen. Er beschwichtigt, statt zu bestrafen, und demonstriert zum Mißfallen Franz Josephs seine Liebe für Italien und die Italiener. In seiner Phantasie entsteht die Vision eines italienischen Staatenbundes unter seiner Leitung. Aber das ist natürlich nichts anderes als ein leeres Hirngespinst. Im Juni erweist er dem Papst seine Reverenz und stattet hierauf Königin Viktoria von England einen Besuch ab. Viktoria ist von Maximilian begeistert. „Ich kann Ihnen nicht sagen, wie sehr der Erzherzog uns gefällt", schrieb sie an den belgischen König. „Er ist charmant, so klug, natürlich, freundlich und liebenswürdig, so *englisch* in seinen Gefühlen und Vorlieben und so sehr um das beste Einvernehmen zwischen Österreich und England besorgt. Ich beglückwünsche Sie wirklich, liebster Onkel, einen solchen Ehemann für die liebe Charlotte bekommen zu haben, und ich bin überzeugt, daß er ihrer ganz würdig ist. Er kann und wird sehr viel für Italien tun." Aber nicht nur die Königin, auch der Prinzgemahl, Albert von Sachsen-Coburg, fand für den Erzherzog Worte höchsten Lobes.

Inzwischen bereitete sich Brüssel auf die Hochzeitsfeierlichkeiten vor, die am 27. Juli in Anwesenheit zahlreicher Gäste aus allen Fürstenhäusern Europas über die Bühne gingen. Maximilian führte seine junge Braut in der Paradeuniform eines österreichischen Admirals zum Traualtar. Die siebzehnjährige Charlotte schwelgte im Glück: „Ich könnte nicht glücklicher sein, als ich es bin", faßte sie ihre Gefühle zusammen, „Max ist in jeder Hinsicht vollkommen."

Drei Tage nach der Hochzeit verließ das junge Paar die belgische Residenz, um dem Kaiser und seiner Gemahlin in Wien seine Aufwartung zu machen. Es wurde von der Mutter des Kaisers bereits in Linz empfangen. Sophie fand an ihrer Schwiegertochter sofort Gefallen. „Reizend, schön, anziehend, anheimelnd und zärtlich“, lautete ihr Urteil, dem Maximilian natürlich begeistert zustimmte. Der Aufenthalt des Brautpaares in Wien, dem zu Ehren der Kaiser in Schönbrunn einen Galaempfang gab, währte nur einen Tag. Franz Joseph behandelte Charlotte und Max höflich, aber distanziert, die Kaiserin zeigte der intelligenten belgischen Königstochter unmißverständlich die kalte Schulter. Um so erfreulicher, beinahe herzlich, war die Aufnahme in Triest, und auch die Stimmung in Venedig, wohin sich das neue Generalgouverneurspaar danach begab, war freundlicher als bei Maximilians erstem Besuch. Wenige Wochen später hielten Max und seine junge Frau in einer Prunkkutsche ihren feierlichen Einzug in Mailand. Die halbe Stadt war auf den Beinen, den Mailändern bereitete das Spektakel Vergnügen. Aber vom Empfang im königlichen Schloß hielten sich die bekanntesten Adelsgeschlechter demonstrativ fern. Ferdinand Maximilian ahnte, was das zu bedeuten hatte.

Für den Generalgouverneur war nun wieder der Alltag angebrochen. Maximilian war trotz aller Widerstände fest dazu entschlossen, den Weg der Reformen fortzusetzen, die Italiener mit der österreichischen Herrschaft auszusöhnen. Er leitete eine Bildungsreform in die Wege, gründete Kreditinstitute, plante Steuererleichterungen, ließ das Eisenbahnnetz ausbauen, die Hafenanlagen vergrößern und ergriff Maßnahmen zur Unterstützung notleidender Gebiete. Die berühmte Ambrosianische Bibliothek in Mailand, der Markusdom in Venedig und St. Antonius in Padua wurden aus öffentlichen Mitteln renoviert. Maler, Architekten, Dichter und Wissenschaftler waren in der Villa reale, im königlichen Schloß in Monza, gerngesehene Gäste, denn Maximilian fühlte sich in ihrer Mitte wohl. Der Erzherzog machte seine Sache wirklich gut. Er gewann Sympathien, linderte Härten, versuchte Militärgerichtsurteile zu mildern und Pardon für Rechtsbrecher zu erwirken. Aber seine Politik der Versöhnung stieß bei den Militärkreisen in Wien auf Ablehnung und beim Kaiser auf Unverständnis.

Maximilians Traum von einer autonomen Regierung für

Lombardo-Venetien mit einem Minister für italienische Angelegenheiten in Wien wurde von Franz Joseph rundweg abgelehnt. „Überhaupt muß man nicht bloß und vorherrschend den italienischen Standpunkt ins Auge fassen, sondern es ist die Lage und es sind die Verhältnisse der ganzen Monarchie genau zu beherzigen", gab sich der Kaiser staatsmännisch überlegen. Es nützte auch nichts, daß Maximilian eigens nach Wien reiste, um seine Selbstverwaltungspläne im persönlichen Gespräch zu erläutern. Im Gegenteil. Die Wiener Zentralstellen kehrten zu ihrer alten Politik des Zwanges und der Unterdrückung zurück. Maximilian reagierte zunächst mit Untätigkeit: Er vernachlässigte ein volles Vierteljahr seinen Aufgabenbereich und begab sich mit seiner Gemahlin nach Triest, von wo aus er die Arbeiten für sein Traumschloß Miramar beaufsichtigte und lenkte. Die Bauleidenschaft, eine der großen Anfechtungen und Beglückungen seines Lebens, hatte (wieder) vollends von ihm Besitz ergriffen. Schon als Siebzehnjähriger hatte Maximilian ein rustikales Sommerhaus im „Schweizer Stil", die Villa Maxing, entworfen – die Maxingstraße in Hietzing erinnert noch daran – und später auf den Bau der Wiener Votivkirche maßgeblichen Einfluß genommen. Das erzherzogliche Paar erwarb nun auch die Insel Lacroma (heute: Lokrum) in der Adria, an der es Gefallen gefunden hatte, und trug sich mit Umbauplänen für die dort bestehende Benediktinerabtei.

Die Schikanen häuften sich, und Maximilian stellte sein Amt zur Verfügung. Der Kaiser nahm das Rücktrittsangebot des ungeliebten Bruders nicht an. „Wären nicht die religiösen Pflichten, ich wäre schon längst fern von diesem Land der Qual, wo man die Demütigung doppelt fühlt, eine tat- und gedankenlose Regierung ... repräsentieren zu müssen", schrieb der Erzherzog erbittert an seine Mutter.

Im Frühjahr 1859 spitzt sich die Lage in den norditalienischen Provinzen des Hauses Habsburg-Lothringen bedenklich zu. Die von Napoleon III. unterstützte und vom Ministerpräsidenten des Königreiches Piemont-Sardinien, Camillo Cavour, gelenkte italienische Nationalbewegung ist entschlossen, der verhaßten habsburgischen Herrschaft ein Ende zu bereiten, wenn nötig mit Waffengewalt. Am 19. April überträgt Franz Joseph die oberste Zivil- und Militärgewalt in

Italien dem Grafen Gyulai. Maximilian wird für seine loyalen und ergebenen Dienste mit Dank entlassen. Er ist entmachtet, sein Reformwerk gescheitert. Graf Cavour in Turin jubelt. „Endlich können wir aufatmen", schreibt er, „der Mann, der unser größter Feind in der Lombardei war, den wir mehr als jeden anderen fürchteten und dessen Erfolg wir täglich wachsen sahen, ist entlassen worden. Seine Beharrlichkeit, seine redliche, liberale Gesinnung hatten ihm schon viele Anhänger gewonnen. Niemals zuvor erfreute sich die Lombardei solchen Wohlstandes, wurde sie so gut verwaltet. Dann greift, gottlob, die Wiener Regierung ein, stiftet auf ihre Art ein großes Durcheinander und verdirbt sich alles, indem sie den Bruder des Kaisers zurückruft, weil dessen kluge Reformen den alten Perücken in Wien mißfallen hatten ..."

Der Kaiser und seine Regierung haben also den italienischen Nationalisten in die Hände gearbeitet. Kurze Zeit nach der Entlassung Maximilians bricht der Krieg aus. Die österreichische Armee erleidet bei Magenta und Solferino entscheidende Niederlagen, die Lombardei wird in das neu entstehende Königreich Italien eingegliedert. Maximilian steht den Ereignissen zunächst fassungslos gegenüber. „Es ist so traurig", stellt er dann ernüchtert fest, „unsere schöne und ehemals kräftige Monarchie durch Ungeschicklichkeit, Mißverständnisse und rätselhaftes Vorgehen immer mehr und mehr sinken zu sehen." Das Bild vom sinkenden Schiff paßt ganz in seine Vorstellungswelt. Maximilian behält das Kommando über die Kriegsflotte, aber es ist ein Wirkungskreis ohne (reale) Machtgrundlage, da ihm der Kaiser die Demütigung nicht erspart, sich dem Festungskommandanten von Venedig unterordnen zu müssen. Der siebenundzwanzigjährige Erzherzog fühlt sich im Stich gelassen, entbehrlich, unnütz. Er hat keine Aufgabe mehr. Sein brennender Ehrgeiz sehnt sich nach Betätigung. Die Gelegenheit dazu sollte sich bald bieten.

Zunächst findet sich Maximilian mit den Tatsachen ab. Er kehrt nach Triest zurück und konzentriert seine Energien wieder auf den Bau seines Schlosses Miramar, dessen Pläne der österreichische Architekt Carl Junker entworfen hat. Im Spätsommer 1859 berichtet Charlotte ihrer ehemaligen Erzieherin: „Nun, da er so wenig zu tun hat, verwendet der Erzherzog den Hauptteil seiner Zeit darauf, letzte Hand an seine ureigene Schöpfung zu legen. Das Schloß wie der Park sind von ungewöhnlicher Schönheit, und die Lage ist einzig. Was mich betrifft, so male ich etwas und bin im Augenblick dabei, das Tagebuch zu korrigieren, das ich auf unseren Reisen in der letzten Zeit führte. Wir haben vor, noch einige weitere Ausflüge mit der Jacht längs der istrischen Küste zu machen, denn wir müssen unsere derzeitige Muße nach besten Kräften nutzen. Wer weiß, was die Zukunft bringt."

Charlottes Frage nach der Zukunft klingt ein wenig geheimnisvoll nach Tatenlust. Im Moment zeichnete sich für den kaltgestellten Erzherzog allerdings überhaupt kein neuer Aufgabenbereich ab. Und so faßte der rastlose Maximilian den Plan, eine Überseereise zu unternehmen. Im Winter 1859/60 brach er dazu auf. Charlotte begleitete den Gemahl, blieb aber auf Madeira zurück, während Maximilian mit Wilhelm von Tegetthoff als Flaggkapitän die Fahrt über den Atlantik fortsetzte und im Jänner 1860 mit seiner Fregatte in Brasilien landete. Er stattete Kaiser Pedro II. einen offiziellen Besuch ab, war aber ansonsten sehr darum bemüht, das exotische Land, das seine Phantasie beflügelte, möglichst inkognito im Stile eines Abenteurers zu bereisen und persönliche Eindrücke und Erfahrungen zu sammeln. Eine Expedition in die „Mato virgem", den unberührten Urwald Brasiliens, entsprach voll und ganz seinen romantischen Neigungen, seinem Freiheitsbedürfnis, seiner Sehnsucht, der Zivilisation zu entfliehen, um wenigstens für einige Augenblicke in der Schönheit und Größe der Natur Ruhe und Zufriedenheit zu finden. In seinem Reisebericht nimmt die Schilderung dieses Urwalderlebnisses einen hervorragenden Platz ein. Der schwärmerisch veranlagte Erzherzog hatte aber auch ein Auge für die sozialen Mißstände des Landes. Er empörte sich über die Sklaverei und mißbilligte die Haltung der katholischen Geistlichkeit, die gegen diesen unchristlichen, menschenunwürdigen Zustand nichts unternahm.

Im Frühjahr 1860 kehrte Maximilian mit starken Reiseeindrücken nach Triest zurück. Die Vorstellung, daß ein europäischer Fürst, daß *er* ein Land in der Neuen Welt regieren könnte, hatte in seiner Phantasie Platz gegriffen. Der Kaiser –

Schloß Miramar

dessen glaubte Maximilian sicher zu sein – würde ihm ohnedies keine Aufgabe mehr übertragen, die seinen Fähigkeiten und seinem Ehrgeiz angemessen war.

Am Heiligen Abend des Jahres 1860 zogen Maximilian und seine Gemahlin in die Räume im Erdgeschoß ihres Traumschlosses Miramar ein, die nun fertiggestellt waren. Das „Novarazimmer", als Arbeitszimmer gedacht, hatte der romantische Erzherzog von Julius Hofmann im Seemannsstil einrichten lassen. In der Bibliothek, die Maximilians geistiges Profil, sein Streben nach Universalität reflektiert, standen neben den sechstausend Bänden aus den verschiedensten Wissensgebieten die Büsten Homers, Dantes, Shakespeares und Goethes.

Obwohl der noch lange nicht vollendete Bau von Miramar Maximilian in ein finanzielles Fiasko stürzte, führte er ein großes Haus. Er gab glanzvolle Feste, lud alte Freunde aus Venedig und Mailand zum Diner ein und ließ in der schönen Jahreszeit an jedem Sonntag nach dem Vorbild von Schönbrunn auf dem Gartenparterre vor dem Schloß eine Marinekapelle aufspielen. „Alle, die kommen, und darunter sind viele Ausländer, äußern sich voll Bewunderung für das, was der Erzherzog aus dem kahlen Felsen geschaffen hat“, stellte Charlotte befriedigt fest.

Der Reiz, den das neue Domizil auf das Erzherzogspaar ausübte, währte nicht allzu lange. Allmählich stellten sich (wieder) Langeweile, Überdruß, Unausgefülltheit und das Gefühl ein, auf dieser Welt keine Aufgabe zu haben. Da wurde eines Tages der graue Alltag in Miramar von einer Anfrage unterbrochen, die der Daseinsfreude Charlottes und Maximilians neuen Auftrieb gab, Hoffnungen auf ein bunteres, sinnerfüllteres Leben erweckte.

Es war im Oktober 1861, als Napoleon III. Erzherzog Ferdinand Maximilian das vorerst noch vage Angebot machte, die mexikanische Kaiserkrone anzunehmen. Gespräche zwischen Kaiserin Eugenie und mexikanischen Emigranten und Diplomaten, ein Briefwechsel zwischen Fürst Richard Metternich, dem österreichischen Botschafter in Paris, und dem Minister des Auswärtigen, Graf Bernhard Rechberg-Rothenlöwen, waren diesem hintergründigen Vorschlag vorangegangen, hatten das Terrain sondiert. Kaiser Franz Joseph, der von diesen Sondierungsgesprächen wußte, hatte gegen den Plan keine Einwände, wenn er davon auch alles andere als begeistert war. Von seiner ehrgeizigen Gemahlin angetrieben, reagierte Maximilian auf das Offert, das seiner Eitelkeit, seinem Hang zur Romantik und seinem Sendungsbewußtsein schmeichelte, wohlwollend. Er sei bereit, meinte er in einem Promemoria pathetisch, für Österreich und die Machtstellung des Hauses jedes auch noch so schwere Opfer zu bringen. Die Bewerbung um den mexikanischen Kaiserthron war für Maximilian kein Opfer, sie wurde zu einem dornenvollen Opfergang. Aber das wollte der in seine mexikanischen Kaiserträume bald völlig verstrickte Erzherzog trotz zahlreicher Warnungen nicht wahrhaben.

Mexiko war politisch und sozial ein ausgesprochen heißer Boden. Das von Hernando Cortez zwischen 1519 und 1521 mit einer Handvoll Soldaten eroberte Land stand volle drei Jahrhunderte unter spanischer Herrschaft. Es wurde vom Mutterland wirtschaftlich ausgebeutet und von einer Oberschicht aus Spaniern und Kreolen regiert. Hauptstütze der herrschenden Gesellschaftsklasse war die katholische Kirche, die nicht nur das Bildungsmonopol innehatte, sondern auch als Bankier auftrat und den größten Teil des Bodens besaß. Die große Mehrheit der mexikanischen Bevölkerung (Indianer, Neger, Mestizen und Mulatten) war mehr oder weniger rechtlos. Gegen dieses aus weltlichen und geistlichen Machtträgern bestehende ausbeuterische Herrschaftssystem erhoben sich zu Beginn des 19. Jahrhunderts die Indianer zum offenen Kampf. Nach mehreren Aufständen, die blutig niedergeschlagen wurden, erreichte die Freiheitsbewegung ihr Ziel: 1821 wurde Mexiko unabhängig. Der spanisch-mexikanische General Augustín de Itúrbide wurde als Augustín I. zum Kaiser ausgerufen. Das neue mexikanische Kaiserreich, dem sich die zentralamerikanischen Provinzen anschlossen (die heutigen Staaten Costa Rica, El Salvador, Guatemala, Honduras, Nicaragua), hatte jedoch keinen langen Bestand. Ein Aufstand republikanisch gesinnter Generäle machte ihm schon nach zehn Monaten ein Ende. 1823 wurde Mexiko Republik. In den folgenden Jahrzehnten versank das Land in Chaos und Anarchie. Die Regierungen lösten einander kurzfristig ab, die innenpolitischen Gegensätze zwischen den Konservativen (Großgrundbesitzer, Adel, hohe Geistlichkeit) einerseits und den Liberalen, die wirtschaftliche und gesellschaftliche Reformen forderten, andererseits, verschärften sich zur unversöhnlichen Feindschaft. Der innere Hader und die Wehrlosigkeit des Landes riefen ausländische Mächte auf den Plan. 1839 führte Frankreich unter einem fadenscheinigen Vorwand Krieg gegen Mexiko, 1845 annektierten die Vereinigten Staaten von Nordamerika Texas und zwangen das Nachbarland nach einem Eroberungskrieg (1846–1848) zur Abtretung fast der Hälfte seines gesamten Territoriums: Kalifornien, Nevada, Utah und Teile von New Mexico, von Colorado und Arizona wurden amerikanisch.

Nach dem territorialen Aderlaß im Krieg gegen die USA kamen 1855 die Liberalen ans Ruder. Ihr energischster Vertreter, der Indianer Benito Juárez, der sich aus ärmlichsten

Verhältnissen bis zum Amt des Präsidenten des Obersten Gerichtshofes emporgearbeitet hatte, führte 1857 nach nordamerikanischem Muster eine Verfassung ein und wurde ein Jahr später zum Präsidenten der Republik gewählt. Er entledigte sich zunächst seines Gegenspielers, General Miguel Miramón, und zog 1861 als Sieger in die Hauptstadt ein. Nun ging Juárez daran, sein liberales Reformprogramm zu verwirklichen: Er nationalisierte den Grundbesitz der Kirche, unterstellte die Geistlichkeit der staatlichen Gerichtsbarkeit und verfügte die Trennung von Kirche und Staat. Diese Maßnahmen stießen auf den erbitterten Widerstand der Konservativen. Der Bürgerkrieg ging weiter, die jahrzehntelangen Kriegshandlungen führten zum Staatsbankrott. Zur Rückzahlung der hohen, im Ausland aufgenommenen Anleihen mußte Mexiko schließlich sogar seine wichtigste Einnahmequelle, die Zölle, verpfänden. Als Juárez die Zinsenrückzahlungen an das Ausland einstellte, reagierten die Hauptgläubiger Mexikos, Frankreich, Spanien und England, mit einer militärischen Intervention. England und Spanien zogen ihre Truppen nach einem Vergleich mit Juárez bald wieder zurück. Die Franzosen blieben im Land. Kaiser Napoleon III. ging es in Mexiko um mehr als um die Rückforderung französischen Kapitals. Er plante in offener Frontstellung gegen die Vereinigten Staaten von Nordamerika, gegen die er eine tiefe Abneigung empfand, die Errichtung eines von ihm abhängigen mexikanischen Kaiserreiches. In diesem Punkt traf sich sein politischer Traum mit den romantisch verklärten politischen Ambitionen des Erzherzogs Ferdinand Max, der dem verblassenden Ruhm des Hauses Habsburg-Lothringen neuen Glanz verschaffen wollte.

Ob Maximilian die ihm zugedachte Marionettenrolle durchschaute, ist schwer zu sagen. Das Angebot Napoleons III. schmeichelte, wie gesagt, seiner Eitelkeit und entflammte sein Sendungsbewußtsein. Er war nach anfänglichem kurzem Zögern unter dem Einfluß seiner Gemahlin fest dazu entschlossen, es anzunehmen. Um den Einwänden und Ermahnungen vor allem seiner Mutter und Franz Josephs zu begegnen, stellte er allerdings Bedingungen: Frankreich, England und Spanien sollten das mexikanische Projekt militärisch unterstützen und damit den Erfolg gewissermaßen garantieren.

Zudem verlangte er, vom mexikanischen Volk auf den Thron berufen zu werden. Maximilian wollte Mexiko nicht als Eroberer betreten, sondern als umjubelter „Volkskaiser".

Bis zum Jahre 1863 sprach sich nach mehreren Befragungen die überwiegende Mehrheit der Bevölkerung Mexikos für die Monarchie aus, wie Napoleon freudig bewegt nach Miramar berichtete. Eine der Hauptbedingungen des Habsburgers war damit erfüllt. Daß diese Volksmeinung unter dem Druck der französischen Militärgewalt zustande gekommen war und die politische Stimmung im Lande keineswegs auch nur annährend widerspiegelte, verschwieg der Kaiser der Franzosen tunlichst. Maximilian und Charlotte ließen sich blenden. Sie statteten im März 1864 dem französischen Kaiserpaar einen Besuch ab und wurden in Paris mit allen Ehren empfangen. Napoleon versprach, Teile des französischen Truppenkontingentes auch nach der Errichtung des neuen Regimes im Lande zu belassen und sagte eine französische Anleihe in der Höhe von zweihundert Millionen Francs zu, um der Wirtschaft Mexikos wieder auf die Beine zu helfen. Maximilian vertraute diesen Zusicherungen blindlings, obwohl ihn Franz Joseph davor warnte, sich vor den Karren Napoleons spannen zu lassen, und auch die besorgte Mutter ihm dringend vor dem gewagten Unternehmen abriet. Der amerikanische Gesandte in Wien, John Lothrop Motley, der das Spiel des französischen Kaisers hellsichtig durchschaute, schrieb an seine Freundin: „Was sagen Sie zu unserem jungen Freund Maximilian, Montezuma dem ersten? Ich war nie ein großer Bewunderer der vielbewunderten Weisheit Louis Napoleons, aber jetzt sehe ich mich doch genötigt, sie anzuerkennen. Denn die Art, wie er diesen armen jungen Mann hinters Licht geführt hat, ist doch ein höchst geschicktes Taschenspielerkunststück. Wenn es ihm nun gelingt, den Erzherzog in das Land hinein- und seine Truppen herauszubringen und die Kosten der Unternehmung bezahlt zu bekommen, so hat er wirklich ein Kunststück vollbracht."

Maximilian freilich fühlte sich schon ganz als Kaiser. Er konzipierte nach französischem Muster eine Verfassung für sein mexikanisches Kaiserreich und stellte, da er selbst keine Kinder hatte, Überlegungen über die Thronfolge an. Manche seiner habsburgischen Verwandten nannten ihn wie der amerikanische Gesandte mit unverhohlenem Spott nur noch „Montezuma".

Auch beim Kaiser fand der mexikanische Traum des Bruders wenig Gegenliebe. Franz Joseph war aus Gründen der Staatsräson nicht bereit, Maximilian eine direkte Unterstützung zu gewähren, ihm Garantien irgendwelcher Art zu geben. Das Äußerste, wozu er sich bereit fand, war eine Zuwendung aus dem Familienfonds und die Erlaubnis zur Anwerbung eines österreichischen Freiwilligenkorps. Gewissermaßen fünf Minuten vor zwölf, als sich Maximilian bereits definitiv für den mexikanischen Kaiserthron entschieden hatte, ließ Franz Joseph noch eine Bombe platzen: Die Annahme der mexikanischen Krone, ließ er dem Bruder mitteilen, ziehe notwendigerweise den Verzicht auf alle Erbrechte in Österreich nach sich. Maximilian reagierte auf den kaiserlichen Entschluß mit allen Anzeichen der Empörung. Er stand hinter dem Kronprinzen Rudolf in der habsburgischen Erbfolge an zweiter Stelle. Diese Position wollte er nicht preisgeben. Trotz aller anderen Überlegungen und konkreten Zusagen bedeutete ihm seine Stellung in Österreich noch immer mehr als die mexikanische Kaiserwürde. Das zeigte sich jetzt mit Deutlichkeit. Seine ehrgeizige Frau und er versuchten mit allen Mitteln, den Kaiser umzustimmen. Es war umsonst. Franz Joseph blieb hart. Er kam am Morgen des 9. April 1864 mit großem Gefolge nach Miramar, um den Verzicht des Bruders auf alle seine Rechte als Habsburger entgegenzunehmen und ihm Lebewohl zu sagen. Nach einem längeren Gespräch unter vier Augen, das in einer gespannten Atmosphäre ablief, setzten die beiden Brüder in Gegenwart der höchsten Würdenträger der Monarchie ihre Unterschrift unter den Familienpakt. Die Würfel waren endgültig gefallen.

Am nächsten Tag brachte eine mexikanische Delegation dem neuen Kaiserpaar im Zeremoniensaal von Miramar ihre Huldigung entgegen. Majestätisch nahm Charlotte in einem rosafarbenen Kleid und mit einer Diamantenkrone auf dem Haupt die Glückwünsche entgegen, während Maximilian, bleich und erschöpft, eine Ansprache hielt und die Eidesformel sprach. Dem Galadiner am Abend mußte er fernbleiben. Die Aufregungen und Strapazen der letzten Zeit, die schweren Entscheidungen, die er hatte treffen müssen, waren zuviel für ihn gewesen. Der frisch gekürte, sensible Kaiser von Mexiko stand am Rande eines Nervenzusammenbruchs. Die für den 11. April 1864 vorgesehene Abreise des ungleichen Herrscherpaares mußte verschoben werden. Das waghalsige Unternehmen, zu dem sie sich entschlossen hatten, stand von allem Anfang an unter einem ungünstigen Stern.

Am 14. April 1864 nehmen Maximilian und Charlotte Abschied von Miramar. Als sie sich an Bord der Fregatte „Novara“ begeben, bricht die zahlreich versammelte Menschenmenge in Hochrufe aus, Musikkapellen aus Triest intonieren die in Paris komponierte mexikanische Kaiserhymne, die Befestigungswerke der Hafenstadt feuern donnernde Salutschüsse ab, am Schiffsmast geht die mexikanische Flagge hoch. Von der überaus herzlichen Verabschiedung durch die Bevölkerung bewegt und beeindruckt, zieht sich Maximilian, der kaum eines Wortes fähig ist, sofort in seine Kabine zurück. Vier Tage später läuft die „Novara“ in Civitavecchia ein. Von dort reist der Kaiser nach Rom weiter, um dem Papst einen Abschiedsbesuch abzustatten und den Segen des Heiligen Vaters für sein Unternehmen zu erbitten. Die Ewige Stadt bereitet dem neuen Herrscher einen eindrucksvollen, herzlichen Empfang, der Papst ist freundlich und entgegenkommend. Wichtige Probleme wie die Frage der Enteignung der mexikanischen Kirchengüter werden freilich nicht erörtert und bleiben ungelöst. Dann sticht die kaiserliche Fregatte endgültig in See. Auf der sechs Wochen langen Fahrt über den Atlantik widmet sich Maximilian vorwiegend der Ausarbeitung eines mexikanischen Hofzeremoniells nach dem Muster der spanischen Etikette am Wiener Hof. Mit minutiöser Genauigkeit regelt er in diesem Dokument, das seinen freiheitlichen Ideen diametral zuwiderläuft, alle möglichen Einzelheiten: die Verleihung von Orden und Ehrenzeichen, das Verhalten bei einer Audienz, die Uniformierung der Palastgarde, die Sitzordnung beim Hofdiner, den Rang und die Aufgabenbereiche der Hofchargen. Maximilian will wie Franz Joseph ein unnahbares, persönliches Regiment führen, das Land vom Schreibtisch aus regieren. Er imitiert das Herrschaftsbeispiel des Bruders, dessen Regierungstätigkeit er immer wieder kritisiert hat. Den erzwungenen Verzicht auf die

Erbfolge verzeiht er dem Kaiser freilich nicht. Charlotte, die den Renunziationsakt ihres Gemahls in Miramar ebenfalls nicht verschmerzen kann, entwirft eigenhändig eine Erklärung, in der dieser Verzicht Maximilians auf seine erzherzoglichen Rechte widerrufen, für null und nichtig erklärt wird. Selbstherrlich setzt der Kaiser von Mexiko seine Unterschrift darunter und appelliert über den Kopf Franz Josephs hinweg an die Völker der Donaumonarchie, „deren Provinziallandtage einzig und allein im Einvernehmen mit uns Änderungen an den Grundgesetzen der Pragmatischen Sanktion vornehmen können“. Der Bruch zwischen den beiden Brüdern ist damit unumstößlich geworden.

Als die „Novara“ am 28. Mai endlich in Veracruz anlegt, gibt es für das Kaiserpaar ein bitteres Erwachen. Der Empfang in der republikanisch gesinnten Hafenstadt ist frostig. Die Straßen sind menschenleer, die Bevölkerung nimmt von Maximilian und seiner Gemahlin kaum Notiz. Der Kaiser bleibt äußerlich unbewegt, die stolze Charlotte empfindet es als eine schwere Beleidigung. Auf der Weiterreise in das Innere des Landes ändern sich Stimmung und Situation. In der Hauptstadt Mexiko wird das Herrscherpaar von Indios, Mestizen und Kreolen stürmisch umjubelt. Aber der Jubel trügt. Riesige Gebiete im Norden und Westen des Landes stehen unter der Kontrolle der Juáristen, die Finanzlage ist trist, die Bevölkerung ist durch den langen Bürgerkrieg vollkommen ausgeblutet. Aber Maximilian und Charlotte beginnen dennoch damit, ihren Traum vom mexikanischen Kaiserreich zu verwirklichen. Inmitten eines ausgedehnten Parks auf einem Hügel namens Chapultepec lassen sie sich eine vernachlässigte Festung zu einer Residenz umbauen und halten dort Hof.

Charlotte gibt Diners und veranstaltet Bälle, Maximilian erläßt Gesetze und Amnestien, verleiht Orden, führt die Pressefreiheit ein und gründet eine Akademie der Wissenschaften. Monatelang bereist er das Land, nimmt die größten Strapazen auf sich, um sich über die wirtschaftliche und militärische Lage aus eigener Anschauung zu informieren, sein Kaiserreich kennenzulernen. Und Maximilian sieht jetzt vieles schärfer, illusionsloser als früher. „Das Schlimmste, was ich bis jetzt in diesem Land fand“, schreibt er an einen seiner Berater, „bilden drei Klassen: die Justizbeamten, die Offizie-

Kaiser Maximilian in mexikanischer Landestracht

re der Armee und der größte Teil des Klerus. Alle diese kennen ihre Pflichten nicht und leben einzig und allein des Goldes wegen. Die Richter sind bestechlich. Die Offiziere kennen kein Ehrgefühl, und dem Klerus fehlt die christliche Liebe und die Moralität." In seinen Briefen in die Heimat schlägt er freilich einen ganz anderen Ton an. In leuchtenden Farben schildert er da die Schönheiten des Landes, die prachtvolle Architektur der Städte, die Eleganz und Anmut der Menschen. Er beschönigt die Verhältnisse, verfremdet die Realität, um seine Enttäuschung, seine Desillusion über die desolaten Zustände nicht zugeben zu müssen. Aber die Schwierigkeiten werden von Monat zu Monat größer, und die Probleme wachsen. Die finanzielle Notlage wird immer drückender, die Konservativen und die Kirche, die sich nicht damit abfinden will, daß der Kaiser die Konfiskation ihrer Güter nicht mehr rückgängig macht, sind über ihn verärgert und verweigern ihm die Unterstützung. Napoleon III. beginnt langsam, aber unmißverständlich, seine Hand aus Mexiko zurückzuziehen: Er beordert Teile des französischen Expeditionskorps in die Heimat zurück. Die österreichischen und belgischen Freiwilligen, die nun allmählich in Mexiko eintreffen, sind in Ausbildung und Ausrüstung kein gleichwertiger Ersatz.

Im April 1865 trifft das mexikanische Kaiserpaar ein tödlicher politischer Schlag: Der amerikanische Bürgerkrieg geht mit dem Sieg des Nordens über den Süden zu Ende. Die Konföderation hört auf zu bestehen, der Absprung der Südstaaten von der Union ist abgewendet, die Staatseinheit bleibt gewahrt. Der machtvolle nördliche Nachbar, der mit dem mexikanischen Kaiserreich keine diplomatischen Beziehungen unterhält, kann jetzt mit ganzer Kraft gegen die europäische Einmischung in amerikanische Angelegenheiten auftreten. Maximilian und Charlotte bekommen es bald zu spüren. Unter dem Druck Washingtons zieht Napoleon III., dessen Mexikopläne mit einer Teilung und Schwächung der USA spekuliert hatten, seine Truppen aus dem Land ab. Franz Joseph stellt, von den Vereinigten Staaten dazu gedrängt, in Österreich die Freiwilligenwerbung ein. Zweitausend Legionäre, die sich in Triest für Mexiko bereits eingeschifft haben, müssen ihre Träume vom großen Abenteuer begraben. Sie gehen wieder an Land.

Die Lage für das mexikanische Kaiserpaar verschlechtert sich mehr und mehr, wird hoffnungslos. Der entscheidungsschwache, kränkliche Maximilian will aufgeben, spielt mit dem Gedanken an Abdankung. Seine Gemahlin, die unbeugsame, majestätsbewußte Charlotte, bewegt ihn zum Durchhalten. „Abdanken heißt, sich verurteilen, sich selbst ein Unfähigkeitszeugnis ausstellen, und das ist nur annehmbar bei Greisen und Blödsinnigen, das ist nicht Sache eines Fürsten von vierunddreißig Jahren voller Leben und Zukunftshoffnung. Die Souveränität ist das heiligste Besitztum, das es unter den Menschen gibt, man verläßt den Thron nicht, wie man aus einer Versammlung fliehen will, die ein Polizeikorps umschlossen hält“, formuliert sie scharfzüngig in einer Denkschrift, die sie dem Kaiser persönlich übergibt, und fährt dozierend fort: „Ich kenne keine Lage, wo Abdankung etwas anderes wäre als ein Fehler oder eine Feigheit.“

Maximilian, der nicht als feige gelten will, läßt sich von seiner Gattin umstimmen. Die hochmütige Charlotte bricht am 9. Juni 1866 nach Europa auf, um in Paris und in anderen Residenzstädten um Verständnis und Unterstützung für den Kaiser von Mexiko zu werben. Sie wird von Napoleon III. empfangen, aber ihre Bitten um Hilfe bleiben unerfüllt. Seelisch und psychisch gebrochen, telegrafiert sie nach Mexiko: „Todo es inutil – alles ist nutzlos."

Nach der herben Enttäuschung, die man ihr in Frankreich bereitet hat, verzichtet sie darauf, dem kaiserlichen Schwager in Wien einen Besuch abzustatten. Die ehrgeizige Frau gibt jedoch noch nicht auf. Nach einigen Tagen Erholung und einem kurzen Aufenthalt in ihrem geliebten Miramar reist sie nach Rom weiter, um beim Heiligen Vater Beistand zu suchen. Die Kaiserin wird im Vatikan von Papst Pius IX. in Audienz empfangen. Der Papst hört sich die Vorschläge Charlottes höflich an, redet ihr gütig zu. Aber in der Sache – Intervention bei Napoleon III., Konkordatsverhandlungen mit dem mexikanischen Klerus – bleibt er hart. Nun bricht die gesundheitlich bereits schwer gezeichnete Frau zusammen. „Euer Heiligkeit, helfen Sie mir", ruft sie aus. „Alle, die mit mir kamen, alle, die draußen vor der Tür warten, trachten mir nach dem Leben. Sie wollen mich vergiften auf Napoleons Geheiß!" Ihre Verzweiflung hat sich zum Verfolgungswahn, zum Irrsinn gesteigert.

Inzwischen hat sich in Mexiko die militärische Lage für Maximilian weiter verschlechtert. Sein Kaiserreich ist bei Beginn des Jahres 1867 auf die Städte Mexiko, Puebla, Veracruz, Orizaba und Querétaro zusammengeschrumpft. Die Nachricht von der unheilbaren Krankheit seiner Frau hat den unglücklichen, labilen Habsburger seelisch schwer erschüttert. Die letzten französischen Truppen verlassen Mexiko. Maximilians Traum von einem großen, entwicklungsfähigen Reich, das er nach seinen eigenen (liberalen) Vorstellungen regieren kann, ist ausgeträumt. Die Situation ist hoffnungslos geworden. Man drängt ihn abzudanken, rät ihm, das Land zu verlassen und nach Europa zurückzukehren. Maximilian erwägt einige Augenblicke lang diese Möglichkeit. Er könnte seine Haut retten, in seiner Heimat das stille, zurückgezogene

Leben eines gescheiterten Exkaisers führen. Aber dann verwirft er diese Idee wieder. Er will nicht fahnenflüchtig werden, er will in Mexiko bleiben, wenn nötig durchhalten bis zum bitteren Ende.

Mitte Februar 1867 eilt Maximilian an der Spitze einer Streitmacht von eintausendsechshundert Mann der von den Republikanern bedrohten Stadt Querétaro zu Hilfe. Querétaro ist eine Hochburg der Konservativen. Der Kaiser wird von der Bevölkerung stürmisch begrüßt. Die Jubelstimmung macht auf ihn sichtlichen Eindruck. Aber sie kann über den Ernst der militärischen Situation nicht hinwegtäuschen. Langsam ziehen die republikanischen Truppenverbände den Ring um die Stadt enger, kreisen sie ein. Ausfälle der sich tapfer wehrenden Verteidiger werden mit schweren Verlusten zurückgeschlagen. An Verstärkungen ist nicht zu denken, ein Entsatz der Stadt durch kaisertreue Verbände schlägt fehl. Die Lebensmittel- und Munitionsvorräte in der belagerten Stadt schrumpfen. Der Kaiser ist des langen Kampfes müde, er ist mit seinen Nerven am Ende. Aber er harrt weiter tapfer bei seinen Getreuen aus. Am 15. Mai 1867 übergibt er dem Kommandanten des Belagerungsheeres, Mariano Escobedo, seinen Degen, nachdem die Lage der Stadt aussichtslos geworden ist. Er wird mit einigen seiner Mitkämpfer als Gefangener zunächst in das Kloster Cruz und zwei Tage später in das Karmeliterinnenkloster La Teresita gebracht. Sein Schicksal ist zunächst ungewiß. Werden ihm die Republikaner Gnade gewähren, wird ihn Juárez enthaften und nach Europa zurückkehren lassen? Der Kaiser gibt sich vorübergehend dieser Hoffnung hin. Aber Juárez ist unversöhnlich. Er will keine Milde walten lassen, er will vor aller Welt dartun, daß man sich nicht ungestraft in die inneren Angelegenheiten Mexikos einmischen darf. Der stolze Indio ordnet an, Maximilian, den Abkömmling eines der ehrwürdigsten Fürstenhäuser Europas, vor ein Kriegsgericht zu stellen. Alle Proteste des In- und Auslandes gegen diese Entscheidung nützen nichts. Maximilian erträgt sein Gefangenenlos mit großer Würde und innerer Gelassenheit. Einen Fluchtversuch, der ihm angeboten wird, lehnt er nach anfänglicher Zustimmung ab.

Der Prozeß gegen den mexikanischen Kaiser aus dem

Hause Habsburg-Lothringen wird am 12. Juni 1867 im Iturbíde-Theater von Querétaro eröffnet. Er wird als öffentliches Schauspiel inszeniert. Das Kriegsgericht tagt auf der Bühne, im Parkett und in den Logen sitzt ein neugieriges, schaulüsternes Publikum. Maximilian lehnt es ab, vor dem Gericht zu erscheinen. Er wird in Abwesenheit angeklagt. Man wirft ihm vor, das Hauptwerkzeug der ausländischen Intervention gewesen zu sein, sich widerrechtlich der Souveränität Mexikos bemächtigt und nach dem Abzug der Franzosen den Bürgerkrieg fortgesetzt zu haben. Die Anwälte, die Maximilian und seine beiden Mitangeklagten, die Generäle Tómas Mejia und Miguel Miramon, verteidigen, haben keine Chance. Drei der jungen Offiziere, die als Richter fungieren, sprechen sich für lebenslange Verbannung aus, die drei anderen plädieren für die Todesstrafe. Das Urteil wird den drei Angeklagten am Vormittag des 16. Juni 1867 mitgeteilt und soll um drei Uhr nachmittags vollstreckt werden. Die Hinrichtung wird nach einer Intervention des preußischen Gesandten in Mexiko, Baron Anton von Magnus, verschoben.

Maximilian hat sich in den Tagen vor der Urteilsverkündung und -vollstreckung mit großer Würde und Fassung auf sein Ende vorbereitet. Er hat eine Reihe von Abschiedsbriefen geschrieben, letzte Anordnungen getroffen. Der Tod hat für ihn nichts Schreckliches, er hat seinen Frieden mit der Welt gemacht. Am Morgen des 19. Juni 1867 werden die Verurteilten in drei Kutschen, von einer starken Kavallerie- und Infanterieabteilung eskortiert, zum Cerro de las Campanas (Glockenhügel), der Hinrichtungsstätte, gebracht. Das sieben Mann starke Erschießungskommando und die drei dem Tod geweihten Männer nehmen Aufstellung. Der Kaiser überläßt den Ehrenplatz in der Mitte seinem treuen Mitkämpfer, General Miramon. Dann überreicht er jedem der sieben Schützen eine Geldmünze mit der Bitte, gut zu zielen. Der kommandierende Offizier gibt den Befehl zur Exekution. Von fünf Schüssen durchbohrt, fällt der Körper des Kaisers zu Boden. Maximilian von Mexiko ist sofort tot. Ein tragisches Kapitel habsburgischer Familiengeschichte ist zu Ende.

Der Leichnam des Erschossenen wurde erst nach längeren Verhandlungen von Präsident Benito Juárez zur Rückführung in die Heimat freigegeben. Er wurde auf der Fregatte

„Novara", die unter dem Kommando Wilhelm von Tegetthoffs stand, Ende November 1867 zunächst nach Triest und von dort in einem Sonderzug nach Wien gebracht. Als der Sarg mit den sterblichen Überresten des Kaisers von Mexiko am Abend des 17. Jänner 1868 auf dem Südbahnhof eintraf, war die kaiserliche Familie vollständig versammelt, nur die Kaiserin glänzte (wieder einmal) durch Abwesenheit.

Der Trauerkondukt zur Hofburg fand kaum Beachtung. Es war ein kalter Wintertag, und man feierte in Wien den Karneval. Anderntags wurde der Sarg in die Kapuzinergruft überführt, wo der glücklose Erzherzog neben dem Herzog von Reichstadt, dem unglücklichen Sohn Napoleons I., seine letzte Ruhe fand. Erzherzogin Sophie, die untröstliche Mutter, ließ es sich nicht nehmen, ihren Lieblingssohn trotz eisiger Kälte zur Begräbnisstätte zu begleiten.

Charlotte, die ehrgeizige Gemahlin, befand sich zu diesem Zeitpunkt bereits in ihrer belgischen Heimat. Dort hat sie, in eine gespenstische Traum- und Dämmerwelt eingesponnen, den Untergang Alteuropas überlebt. Als sie am 19. Jänner 1927 im siebenundachtzigsten Lebensjahr starb, hatte die Welt sie und die unheilvolle Rolle, die sie im Weltgeschehen gespielt hatte, längst vergessen.

Die Republikaner

Kaiserin Elisabeth

Kronprinz Rudolf

Erzherzogin Elisabeth Marie

Elisabeth

Die Antikaiserin

Als am 10. September 1898 der Anarchist Luigi Lucheni in Genf die Kaiserin von Österreich tötete, stieß er seine Mordwaffe, eine dreikantig zugeschliffene, messerscharfe Feile, in ein lebensmüdes Herz. Die einundsechzigjährige Elisabeth, die einst alle Herzen bezaubert hatte, war nur noch ein Schatten ihrer selbst. Illusionslos, menschenscheu, vereinsamt, seelisch zerrissen, hatte sie den Tod herbeigesehnt. Marie Valerie, ihre Lieblingstochter, schrieb in ihr Tagebuch: „Nun ist es gekommen, wie sie es immer wünschte, rasch, schmerzlos, ohne ärztliche Beratungen, ohne lange, bange Sorgentage für die Ihren." Dieser Satz ist eine Momentaufnahme eines am Leben kranken Menschen.

Die Nachricht von der Ermordung der Kaiserin ging wie ein Lauffeuer um die Welt. Sie löste zahlreiche Kommentare, aber kaum Trauer und Erschütterung aus. Selbst Franz Joseph reagierte darauf verhältnismäßig gefaßt. Er habe zwar geweint, aber fassungslos sei er nicht gewesen, notierte Marie Valerie. Der in seinem Leben schwer geprüfte Monarch war allerdings ein Muster an Selbstbeherrschung. Er vergrub sich wie immer in seine Arbeit, fand Trost in seiner unermüdlichen, geradezu übermenschlichen Pflichterfüllung. Das Leben am Wiener Hof ging weiter, mußte weitergehen. Es gab kaum jemanden, der die Kaiserin schmerzlich vermißte. „Es wurden ihr nur wenige Tränen nachgeweint", bemerkte Graf Erich Kielmansegg staubtrocken. Die Kaiserin hatte das Hofleben stets verabscheut, die Hofgesellschaft provoziert, gemieden, gehaßt. Daß ihr Tod nur wenigen Menschen am Wiener Hof zu Herzen ging, konnte nur den wundern, der mit den Verhältnissen nicht vertraut war.

Es war ein weiter Weg, den Elisabeth von Österreich von ihrer Geburt am 24. Dezember 1837 bis zu ihrer Ermordung in Genf zu gehen hatte. Ein Weg, der gekennzeichnet war durch jugendliche Ungebundenheit und höfischen Glanz, durch Ruhelosigkeit und Egozentrik, gesäumt von Schwermut und Langeweile, Enttäuschungen und Bitternissen. Die Tochter des Herzogs Max in Bayern, die im Familienkreis „Sisi" gerufen wurde, entstammte einer Wittelsbacher Seitenlinie. Sie verbrachte im herzoglichen Palais in München und im Landschloß Possenhofen am Starnberger See eine verhältnismäßig sorglose Kindheit und Jugend. Der Vater, der sich um die Familie kaum kümmerte, überließ die Erziehung seiner Kinder seiner Gattin Ludovika. Er selbst lebte ganz seinen Neigungen. Er machte weite Reisen, las viel, schrieb (schwache) Gedichte, spielte Zither, umgab sich mit einem Kreis bürgerlicher Künstler und Gelehrter und führte im Hof seines Palais der Münchener Gesellschaft seine mit Clownerien verbundenen Reiterkunststücke vor. Von Etikette hielt er nichts. Er gab häufig Gastmähler und Trinkgelage und hatte zahlreiche Liebschaften. Sein ungezwungener Lebenswandel und seine offen zur Schau getragene Lebenslust wurden nur ab und zu durch Anwandlungen von Melancholie und Weltverdrossenheit unterbrochen. Um Politik kümmerte sich der Herzog überhaupt nicht, aus seinen demokratisch-liberalen Anschauungen machte er jedoch kein Hehl. Obwohl die Ehe der Eltern keineswegs glücklich war, wuchsen Sisi und ihre Geschwister in einer Atmosphäre heiterer Ungezwungenheit auf. Sie trieben viel Sport (Reiten, Schwimmen, Bergsteigen), waren naturverbunden und sprachen mit Vorliebe bayrischen Dialekt. Um das, was man damals unter guten Umgangsformen und guter Bildung verstand, war es freilich schlecht bestellt. Die Herzogskinder liebten die Freiheit mehr als das Studium.

Sisi, die zweitälteste der acht Geschwister, geriet in vielem ihrem Vater nach. Ihre Zuneigung gehörte jedoch nicht ihm, sondern der (biederen) Mutter, die mit außerordentlicher Liebe und Hingabe für ihre temperamentvolle Kinderschar sorgte. Sisi liebte Tiere, wanderte gern und war schon in ihrer frühen Jugend eine unbekümmerte, gute Reiterin. Zu einem hübschen Backfisch herangereift, verliebte sich das schwärmerisch veranlagte Mädchen glücklich-unglücklich in einen jungen Grafen, der am Herzogshof häufig zu Gast war. Ihre Gefühle fanden keine Erwiderung. Sisi schloß sich darob in ihrem Zimmer ein, weinte stundenlang und vertraute ihren Liebeskummer unbeholfenen Versen an. Der pubertäre Liebesschmerz war kaum vorüber, als die Mutter mit ihr und ihrer ältesten Schwester Helene („Nené") am 16. August 1853 zu einer Reise nach Ischl aufbrach. Helene sollte dort Franz Joseph, den jungen Kaiser von Österreich, kennenlernen und ihn später heiraten. So war es ausgemacht. Aber es kam anders.

Der dreiundzwanzigjährige Kaiser verliebte sich auf den ersten Blick, als Ludovika mit ihren Töchtern an diesem Tag zum Tee erschien. Aber nicht in Nené, sondern in die kleine, süße Sisi. Ihr frischer, natürlicher Liebreiz hatte ihn ins Herz getroffen. Sophie, die einflußreiche Mutter Franz Josephs, registrierte es mit Überraschung und Erstaunen. Am nächsten Morgen schwärmte der Kaiser nur noch von Sisi, beim Ball am Vorabend des kaiserlichen Geburtstages tanzte er mit ihr den Kotillon und überreichte ihr danach sein Bukett als Zeichen seiner Erwählung. Am 18. August saß die reizende, aber noch recht kindlich wirkende Sisi bereits neben Franz Joseph. Helene mußte sich mit einem Platz am Ende des Tisches begnügen. Schon am nächsten Tag wurde in der Ischler Pfarrkirche die Verlobung gefeiert. Die Würfel waren endgültig gefallen. Der Kaiser des damals nach Rußland größten europäischen Staates, der Herrscher über ein Vierzig-Millionen-Reich, hatte sich fast über Nacht für eine Frau entschieden, die noch ein halbes Kind war und überdies eine Verbindung unter seinem Stand bedeutete. Er hatte nicht danach gefragt, ob die kaum Sechzehnjährige auch zu ihm passen, ob aus ihr eine Kaiserin werden würde, die sich ihrer hohen Stellung und ihrer Pflichten bewußt war. Auch die nahe verwandtschaftliche Beziehung – Sisi war seine Cousine – störte ihn nicht. Der Kaiser hatte bei seiner Wahl nur sein Herz und nicht seinen Verstand sprechen lassen. Das war für einen Monarchen um die Mitte des 19. Jahrhunderts mehr als ungewöhnlich und sollte sich Jahre später bitter rächen.

Und die kleine, süße Sisi? Wie nahm sie die Wendung der Dinge auf? Sie war verstört, unsicher, gab notgedrungen ihre

Zustimmung, um die sie pro forma gefragt worden war. Die Tragweite des kaiserlichen Entschlusses für ihr Leben hat sie zum Zeitpunkt der Entscheidung gewiß nicht voll erkannt. Um so deutlicher artikulierte sie später als reife Frau ihre Meinung. „Die Ehe ist eine widersinnige Einrichtung", sagte sie einmal. „Als fünfzehnjähriges Kind wird man verkauft und tut einen Schwur, den man nicht versteht und dann dreißig Jahre oder länger bereut und nicht mehr lösen kann."

Der Aufenthalt der jungen Braut in Ischl dauerte bis zum 31. August 1853. Dann reiste Ludovika mit ihren Töchtern in die Heimat zurück.

Für die Herzogstochter, die sich weiterhin nach Freiheit und Ungebundenheit sehnte, begann nun ein neues Leben. Sie mußte oder sollte in den nächsten neun Monaten bis zur Hochzeit all das an Ausbildung nachholen, was sie – freilich ohne ihr ausdrückliches Verschulden – bislang versäumt hatte. Sie nahm Französisch- und Italienischstunden, Tanzlektionen, machte Konversationsübungen und studierte österreichische Geschichte. Ihr Geschichtslehrer, der Ungar Johann Graf Mailáth, verstand es, das Interesse Sisis für die Sonderstellung Ungarns im Verband der Habsburgermonarchie zu wecken und brachte ihr auch Verständnis für die republikanische Staatsform bei. Die Sympathien der (künftigen) Kaiserin für die Magyaren und ihre republikanischen Neigungen sind mit Sicherheit auf diese Beeinflussung zurückzuführen.

Das dichtgedrängte Erziehungsprogramm, das sie verordnet bekam, behagte Sisi überhaupt nicht. Es störte sie auch, daß sie überall, wohin sie kam, im Mittelpunkt stand, die Aufmerksamkeit der Öffentlichkeit erregte. Die kostbaren Geschenke, die der Kaiser aus Wien sandte, beachtete sie kaum, das Anprobieren der vielen neuen Kleider, die von Dutzenden bayrischen Schneiderinnen in Eile angefertigt wurden, war ihr ausgesprochen verhaßt. Ihre Angst vor dem Wiener Hof wuchs mit dem Näherrücken des Hochzeitstermines. Sisi wurde immer stiller und melancholischer, was der herzoglichen Familie keine geringen Sorgen bereitete. Die Vorbereitungen für die Vermählung gingen indessen programmgemäß weiter. Anfang März 1854 wurde der Ehekontrakt unterzeichnet, einen Monat vor der Hochzeit mußte Sisi in einem feierlichen „Renunziationsakt“ auf die Erbfolge im Königreich Bayern verzichten. Die Brautausstattung, der „Trousseau“, wurde, in fünfundzwanzig Kisten verpackt, nach Wien geschickt. Und dann kam auch der Tag, an dem Sisi von ihrem geliebten Possenhofen, von ihren Eltern und Geschwistern und den bayrischen Bergen Abschied nehmen mußte. Es war gleichzeitig ein Abschied von ihrer (großteils) ungestümen, ungebundenen Jungmädchenzeit.

Auf dem Raddampfer „Franz Joseph“ der k.k. privilegierten Donaudampfschiffahrtsgesellschaft ging es stromabwärts. Zehntausende Schaulustige säumten die Ufer der Donau. Bei jeder Station gab es einen Empfang mit Festreden, Glückwünschen und Blumensträußen. Am 22. April legte das Schiff mit der Braut des Kaisers an Bord schließlich unter Vivatrufen, Kanonendonner und dem Glockengeläute der Wiener Kirchen in Nußdorf an, wo Sisi von Franz Joseph begrüßt und empfangen wurde. „Der Kaiser sprang die auf das Verdeck führenden Stufen rasch hinan“, hieß es im Hofbericht, „und drückte einen Kuß auf die Stirn seiner mit allen Reizen der Jugend und Anmut strahlenden Braut.“ Nach dem feierlichen Empfang in Nußdorf, bei dem Fürsterzbischof Kardinal Rauscher die Begrüßungsrede hielt, ging es im Wagenzug hinaus nach Schönbrunn, wo der Braut die Mitglieder des Kaiserhauses vorgestellt wurden. Sisi wirkte unbeholfen, verlegen und verängstigt, brachte nur mit Mühe die einstudierten Höflichkeitsfloskeln über die Lippen.

Am 23. April 1854 hielt die Kaiserbraut in einer Glaskutsche glanzvollen Einzug in die damals noch mit einer Stadtmauer umgebene kaiserliche Residenzstadt. Halb Wien war auf den Beinen, die Häuser waren beflaggt, die Straßen mit Blumen bestreut. Die sechzehnjährige kleine Sisi, die eine strahlende Braut hätte sein sollen, war dem Prunk, der Schaulust, dem zeremoniellen Getriebe nicht gewachsen. Schluchzend kam sie in der Hofburg an, wo sie vom Kaiser mit dem gesamten Hofstaat erwartet wurde. Anderntags fand, um sieben Uhr abends, in der Augustinerkirche die Trauung statt, die Kardinal Rauscher unter Assistenz von mehr als siebzig Bischöfen und Prälaten vornahm. Nach der feierlichen religiösen Zeremonie wartete in der Hofburg eine anstrengende

Das junge Kaiserpaar

Gratulationscour auf die neue Kaiserin: Die Botschafter und Gesandten, die hohen Militärs, die Hofbediensteten wurden vorgestellt, machten ihre Aufwartung. Elisabeth wirkte blaß, abgespannt und müde. Das spanische Hofzeremoniell warf seine lähmenden Schatten über sie. Mit einem festlichen Diner endete der Hochzeitstag. Aber Sisi hatte noch lange nicht alles überstanden. Auch an den folgenden Tagen gab es Empfänge für die Deputationen aus den Kronländern, einen Hofball für die Aristokratie, ein Praterfest für das Volk. Die aufreibende Festwoche klang mit einem städtischen Ball in der Winterreitschule und in den Redoutensälen aus.

Hochzeitsreise gab es keine, und auch die Flitterwochen in Laxenburg, wo das junge Paar die nächste Zeit verbrachte, hielten sich in Grenzen. Der Kaiser fuhr täglich in die Hofburg nach Wien. Die Regentenpflichten nahmen ihn voll in Anspruch. Im Osten Europas war ein Krieg zwischen Rußland und der Türkei ausgebrochen („Krimkrieg“), und die Donaumonarchie blieb davon nicht unberührt. Wichtige außenpolitische und militärische Fragen harrten einer Entscheidung.

Sisi verstand von der Weltpolitik nichts, und sie kümmerte sich auch nicht darum. Sie war mit ihren eigenen Sorgen und Problemen beschäftigt. Sie war viel allein, sie hatte Heimweh, die starre Etikette ließ ihr keinen persönlichen Freiraum. Ihre Obersthofmeisterin, Gräfin Sophie Esterházy, ging ihr auf die Nerven. Dazu kam, daß ihr die Schwiegermutter, Erzherzogin Sophie, die in der Hofburg den Ton angab, mit ihrer strengen Auslegung von den Pflichten einer Herrscherin und ihrem habsburgischen Sendungsbewußtsein das Leben erschwerte und vergällte. Sophie wollte ihre Schwiegertochter, die gewiß noch formbar war, mit unnachgiebiger Strenge, mit Härte und Disziplin zu einer Kaiserin erziehen, die ihren Vorstellungen und Idealen entsprach. Es war, wie wir heute wissen, ein Versuch mit untauglichen Mitteln. Eine einfühlsame, auf die komplizierte Persönlichkeitsstruktur und den unbändigen Freiheitsdrang Sisis Bedacht nehmende Erziehung hätte aus der bayrischen Herzogstochter vielleicht eine pflichtbewußte, würdevolle Monarchin machen können. So aber wurden alle Möglichkeiten für eine harmonische Persönlichkeitsentfaltung, für eine auf die Dynastie bezogene Existenz verschüttet. Und der Kaiser, der sich lange Zeit vom mütterlichen Einfluß nicht zu lösen vermochte, ließ den Dingen ihren Lauf. Er versäumte es, seiner jungen Frau im Kampf gegen die Schwiegermutter mit Entschiedenheit beizustehen. Es war ein Versäumnis, das die Beziehung zwischen Franz Joseph und Elisabeth schwer belastete und weitreichende Folgen haben sollte. Sisi reagierte mit Angstzuständen und Krankheit. Bereits vierzehn Tage nach ihrer Hochzeit schrieb sie sich ihren Kummer in einem Gedicht von der Seele:

„Oh, daß ich nie den Pfad verlassen,
Der mich zur Freiheit hätt' geführt.
Oh, daß ich auf der breiten Straßen
Der Eitelkeit mich nie verirrt!

Ich bin erwacht in einem Kerker,
Und Fesseln sind an meiner Hand.
Und meine Sehnsucht immer stärker –
Und Freiheit! Du, mir abgewandt!

Ich bin erwacht aus einem Rausche,
Der meinen Geist gefangenhielt,
Und fluche fruchtlos diesem Tausche,
Bei dem ich Freiheit! Dich – verspielt."

Niemand hörte den (heimlichen) Aufschrei, und die arme kleine Sisi, die kaum siebzehnjährige Kaiserin von Österreich, hatte auch niemanden, dem sie sich hätte rückhaltlos anvertrauen können.

Sisi litt still, aber unsagbar unter den Zwängen der Etikette, unter der Bevormundung, der strengen Aufsicht durch die Mutter des Kaisers. Sie wurde wie ein unmündiges Kind behandelt. Alle ihre Schritte wurden beobachtet, bekrittelt, beargwöhnt. Sie fühlte sich im düsteren Schloß Laxenburg und in der weitläufigen Wiener Hofburg wie eine Gefangene. Sie war vollkommen isoliert und alleingelassen. Von den Vorgängen in der Habsburgermonarchie und in der Welt erfuhr sie nichts. Denn wenn sie sich in der Öffentlichkeit zeigte, zeigen mußte, bei Staatsbesuchen, Reisen und Ausfahrten, bei Empfängen, Soireen und Bällen, kam sie nur mit der Adelsgesellschaft in Berührung, war sie eine Marionette des spanischen Hofzeremoniells. Vom Kontakt mit gewöhnlichen Menschen wurde sie ferngehalten, abgeschirmt. Ihre (Repräsentations-)Pflichten als Kaiserin nahm Sisi nur ungern und unwillig wahr, für kaiserliche Prunkentfaltung hatte sie wenig Verständnis. Wann immer sie konnte, beschäftigte sie sich mit den Tieren, die sie aus Bayern mitgenommen hatte: mit den Papageien, die sie das Sprechen zu lehren versuchte, und ihren Wolfshunden, die sie über alles liebte. Zum Ärger Sophies begann sie auch wieder zu reiten. Immer häufiger kam es zwischen ihr und der Schwiegermutter zu Verstimmungen und Mißklängen, bei denen die junge Kaiserin vorerst stets den kürzeren zog.

Franz Joseph versuchte sich als Vermittler. Er hörte weiter auf seine Mutter, konnte und wollte aber auch seine Frau nicht im Stich lassen. Er stellte sich jedoch nicht eindeutig auf ihre Seite. Für den Augenblick mag diese ausgleichende Äquidistanz genügt haben, aber auf die Dauer konnte dieses Verhalten natürlich nicht gutgehen.

Das angespannte Verhältnis zwischen der sensiblen Kaiserin und ihrer strengen, unbeugsamen Tante und Schwiegermutter besserte sich auch dann nicht, als Elisabeth ihr erstes Kind erwartete. Es wurde ganz im Gegenteil nur noch disharmonischer. Die Erzherzogin nahm auch in diesem Fall sofort die Zügel in die Hand, traf alle ihr notwendig scheinenden Entscheidungen. Sie richtete die „Kindskammer" neben ihren eigenen Appartements ein und wählte auch das dazu gehörige Personal aus: die Kinderfrauen, die Köchinnen, die „Aja" (Erzieherin), die dem neuen Haushalt vorstand.

Das Kind, ein Mädchen, das den Namen Sophie erhielt (geb. am 5. März 1855), wurde der Mutter nach der Geburt ab- und von der Großmutter in Obsorge genommen. Erzherzogin Sophie hatte die feste Absicht, die Kinder ihres Sohnes, dem sie in den Revolutionswirren des Jahres 1848 durch ihre Tatkraft und Energie die Kaiserwürde verschafft hatte, zu dynastietreuen, eingefleischten Habsburgern zu erziehen. Von den pädagogischen Fähigkeiten Elisabeths hielt sie nicht viel. Die blutjunge, unfertige Kaiserin mußte es wohl oder übel zur Kenntnis nehmen. Auch das zweite Kind, zum Leidwesen des Hofes und der Bevölkerung wiederum eine Tochter (geb. am 15. Juli 1856 und auf den Namen Gisela getauft), „verschwand" in der kaiserlichen Kindskammer. Nur schüchtern und zögernd begann sich Sisi gegen den übermächtigen Einfluß der Schwiegermutter zur Wehr zu setzen. Sie wurde selbstbewußter, fordernder. Schließlich setzte sie es gegen den hartnäckigen Widerstand Sophies durch, daß sie ihre beiden Kinder auf eine Reise des Herrscherpaares durch die ungarischen Provinzen mitnehmen durfte. Aber auf dieser Reise traf die Kaiserin und ihren Gemahl ein schwerer Schicksalsschlag. Die Kinder bekamen Durchfall und Fieber. Die zweijährige Sophie starb. Sisis Schmerz war unermeßlich. Sie schloß sich in ihren Gemächern ein, verweigerte die Nahrung, weinte stunden- und tagelang. Wahrscheinlich weil sie sich am Tod der kleinen Sophie mitschuldig fühlte, gab sie den Kampf um das Kind, das ihr geblieben war, auf. Die herrische Schwiegermutter hatte die Oberhand behalten.

Am 21. August 1858 schenkte Elisabeth nach einer schweren Geburt in Laxenburg einem Knaben das Leben. Der heißersehnte Thronfolger wurde nach dem Ahnherrn des Hauses Habsburg Rudolf genannt. Der Kaiser war überglücklich. Er machte seiner Gemahlin ein überaus kostbares Geschenk (eine dreireihige Perlenkette im Wert von fünfundsiebzigtausend Gulden) und ernannte den Sohn am Tag nach der Geburt durch Armeebefehl zum Oberstinhaber des 19. Linien-Infanterie-Regimentes, das von nun an den Namen „Kronprinz" zu führen hatte. Mit dieser durchaus ungewöhnlichen Entscheidung legte er den Thronerben vom ersten Tag seines Lebens an auf den Soldatenberuf fest und demonstrierte (wieder einmal) seine Vorliebe für die Armee.

Die Kaiserin, die auch dieses Kind nicht stillen durfte, erholte sich von der Geburt nur langsam. Sie hatte immer wieder Fieberanfälle, ihr Gesundheitszustand gab zu ernsthafter Besorgnis Anlaß. Nur wenn die Mutter oder eines der Geschwister aus Bayern nach Wien zu Besuch kam oder herbeigerufen wurde, besserte sich ihr Zustand. Die Ärzte waren mehr oder weniger ratlos. War Sisis Flucht in die Krankheit eine Flucht vor der ihr verhaßten Umgebung, vor der unentrinnbaren Realität ihrer Existenz, die sie als immer unerträglicher empfand? Man kann es mit Bestimmtheit annehmen.

Als sich Franz Joseph nach dem Ausbruch des Krieges mit Piemont-Sardinien und dem Frankreich Napoleons III. 1859

Kaiserin Elisabeth als Reiterin

auf den Kriegsschauplatz begab und sie (verständlicherweise) mit der Schwiegermutter und den Kindern in Wien zurückließ, schlug ihre verzweifelte Stimmung in Hysterie um. Sie machte täglich stundenlange Ausritte, hungerte, blieb den von Sophie veranstalteten Familiendiners fern und begann zu rauchen. Um die beiden Kinder kümmerte sie sich nicht.

Die österreichische Armee erlitt bei Solferino eine blutige Niederlage. Franz Josephs Popularität sank auf den Nullpunkt. Der Monarch, der absolut und von Gottes Gnaden regierte, war auch zuvor nicht sehr beliebt gewesen. Die Zeitungen übten wegen der scharfen Zensur lediglich verhaltene Kritik, im Volk wurden Unmutsäußerungen laut. Die Kaiserin, die plötzlich Interesse an den politischen und militärischen Vorgängen zu nehmen begann und sich eingehend über die Lage informierte, opponierte immer stärker gegen das absolutistische Regime ihres Mannes. Sie riet Franz Joseph zum Frieden. Der Kaiser wies Sisis Rat zurück, mußte aber dann doch klein beigeben und im Frieden von Zürich die Lombardei an Sardinien abtreten. Die militärische Niederlage löste eine politische Krise aus, die nicht nur den Staat, sondern auch das Familienleben des Kaisers erschütterte.

Die menschlichen und politischen Differenzen zwischen der liberal und antiklerikal gesinnten Elisabeth und ihrer reaktionären, bigotten Schwiegermutter eskalierten, führten zu unablässigem Zank. Franz Joseph reagierte diesmal ungewohnt. Er suchte und fand in einer anderen Umgebung Trost. Man tuschelte von einer polnischen Gräfin. Die Untreue ihres Mannes brachte die junge Kaiserin vollends aus der Fassung. Sie entfaltete ganz gegen ihre sonstige Gewohnheit gesellschaftliche Aktivitäten, veranstaltete in ihren Appartements Bälle, die als Provokation des Hofes gedacht waren und auch so empfunden wurden. Ihre Liebe für den kaiserlichen Gemahl (wenn sie je solche Gefühle für Franz Joseph gehegt hat) begann zu erkalten. Die Ehekrise im Hause Habsburg steuerte einem dramatischen Höhepunkt zu.

Im Verlauf des Jahres 1860 verschlechterte sich der Gesundheitszustand der Kaiserin mehr und mehr. Sisi litt unter Hustenanfällen, Blutarmut und Depressionen, sie hatte Weinkrämpfe, ihre Nerven waren schwer angegriffen. Ihre schlechte körperliche Verfassung war wohl psychisch bedingt und wurde durch ihre ungesunde Lebensweise nur noch verschlimmert. Sisi weigerte sich, Nahrung zu sich zu nehmen, unternahm stundenlange Wanderungen und widmete sich bis zur völligen Erschöpfung dem Springreiten. Ende Oktober war ihr Zustand so besorgniserregend, daß Dr. Josef Skoda, der sie behandelnde Lungenfacharzt, von akuter Lebensgefahr sprach und dringend einen Klimawechsel empfahl. Die ärztlichen Befürchtungen waren zweifellos übertrieben. Der Arzt, möglicherweise aber sogar die Kaiserin selbst, schlug die Insel Madeira im Atlantik als winterlichen Aufenthalt vor, obwohl es in der Monarchie genug geeignete Kurorte gegeben hätte. Elisabeth wollte jedoch möglichst weit weg von der Hofgesellschaft ein paar Monate ausspannen, alle lästigen Verpflichtungen hinter sich lassen. Für ihren aufsehenerregenden Entschluß, auf einer fernen Insel Genesung zu finden, wurde offiziell als möglichst plausibler Grund eine schwere Krankheit vorgeschützt: Lungenschwindsucht.

Die Kunde von der schweren Erkrankung der österreichischen Kaiserin löste auf der ganzen Welt sensationelle Zeitungsmeldungen, aber auch Mitgefühl aus. Königin Viktoria von England stellte für die Überfahrt ihre Privatyacht zur Verfügung, die von Antwerpen aus in See stach. Seltsamerweise besserte sich der Gesundheitszustand der Kaiserin in dem Maße, in dem sich das Schiff von den Küsten Europas entfernte. In der Biskaya wurden während eines Sturmes alle Passagiere mit Ausnahme Elisabeths seekrank, auf Madeira wunderte sich das portugiesische Empfangskomitee über Sisis verhältnismäßig frisches Aussehen.

In Madeira bewohnte Elisabeth eine Mietvilla am Meer. Die Kaiserin vertrieb sich die Zeit mit Kartenspiel, sie las viel, beschäftigte sich mit ihren Tieren und nahm Lektionen in Ungarisch. Die Langeweile war dennoch bedrückend. Die Kuriere, die der Kaiser von Zeit zu Zeit mit Geschenken aus Wien schickte, waren eine willkommene Abwechslung im täglichen Einerlei. Die Berichte über ihren Gesundheitszustand waren widersprüchlich und spiegelten Sisis wechselhafte Stimmungen wider. Die Kaiserin sehnte sich nach ihren Kindern, denen sie von der fernen Insel zärtliche Briefe schrieb, und auch ihre Pferde gingen ihr ab. Der Gedanke an das Wiener Hofleben flößte ihr jedoch auch auf Madeira Angst und Verzagtheit ein. Als sich ihr Gemütszustand allmählich besserte, trat sie nach halbjährigem Aufenthalt im Mai 1861 die Heimreise an.

Es war eine verwandelte Kaiserin, die nach Wien zurückkehrte. Zur vollen Schönheit aufgeblüht, war ihr schon auf Madeira nicht nur das Herz eines ihrer „Ehrenkavaliere“, des Grafen Imre Hunyady, zugeflogen. Elisabeth, die sich nun ihrer persönlichen Ausstrahlung und ihrer hohen Stellung bewußt geworden war, verströmte Selbstsicherheit. Sie hatte zu sich selbst gefunden. Es dauerte freilich nicht lange, bis sich wieder die alten Leiden einstellten. Schon nach dem ersten

„Cercle" mit der Hocharistokratie begann sie wieder zu husten und zu fiebern, verweigerte die Nahrung und suchte die Einsamkeit. Dr. Skoda diagnostizierte eine galoppierende Lungenschwindsucht und verordnete eine Kur auf Korfu. Obwohl auch diesmal die Diagnose wahrscheinlich zu pessimistisch ausfiel, war der psychische Zustand der Kaiserin besorgniserregend. Wieder verließ Elisabeth Wien, von ihrem Gemahl bis nach Miramar bei Triest begleitet. Und seltsam: Schon auf der Fahrt dorthin stellte sich im Befinden Sisis eine leichte Besserung ein. Krankheit und Wohlbefinden der Kaiserin schienen mit dem Wiener Hofleben eng zusammenzuhängen.

Wie auf Madeira war auch das Leben auf der Insel Korfu fad und eintönig. Elisabeth wanderte viel, segelte, schwamm, saß am Strand und träumte vor sich hin. Als sie keine Anstalten machte, nach Hause zurückzukehren, wurde der Kaiser ungeduldig. Er fuhr persönlich nach Korfu, um Sisi nach Wien zurückzuholen. Es war umsonst. Die Kaiserin setzte mit ungewohnter Energie einen Aufenthalt in Venedig durch, wo sie Ende Oktober 1861 eintraf. Eine Woche später kamen die Kinder nach, die fünfjährige Gisela und der dreijährige Rudolf, deren Aufenthalt in der Lagunenstadt sie ebenfalls gegen den hartnäckigen Widerstand der Schwiegermutter erzwungen hatte. In Venedig entdeckte Elisabeth ein neues Hobby: Sie begann Fotos zu sammeln, von Familienmitgliedern, Diplomaten, Schauspielern, Clowns, schönen Frauen. Wenn es um ihre Extravaganzen ging, war sie nie um eine Idee verlegen. Im Kampf gegen Sophie verbuchte sie schließlich auch noch einen weiteren Erfolg: die Entlassung der Obersthofmeisterin Gräfin Esterházy, einer Vertrauten der Erzherzogin.

Sisis Durchsetzungsvermögen war ein Ausdruck ihres zunehmenden Selbstwertgefühls, einer wachsenden Selbstentfaltung. Die wieder genesene Kaiserin kehrte nach neunmonatigem Aufenthalt schließlich zum Geburtstag des Kaisers im August 1862 auf dem Umweg über Reichenau an der Rax, Bad Kissingen und Possenhofen nach Wien zurück. Sie war zwei Jahre von der Hauptstadt abwesend gewesen, hatte sich um ihren Mann, um das Reich, um ihre Pflichten als Kaiserin nicht gekümmert. Würde sich das jetzt ändern? Würde sie einen neuen Anfang setzen? Zunächst schien es so, aber bald verfiel Elisabeth wieder in ihre alten Gewohnheiten, Schrullen und Exzentrizitäten. Sie wich allen Repräsentationspflichten aus, schützte bei öffentlichen Empfängen und Diners Unwohlsein vor und begann mehr und mehr, ihre Individualität zu kultivieren. Die Pflege ihres Körpers nahm kultische Formen an. Die tägliche Pflege ihres kastanienbraunen, fersenlangen Haares dauerte zwei bis drei Stunden, die Haarwäsche, die alle drei Wochen mit allen Anzeichen einer zeremoniellen Handlung vonstatten ging, einen ganzen Tag. Aus panischer Angst, ein Kilogramm zuzunehmen – Sisi wog bei einer Körpergröße von 1,72 Meter zeitlebens rund fünfzig Kilogramm –, aß sie kaum etwas, machte sie Hungerkuren, die ihrer Gesundheit abträglich waren. Sie unternahm temporeiche Gewaltmärsche, nahm kalte Bäder und Massagen, trieb stundenlang Gymnastik am Barren, an den Ringen, mit Hanteln und Gewichten. Sie lebte nur ihrer Schönheit. „Die Schönheit", sagte sie einmal zu Constantin Christomanos, ihrem zeitweiligen Lehrer in Alt- und Neugriechisch, „ist die Ursache und der Zweck aller Dinge." Um jung und schön zu bleiben, nahm sie nächtliche Gesichtsmasken mit rohem Kalbfleisch, in der Erdbeerzeit Erdbeermasken. Olivenbäder dienten der Erhaltung ihrer geschmeidigen Haut. Um ihre Schlankheit zu bewahren, schlief sie oft mit kalten Tüchern oberhalb der Hüften und trank eine gräßliche Mixtur von fünf oder sechs Weißeiern mit Salz, berichtet ihre Nichte Marie Larisch. Schönheitsfehler, wie etwa ihre schlechten Zähne, bemühte sie sich krampfhaft zu verbergen. Sie sprach aus diesem Grund nur mit halb geöffnetem Mund, was nicht selten zu Verständigungsschwierigkeiten mit ihren Gesprächspartnern führte. Ihr Körperkult ging in immer stärkerem Maße Hand in Hand mit einer extremen Ichbesessenheit. Elisabeth setzte als reife Frau ihre Schönheit gegenüber dem Kaiser gezielt zur Durchsetzung ihrer Wünsche ein. Franz Joseph war schließlich nur noch der Erfüllungsgehilfe ihrer extravaganten Anliegen.

Für ihre beiden Kinder nahm sich die Kaiserin nach wie vor wenig Zeit. Sie überließ deren Erziehung vollständig der (verhaßten) Schwiegermutter. Der Kronprinz, ein sensibler, geistig frühreifer, wißbegieriger, aber gesundheitlich labiler

Knabe, erhielt nach Vollendung seines sechsten Lebensjahres, wie dies am Wiener Hof üblich war, einen eigenen Hofstaat. Zum Obersthofmeister und Erzieher bestellte Franz Joseph den Grafen Leopold Gondrecourt, einen Haudegen ohne jedwede pädagogische Erfahrung. Er sollte das Kind zu einem strammen Soldaten erziehen. „Se. k.H. sind phisisch und geistig mehr als Kinder seines Alters entwickelt, jedoch eher vollblütig und nervös-reizbar, es muß daher die geistige Entwicklung verständig gedämpft werden, damit jene des Körpers gleichen Schritt halte“, lautete die kaiserliche Anordnung. Gondrecourt führte den Befehl mit sadistischer Unbarmherzigkeit durch. Er ließ den verängstigten Knaben bei jedem Wetter stundenlang exerzieren, versuchte ihn mittels Kaltwasserkuren abzuhärten, riß ihn durch Pistolenschüsse aus dem Schlaf. Der Kronprinz war diesem harten militärischen Drill nicht gewachsen. Seine schwache Konstitution reagierte mit Nervosität, Fieberanfällen, Magenkatarrh und anderen (wohl nicht physisch bedingten) Krankheiten. Gondrecourts pädagogische Gewaltkuren haben der empfindsamen Psyche des Kronprinzen höchstwahrscheinlich schwere, irreparable Schäden zugefügt.

Als die Kaiserin im August 1865 die Auswirkungen dieser völlig verfehlten Erziehung erkannte, handelte sie prompt und mit ungewohnter Energie und Beharrlichkeit. Sie stellte dem kaiserlichen Gemahl geradezu ein Ultimatum. „Ich wünsche“, schrieb sie ihm dezidiert, „daß mir vorbehalten bleibe unumschränkte Vollmacht in allem, was die Kinder betrifft, die Wahl ihrer Umgebung, den Ort ihres Aufenthaltes, die komplette Leitung ihrer Erziehung, mit einem Wort, alles bleibt mir ganz allein zu bestimmen, bis zum Moment der Volljährigkeit.“

Der Kaiser gab nach, Gondrecourt wurde entlassen. Die Erziehung des Kronprinzen wurde nun einem Mann anvertraut, von dem Elisabeth wußte, daß er, soweit das am Habsburger Hof möglich war, liberale Ansichten vertrat: Oberst Joseph Latour von Thurmberg. Latour förderte ganz im Sinne der Kaiserin die geistige Ausbildung Rudolfs und machte die Bestellung der Lehrer, die in ihrer überwiegenden Mehrheit aus dem liberalen Lager kamen, von pädagogischen und wissenschaftlichen Befähigungskriterien abhängig. Der österreichische Kronprinz erhielt eine erstklassige Ausbildung durch großteils bürgerliche Intellektuelle und wurde unter ihrem Einfluß ein überzeugter Liberaler.

Das Jahr 1866 war ein Schicksalsjahr der Monarchie. Der alte Konflikt zwischen Preußen und dem Habsburgerreich um die Vorherrschaft im deutschen Raum trieb einer endgültigen Entscheidung zu. In Berlin knüpfte der preußische Ministerpräsident Otto von Bismarck die politischen Fäden. Preußen schloß im April einen gegen Österreich gerichteten Geheimvertrag mit dem Königreich Italien. Franz Joseph sicherte sich gegen das Versprechen der Abtretung Venetiens, das an Italien weitergegeben werden sollte, die französische Neutralität. Der unvermeidlich gewordene Krieg wurde trotz des Sieges der österreichischen Südarmee auf dem italienischen Kriegsschauplatz in Böhmen entschieden. Am dritten Juli 1866 erlitt die Nordarmee gegen das besser bewaffnete und geführte preußische Heer bei Königgrätz eine verlustreiche Niederlage. Der Eindruck, den der preußische Sieg in ganz Europa machte, war enorm. „Casca il mondo" („Die Welt stürzt zusammen"), kommentierte der Papst. Die (Staaten-)Welt stürzte (noch nicht) zusammen, aber das politische Ordnungsgefüge Mitteleuropas erfuhr eine entscheidende Veränderung. Preußen, das fünf Jahre später die nationalstaatliche Einigung Deutschlands vollzog, verdrängte das habsburgische Österreich aus Zentraleuropa. Die Machtposition Franz Josephs in seinem multinationalen Reich war erschüttert. An die Stelle des österreichisch-preußischen Dualismus trat, innerstaatlich gesehen, der österreichisch-ungarische. Darüber wird noch zu reden sein.

Die Kaiserin stand in den Tagen vor und nach Königgrätz an der Seite ihres Mannes. Sie nahm Anteil an den militärischen und politischen Geschehnissen und vergaß für kurze Zeit ihre Wehwehchen und Extravaganzen. Elisabeth besuchte Lazarette und Spitäler, sprach den verwundeten Soldaten Trost zu und war ganz Landesmutter. Ihre karitative Einsatzbereitschaft erregte in der Öffentlichkeit Erstaunen und Bewunderung. Für ihren Gemahl, den sie so oft im Stich gelassen hatte (und in der Zukunft weiter im Stich ließ), fand sie Worte der Anerkennung. „Der Kaiser ist bewunderungswürdig", schrieb sie dem Grafen Latour, „immer gleich ruhig und gefaßt."

Als die preußischen Truppen nach dem Sieg bei Königgrätz auf die Donaumetropole zumarschierten, wurden in der Hofburg die Koffer gepackt. Die kostbaren Handschriften der Hofbibliothek, die wertvollen Schaustücke der Schatzkammer sollten donauabwärts geschafft werden. Elisabeth brachte sich mit ihren beiden Kindern nach Budapest in Sicherheit. In Ungarn fühlte sich die Kaiserin wohl, die Magyaren mochten Elisabeth. Schon im Jänner 1866 hatten sie ihr anläßlich eines offiziellen Besuches an der Seite des kaiserlichen Gemahls zugejubelt. Die Ungarn betrachteten Elisabeth als die wärmste Fürsprecherin und Befürworterin ihrer Wünsche und Forderungen. Die Hoffnungen, die sie auf die Kaiserin setzten, wurden nicht enttäuscht. Sisi liebte die Ungarn, sie war magyarophil. Sie lernte schon seit längerem mit zäher Konsequenz und erstaunlichem Erfolg, einem Erfolg, den man der keineswegs sprachbegabten Kaiserin gar nicht zugetraut hätte, Ungarisch. Ihre langjährige Vertraute, Ida von Ferenczy, über die die meisten Kontakte mit den bedeutendsten ungarischen Politikern, Ferenc Deák und Gyula Andrássy, liefen, war eine Ungarin. Für den temperamentvollen, chevaleresken Andrássy hatte Sisi sogar ein ausgesprochenes Faible. Nun, nach der Niederlage von Königgrätz, bombardierte die Kaiserin ihren Gemahl tagtäglich mit Briefen, in denen sie leidenschaftlich die Partei der Ungarn ergriff und Franz Joseph zu Konzessionen drängte. Vor allem wollte sie die Bestellung Andrássys zum Außenminister durchsetzen. Der Kaiser zögerte. Die dezidiert liberale Politik Andrássys war ihm im Herzen zuwider, widersprach völlig seinen politischen Grundsätzen. Die Ungarn waren ein Volk unter vielen im habsburgischen Reichsverband. Franz Joseph mußte auch an die Sorgen und Bedürfnisse der anderen Völker denken, vor allem an die Slawen, auf deren dynastische Treue er hoffte. Er konnte den Forderungen der Magyaren nicht willenlos nachgeben. Elisabeth aber ließ nicht locker. Sie fuhr sogar persönlich nach Wien, um Andrássy zu protegieren. Der Kaiser blieb hart. Sisi kehrte nach Budapest zurück und nahm im Herbst 1866 einen weiteren Ungarn in ihre engste Umgebung auf, den Journalisten Max Falk. Falk erteilte ihr

Unterricht im Ungarischen, trug ihr die Geschichte Ungarns aus magyarischer Sicht vor und versorgte sie auf eigenen Wunsch mit verbotener politischer Literatur. Sie holte sich über ihn jene Informationen, die man ihr stets vorenthalten hatte. Sie wurden ihr von Falk freilich aus einer völlig anderen Perspektive serviert.

Die Verhandlungen mit den Ungarn, die bereits vor dem Krieg von 1866 begonnen hatten, liefen auf Hochtouren. Gyula Andrássy pendelte zwischen Wien und Budapest hin und her und blieb mit der Kaiserin über Ida Ferenczy in ständiger Verbindung. Nun, da es um die Zukunft der Monarchie ging, kam es am Hof zwischen der konservativen Hofpartei unter der Führung der Erzherzogin Sophie und Erzherzog Albrechts einerseits und der Kaiserin andererseits zu schweren (politischen) Differenzen. Elisabeth setzte den Kaiser mit ihren Mitteln weiterhin gehörig unter Druck. Mitte Februar 1867 kam schließlich nach langwierigen Beratungen der „Ausgleich“ mit den Ungarn zustande. Aus dem Österreichischen Kaiserreich wurde die „Doppelmonarchie Österreich-Ungarn“ mit zwei Hauptstädten (Wien und Budapest), zwei Volksvertretungen, zwei Regierungen (erster ungarischer Ministerpräsident wurde übrigens Gyula Andrássy). Das einigende Band zwischen den beiden Reichshälften waren der Monarch (Personalunion) und gemeinsame Ministerien (Realunion). Franz Joseph nannte sich fürderhin Kaiser von Österreich und Apostolischer König von Ungarn, der Kompetenzbereich des Außen-, Kriegs- und Finanzministeriums erstreckte sich über das gesamte Staatsgebiet. Der Kostenanteil für die gemeinsamen Angelegenheiten wurde im Verhältnis siebzig Prozent für die österreichische Reichshälfte zu dreißig Prozent für die ungarische aufgeteilt. Er mußte alle zehn Jahre neu verhandelt werden. Der Dualismus, der durch das komplizierte Vertragswerk des Jahres 1867 geschaffen wurde, beruhte auf der Vormachtstellung der Deutschen und der Ungarn unter dem weitestgehenden Ausschluß der Slawen von der Macht. Er funktionierte mehr schlecht als recht, lähmte die Handlungs- und beeinträchtigte die Lebensfähigkeit des Staates.

Der „Ausgleich“ war auch ein Wendepunkt im Herrscherleben Franz Josephs. Aus dem absolutistisch regierenden Kaiser wurde ein konstitutioneller Monarch. Der Kaiser war mit dieser Entwicklung nicht einverstanden, aber er fand sich damit ab.

Die Krönung Franz Josephs zum König von Ungarn in Budapest am 8. Juni 1867 war für Elisabeth ein persönlicher Triumph. Ihre Schönheit überstrahlte die Krönungsfeierlichkeiten, die Ungarn jubelten ihr zu. Das Königspaar erhielt von der ungarischen Nation Schloß Gödöllö als Privatresidenz zum Geschenk, wo Sisi in den kommenden Jahren einige Monate des Jahres verbrachte. Elisabeths Gegengeschenk an die Ungarn und ihren Mann war ein viertes Kind, das am 22. April 1868, zehn Monate nach der Krönung in Budapest, zur Welt kam. Wäre es ein Sohn gewesen, hätte es der künftige König von Ungarn sein können. Zur Erleichterung der Wiener Hofkreise war es aber eine Tochter. Das „ungarische Kind" wurde Marie Valerie getauft und von der Mutter mit maßloser Liebe überschüttet. „Jetzt weiß ich es, was für eine Glückseligkeit ein Kind bedeutet – jetzt habe ich schon den Mut gehabt, es zu lieben und bei mir zu behalten", sagte die Kaiserin einige Jahre später zu ihrer Hofdame Gräfin Marie Festetics. „Die Einzige", wie Marie Valerie in Wien bald genannt wurde, war der zentrale Bezugspunkt im Leben Elisabeths. Die Kaiserin reagierte auf jedes kleine Unwohlsein ihres jüngsten Kindes mit geradezu hysterischer Aufregung und entwickelte eine glühende, alles verzehrende Mütterlichkeit, die der Entwicklung Marie Valeries gewiß nicht guttat. Interessanterweise verehrte die jüngste Tochter des österreichischen Kaiserpaares nicht die Mama, sondern den Vater, dessen Temperament sie geerbt hatte. Sie entfaltete bereits als Halbwüchsige eine tiefe Abneigung gegen alles Ungarische und betrachtete nicht mehr Österreich-Ungarn, sondern Deutschland als ihr Vaterland. „Vor allem sind wir Deutsche, dann Österreicher und erst in 3. Linie Habsburger", sagte sie einmal zu ihrem Bräutigam und späteren Gemahl, Erzherzog Franz Salvator.

Die Kaiserin allerdings blieb den Ungarn zeitlebens verbunden. Sie hielt mit den ungarischen Staatsmännern Kontakt und demonstrierte ihre Vorliebe für die Magyaren so offen und deutlich, daß Hof und Öffentlichkeit darauf nicht selten mit Bitterkeit und unfreundlicher Kritik reagierten.

In die Politik mischte sich Elisabeth nach 1867 nicht mehr ein. Der Kaiser hielt sie davon fern. Unpolitisch, politisch uninteressiert, war Sisi freilich nicht. Das ist ein frommes Märchen. Sie äußerte ihre politische Meinung freilich nicht offen, sondern vertraute sie ihren Gedichten an, die ihre persönlichsten Aussagen, ihre intimsten Gedanken enthalten. Die Kaiserin von Österreich bekennt sich darin als Pazifistin und Anhängerin der Republik:

„Wer weiß! Gäb's keine Fürsten,
Gäb es auch keinen Krieg;
Aus wär' das teure Dürsten
Nach Schlachten und nach Sieg",

schrieb sie in einem Gedicht mit dem Titel „Mein Traum", und einige Strophen weiter reimte sie unmißverständlich:

„Und sollten sie entscheiden
Die Republik muß sein,
So willige mit Freuden
In ihren Wunsch ich ein."

Die Staatsform der Monarchie hielt die Kaiserin von Österreich für überholt, für unzeitgemäß, für dem Untergang geweiht.

„Der Baum muß endlich fallen,
Er hat sich überlebt;
Doch für den armen Vogel
da hat mein Herz gebebt!"

dichtete sie, und Marie Valerie drückte den gleichen Gedanken in ihrem Tagebuch so aus: „Übrigens glaubt Mama, daß sich Österreich überhaupt nicht mehr halten wird, wenn Papa nicht mehr ist, der durch die Macht seines makellosen Charakters und aufopfernde Güte die widersprechendsten Elemente eint ..."

Elisabeths Zweifel am Fortbestand der Donaumonarchie waren so stark, daß sie ihren literarischen Nachlaß, den die Wiener Historikerin Brigitte Hamann „entdeckt" hat, in einer Republik, in der Schweiz, deponieren ließ, wo sie übrigens auch, an eine mögliche Emigration denkend, einen Teil ihres Geldes anlegte. Neben der Verachtung des höfischen Prunkes ist in dieser antimonarchistischen Geisteshaltung der Grund dafür zu suchen, warum sich Elisabeth als Kaiserin verweigerte, ihre Pflichten nicht wahrnahm, andererseits aber bis zur Neige den Luxus auskostete, den ihr der Monarch, die Monarchie boten.

In den letzten drei Jahrzehnten ihres Lebens lebte Sisi nur noch ihrer Selbstbestätigung. Sie war viel auf Reisen und zeigte sich in der kaiserlichen Sommerfrische Ischl und in Wien nur äußerst selten. Die Ehegatten sahen sich fast nur noch bei Geburtstagsfeiern und Kirchenfesten. Die Repräsentationsverpflichtungen überließ Sisi fast zur Gänze dem Kaiser. Zur Verärgerung des Hofes und der Wiener sagte sie ihre Teilnahme an wichtigen Veranstaltungen im letzten Augenblick immer wieder ab. So blieb sie etwa der Eröffnungsvorstellung der Wiener Hofoper, die man ihretwegen verschoben hatte, „wegen Unpäßlichkeit" fern. Auch aus dem Getriebe der Wiener Weltausstellung des Jahres 1873 zog sie sich vorzeitig nach Payerbach bei Reichenau in Niederösterreich zurück. Für die Feierlichkeiten anläßlich des fünfundzwanzigjährigen Regierungsjubiläums des Kaisers unterbrach sie ihren Ungarnaufenthalt nur für zwei Tage und war höchst unzugänglich. Und dieses Spiel trieb sie in den folgenden Jahren munter weiter. Die Kritik der Presse an diesem Verhalten vertrug sie nur schlecht. Ihr Haß auf Wien steigerte sich dadurch ins Unermeßliche.

In den siebziger Jahren widmete sich die Kaiserin mit zunehmender Ausschließlichkeit dem Reitsport. Auf dem ungarischen Landsitz Gödöllö, wo sie sich ohne jede Einschränkung frei und ungezwungen bewegen konnte, ritt sie Hohe Schule und arbeitete mit Zirkuspferden, bis ihr auch diese Beschäftigung zu langweilig wurde und sie der Parforcejagd nach englischem Muster den Vorzug gab. Sie kaufte die teuersten Pferde der Welt und setzte ihren ganzen Ehrgeiz darein, bei den Reitjagden in England und Irland mit den besten Reitern mitzuhalten. Um dieses Ziel zu erreichen, war ihr keine Hürde zu hoch, kein Graben zu breit, keine Gefahr zu groß. Tatsächlich gelang es ihr, sich als beste Parforce-Reiterin Europas zu profilieren. Für diesen (inoffiziellen) Ruhm als Spitzensportlerin nahm sie körperliche Strapazen und Entbehrungen in Kauf, kasteite sie sich bis zur Selbstaufgabe. Gräfin Festetics, die diesem Freizeitvergnügen ihrer Herrin nichts, aber auch schon gar nichts abzugewinnen vermochte, sorgte sich: „Ich zittere den ganzen Tag und bin erst abends beruhigt, wenn ich weiß, daß sich I. M. schon in's Bett legt. Unberufen geht es ihr gut, in sehr guter Laune hält sie die ganze Gesellschaft zum Narren."

Der Kaiser machte wie immer gute Miene zum bösen Spiel. Es blieb ihm wohl auch nichts anderes übrig, als die Kapriolen seiner kapriziösen Gattin mit gekonnter Duldermiene zur Kenntnis zu nehmen. Als ihr die Strapazen aus Gesundheits- und Altersgründen – die Kaiserin litt zunehmend an rheumatischen Anfällen – doch zuviel wurden, gab Elisabeth die Reitjagd beinahe über Nacht auf.

Die Kaiserin von Österreich widmete sich nun einem neuen Hobby: dem Versemachen. In der Nachfolge Heinrich Heines, den sie glühend und schwärmerisch verehrte, schrieb sie Hunderte von Gedichten, von deren literarischer Qualität sie überzeugt war. Mit diesen Gedichten wollte sie sich vor der Nachwelt rechtfertigen, sie sollten ihren Ruhm als Dichterin begründen. Elisabeths poetische Versuche sind jedoch auch als geistige Fluchtreaktion zu sehen. Sie flüchtete sich aus der ihr verhaßten Umgebung, aus der widerwärtigen Alltäglichkeit in eine unanfechtbare Traumwelt, in der sie ihren Impulsen und Eingebungen ungehemmt freien Lauf lassen konnte. Die „Feenkönigin Titania", als die Elisabeth in ihren Versen figuriert, hat ihre poetischen Fähigkeiten freilich gewaltig überschätzt. Ihr schöpferischer wie formaler Dilettantismus als Dichterin ist offenkundig, doch haben die Gedichte als kritische Äußerungen über das Leben, die Zustände und die handelnden Personen am österreichischen Kaiserhof einen (nicht unbedeutenden) historischen Quellenwert. Elisabeths Heine-Verehrung nahm, wie alles, was sie sich in den Kopf setzte, extreme Formen an. Sie sammelte Heine-Bücher, umgab sich mit Porträts des „Meisters" und vertiefte sich so intensiv in das Werk ihres Lieblingsdichters, daß sie nicht nur lange Passagen daraus auswendig kannte, sondern als Heine-Expertin gelten konnte. Sie war sogar davon überzeugt, mit ihrem Idol spiritistischen Umgang zu haben. „Es schluchzt meine Seele, sie jauchzt und sie weint, sie war heute

Nacht mit der Deinen vereint", reimte sie schmachtend, und diese beiden Verszeilen genügen, um zu erkennen, daß Elisabeths Seelenfreundschaft mit Heinrich Heine geradezu zur Manie ausuferte, in erotische Bezirke hineinreichte.

Der Bildungseifer der Kaiserin ging über die Befassung mit dem Werk Heines (weit) hinaus. Elisabeth war eine eifrige Leserin der Dramen William Shakespeares – der „Sommernachtstraum" war ihr Lieblingsstück –, sie übersetzte viele Gedichte Lord Byrons ins Deutsche, befaßte sich mit Schopenhauer und begann im Alter von etwa fünfzig Jahren mit dem Studium des Altgriechischen. Auch Neugriechisch lernte sie mit unermüdlicher Konsequenz und überquellendem Eifer. Sie zog dabei die Volkssprache (Dimotiki) der an den Schulen gebräuchlichen Gelehrtensprache (Katarewissa) vor. Die Kaiserin engagierte für den Griechischunterricht „Vorleser", die sie nicht nur in Schönbrunn und auf Schloß Gödöllö unterwiesen, sondern von ihr auch auf ihre vielen Reisen mitgenommen wurden.

Franz Joseph, der für die Griechen(land)begeisterung seiner Gattin kaum Verständnis aufbrachte, hatte für diese jungen Lehrer und Studenten lediglich Spott und Geringschätzung übrig. „Die Kaiserin hat ihre Lektionen mit dem kleinen, schreienden Griechen (gemeint ist ein gewisser Themojannis, Anm. d. Verf.) wieder aufgenommen", schrieb er in einem Brief an Katharina Schratt, „und sie obliegt dem Studium des Neugriechischen mit gewohntem Eifer sowohl im Zimmer als bei ihren Spaziergängen im Garten. Es ist das für sie eine nützliche Zerstreuung und Abends, ehe wir zur Ruhe gehen, liest ihr Valerie vor, wobei ich regelmäßig in einem bequemen Lehnstuhl einschlafe."

Rhoussos Rhoussopoulos, einen anderen Griechischlehrer, bezeichnete der Kaiser grundsätzlich als den „Großhaxeten", Constantin Christomanos, den wir bereits kennengelernt haben, war für ihn stets „der Bucklige".

Die Kaiserin ließen diese spöttischen Bemerkungen kalt. Sie lernte ihre Lektionen eifrig weiter und beherrschte das Neugriechische schließlich so meisterhaft, daß sie sogar Werke der Weltliteratur und der zeitgenössischen Dichtung in diese Sprache übersetzte. So brachte sie unter anderem unter dem Pseudonym „Gloriette" in einem Athener Verlag eine

Das Achilleion auf Korfu

Übersetzung der Novelle „Die Einsamen“ von Paul Heyse (Literatur-Nobelpreisträger des Jahres 1910) heraus. Das Buch dürfte jedoch nur wenig Anklang gefunden haben.

Griechenland mit seiner Sprache, seinen antiken Mythen, seiner Geschichte, seiner landschaftlichen Schönheit gehörte die ganze Liebe Elisabeths. Sie machte lange Schiffsreisen in die Ägäis, folgte rastlos den Spuren der antiken griechischen Helden. Die Hermesvilla in Lainz, die der Kaiser für sie hatte erbauen lassen, reichte für ihre Griechenlandbegeisterung nicht aus, bot ihr nur kurzzeitig Zuflucht. Öfter und länger hielt sie sich in ihrem „Achilleion“ auf der Insel Korfu auf. Achill war für sie die Personifikation der griechischen Seele. „Er war stark und trotzig und hat alle Könige und Traditionen verachtet“, meinte sie. „Er hat nur seinen eigenen Willen heilig gehalten und nur seinen Träumen gelebt.“ Elisabeth fühlte sich ihm seelenverwandt.

Das „Achilleion“, das von einem Baumeister aus Neapel geplant wurde, lag auf einem Hügel am Meer. Es war von der

Umwelt völlig abgeschlossen. Die Kaiserin tauchte, wenn sie sich in ihrem neuen Schloß aufhielt, vollständig in der Antike unter, umgeben von den Büsten und Darstellungen der antiken Dichter und Philosophen, die sie bewunderte. Sie flüchtete sich dorthin vor den Menschen, die sie mehr und mehr verachtete, in eine selbstgewählte, ihr Leben überschattende Isolation. Aber sie hielt es auch auf Korfu nicht allzu lange aus. Wie ein Schmetterling von Blüte zu Blüte schwebte sie von einem (Erholungs-)Ort zum anderen: von Baden-Baden nach Kissingen, an den Starnberger See, nach Ägypten, Tunesien, Sizilien, Spanien, von der Adria in die Ägäis. Sie war keine Penelope, die am häuslichen Herd auf ihren Odysseus wartet. Die Welt Homers war im Lebensbund des österreichischen Kaiserpaares auf den Kopf gestellt. Während Penelope auf der Suche nach sich und auf der Flucht vor sich selbst auf Irrfahrt war, saß ihr (bedauernswerter) Odysseus in der Wiener Hofburg von früh bis spät am Schreibtisch, erledigte Akten und versuchte ein Reich zusammenzuhalten, dessen Grundpfeiler morsch geworden waren.

Die Vereinsamung des Kaisers, an der sie die Schuld trug, löste in Elisabeth Schuldgefühle aus. Ihre Ehe war hoffnungslos zerrüttet. Zwischen ihr und dem nüchternen, pflichttreuen Gemahl, der sich außer der Jagd keine Vergnügungen leistete, gab es längst keine Berührungslinien mehr. Sie hatten sich nichts mehr zu sagen. Elisabeth dachte wiederholt an Scheidung, ließ diesen Gedanken dann aber doch wieder fallen. Um die Einsamkeit Franz Josephs zu lindern, hielt die Kaiserin nach einer Frau Ausschau, die dem Monarchen während ihrer zahllosen Reisen, ihrer (Dauer-)Abwesenheit von Wien, Gesprächspartnerin sein konnte, Weggenossin, Gefährtin. Ihre Wahl fiel auf die (junge) Schauspielerin Katharina Schratt. Franz Joseph sah die Schratt, die 1883 an das k. k. Hofburgtheater engagiert wurde, gerne. Ihre natürliche Unbekümmerheit und ihr wienerischer Charme gefielen ihm. Elisabeth, die das bemerkte, schenkte dem Kaiser im Mai 1886 ein von Heinrich Angeli gemaltes Porträt Katharina Schratts und entrierte damit eine Beziehung, die – mit Unterbrechungen – dreißig Jahre dauern sollte. Sie besuchte mit dem Kaiser die Schauspielerin in ihrer Villa Frauenstein bei St. Wolfgang, lud sie nach Ischl und Schönbrunn ein und hielt ihre schützende Hand über diese späte Liebe ihres Mannes. 1889 bezog die Schratt eine Villa in Hietzing in der Nähe des Schönbrunner Schloßparkes, die Franz Joseph zu Fuß erreichen konnte, und auch in Ischl waren die Domizile des Kaisers und der Schauspielerin nur durch einen Garten getrennt. Im Heim der Schratt fand der Monarch jene (ver)traute, warme Häuslichkeit, die ihm Elisabeth nicht geben konnte und die in seinen sorgenvollen Alltag ein wenig Trost und Heiterkeit brachte. „Ich kann Ihnen nur dankbar sein", schrieb er 1887 am Beginn der Freundschaft mit der um fünfundzwanzig Jahre jüngeren Frau, „wenn sie mit mir über alles recht offen und von der Leber weg sprechen. Wenn man so manche Arbeit, Sorge, so manchen Kummer hat wie ich, so ist ein zwangloses, offenes und heiteres Aussprechen eine wahre Freude, und deshalb sind mir die Augenblicke, die ich mit Ihnen zubringen darf, so unendlich wert."

Teure Geschenke erhielten und verschönten die sich allmählich vertiefende Freundschaft. Denn auch die Schratt war anspruchsvoll, launenhaft und bis zur Verschwendung freigebig. Ihre Spielschulden in Monte Carlo erreichten astronomische Höhen. Der Kaiser, an die Ausgaben seiner extravaganten Frau gewöhnt, beglich sie anstandslos. Er hielt die Beziehung zur „Gnädigen Frau", zu seiner „lieben, teuersten Freundin" trotz zeitweiliger Verstimmungen, die ihm sehr nahegingen, bis zu seinem Tod aufrecht. Ob er seine langjährige Vertraute im hohen Alter heimlich geheiratet hat, wie dies jüngst (wieder) behauptet wurde, muß offenbleiben. Für eine solche Feststellung fehlt – nach wie vor – der dokumentarische, eindeutig nachweisbare historische Beleg.

In der Nacht vom 29. zum 30. Jänner 1889 setzte der Kronprinz in Mayerling seinem Leben ein jähes Ende. Er stürzte mit seinem Selbstmord die Monarchie und die kaiserliche Familie in eine schwere Krise. Elisabeth nahm die Nachricht vom Tod ihres Sohnes, der die Mutter sehr verehrt hatte, erstaunlich gefaßt und tapfer auf. Sie gab die Hiobsbotschaft an den Kaiser weiter und war ihrem Gemahl in den schweren Tagen vor dem, beim und nach dem Leichenbegängnis eine echte Stütze. Ihre Trauer um Rudolf hatte Würde, ihr Schmerz Hoheit. Mit zunehmendem zeitlichem Abstand vom furcht-

Die Kaiserin und der Kaiser in Bad Kissingen

baren Ereignis verdüsterte sich jedoch ihr Gemütszustand. Elisabeth „gibt sich fortwährend dem Grübeln über den Vorfall hin, macht sich Vorwürfe und mißt dem ererbten Wittelsbacher Blut die geistige Verwirrung Ihres beklagenswerten Sohnes bei", berichtete der deutsche Botschafter nach Berlin. Die Kaiserin litt an Verfolgungsideen und äußerte Selbstmordgedanken.

Das wittelsbachische Erbe war tatsächlich ein Grund zum Grübeln. Elisabeths Großvater, Herzog Pius in Bayern, war geistesgestört, ihr Vetter, König Ludwig II. von Bayern, mit dem sie sehr viel verband, endete in geistiger Umnachtung durch Selbstmord. Einige ihre Schwestern neigten extrem der Melancholie zu. Und es kann auch keinen Zweifel darüber geben, daß der Hang der Kaiserin zur Einsamkeit, ihre Menschenscheu und Menschenverachtung in den Jahren vor ihrem Tod pathologische Züge annahmen. Der Wahnsinn war auch in ihr oder zumindest die Gefahr des Wahnsinns. Carl Theodor, ihr Bruder, sprach im Familienkreis freimütig davon, daß Sisi „einen Sporn" (einen Sparren, einen Spleen) habe.

Die spiritistischen Neigungen der Kaiserin verstärkten sich, ihre Todessehnsucht wuchs. Marie Valerie: „Mama wird wohl nie mehr, die sie ehemals war; sie neidet Rudolf den Tod und ersehnt ihn Tag und Nacht." Elisabeths katholischer Glaube, der nie tief verwurzelt gewesen war, war vollkommen erschüttert.

Am Endes des Trauerjahres verschenkte die Kaiserin alle ihre bunten Kleider, ihre farbigen Schirme, Schuhe und Tücher an ihre beiden Töchter, und sie trennte sich auch von ihrem kostbaren Schmuck. Sie trug kein farbiges Kleid mehr. Ganz in Schwarz gekleidet, geisterte sie als „Mater dolorosa" gespenstisch durch ein ihr längst zur Qual gewordenes, sinnentleertes Leben. Ihr mageres, faltig gewordenes Gesicht versteckte sie hinter einem schwarzen Fächer und einem weißen Schirm, dem „treuen Begleitern ihrer äußeren Existenz", wie ihr griechischer Vorleser Christomanos es formulierte. Porträtieren ließ sie sich nicht mehr, weder von einem Maler noch von einem Fotografen. Ihr Hauptinteresse galt in ihren letzten Jahren nicht mehr ihrer strahlenden Schönheit, die das Alter langsam ausgelöscht hatte, sondern ihrer Gesundheit.

Auf ihrer Seele lagen schwere Schatten. Sie litt an Depressionen, ihre Gelenke schmerzten; sie war mißtrauisch geworden, zynisch, unnahbar. Ziellos reiste sie hierhin und dorthin, eine Heimatlose ohne inneren Halt, ohne Anker, ohne Hafen. „Eine Möve bin ich von keinem Land ..., mich bindet nicht Ort und nicht Stelle, ich fliege von Welle zu Welle“, hatte sie einmal, ihr wahres Wesen erkennend, gedichtet. Zuletzt kam sie auch das Fliegen schon schwer an. Die ruhelose Möwe namens Elisabeth von Österreich sehnte sich immer stärker und stärker nach dem Tod. Als er unvorhergesehen und unerkannt in Gestalt eines italienischen Anarchisten kam, war es für sie eine Erlösung.

Die kleine Sisi aus dem bayrischen Possenhofen, auf die im Jahre 1853 das Auge des österreichischen Kaisers fiel, ist im Herzen nie eine Kaiserin geworden und schon gar keine Habsburgerin. Sie war im Grunde genommen eine Antikaiserin und als solche eine Symbolgestalt für ein untergehendes Reich, eine dem Tode geweihte Gesellschaftsordnung. Mit ihrer antiaristokratischen, republikanischen Gesinnung brachte sie in die träge, schwerfällige habsburgische Erbmasse eine neue geistige Dimension ein, die in ihrem hochbegabten, neurasthenisch veranlagten, seelisch zerrissenen Sohn voll zur Entfaltung kam.

Kronprinz Rudolf

Antimonarchist, Freigeist und Philosemit

Der einzige Sohn des österreichischen Kaiserpaares, auf dessen Schultern einmal die schwere Bürde des alternden Habsburgerreiches lasten sollte – so stand es nach der Erbfolge zumindest zu erwarten –, war von seiner ganzen Veranlagung her nicht dem habsburgischen, sondern dem wittelsbachischen Erbe verhaftet. Seinem geistigen Habitus und seiner Gemütsverfassung nach war Rudolf ganz die Mutter. Hochintelligent, phantasiebegabt, von ungemein rascher Auffassungsgabe, anerkennungsbedürftig, übersensibel, lebhaft und unstet, war er intellektuell und psychisch das Abbild Elisabeths. Die Mutter, die er verehrte und anbetete, um deren Gunst er buhlte, war lange Zeit auch sein Vorbild. Er ahmte sie nach, er teilte ihre Vorlieben, Interessen und Neigungen. Seine politischen Ansichten deckten sich weitgehend mit den ihren, obwohl Mutter und Sohn nie ein politisches Gespräch miteinander führten. Elisabeth und Rudolf waren Außenseiter am Wiener Kaiserhof. Nonkonformistisch veranlagt und gesinnt, waren sowohl die Kaiserin als auch der Kronprinz weder willens noch fähig, sich anzupassen. Sie waren beide antiaristokratisch, antiklerikal und liberal eingestellt, der Kronprinz aus (rationaler) Überzeugung, während bei der Einstellung der Kaiserin die Gefühlsmomente überwogen. Sowohl Elisabeth als auch Rudolf hielten die Monarchie als Staatsform für überholt, sahen oder ahnten den Untergang des Habsburgerreiches voraus und liebäugelten mit dem Gedanken, sich in einer Republik niederzulassen. Die Kaiserin rechnete durchaus ernsthaft mit einem Exil in der Schweiz, Rudolf schloß eine bürgerliche Existenz nicht aus. „Wenn man mich hier fortjagt," sagte er zu Berthold Frischauer, einem journalistischen Mitstreiter, „trete ich in die Dienste einer Republik, wahrscheinlich in die Dienste Frankreichs.“ Wie die Mutter verfaßte auch der Kronprinz (unvollendete und ungedruckte) Gedichte nach dem Vorbild Heinrich Heines. Ansonsten fehlte ihm aber im Gegensatz zu Elisabeth jede Beziehung zur Welt des Ästhetischen. Die Musik liebte er in ihrer trivial-volkstümlichsten Form, dem Gassenhauer und dem Heurigenlied, das Theater langweilte ihn, für die bildende Kunst hatte er herzlich wenig übrig. Dieses künstlerische Banausentum war offenbar das Erbe des extrem nüchternen, prosaischen Vaters, den er respektierte, zu dem er jedoch – wie übrigens auch zur Mutter – in keiner Phase seines Lebens ein Naheverhältnis hatte.

Der am 21. August 1858 in Schloß Laxenburg geborene Rudolf war ein äußerst empfindsames Kind von schwächlicher Gesundheit. Der kleine Kronprinz wurde von seiner Großmutter, der gestrengen Erzherzogin Sophie, und einigen Bediensteten erzogen. Der Kaiser hatte, von den Staatsgeschäften stark in Anspruch genommen, für ihn wenig Zeit übrig, die extravagante Mutter war auf Reisen oder mit sich selbst beschäftigt. Dem einzigen Sohn der österreichischen Kaiserfamilie fehlte es an elterlicher Zuwendung und Liebe. Er hat darunter sein ganzes Leben lang gelitten.

Bereits ab dem dritten Lebensjahr erhielt Rudolf Unterricht in Religion, Rechnen und Schreiben, wobei sein Lerneifer, seine Wißbegierde und seine frühreife Altklugheit auffielen. Diese an sich erfreulichen Eigenschaften des Kindes wurden von Franz Joseph, der aus seinem „Krepierl“, wie er den Sohn liebevoll-abschätzig nannte, einen strammen Offizier machen wollte, kaum gewürdigt. Im siebenten Lebensjahr – wir haben es schon erwähnt – erhielt der Kronprinz einen eigenen Hofstaat, mit dessen Leitung Generalmajor Graf Gondrecourt betraut wurde. Die gefühllos-grausamen Erziehungsmethoden dieses Antipädagogen, die vom Kaiser allerdings gebilligt wurden, haben dem sensiblen Kind schweren psychischen Schaden zugefügt. Erst als auf energischen Einspruch Elisabeths der verständnisvolle Oberst Latour den harten Gondrecourt ablöste, wurde die Erziehung Rudolfs in vernünftige pädagogische Bahnen gelenkt. Kadavergehorsam und Drill wurden durch Verständnis und Zuneigung ersetzt.

Die geistige Entwicklung des Kindes erfuhr nun eine entscheidende Förderung. Das Unterrichtsprogramm für den Kronprinzen war freilich ungeheuer dicht und ehrgeizig. Latour wählte auf Wunsch der Kaiserin vorwiegend bürgerliche, liberal gesinnte Lehrer aus, die das Weltbild Rudolfs bestimmend prägten. Die liberale Erziehung des Thronfolgers, die Elisabeth im ehelichen Machtkampf mit Franz Joseph durchsetzte, mußte früher oder später unweigerlich zu schweren Konflikten zwischen dem progressiv denkenden Sohn und dem (erz)konservativen Vater führen.

Für die weltanschauliche Ausrichtung des Kaisersohnes fiel dessen Geschichtsprofessor Josef Zhisman eine wesentliche Rolle zu. Zhisman, ein Slowene aus ärmlichen Verhältnissen, der es bis zum Ordinarius für Kirchenrecht an der Wiener Universität gebracht hatte, war ein außerordentlich befähigter Pädagoge. Er verstand es, den jungen Prinzen nicht nur für das Geschichtsstudium zu interessieren, er besprach mit ihm auch „zeitgeschichtliche" Themen, wie etwa die Revolutionen der Jahre 1830 und 1848. In einer Zeit, in der der Geschichtsunterricht in den Gymnasien sich hauptsächlich mit der antiken Geschichte befaßte, war das gewiß ungewöhnlich. Vor allem aber entflammte Zhisman den wißbegierigen Knaben für die Idee der Volkssouveränität, für das Ideal des konstitutionell gesinnten, volksverbundenen Monarchen. Das Gottesgnadentum des Regenten, von dem Franz Joseph erfüllt war, hatte in der Vorstellungswelt des Kronprinzen keinen Platz mehr. Zhisman war es auch, der Rudolfs Abneigung gegen Adel und Geistlichkeit förderte oder zumindest nicht unterband. Die wenigen Geschichtshefte des Kronprinzen, die erhalten geblieben sind, sind jedenfalls voll von antiaristokratischen und antiklerikalen Äußerungen. Gegen das Christentum selbst sprach sich Rudolf nicht aus. Das ethische Fundament, auf dem die christliche Lehre ruht, hat er stets voll anerkannt und respektiert.

Neben Zhisman wirkte auch der Ungar Hyazinth Ronáy als Geschichtslehrer am Wiener Kaiserhof. Ronáy war wohl geistlichen Standes, aber tolerant, fortschrittsgläubig gesinnt und ein großer Verehrer Kaiser Josephs II. Unter seinem Einfluß verfaßte der Siebzehnjährige einen Aufsatz über den „Volkskaiser", den er seinem Großonkel, Erzherzog Alb-

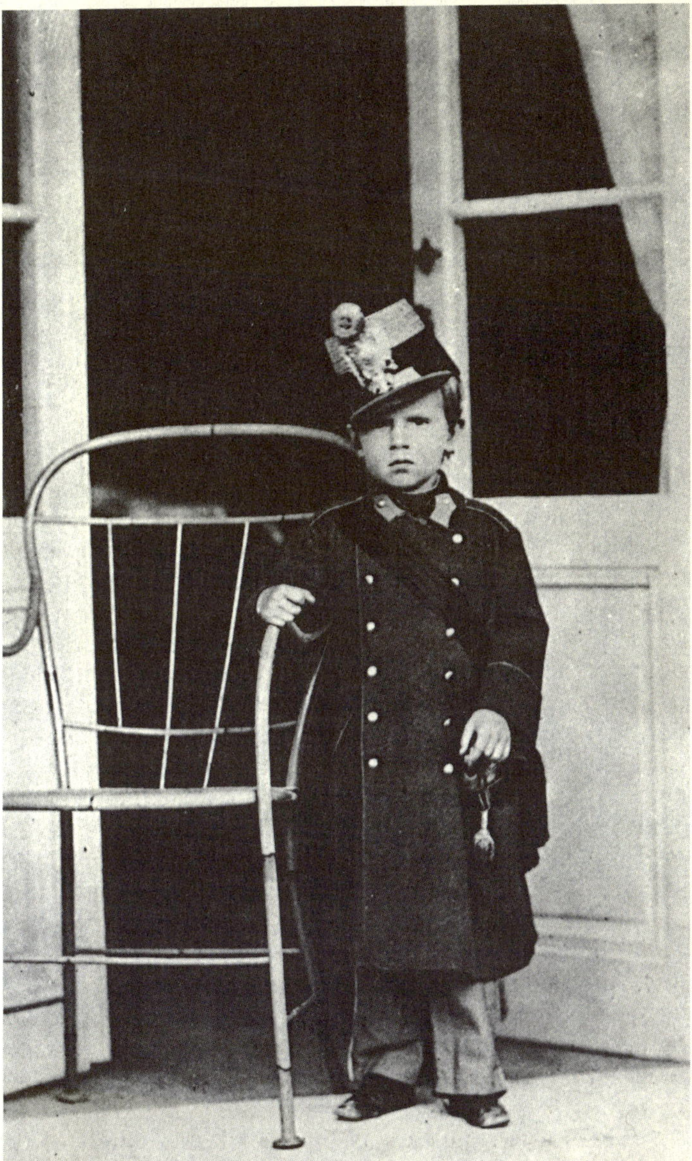

Der kleine Rudolf in Offizierspose

recht, vorlegte. Albrecht nahm die Gelegenheit wahr, um Rudolf gehörig ins Gewissen zu reden und ihn vor den verderblichen Einflüssen der Liberalen zu warnen. Seine (konservativ belehrenden) Ratschläge, die allzu aufdringlich waren, stießen auf taube Ohren. Für den Kronprinzen blieben die Regierungsmaximen Josephs II. zeitlebens ein nachahmenswertes Richtmaß.

Das liberale Weltbild Rudolfs erfuhr durch den Juristen Adolf Exner, seinen Lehrer für Staatsrecht, eine Vertiefung. Exner las mit dem siebzehnjährigen Kronprinzen ausgewählte Partien aus dem Werk Montesquieus und Rousseaus und ergänzte von der Philosophie her das Geschichtsstudium des Kronprinzen.

Von allen Lehrern Rudolfs übte der Begründer der österreichischen Schule der Nationalökonomie, Carl Menger, den nachhaltigsten Einfluß und den größten persönlichen Eindruck auf den zum jungen Mann herangereiften Erzherzog aus. Menger, der einer bürgerstolzen österreichischen Beamtenfamilie entstammte, verfaßte nach dem Jusstudium im Alter von dreißig Jahren ein Werk mit dem Titel „Die Grundsätze der Volkswirtschaftslehre", das ihn fast über Nacht weltberühmt machte. Er war ein Mann ohne Vorurteile, der in zahlreichen anonymen Zeitungsartikeln und Broschüren gegen den Antisemitismus und die Vorrechte des Adels und der Kirche auftrat. Er verband seine liberalen Wirtschaftsthesen mit einem starken sozialen Engagement, das zumindest in der Theorie auf den Kronprinzen abfärbte. In den Studienheften Rudolfs, die dieser unter Anleitung seines verehrten Lehrers abfaßte, finden sich so bemerkenswerte Formulierungen wie: „Die Institution des Eigenthums hat aber auch ihre unleugbaren Schattenseiten; eines der größten Übel desselben ist der im Laufe der Entwicklung entstandene krasse Unterschied zwischen arm und reich ... Deshalb müssen wir vom idealen Standpunkt aus gesehen ziemlich gleich vertheilten Reichthum und Wohlstand als eine Quelle sittlicher Entwicklung betrachten."

Rudolf ergriff im kapitalistischen Klassenkampfkonflikt zwischen der Arbeiterschaft und den Unternehmern, natürlich auch wieder nur in der Theorie, für die Arbeiter Partei und sprach sich gegen die lange Arbeitszeit und die Kinderarbeit aus. „Hier ist es die Sache des Staates", meinte er, „im Interesse eines so wichtigen und großen Standes mit Macht aufzutreten, um dadurch das Interesse der Gesamtheit zu wahren."

Ob sich, wäre Rudolf zur Regierung gelangt, diese theoretischen Bekenntnisse auf seine Herrscherpraxis ausgewirkt hätten, ist schwer zu sagen. Jedenfalls war es das Verdienst Mengers, den Thronfolger der Österreichisch-Ungarischen Monarchie auf die soziale Frage aufmerksam gemacht, ihm die Augen dafür geöffnet zu haben. Menger war es auch, der den schriftstellerischen Ehrgeiz des Kronprinzen förderte und Rudolf (selbstverständlich) die Zusammenhänge zwischen der Wirtschafts- und Finanzpolitik eines Staates und dessen Machtposition klarmachte. Er erzog Rudolf zur religiösen und sozialen Toleranz und immunisierte ihn gegen die Seuche des Antisemitismus. Mit dem Resultat der zweijährigen nationalökonomischen Studien seines Schülers zeigte sich der Professor äußerst zufrieden: „Dieser Unterricht war nicht blos eine Tändelei", schrieb er, „welche so oft bei den Söhnen der Fürsten angewendet wird, um sie mit einer äußeren Fertigkeit auszustatten ... Die Vertrautheit mit den ökonomischen Gesetzen äußerte eine starke Wirkung auf den Charakter und auf den regen Geist des Kronprinzen. Aus seinen Fragen und Bemerkungen war zu erkennen, daß schon der Jüngling ganz von dem Bewußtsein seines hohen Berufes erfüllt war ..."

Einen wesentlichen Beitrag zur Persönlichkeitsbildung des hochbegabten Kronprinzen leistete auch der bekannte Geologe Ferdinand Hochstetter. Hochstetter, ein Anhänger der Lehre Darwins, machte Rudolf mit den neuen naturwissenschaftlichen Erkenntnissen vertraut und durchtränkte seinen Geist mit dem alle Lebensbereiche umfassenden, unwiderstehlichen Fortschrittsglauben der Zeit. Die Verwandlung der Welt durch die Wissenschaften, die naturwissenschaftliche Revolution des 19. Jahrhundert, hat das Denken des Kronprinzen völlig beherrscht. Seine Wissenschafts- und Fortschrittsgläubigkeit, eine der Grundlagen seines liberalen Weltbildes, war der Weltsicht der katholischen Kirche diametral entgegengesetzt und mußte notwendigerweise (immer wieder) zu Konflikten mit ihr führen. Die Naturwissenschaften waren, überspitzt formuliert, die Religion des österreichischen Thronfolgers. „Ein Meer von Licht strahle aus dieser Stadt, und neuer Fortschritt gehe aus ihr hervor", rief er 1883 bei der Eröffnung der „Elektrischen Ausstellung" in Wien aus. In diesem (einen) Satz ist sein wissenschaftliches Glaubensbekenntnis enthalten.

Mit der geistigen Ausbildung gingen die militärischen Übungen einher, die der Kronprinz wohl oder übel über sich ergehen lassen mußte. Rudolf war trotz seiner eher schwächlichen Konstitution bemüht, die Forderungen des Respekt einflößenden Vaters zu erfüllen und ein guter Jäger und Soldat zu werden. Zum Soldaten war er freilich nicht geboren. In ihm steckte ein Wissenschaftler. Es wäre sein sehnlichster Wunsch gewesen, an der Universität Naturwissenschaften zu studieren. Franz Joseph hatte für dieses Anliegen seines Sohnes jedoch überhaupt kein Verständnis. Er hielt ein Universitätsstudium für ein Mitglied des Kaiserhauses für unstandesgemäß. Und so wurde Rudolf eben ein mittelmäßiger, mit sich und der Welt unzufriedener Militär.

Am 24. Juli 1877 wurde der Kronprinz für mündig erklärt. Seine Erziehung war abgeschlossen, ein neuer Abschnitt in seinem (kurzen) Leben begann. Die Zeit der Beeinflussung durch liberale Gelehrte war vorüber. Die konservative Hofpartei unter der Führung der Erzherzöge Albrecht und Karl Ludwig nutzte die Gelegenheit, um den neunzehnjährigen Rudolf in der Person des Grafen Charles (Charly) Bombelles einen Obersthofmeister nach ihrem Geschmack vor die Nase zu setzen. Bombelles, ein ehemaliger Spielgefährte des Kaisers und treuer Diener der Dynastie, war ein Lebemann, ein Bonvivant reinsten Wassers.

Es war das erklärte Ziel des vergnügungssüchtigen Obersthofmeisters, den Kronprinzen von seinen wissenschaftlichen und geistigen Bindungen loszueisen, seinen Lebensstil zu ändern: An die Stelle des Studiums, des Umganges mit Büchern, traten die Jagd, der Reitsport, die Hundezucht und der Verkehr mit Frauen. Rudolf reagierte darauf zunächst verstört. Er trauerte seinem geliebten Latour nach: „Es ist keine Phrase, wenn ich Sie versichere", schrieb er ihm, „daß trotz Selbständigkeit, ich die ersten Tage hindurch sehr traurig war, der Abschied in Schönbrunn ging mir gar nicht aus dem Kopf, auf den Jagden gingen Sie mir ab, und am Stande hatte ich viel Zeit an Sie und an verfloßene schöne Tage zu denken." Allmählich gewöhnte er sich dann doch an das neue Leben, freilich um den Preis seines seelischen Gleichgewichtes, dessen Aufrechterhaltung ihm ohnedies stets Mühe bereitet hatte.

Um den Kronprinzen ein wenig abzulenken und auf andere Gedanken zu bringen, gestattete ihm der Kaiser nach Abschluß seiner Studienzeit eine Reise in die Schweiz und nach England in Begleitung seines geliebten Lehrers Carl Menger. Rudolf erhielt in England Einblick in die Industrieproduktion, er lernte die sozialen Probleme des Landes kennen, besuchte Gefängnisse, die Universitäten, den Hof. Er verfaßte eine Schrift über den österreichischen Adel, in der er für den Verfassungsstaat eintrat und den seichten, oberflächlichen Lebensstil der Aristokratie scharf kritisierte. Im Britischen Museum, das er öfters aufsuchte, interessierte er sich vor allem für die ornithologische Sammlung. Die Vogelkunde war nämlich schon von klein auf seine große Leidenschaft: Bereits im Alter von zwölf Jahren hatte der Kronprinz eine Schrift mit dem Titel „Adlerjagden" verfaßt und einige Jahre später über Vermittlung Hochstetters den berühmtesten Ornithologen und Zoologen seiner Zeit, Alfred Brehm, kennengelernt, mit dem ihn bis zum Tod des Gelehrten im Jahre 1884 trotz des hohen Altersunterschiedes – Brehm war einunddreißig Jahre älter als Rudolf – eine innige persönliche Freundschaft verband. Brehm widmete dem Kronprinzen die zwei Bände über die „Vögel" in der zweiten Auflage seines „Thierlebens", begleitete ihn zu Adlerjagden nach Südungarn, machte seine Reise nach Spanien mit und ging bei Rudolf in der Wiener Hofburg und auf dem Prager Hradschin eine Zeitlang ein und aus. Der Kronprinz selbst verfaßte eine Reihe von vogelkundlichen Aufsätzen, die in Fachzeitschriften gedruckt wurden, und veröffentlichte 1878 sein erstes Buch, „Fünfzehn Tage auf der Donau", das bei der Presse eine überschwengliche Aufnahme fand. Die kaiserliche Akademie der Wissenschaften machte ihn zum Ehrenmitglied, von der Universität Budapest erhielt er das Ehrendoktorat.

Rudolfs Beziehungen zu Brehm wurden vom Hof mit Mißgunst beobachtet. Der deutsche Gelehrte war nämlich Protestant, ein Anhänger Darwins und, was das Schlimmste war: ein erklärter Freimaurer. Der Kronprinz wurde von einem Teil der Presse heftig angegriffen, der Freimaurerei verdächtigt, auf die gemeinste Weise denunziert. Er setzte sich dagegen energisch zur Wehr, nahm aber in Hinkunft von überschwenglichen Freundschaftsbezeigungen Abstand. Die geistige Verbundenheit zwischen den beiden Männern wurde dadurch jedoch nicht getrübt. Der Ornithologie blieb Rudolf bis zu seinem Lebensende treu.

Im Jahre 1880 unternahm der Kronprinz eine Reise nach Ägypten und Palästina, auf der ihn nicht der freisinnige Brehm, sondern sein ehemaliger Religionslehrer, Dr. Laurenz Mayer, und einige Jagdfreunde begleiteten. Erzherzog Johann Salvator, dem mit Rudolf eine wechselhafte Freundschaft verband, schrieb an seine Mutter: „Mir scheint, daß diese Pilgerfahrt nach Jerusalem nur ein Vorwand für das wirkliche Ziel der Reise ist, Jagd und orientalische Partys im Garten des ägyptischen Vizekönigs."

In der Tat war die Reise vorwiegend der Jagd gewidmet, doch zeigte der Kronprinz durchaus Interesse für die Sehenswürdigkeiten des alten Ägypten und folgte aufmerksam und wißbegierig den Vorträgen des Berliner Ägyptologen Heinrich Brugsch über altägyptische Geschichte und Mythologie sowie über die Baukunst der Pharaonen. Er brachte von der Ägyptenreise, von der er ganz entzückt war, wertvolle altägyptische Unikate mit nach Hause und legte seine Eindrücke in dem Buch „Eine Orientreise" nieder, das ihn als einen scharfen Beobachter von Land und Leuten ausweist.

Bereits im Jahre 1878 hatte Rudolf als k. k. Oberst beim Infanterieregiment Nr. 36 ein militärisches Kommando in Böhmen erhalten. Er wohnte im Hradschin, der alten Prager Königsburg. Der als Slawenfreund bekannte Kronprinz wandte in Böhmen stärker als bisher sein Interesse der Politik zu. Er lernte hier die Sprengkraft des Nationalismus kennen und trat offen für größere Rechte der unterprivilegierten Slawen gegenüber den Deutschen und den Ungarn ein. Dies gewann ihm wohl Sympathien, an der gegebenen Situation änderte sich allerdings nichts. Auch seine erste, 1881 verfaßte politische Denkschrift, in der er sich aus Angst um die Einheit des Reiches gegen die Föderalisierungspläne des Ministerpräsidenten, Graf Eduard Taaffe, aussprach und vor einem Wiedererstarken des Klerikalismus und anderer reaktionärer Bewegungen warnte, blieb wirkungslos. Der politische Einfluß des großösterreichisch gesinnten Thronfolgers war gleich Null. Franz Joseph vermied es, mit seinem Sohn über Politik zu reden. Er kümmerte sich weder um die politischen Ansichten, geschweige denn um die geistige Entwicklung seines Sohnes. Rudolf reagierte darauf mit Frustration und Erbitterung. „Ich sehe die schiefe Ebene, auf der wir abwärtsgleiten", schrieb er verbittert an seinen ehemaligen Lehrer Latour, „stehe den Dingen sehr nahe, kann aber in keiner Weise etwas thun, darf nicht einmal laut reden, das sagen, was ich fühle und glaube. Unser Kaiser hat keinen Freund. Sein Charakter, Sein Wesen lassen dies nicht zu. Er steht verlaßen auf Seiner Höhe, mit Seinen Dienern spricht Er über die Berufsgeschäfte jedes Einzelnen, doch ein Gespräch vermeidet Er ängstlich, darum weiß Er wenig über das Denken und Fühlen der Leute, über die Ansichten und Meinungen des Volkes ... Er glaubt", klagte der Kronprinz weiter, „wir sind jetzt in einer der glücklichsten Epochen Österreichs, offiziell sagt man es Ihm, in den Zeitungen liest Er nur die roth-bezeichneten Stellen, und so ist er getrennt von jedem rein menschlichen Verkehr, von jedem unpartheiischen, wirklich gesinnungstüchtigen Ratschlag ..."

Der Kaiser war an den Ratschlägen seines einzigen Sohnes, der einmal sein Nachfolger werden sollte, nicht interessiert. Da ihm von offizieller Seite kaum Informationen zukamen – „ich gehöre zu den von offizieller Seite am wenigsten informierten Leuten in ganz Österreich", beklagte sich Rudolf bei Latour –, hielt er nach anderen Informationsquellen Ausschau. Er erschloß sie beim Chefredakteur des liberalen „Neuen Wiener Tagblattes", Moriz Szeps, mit dem er im Oktober 1881 durch Carl Menger bekanntgemacht worden war. Szeps war ein sehr gebildeter Mann mit weltmännischen Umgangsformen und einem offenen, weltweiten Horizont. Er entstammte einer angesehenen jüdischen Familie und war einer der tüchtigsten Journalisten der Kaiserstadt an der Donau. Zum Zeitpunkt, als er den Kronprinzen kennenlernte, hatte sein linksliberales Blatt den Höhepunkt seines Einflusses und seiner Wirkung bereits überschritten, war aber im Bürgertum noch immer meinungsbildend. Rudolf schrieb für die Zeitung eine Reihe von oppositionellen politischen (Leit-) Artikeln, die er natürlich nicht namentlich zeichnete, und versorgte den Chefredakteur mit Hofnachrichten und Informationen über seine Beziehungen zu Persönlichkeiten in führender Position. Andererseits erhielt er von Szeps vor allem Mitteilungen aus und über Frankreich. Szeps war mit Léon Gambetta und Georges Clemenceau befreundet, seine Tochter Sophie heiratete 1886 Clemenceaus Bruder Paul. Die Zusammenarbeit der beiden Männer war nicht ungefährlich und mußte unter größter Geheimhaltung erfolgen. Sie blieb auch nicht lange unentdeckt. Bereits im Dezember 1882 wurde sie ruchbar, und Rudolf bekam bald den Gegenwind der Hofpartei zu spüren. Er wurde überwacht und ausspioniert, Erzherzog Albrecht trat (wieder einmal) auf den Plan: Er informierte den Kaiser über die Aktivitäten seines Sohnes. Die Antisemiten und Nationalisten schossen aus allen journalistischen Rohren auf Szeps, Taaffe verhängte über das „Tagblatt" ein Verkaufsverbot. Die Freundschaft der beiden Männer wurde davon allerdings kaum berührt. Der Kronprinz verfolgte seine politischen Ziele weiter. Seine Sympathien für das republikanische Frankreich wuchsen, sein Mißtrauen gegenüber dem deutschen Bündnispartner verstärkte sich.

Inzwischen hatte sich auch im Privatleben des Kronprinzen eine entscheidende Wendung vollzogen. Am 10. Mai 1881 heiratete Rudolf, der bereits einige Liebesaffären hinter sich hatte, die unerfahrene, reizlose, bigotte Stephanie, die Tochter des belgischen Königs Leopold II. Die Verbindung der beiden ungleichen Partner schien zunächst recht gut zu klappen. Stephanie gab sich alle Mühe, die Rolle der Gattin des Thronerben eines Großreiches mit Anstand und Würde zu spielen. Sie begleitete ihren Gemahl auf seinen zahlreichen Reisen durch die Kronländer und in das Ausland, schüttelte Hände, machte Besuche, empfing Gäste, gab Audienzen, hielt Cercle. Das Repräsentieren, das ihr die Kaiserin gerne überließ, machte ihr sichtlich Spaß, der Glanz ihrer Stellung beglückte sie. Sie wurde selbstsicherer, gelöster, reifer.

Der Kronprinz seinerseits bemühte sich anfänglich um ein gutes Verhältnis zu seiner Frau. Wenn man der Echtheit seiner Gefühle, die er in Briefen an seine Freunde zum Ausdruck brachte, Glauben schenken darf, war er sogar in sie verliebt. So schrieb er ein halbes Jahr nach der Hochzeit an Latour: „Ich war nie so glücklich, wie heuer im Sommer, wo ich, umgeben von einer beseligenden Häuslichkeit, ruhig meine Vorstudien zur ‚Orientreise' machen konnte. Stephanie ist gescheit, sehr aufmerksam und feinfühlend, voller Ambitionen, eine Enkelin Louis Philippes und eine Coburg! Mehr brauche ich Ihnen nicht zu sagen. Ich bin sehr in sie verliebt, und sie ist die einzige, die mich zu vielem verleiten könnte!"

Auch Stephanie schwelgte vorerst im Glück. „Rudi ist wirklich ein Mustergatte", schrieb sie im Mai 1882 an ihre Schwester Louise. „Wir verstehen uns wunderbar. Mit einem Wort, liebe Schwester, ich bin glücklich."

Diese Flitterwochenseligkeit verflog allerdings sehr rasch und machte zunehmender Entfremdung Platz. Auch die Geburt einer Tochter am 2. September 1883, die auf den Namen Elisabeth Marie getauft wurde, brachte die Ehepartner nur vorübergehend einander näher. Der Kronprinz, seit jeher Liebesabenteuern nicht abhold, wurde seiner Gemahlin bald wieder überdrüssig. Die „kühle Blonde" aus Belgien, die mit zunehmenden Jahren immer mehr in Noblesse und Eleganz machte, war nicht sein Idealtyp. Für feine Damen hatte Rudolf wenig übrig. Er bevorzugte das süße, romantisch veranlagte Wiener Mädel, das Charme, Sinnlichkeit, Schlagfertigkeit mit Witz verband und mit dem man in der Sprache des Volkes schäkern konnte. Der Kronprinz war im Heurigenlokal genauso zu Hause wie in der Hofburg.

Die Kronprinzessin mißbilligte nicht nur den Umgang ihres Gemahles mit Heurigensängern, Fiakern und Vorstadtdamen. Sie hatte auch kein Verständnis für die liberalen Ansichten und intellektuellen Ambitionen Rudolfs, für seine Gedankenflüge, seine Reformideen, seinen Antiklerikalismus, seine Geringschätzung des Adels. Die Kluft zwischen ihr und dem unkonventionellen Gatten, der in persönlicher Beziehung bedingungslose Hingabe verlangte, wuchs von Jahr zu Jahr. Von einer krankhaften Eifersucht geplagt, machte Stephanie dem Thronfolger immer wieder heftige Szenen, setzte ihn bei jeder Gelegenheit herab, stellte ihn in aller Öffentlichkeit bloß. Schließlich nahmen die beiden Ehepartner überhaupt keine Rücksicht mehr aufeinander. Sie gingen häufig getrennt auf Reisen, sie mieden den persönlichen Kontakt. Rudolf betäubte sich mit zahlreichen flüchtigen Bekanntschaften. Die Ehe war hoffnungslos zerrüttet.

Ende 1883 wurde der Kronprinz auf eigenen Wunsch zum Kommandanten der 25. Infanterietruppendivision in Wien ernannt. Rudolf war überglücklich. „Die Würfel sind gefallen, unsere Wünsche sind alle in Erfüllung gegangen", schrieb er an seinen Intimfeind Erzherzog Johann Salvator (Johann Orth), der als Divisionär nach Linz ging.

Für den Versetzungswunsch des Kronprinzen waren persönliche und nicht militärische Gründe maßgebend gewesen. Sein wachsendes Interesse für Politik ließ seine Anwesenheit im Zentrum der Macht für ratsam erscheinen. In Wien liefen alle oder zumindest die wichtigsten Fäden der Donaumonarchie zusammen, hier bekam er wenigstens inoffiziell die Informationen, die er für seine politische und journalistische Tätigkeit hinter den Kulissen benötigte. Von Wien aus konnte er auch leichter die Kontakte aufrechterhalten, die er zu Ungarn hatte.

Die transleithanische Reichshälfte wurde seit 1867 liberal regiert. Der Kronprinz unterhielt zum Ministerpräsidenten Koloman Tisza und zu den führenden liberalen Journalisten Max Falk und Gyula Futtaki die besten Beziehungen. Falk, dessen „Pester Lloyd" mit dem „Neuen Wiener Tagblatt" eng zusammenarbeitete, war Rudolfs politischer Ratgeber und vermittelte für ihn Beiträge in der ungarischen Presse. Der Kronprinz unterstützte die ungarischen Liberalen (journalistisch) nach Kräften, ließ jedoch keinen Zweifel darüber aufkommen, daß er die intolerante ungarische Nationalitätenpolitik für kurzsichtig und gefährlich hielt. „Das Traurige für Ungarn", schrieb er, „ist das Nichteinsehenwollen und Nichtbegreifenwollen aller Magyaren, daß man mit schlechter Behandlung, mit Verachtung und mit momentanen vehementen Maßregeln nichts erreicht Nationalitäten gegenüber, die an Zahl überlegen sind und die man absolut braucht, um den ungarischen Staat zu erhalten, in derselben Größe, die er heute noch besitzt ..." Die Kritik an der Magyarisierungspolitik durchzieht seine private Korrespondenz ebenso wie seine politischen Schriften.

Als Zentralist und Großösterreicher war Rudolf auch ein Gegner des Ausgleiches, den er für viele Schwierigkeiten im Habsburgerreich verantwortlich machte. „Die traurige Lage des Reiches und die Notwendigkeit der Aussöhnung mit Ungarn führten die in manchen Dingen überstürzt und unvorsichtig geschaffene Grundlage des Dualismus herbei", schrieb er in seiner politischen Denkschrift des Jahres 1886. „Aus einem Staate wurden zwei; einer so wenig lebensfähig wie der andere. Ohne die jahrhundertealte Dynastie und ohne das Heer und ohne die Schwierigkeiten, die aus dem Zusammenbruch dieser Monarchie für die Nachbarn entstanden wären, hätte sich dieses komplizierte, konfuse, aus heterogenen Elementen zusammengesetzte Reich nicht zehn Jahr erhalten können."

Trotz dieser eindeutig antidualistischen Haltung hat der Kronprinz offiziell den Ausgleich mit Ungarn als Fundament des Staates anerkannt. Es blieb ihm wohl auch gar nichts anderes übrig.

Die außenpolitische Konzeption des österreichischen Thronfolgers war lange Zeit (bis 1887) von der Gegnerschaft zu Rußland bestimmt. Der liberal gesinnte Rudolf sah im östlichen Riesenreich den Inbegriff und Hort der Unfreiheit und erkannte im Zarenreich völlig zu Recht den natürlichen Rivalen Österreich-Ungarns auf dem Balkan. Den von der langen Türkenherrschaft ausgebeuteten Balkanstaaten wirtschaftlich zu helfen, den (ungebildeten) Balkanvölkern deutsche Kultur und Bildung nahezubringen, war das idealistische Ziel des jungen Kronprinzen. Diese wirtschaftliche und kulturelle Durchdringung sollte die kleinen Balkanstaaten gegen den Einfluß Rußlands weitgehend immunisieren. Rudolfs Missionsidee verband sich, wenn auch nur vorübergehend, mit imperialistischen Vorstellungen, die bis Saloniki und Konstantinopel reichten, und sie schreckte auch vor einem Krieg nicht zurück. In bestimmten, ihm günstig scheinenden militärischen und politischen Situationen (etwa 1877/78) trat der Kronprinz für einen Waffengang gegen Rußland ein. Er setzte sich mit seiner außenpolitischen Linie, die im Gegensatz zur offiziellen stand, natürlich nicht durch. Seine Meinung zählte nicht.

Mit den Verhältnissen auf dem Balkan war Rudolf bestens vertraut. Er unterhielt zu König Milan von Serbien und Fürst Alexander von Bulgarien gute Beziehungen. Der österreichische Gesandte in Belgrad, Graf Rudolf Khevenhüller, der seine russenfeindlichen Pläne teilte, war einer seiner Vertrauten. Eine Balkanreise im Frühjahr 1884, die ihn nach Serbien, Bulgarien, Rumänien und in die Türkei führte, vertiefte seine Einsichten. Der Bericht, den er darüber schrieb, erwies seinen kritischen Blick und seine politische Reife. „Im Balkan kocht es wieder sehr stark", schrieb er einige Zeit später an Latour, „es bereiten sich weitverzweigte Bewegungen vor; am Ballplatz weiß man wenig darüber und behandelt die Sachen mit souveräner Dummheit. Rußland benützt die so kurzsichtige Ministerschaft Kalnokys und die sogenannte Annäherung zu Österreich, um ungenirt Comités zu bilden, Gelder, Waffen etc. nach Bulgarien, Rumelien, Macedonien, Serbien und selbst *Bosnien* zu schicken. Ich habe gute Quellen und weiß einige merkwürdige Sachen; ich glaube, daß wir bald sehr bewegte Zeiten an unserer südöstlichen Grenze erleben werden."

Der Kronprinz sollte mit seiner Meinung recht behalten. In den Jahren 1885 bis 1887 beherrschte der Balkan die Politik der europäischen Großmächte. Die Krise begann, als der Fürst von Bulgarien, Alexander Battenberg, im September 1885 die unter türkischer Oberhoheit stehende Provinz Ostrumelien militärisch besetzte und ihren Anschluß an Bulgarien proklamierte. Er verstieß damit gegen die Bestimmungen des Berliner Kongresses, die jenes „Großbulgarien" verhindert hatten, das nun entstand. Als König Milan von Serbien, der die Vergrößerung Bulgariens als eine Bedrohung empfand, dem Nachbarland den Krieg erklärte, erlitt seine Armee eine empfindliche Niederlage. Die Doppelmonarchie intervenierte (halbherzig) für den österreichfreundlichen Milan, worauf Alexander den Befehl zum Rückzug seiner Truppen gab.

Der Kronprinz verfaßte für Außenminister Kalnoky eine Notiz über die Orientpolitik, in der er, vom heutigen Wissensstand aus gesehen, die politische Situation des Jahres 1918 geradezu hellseherisch voraussah. Die Monarchie müsse die Interessen der Südslawen vertreten, meinte er, damit sie auf dem Balkan aus der Rolle des Unterdrückers und Bekämpfers der unausweichlichen Bestrebungen junger Völker herauskomme. Insbesondere müsse verhindert werden, daß in Belgrad eine antiösterreichische Regierung ans Ruder komme, die Österreich in den okkupierten Provinzen (Bosnien und die Herzegowina) zu schaffen mache. „Dieser Zustand wird uns durch Unerträglichkeit zum Handeln drängen", schrieb er wörtlich. „Ein Einmarsch in das uns dann feindlich gesinnte Serbien gibt den Anlaß zum Krieg mit Rußland, den wir beginnen werden mit einem durchwegs antiösterreichischen Balkan vom Schwarzen Meer bis zur Adria ... Nicht allein die Gegenwart steht auf dem Spiel, doch vielmehr noch die ganze Zukunft, für die man auch den kommenden Generationen verantwortlich ist."

Kalnoky schlug die Überlegungen Rudolfs in den Wind. Äußerungen, die gegen Rußland gerichtet waren, hörte er nicht gerne.

Nach dem Sieg über Serbien versuchte Alexander Battenberg, den russischen Einfluß in Bulgarien dadurch auszuschalten, daß er die russischen „Berater" des Landes verwies. Es war ein politischer Schlag ins Wasser. Battenberg wurde durch eine von Petersburg unterstützte und gelenkte Verschwörung gestürzt und nach Rußland gebracht. Am 7. September 1886 verzichtete er unter dem Druck des Zarenreiches auf sein Fürstentum.

Um den vakanten bulgarischen Fürstenthron setzte nun zwischen den europäischen Großmächten ein zähes diplomatisches Intrigenspiel ein, in das hinter dem Rücken des Kaisers und seines Außenministers auch Erzherzog Johann Salvator (Johann Orth) eingriff. Johann lancierte als Kandidaten Ferdinand von Coburg, den er über einen Mittelsmann mit der bulgarischen Delegation zusammenführte, die Ende 1886 in die Hauptstädte der Signatarmächte des Berliner Vertrages reiste, um sich nach einem geeigneten Fürsten umzusehen. Der ehrgeizige Erzherzog knüpfte zu den Bulgaren auch persönliche Kontakte. Das Angebot, die Krone selbst anzunehmen, lehnte er nach eigener Aussage zweimal ab. Mit dem Gedanken, selber Fürst von Bulgarien zu werden, hat er aber mit Sicherheit gespielt. „Ich mache mir jetzt Vorwürfe", schrieb er im September 1887, als der Coburger den Thron bereits bestiegen hatte, an Alexander Battenberg, „daß ich nicht selbst unter irgend einem Namen gegangen bin. Nicht etwa daß ich so vermessen wäre zu glauben, ich hätte die Kraft, jene Aufgabe zu lösen – nein! –, aber sowohl die Bulgaren als wie unser Kaiser hätten dort einen ehrlichen Mann gehabt ... Entweder ich hätte in dem Kampfe um die Unabhängigkeit und das Selbstbestimmungsrecht Bulgariens gesiegt oder ich wäre dabei zu Grunde gegangen. Beides wäre gleich ehrenvoll."

Der ruhmsüchtige Erzherzog glaubte, mit seinem Eingreifen in die Frage der bulgarischen Thronkandidatur seinem Vaterland einen Dienst zu erweisen. Gerade das Gegenteil war der Fall. Er brachte Außenminister Graf Gustav Kalnoky mehrere Male in nicht geringe Verlegenheit. Kalnoky reagierte erbost, und auch der Kronprinz war verärgert, als er von den politischen Umtrieben Johanns erfuhr, ohne freilich über das Ausmaß und die Details der Einmischung informiert zu sein. „Deine bulgarische Geschichte finde ich odios", schrieb er ihm. „Ich möchte Dich ganz gerne als Admiral an der Spitze meiner großen österreichisch-ungarischen Flotte sehen (jetzt sind es ja nur ein paar alte, qualmende Kasten), aber als Balkanese könntest Du mir zuwider werden." Dem Außenminister gegenüber meinte er unverblümt: „Ich habe schon viel unkorrektes Benehmen von diesem Herrn erlebt, doch ein Unterhandeln mit einer fremden Deputation in auswärtigen Angelegenheiten, in dieser kritischen Zeit und hinter dem Rücken des Kaisers und des Ministers des Äußeren, das ist geradezu für einen Erzherzog und General eine Handlungsweise, die aufs strengste bestraft werden muß. Wohin kommen wir, wenn dergleichen Dinge innerhalb der kaiserlichen Familie und der Armee möglich sind, wenn der Kaiser sich nicht mehr auf diese Elemente verlassen kann, die kein anderes Prinzip kennen dürfen als die des unbedingten Gehorsams und der vollsten Treue?"

Das Verhältnis zwischen den beiden weltanschaulich gleichgestimmten und gleichgesinnten Männern war an einem Tiefpunkt angelangt.

Die Bulgarienfrage warf für die Monarchie, vor allem aber für Rudolf, auch das Problem der Beziehungen der Doppelmonarchie zum deutschen Bündnispartner auf. Der Kronprinz, der als Achtjähriger die militärische Katastrophe von Königgrätz bewußt miterlebt und an den Ereignissen des Jahres 1866 leidenschaftlichen Anteil genommen hatte, war kein Freund Deutschlands. Er stand dem deutschen Reichskanzler Otto von Bismarck und seiner Politik ausgesprochen skeptisch und mißtrauisch gegenüber. Rudolf fürchtete die Strahlkraft Bismarcks auf die Deutschen in der Monarchie, und er war davon überzeugt, daß der 1879 geschlossene Zweibund mit dem Deutschen Reich lediglich den Interessen Deutschlands diente. In der Tat war Bismarck, der die russische Karte geschickt spielte und den Draht nach Petersburg nicht abreißen ließ, keineswegs gesonnen, für Österreich auf dem Balkan die Kastanien aus dem Feuer zu holen. Er war bestrebt, das „orientalische Geschwür" offenzuhalten, eine Annäherung zwischen der Doppelmonarchie und dem Zarenreich zu verhindern.

Trotz der Spannungen zwischen den Bündnispartnern mußte Rudolf bei offiziellen Anlässen nach außen hin stets den zufriedenen Freund mimen. Kronprinzessin Stephanie, die das gespannte Verhältnis ihres Mannes zu Deutschland und zur deutschen politischen Führung aus nächster Nähe beobachtete, urteilte: „Der Kronprinz liebte Deutschland nicht und begab sich nur auf Befehl des Kaisers, seines Vaters, hin. Er besaß eine gewisse ehrerbietige Verehrung für den greisen Kaiser Wilhelm, dessen Würde, dessen ritterlich liebenswürdige Art er schätzte. Fürst Bismarck aber erdrückte ihn; er ertrug weder seine beispiellose Willenskraft, seine Überlegenheit, seinen genialen Blick, noch seinen Eindruck von absoluter Sicherheit. Gegen den Prinzen von Preußen vollends hegte der Kronprinz eine ausgesprochene Abneigung, die sich bei jeder neuen Begegnung verstärkte."

Kronprinz Rudolf und der spätere Kaiser Wilhelm II. waren tatsächlich politisch und wesensmäßig Antipoden. Rudolf war ein Intellektueller, sensibel, freisinnig, weltgewandt, unmilitärisch, liberal und übernational gesinnt. Wilhelm war ein plumper Militarist, ein undiplomatischer, schnarrender Maulheld, der nationalistisch fühlte und dachte. Zwischen diesen beiden Männern, die einander nicht leiden konnten, gab es kaum einen menschlichen und/oder politischen Berührungspunkt. Mit Friedrich, dem liberalen deutschen Kronprinzen, verstand sich Rudolf hingegen ausgezeichnet. Auf ihn setzte er große politische Hoffnungen. Rudolfs außenpolitischer Traum war ein Bündnis zwischen einer liberal regierten Doppelmonarchie und einem liberalen Deutschen Reich mit einer durch die Zurückgabe Elsaß-Lothringens versöhnten französischen Republik und einem liberalen Großbritannien unter König Eduard VII. Für den Frieden Europas wäre das eine politische Idealkombination gewesen. Es war aber nur ein schöner politischer Traum, ein Hirngespinst.

Als der deutsche Kronprinz (Kaiser Friedrich III.) nach neunundneunzig Tagen Regierungszeit 1888 an Kehlkopfkrebs starb und die deutsche Politik unter Wilhelm II. eine militaristische Fahrbahn einschlug, änderte der österreichische Kronprinz sein außenpolitisches Konzept: Er plädierte nun für die Nichtverlängerung des 1889 auslaufenden Zweibundes mit Deutschland und trat für eine friedliche Verständigung mit Rußland über die anstehenden Balkanprobleme ein. Diese Änderung seiner außenpolitischen Linie hatte in der Praxis natürlich überhaupt keine Auswirkungen. Kaiser Franz Joseph dachte auch zu diesem Zeitpunkt nicht im entferntesten daran, Rudolf, den er für einen „Plauscher" hielt, in die Regierungsverantwortung einzubinden. Der Thronfolger stand und verblieb auf dem politischen Abstellgeleise.

Rudolf nahm trotz seiner vielen Repräsentationspflichten und seiner (untergründigen) politischen Aktivitäten seine militärischen Aufgaben in der Wiener Garnison anfänglich recht ernst. Er setzte sich für eine Hebung der sozialen Stellung der k. u. k. Offiziere ein, arbeitete bei der Gründung und dem Aufbau des Heeresgeschichtlichen Museums eifrig mit und unterstützte alle Bestrebungen, die darauf abzielten, das Ansehen und die Stärke der Armee zu heben. Die Nationalisierungstendenzen im Heer beobachtete er mit zunehmender Sorge. „Die Armee ist das einzige Mittel noch", schrieb er 1884 an Szeps, „welches in diesem Chaos den Reichsgedanken vertritt; sie ist großösterreichisch. Man muß sie schützen, pflegen und für sich gewinnen – das muß jetzt in diesen düsteren Zeiten die Bestrebung der Liberalen sein; das Officierscorps bei uns ist fast ausschließlich bürgerlich, liberal, kaiserlich und für einen mächtigen Staatsgedanken begeistert. Ich glaube, daß in dieser Auffassung ein Programm liegt, welches nicht unterschätzt werden darf."

Als sich Erzherzog Johann Salvator eben um diese Zeit im Wiener Militärkasino in einem Vortrag unter dem Titel: „Drill oder Erziehung", der dann im Druck erschien, scharf gegen das veraltete Ausbildungssystem in der k. u. k. Armee, gegen Kadavergehorsam und preußischen Drill aussprach und Erzherzog Albrecht darauf anonym ebenso scharf und schneidend replizierte, griff auch der Kronprinz zur Feder. In einem anonymen Artikel, der im Armeeblatt erschien, setzte er der Devise Johanns: „Man drille nicht, man erziehe!" das Motto: „Man drille und erziehe!" entgegen. Erzherzog Johann reagierte auf die Vermittlerposition Rudolfs, dessen Autorenschaft er erkannte, vehement ablehnend. Großes Kopfzerbrechen dürfte das Verfallen auf das rettende Bindewort „und" seinen Herrn Gegner gerade nicht gekostet haben, erwiderte er schroff und setzte dann fort: „Der Redner vom 3. November (dem Tag des Vortrages, Anm. d. Verf.) kann eben nur Freunde oder Gegner haben; *Vermittler* sind aber durch die Natur der behandelten Sache wie bei soliden Geschäften ausgeschlossen. Mögen solche auch das Mäntelchen abgeklärter Versöhnlichkeit um die Schultern hängen, sie leisten immer schlechte Dienste; denn sie verwässern die Ansichten, sie entstellen das Richtige, beschönigen das Unrichtige, verwirren die Überzeugungen – sie schaden."

Der Kronprinz und sein intimer Widerpart Erzherzog Johann Salvator waren eben nicht immer einer Meinung. Von der Notwendigkeit einer Heeresreform waren sie jedoch beide überzeugt. Rudolf, der sich nach dem Ausbruch seiner Krankheit – wir kommen darauf noch zurück – immer häufiger dienstliche Disziplinlosigkeiten zuschulden kommen ließ, wurde 1889 zum General-Infanterie-Inspektor befördert. Die neue Aufgabe zwang ihn, viel zu reisen, was seinen schlechten Gesundheitszustand verschlimmerte.

In die Zeit seiner anlaufenden Garnisonstätigkeit in Wien fällt auch der Beginn der Arbeit an einem (wissenschaftlichen) Monumentalwerk, das erst im Jahre 1902 abgeschlossen wurde. Es trägt den Titel „Die österreichisch-ungarische Monarchie in Wort und Bild" und umfaßt vierundzwanzig

Bände. Der Entwurf für das publizistische Großunternehmen stammte vom ideenreichen Johann Salvator, der damit die ethnographische Vielfalt der Habsburgermonarchie dokumentierten wollte. Rudolf nahm den Plan begeistert auf und konnte auch den Kaiser dafür gewinnen, der versprach, im Fall finanzieller Engpässe sogar Geld aus seiner Privatkasse zur Verfügung zu stellen.

Rudolf änderte Titel und Programm des Werkes und übertrug die Redaktion der deutschen Ausgabe dem Präsidenten des Schriftstellerverbandes, Joseph Ritter von Weilen, für die Leitung der ungarischen gewann er den Dichter Maurus Jokái. In das leitende Redaktionskomitee, dessen Vorsitz er selbst führte, berief er auch Johann Salvator. Johann lehnte ab. Er war darüber verärgert, daß der Kronprinz die Gesamtleitung des Werkes an sich gerissen und seine Vorschläge von Grund auf umgestaltet hatte. Trotz mehrmaligen Drängens von seiten Rudolfs war er lediglich bereit, einen Beitrag über die Kunstdenkmäler Oberösterreichs zu schreiben. Wieder einmal war es zwischen den beiden Männern, die den geistigen Adel im österreichischen Kaiserhaus verkörperten, zu einer ernsthaften Verstimmung gekommen.

Der Kronprinz widmete sich der Publikation des Werkes, dessen übernationale, versöhnliche Konzeption ihm sehr am Herzen lag, mit großem Eifer. Er präsidierte den Arbeitssitzungen des Redaktionskomitees, besprach und redigierte heikle Artikel persönlich und lud die Mitarbeiter, zu denen eine Reihe hervorragender Gelehrter gehörten, zwei- bis dreimal pro Jahr zu einem Diner ein. Trotz vieler Schwierigkeiten, vor allem finanzieller Natur, erschien der erste Band des Werkes 1885. Rudolf arbeitete auch unermüdlich weiter, als aus allen möglichen politischen und weltanschaulichen Himmelsrichtungen Querschüsse auf das große publizistische Unternehmen abgefeuert wurden. Die Arbeit daran wurde nach seinem Tod weitergeführt. Es ist als „Kronprinzenwerk" in die Wissenschaftsgeschichte eingegangen.

Im Frühjahr 1886 erkrankte der Kronprinz schwer. In Hofkreisen sprach man von Rheuma und Gelenkschmerzen. Die Ärzte rieten zu einem Erholungsaufenthalt auf der Insel Lacroma. Die Kronprinzessin, die ihn begleitete, erkrankte einen Monat später. Stephanie in ihren Memoiren: „Nur wenige Tage konnte ich mich des herrlichen Aufenthaltes erfreuen, dann erkrankte auch ich schwer. Wochenlang lag ich, noch immer ahnungslos, mit namenlosen Schmerzen zu Bett. Professoren aus Wien und Triest erklärten, ich litte an einer Bauchfellentzündung. Ich selbst ahnte den Grund meines Leidens nicht. Auf hohen Befehl wurde alles vertuscht, die Ärzte auf Schweigen beeidigt. Erst später entdeckte ich und erfuhr ich, daß der Kronprinz an meinem Leiden schuld war. Auch ihn hatte die furchtbare Seuche erfaßt, die noch vor niemandem, sei er geringen Standes oder auf den Höhen des Throns geboren, halt gemacht, sofern ihr Leichtsinn oder fluchwürdiges Erbe Tür und Tor öffnet …"

Was die Kronprinzessin damals angeblich nicht wußte, wußte Rudolf und jener Teil seiner Zeitgenossen, der Krankheitssymptome richtig zu deuten verstand: Hinter den von den Ärzten diagnostizierten Gelenkschmerzen, dem „Blasenkatarrh" und der „Bauchfellentzündung" verbarg sich eine venerische Krankheit, die sich der lebenslustige Kronprinz bei einem seiner zahlreichen Liebesabenteuer geholt hatte. Aufgrund medizinisch-klinischer Gutachten nimmt man heute an, daß Rudolf an Gonorrhöe litt. Die Ärzte behandelten die Krankheit mit den damals bekannten Mitteln, mit Kokainzäpfchen und Morphium. Ob die Erkrankung völlig ausgeheilt werden konnte, läßt sich nicht mit Bestimmtheit sagen. Sie verursachte dem Kronprinzen jedenfalls schwere körperliche Beschwerden. Neben seiner nervösen Gastritis und seinen permanenten Kopfschmerzen wurde Rudolf von einer unangenehmen Konjunktivitis geplagt. Im seelischen Bereich löste die Krankheit genetisch vorgegebene neurotische Depressionen, Schuldgefühle, Verzweiflungsausbrüche und Apathie aus. Vor allen diesen Heimsuchungen flüchtete sich der Kronprinz in den Alkohol- und Drogenexzeß. Viele Lebensäußerungen des Kronprinzen in seinen beiden letzten Jahren, seine innere Zerrissenheit, seine Gereiztheit, sein kräfteverzehrender Lebenswandel sind erst aus der Sicht dieser Erkrankung zu verstehen.

Rudolf scheint erfolgreich versucht zu haben, die Krankheit vor dem gestrengen, achtunggebietenden Vater zu verbergen. Er kam seinen militärischen Verpflichtungen nach,

Mary Vetsera

führte seine politischen Pläne weiter, schrieb Artikel für die Zeitung seines Freundes Szeps und unternahm anstrengende Reisen.

Im Laufe der Zeit wurden die Gelenkschmerzen quälender, Rudolf verlor an Gewicht, seine Schaffenskraft ließ nach, er alterte rapide. Immer häufiger äußerte er Selbstmordgedanken. Der Kronprinz wollte freilich nicht allein in den Tod gehen. Er dachte bereits im Sommer 1888 an einen Doppelselbstmord. Die Frau, mit der er gemeinsam sterben wollte, war Mizzi Caspar, eine schöne, rassige, schwarzhaarige Halbweltdame, der er seit 1886 seine Gunst schenkte. Als Schauplatz der als öffentlich-politische Demonstration gedachten Handlung sollte der Husarentempel bei Mödling dienen. Frau Caspar ging jedoch auf den Vorschlag des Kronprinzen nicht ein. Sie dachte nicht daran, ihr Leben wegzuwerfen.

Der von Selbstmordgedanken geplagte Kronprinz mußte sich nach einem anderen Opfer umsehen. Es lief ihm in der Person der siebzehnjährigen Baronesse Mary Vetsera über den Weg. Wie die wohlbehütete Baronesse an den Kaisersohn herankam, ist nicht vollständig geklärt. Gräfin Marie Larisch, eine Nichte der Kaiserin Elisabeth und oftmaliger Gast im Hause Vetsera, erzählt, Mary habe den Kronprinzen in einem Brief im Jahre 1888 um ein Rendezvous gebeten, und Rudolf sei auf das Angebot eingegangen. Aus der Bekanntschaft wurde bald ein Liebesverhältnis. Die Bindungen des Kronprinzen an seine minderjährige Geliebte verdichteten sich zur beidseitigen Todesbereitschaft. Der Kronprinz schwor seine todesbereite Geliebte durch Geschenke auf den geplanten Doppelselbstmord ein. Die Ausführung der geplanten Tat ließ allerdings noch eine Weile auf sich warten. Sie trat erst in den letzten Jännertagen des Jahres 1889 in ihr entscheidendes Stadium. Auf die detaillierte Vorgeschichte und die näheren Umstände der Tat brauchen wir in dieser biographischen Skizze nicht einzugehen. Sie spielte sich bekanntlich in der Nacht vom 29. zum 30. Jänner 1889 in den Mauern des Schlosses Mayerling ab. Obwohl die Tragödie trotz intensivster Forschungen nicht mehr in allen Einzelheiten rekonstruierbar ist, dürfte mit großer Sicherheit feststehen, daß der Kronprinz zunächst seine Geliebte und dann sich selbst erschossen hat.

Das Jagdschloß Mayerling zur Zeit der Kronprinzentragödie

Die historische Motivforschung hat das Warum dieses Todes bis heute nicht eindeutig zu klären vermocht. Waren es politische Geheimpläne um Ungarn, die den Kronprinzen in den Tod trieben, war es ein auswegloser, ödipaler Vater-Sohn-Konflikt, seine desolate seelische und körperliche Verfassung, die gescheiterte Ehe, die Schwangerschaft Mary Vetseras? Wer vermöchte das heute mit unanfechtbarer Bestimmtheit zu sagen? Das komplexe Geflecht aus menschlichen und politischen Beweggründen, das Kronprinz Rudolf in der erwähnten Jännernacht des Jahres 1889 im kaiserlichen Jagdschloß Mayerling zum Revolver greifen ließ, ist heute nicht mehr vollkommen stichhaltig zu entwirren.

Eines steht jedenfalls fest: Die Kugel, die sich der Thronfolger in den Kopf schoß, traf, symbolisch gesehen, auch die Donaumonarchie. Sein selbstgewählter Tod nahm den Zusammenbruch eines Reiches vorweg, den er, der Feinnervige, vorausgeahnt, vorausgesehen hatte.

Neunundzwanzig Jahre nach der Mayerling-Tragödie erfüllte sich dann auch das Schicksal des Hauses Habsburg, das seinerseits durch mehr als sechs Jahrhunderte die Geschicke Europas (mit)bestimmt und (mit)entschieden hatte.

Die Kronprinzentochter

Eine sozialistische Habsburgerin

Die Tochter des Kronprinzen, Erzherzogin Elisabeth Marie, war beim Tod ihres Vaters ein wenig mehr als fünf Jahre alt. Sie wurde am 2. September 1883 in Laxenburg geboren. Rudolf machte sie zur Universalerbin seines gesamten, nicht unbeträchtlichen beweglichen und unbeweglichen Vermögens und gedachte im Abschiedsbrief an seine Gemahlin Stephanie ihrer: „Sei gut für die arme Kleine, die das einzige ist, was von mir übrigbleibt", bat er die Kronprinzessin.

Stephanie scheint sich an das Vermächtnis des Gemahls zunächst gehalten zu haben. Sie war ihrer Tochter eine gute Mutter. Das kleine hübsche Mädchen war das einzige Lebewesen, dessen Herz ihr am Wiener Hof entgegenschlug, das sie gern hatte und liebkosen konnte. „Elisabeth ist mir ein Trost", schrieb sie an ihre Schwester Louise, „ich trachte viel bei ihr zu sein, da ich ja niemanden sehe. Ich bin lieber allein, um nachzudenken und zu beten."

Später änderte sich das. Stephanie war viel auf Reisen, die kleine Erzherzogin blieb zumeist in der Obhut ihrer Erzieherinnen in der Wiener Hofburg zurück. Sie war für die Mutter längst nicht mehr der einzige Trost. Von den gleichaltrigen Spielgefährten ferngehalten, mutterseelenallein, führte sie monatelang praktisch das Leben einer Vollwaise.

Die Vormundschaft über „Erzsi", wie sie im Familienkreis gerufen wurde (Abkürzung von „Erzsébet", ungarisch für Elisabeth), übernahm auf Wunsch Rudolfs der Kaiser. Franz Joseph nahm seine Pflicht als Vormund sehr ernst. Er war in geradezu rührender Weise bemüht, seiner Enkelin den Vater zu ersetzen. Dabei dürften auch Schuldkomplexe gegenüber Rudolf eine Rolle gespielt haben. Er las ihr jeden

Wunsch von den Lippen ab, entschuldigte vieles, verzärtelte und verhätschelte sie. Wie sehr sich Franz Joseph um seine Lieblingsenkelin kümmerte, reflektiert sich in seiner Korrespondenz mit der Kaiserin und seiner „Seelenfreundin" Katharina Schratt. In zahlreichen Briefen ist immer wieder von Erzsi die Rede, an deren kindlichen Spielen er Anteil nahm, um deren Gesundheit er sich sorgte, deren Erziehung er steuerte und überwachte. So berichtete er Frau Schratt in einem Schreiben vom 26. März 1891: ...„Vorgestern um ½ 1 Uhr fuhr ich nach Schönbrunn zu einem einsamen Spaziergange ... Ich ging durch den Tiroler Garten ..., durch Maxing, die Fasanerie, wo ich meiner kleinen Enkelin begegnete, die die Tiere fütterte. Ich begleitete sie zu dem kleinen schwarzen Bären, zu ihren drei Bärenfreunden, deren Haus eben vergrößert wird, zu unserem tanzenden Bärenfreunde, der aber schlecht aufgelegt war und nur an ihren Besuchen Freude zu haben scheint. Alle wurden mit Semmeln gefüttert, wobei die Kleine den drei Bären die Brotstücke mit besonderer Geschicklichkeit in den offenen Rachen warf ..."

Die kleine Erzsi fütterte nicht nur die Tiere im Schönbrunner Tiergarten. Sie besaß eine Menge Haustiere, die in den Nebengebäuden der Schönbrunner Fasanerie untergebracht waren und mit denen sie sich des öfteren die Zeit vertrieb. Sie war schon als Kind eine große Tierliebhaberin und blieb es zeitlebens. Ihren Schäferhunden, den treuen Weggefährten ihres Alters, gehörte ihre ganze Fürsorge und Liebe.

Die Erziehung der kleinen Erzherzogin lag seit ihrer Geburt in den Händen von Fräulein Rosa Tomor. Diese war die Tochter eines Ofener Gymnasialprofessors und selbst diplomierte Lehrerin für Elementar- und Bürgerschulen. Sie lehrte Erzsi Ungarisch und brachte ihr das elementarste Anfangswissen wie Lesen und Schreiben bei.

Nach dem Tod des Kronprinzen wurde, wahrscheinlich auf Vorschlag der Kronprinzessin, Gräfin Elisabeth Coudenhove vom Kaiser zur Kammervorsteherin der Erzherzogin ernannt. Die Gräfin, eine Tochter des Feldmarschalls Karl Graf Coudenhove, war dreißig Jahre alt, als sie diesen verantwortungsvollen Posten übernahm. Von den Ordensfrauen vom Heiligsten Herzen Jesu in Wien erzogen, waren neben ihrer Religiosität bedingungslose Hilfsbereitschaft und Selbstaufopferung ihre markantesten Persönlichkeitsmerkmale. Die Gräfin blieb bis zur Heirat Elisabeths im Hofdienst.

Elisabeth Coudenhove war in den entscheidenden Kindheits- und Jugendtagen neben der Mutter und an deren Stelle die Bezugsperson und Vertraute der Erzherzogin. Sie kümmerte sich um ihr leibliches und geistiges Wohlergehen, überwachte ihre Ausbildung, sorgte sich um ihren Gesundheitszustand, kultivierte ihre religiösen Empfindungen und kulturellen Neigungen. Sie gewann bald die Zuneigung ihres Schützlings. Elisabeth Marie hielt das Andenken an ihre Erzieherin bis an ihr Lebensende hoch. Zum Dank für die erzieherischen Dienste der Gräfin vermachte sie den Salesianerinnen in ihrem Testament ein Legat von zehntausend Schilling.

Im Alter von zehn Jahren erhielt Erzsis Ausbildung zusätzliche Akzente. Ihr Stundenplan umfaßte moderne Fremdsprachen – die Erzherzogin soll später Englisch, Französisch, Italienisch und Ungarisch perfekt gesprochen haben –, Literaturkunde, Philosophie, Geographie, Welt- und Vaterlandsgeschichte, Botanik, Mineralogie, Zoologie, Musik- und Harmonielehre. Sie wurde in diesen Gegenständen von hervorragenden Wiener Professoren unterrichtet. Den Religionsunterricht gab Hofkaplan Augustinus Fischer-Colbrie.

Nach welchen Gesichtspunkten die Auswahl der Lehrer erfolgte, welchen Einfluß sie auf ihre Schülerin ausübten und nach welchen Grundprinzipien sie den Unterricht erteilten, ist nicht mehr feststellbar. Obwohl man am kaiserlichen Hof auf die Ausbildung einer Erzherzogin keinen so großen Wert legte wie auf die eines Erzherzogs, darf man annehmen, daß der religiösen Unterweisung eine besondere Bedeutung zukam. Die kaiserlichen Hoheiten weiblichen Geschlechts wurden durch Tanzunterricht, durch Kurse über Etikette und Benehmen zusätzlich gesellschaftsfähig gemacht.

Elisabeth Marie, die in Schönbrunn ein Atelier hatte, war in jungen Jahren „eine talentvolle Malerin und besaß eine schöne, gutgeschulte Sopranstimme“. Zur Malerei scheint sie in ihrem späteren Leben eine sehr enge, zur Musik nur eine lose, oberflächliche Beziehung gehabt zu haben. Sie erhielt natürlich auch Reitunterricht und pflegte eifrig den Tennissport. Die oberste Leitung der Erziehung seiner Lieblingsenkelin behielt sich der Kaiser selbst vor. Er überzeugte sich persönlich und oft unangemeldet von ihren Lernfortschritten und besprach mit den verantwortlichen Personen die notwendigen Erziehungsmaßnahmen. Auch an der religiösen Erziehung seiner Enkelin nahm der Monarch regen Anteil. Bei Elisabeths Erstkommunion war er persönlich zugegen. Der ausführliche Bericht, den er der Kaiserin darüber gab, beweist, welche Bedeutung er diesem Ereignis beimaß.

Mit zunehmendem Alter wurde die erzieherische Isolation Elisabeths in der Wiener Hofburg allmählich gelockert. Sie durfte nun an einigen Reisen der Kronprinzessin teilnehmen. Ihre erste größere Reise in das Ausland führte sie 1895 zu den belgischen Großeltern nach Brüssel und Spa. Später reiste sie mit ihrer Mutter nach England, Südfrankreich, Italien und in die Schweiz. Auch den Münchner Hof, wo ihre Tante Gisela residierte, hat sie mehrmals besucht. Diese Reisen erweiterten den geistigen Horizont der Kronprinzentochter, die mittlerweile zu einem hübschen, frühreifen Mädchen herangewachsen war. In die Jungmädchenzeit der Erzherzogin fiel im September 1898 auch der Tod der kaiserlichen Großmutter. Erzsi hatte zur Kaiserin, die viel zu eigenverliebt war, um sich mit Kindern ernsthaft und eingehend zu beschäftigen, nie eine innige Beziehung gehabt. Der Tod Sisis mag ihr daher auch nicht sonderlich nahegegangen sein. Jedenfalls machte er sie wieder ein Stück reicher, denn Elisabeth vermachte der Enkelin ein Fünftel ihres Nachlasses, der sich ohne die Immobilien auf über zehn Millionen Gulden in Wertpapieren belief. Sie konnte mit dem Erbe des Vaters, der Großmutter und des Großvaters, der sie ebenfalls in seinem Testament reich bedachte, einmal ein herrschaftliches Dasein führen, ohne in ihrem abwechslungsreichen, skandalumwitterten Leben je einen Finger rühren zu müssen.

Auf dem Hofball des Jahres 1900 verliebte sich Elisabeth Marie in einen um zehn Jahre älteren, großgewachsenen, schmucken Kavallerieoffizier. Trotz ihrer siebzehn Jahre und ihrer menschlichen Unerfahrenheit, oder vielleicht gerade deswegen, war sie fest entschlossen, ihn zu heiraten. Die Mutter war eine zweite Ehe eingegangen, das junge, impulsive Geschöpf, das das Temperament des Vaters geerbt hatte, fühlte sich im Stich gelassen, vereinsamt, isoliert. Das Hofleben und das Hofzeremoniell widerten sie an, sie suchte Liebe und Geborgenheit. Sie wollte ihr eigenes Leben, ihre Zukunft fortan selbst in die Hand nehmen, es gestalten, unbeeinflußt von allen äußeren Zwängen.

Der Kaiser wollte von einer Verheiratung Erzsis zunächst nichts wissen. Als ihn die Enkelin um seine Zustimmung dazu bat, lehnte er kühl ab. Aber die Erzherzogin, die sich den Prinzen Otto Windisch-Graetz partout in den Kopf gesetzt hatte, ließ nicht locker. Ihre Hartnäckigkeit trug Früchte. Franz Joseph, der dem Glück seiner Lieblingsenkelin nicht im Weg stehen wollte, gab schließlich die Zustimmung zur Ehe. Er stattete Elisabeth Marie reichlich mit Heiratsgut aus und erhob den Bräutigam in den Fürstenstand. Da Otto Windisch-Graetz gemäß den strengen Bestimmungen des Erzhauses kein ebenbürtiger Partner war, mußte die Kronprinzentochter vor ihrer Vermählung eidlich und ein für allemal für sich selbst und ihre Kinder auf alle Thronansprüche verzichten. Die über beide Ohren verliebte achtzehnjährige Erzsi leistete den Thronverzicht leichten Herzens. Ihr persönliches Glück galt ihr mehr als die (unsichere) Aussicht auf eine zukünftige Herrscherposition. Franz Joseph war zufrieden. „Die Hochzeit ging gut vonstatten, die Braut sah sehr hübsch und glücklich aus und war bei der Renunciation, der Soirée und der Trauung sehr gut und élégant angezogen“, schrieb er in seinem gewohnt spröden und lakonischen Stil an Frau Katharina Schratt.

Die Hochzeitsreise des jungen Paares führte nach Ägypten und Konstantinopel. Dann nahmen die Kaiserenkelin und ihr Gemahl in Prag Quartier, wo Otto Windisch-Graetz in Garnison lag. Noch war zunächst alles eitel Glück und Wonne. Aber schon bald zogen am Ehehimmel die ersten Gewitterwolken auf. Der Fürst, der gerne auf großem Fuß lebte, rang vor der Geburt des ersten Kindes seiner (lebens)unerfahrenen Frau ein Testament ab, in welchem sie ihn im Falle ihres Todes zum Alleinerben ihres beträchtlichen Vermögens machte. Die Kronprinzentochter hat diese letztwillige Verfügung später reumütig widerrufen. Nach der Geburt des zweiten Kindes übersiedelten Elisabeth und Otto Windisch-Graetz nach Schloß Ploschkowitz in Nordmähren, wo die Fürstin zwei weitere Kinder zur Welt brachte.

Elisabeth Marie fühlte sich in dem alten, abseitig gelegenen Schloß mit seinen dicken Mauern und düsteren Räumen nicht wohl. Sie verbrachte viele Monate des Jahres im sonnigen Süden, wo sie in Kurorten und Bädern Erholung suchte. Ihre Kinder, deren Gesundheitszustand viel zu wünschen übrig ließ, hatte sie meist bei sich.

Dem Fürsten waren diese vielen Reisen zuwider. Der ständige Wechsel des Aufenthaltsortes verdroß, das Verweilen am Meer langweilte ihn. In den ersten Ehejahren begleitete er seine Familie. Später blieb er dem gemeinsamen Wohnsitz wochen- und monatelang fern, vernachlässigte immer häufiger Frau und Kinder und ging seinen eigenen Vergnügungen nach: der Jagd, dem Reitsport, dem Polospiel. Die Entfremdung zwischen den Ehegatten wuchs. Ihre Beziehungen wurden kühler, bis sie schließlich erkalteten, in Gehässigkeit und erbitterten Hader umschlugen. Die äußeren Formen des Zusammenlebens blieben zunächst gewahrt. Später lebte man schlecht und recht nebeneinander her. Zuletzt führten die Wege weit auseinander. Es gab Ehestürme gigantischen Ausmaßes, Versöhnungen, die nur von kurzer Dauer und nie echt waren. Die Ursachen für das Scheitern dieser Ehe sind – wie übrigens auch in den Ehen Franz Josephs und Rudolfs – jedoch nicht in Äußerlichkeiten zu suchen. Die durch Reisen verursachte oftmalige Trennung der Ehepartner, die Liebesaffären der Fürstin, die Spielleidenschaft und Geldgier des Fürsten waren hiefür entscheidend. Hier standen einander unerbittlich auch zwei völlig verschieden geartete Charaktere, zwei dissonante Naturen gegenüber: eine selbstbewußte, eigenwillige junge Frau, die mit zunehmender Reife immer extravaganter und herrischer wurde, und ein eitler, eigensüchtiger, oberflächlicher Mann ohne tiefere geistige Interessen, dem Geld und materieller Besitz viel, wenn nicht alles im Leben bedeuteten.

Otto Windisch-Graetz hatte auch eine Schwäche für Frauen. Er betrog seine Gattin, die sich, gewissermaßen im Gegenzug, für die eheliche Untreue ihres Mannes bei ihren alljährlichen Aufenthalten in den südlichen Nobelkurorten der Monarchie – und nicht nur dort – schadlos hielt. Ihre Liaison mit dem U-Boot-Kommandanten Egon Lerch war längere Zeit das Stadtgespräch von Wien. Die Ehe zwischen Elisa-

Elisabeth Windisch-Graetz mit ihren vier Kindern

beth und Otto Windisch-Graetz bestand längst nur noch auf dem Papier. Schließlich brachte die Enkelin des Kaisers im August 1915 ihrem Gatten ihren Wunsch nach Scheidung zur Kenntnis, den dieser akzeptierte. Einer einvernehmlichen Trennung zwischen den disharmonierenden Partnern schien nichts im Wege zu stehen. Der greise Franz Joseph ließ eine Scheidung jedoch nicht zu. Er erzwang durch eine gütliche Vereinbarung den Weiterbestand der Ehe.

Ein Jahr nach dem Tod des Kaisers ließ die Kronprinzentochter durch ihren Rechtsanwalt dem Gemahl mitteilen, daß sie willens sei, sich nach Kriegsende von ihm scheiden zu lassen. Otto Windisch-Graetz nahm die Absichtserklärung seiner Gattin kommentarlos zur Kenntnis. Das Völkermorden war kaum zu Ende, als er im Jänner 1919 seinerseits die

Scheidungsklage einbrachte. Kurze Zeit später beantragte er beim zuständigen Pflegschaftsgericht, der Mutter für die Dauer des Ehescheidungsprozesses die Kinder abzunehmen und in seine Obhut zu übergeben. Begründung: Seine Gattin sei für die Erziehung der Kinder ungeeignet und entfremde sie dem Vater. Elisabeth Windisch-Graetz legte dem Gericht eine Gegenklage vor, in der sie gegen ihren Gatten schwerste Vorwürfe erhob.

Überraschenderweise kam es im Ehescheidungsprozeß schon beim ersten Versöhnungsversuch zu einem Vergleich. Die beiden Streitteile einigten sich über die Trennung des Wohnsitzes. Im März 1920 fanden sie sich einvernehmlich dazu bereit, das Verfahren ruhen zu lassen. Den Kampf um die Kinder setzten sie jedoch mit äußerster Härte fort. Im Verlauf der mit allen Mitteln geführten jahrelangen Auseinandersetzung erließ der zuständige Richter im März 1921 sogar einen Exekutionsbeschluß, demzufolge die beiden jüngeren Kinder der Mutter gewaltsam, nötigenfalls sogar gefesselt, weggenommen werden sollten. Elisabeth Windisch-Graetz, die sich damals in ihrem Schloß Schönau an der Triesting in Niederösterreich aufhielt, rief die Arbeiterschaft der Umgebung zu Hilfe und vereitelte mit deren Unterstützung den mittelalterlich anmutenden, unmenschlichen Gerichtsbeschluß. Ihre Ehe wurde mit Bescheid des Landesgerichts Wien vom 26. März 1924 von Tisch und Bett getrennt. Knappe vierundzwanzig Jahre später, im Februar 1948, wurde die Kronprinzentochter von Otto Windisch-Graetz auch dem Bande nach geschieden.

Elisabeth Marie war in mancherlei Hinsicht das Ebenbild ihres Vaters. Hochintelligent, eigensinnig, extravagant, willensstark, hemmungs- und wohl auch beziehungslos, flößte ihr das starre Hofzeremoniell schon sehr früh eine regelrechte Abscheu ein, lehnte sie sich innerlich gegen die bedrückende geistige Enge, die Lieblosigkeit und Eintönigkeit des Hoflebens auf, durchschaute sie mit frühreifer Hellsichtigkeit die Brüchigkeit des monarchischen Systems. Ihre überstürzte Heirat mit Otto Windisch-Graetz ist auch unter dem Aspekt dieser Fluchtreaktion aus einer ihr zu eng gewordenen (Um-) Welt zu sehen und zu verstehen.

Leopold Petznek: der Mann, mit dem sie glücklich wurde

Solange Franz Joseph lebte, fügte sich die selbstbewußte, aus dem Kaiserhaus ausgeschiedene Erzherzogin, zumindest vordergründig, in den Ordnungsrahmen der Monarchie, wenn sie auch durch ihre privaten Eskapaden dem alten Herrn in Schönbrunn genug Kopfzerbrechen bereitete. Nach dem Tod des Kaisers löste sie sich aus den ohnehin nicht allzu festen Bindungen zur Hocharistokratie, um nach Kriegsende vollends mit ihrer Vergangenheit zu brechen. Nach Aufnahme ihrer Beziehungen zum sozialdemokratischen Politiker Leopold Petznek brach sie alle Brücken hinter sich ab und begann im Alter von vierzig Jahren ein neues Leben. Aus der Fürstin wurde die Genossin Windisch-Graetz.

Die Kronprinzentochter lernte Leopold Petznek in den Tagen ihrer ärgsten Bedrängnis kennen, als ihr der Gatte mit Hilfe eines ihm wohlgesonnenen Richters die Kinder nehmen wollte. Bei einer sozialdemokratischen Wählerversammlung in Leobersdorf wandte sich die Fürstin an Petznek, dem damaligen Schutzbundkommandanten des Viertels unter dem Wienerwald, um Hilfe. Es war eine Sternstunde in ihrem Leben. Aus diesem ersten, aus der Not der Zeitumstände geborenen Kontakt wurde eine Bekanntschaft, eine lebenslange Verbindung. Die Gutsherrin von Schönau und der sozialdemokratische Lehrer, der nach den Wahlen vom April 1921 als Abgeordneter in den Niederösterreichischen Landtag einzog, teilten von nun an Glück und Leid. Leopold Petznek gab dem verpfuschten Leben der Kaiserenkelin einen neuen Sinn, einen neuen Inhalt. Aus der skandalumwitterten Aristokratin wurde nun endgültig eine Sozialdemokratin, die den Kampf ihres Lebensgefährten um bessere Lebensbedingungen für das arbeitende Volk tatkräftig unterstützte.

Die Fürstin begleitete Leopold Petznek zu Kundgebungen und Versammlungen. Sie richtete in Schönau einen Kindergarten ein, unterstützte die Leobersdorfer Parteiorganisation bei der Errichtung eines Arbeiterheimes und stellte den Roten Falken einen Teil ihrer weitläufigen Schönauer Schloßanlage zur Verfügung. Vor allem aber tat sie nun den letzten, entscheidenden Schritt: Sie wurde Mitglied der Sozialdemokratischen Arbeiterpartei. Die Lebensgefährtin Leopold Petzneks ließ es bei einer einfachen Parteimitgliedschaft nicht bewenden. Sie wollte keine Karteisozialdemokratin sein, die monatlich ihren Mitgliedsbeitrag zahlte und im übrigen Politik Politik sein ließ. Sie betätigte sich bei den roten Kinderfreunden, in der sozialdemokratischen Frauenbewegung und nahm an den Feiern zum 1. Mai teil. „Sie marschiert bei diesen odiösen Aufzügen mit, sie verkauft rote Nelken auf der Straße“, entrüstete sich Fürst Elemer Lonyay, der Stephanie, die Kronprinzenwitwe, geheiratet hatte. Die Genossin Windisch-Graetz besuchte Wählerversammlungen der Sozialdemokratischen Partei und nahm auch an der Wahlwerbung für die Nationalratswahlen im April 1927 aktiv teil. Sie unterstützte die Sozialdemokratie nach Kräften in ihrem Kampf um größere soziale Rechte, um mehr Demokratie, um Men-

Sozialdemokratische Arbeiterpartei Deutschösterreichs

Mitgliedsausweis

für Elisabeth Maria

Windisch-Grätz

geboren am 2. Septemb. 1883

ausgestellt in Wien 3/XI.

gehört der Parteiorganisation an seit

1. Okt. 1925

Die „rote Erzherzogin" war sozialdemokratisches Parteimitglied

Inh.: Gen. Windisch-Graetz Elisabeth

Wohnungsadresse: 13. Linzerstrasse Nr. 452

Delegierter der Sektion: XV.

" des Betriebes:

Diese Legitimation ist unübertragbar

und bis 31. Dez. 1930 gültig

" " 31. Dez. 1931 "

Für den Bezirksvorstand

Für die Sektionsleitung

Für den Betrieb

Sozialdemokratischer Delegiertenausweis der Fürstin Windisch-Graetz schenwürde, um eine bessere, gerechtere Gesellschaftsordnung. Ihr weltanschaulicher Gesinnungswandel war zweifellos echt. Ihren fürstlich-feudalen Lebensstil behielt sie freilich bis an ihr Lebensende bei.

Im Jahre 1929 verkaufte die Fürstin Windisch-Graetz ihr Schloßgut Schönau an der Triesting und erwarb ein kleines Palais am westlichen Stadtrand von Wien. Sie stattete ihr neues Heim mit prachtvollen alten Stilmöbeln aus den verschiedensten Epochen, mit wertvollen Delfter Fayencen, chinesischem Porzellan und Gemälden bedeutender österreichischer und ausländischer Maler aus. Leopold Petznek, der Lebensgefährte, machte den Domizilwechsel mit. Der aus kleinbäuerlichem Milieu stammende, besonnene, gebildete sozialdemokratische Politiker und die eigenwillige Habsburgerin, die sich von einer liebeshungrigen, flatterhaften Dame zu einer reifen Frau gewandelt hatte, empfanden füreinander eine echte Zuneigung. Ihre späte Liebe, die erst nach dem Zweiten Weltkrieg in eine legalisierte eheliche Gemeinschaft einmündete, überdauerte die schweren, dornenvollen Zeitläufe, die natürlich auch vor dem Haus der Kaiserenkelin nicht haltmachten. Als Leopold Petznek im Februar 1934 verhaftet wurde, hielt die „Rote Erzherzogin" treu zu ihm. Sie besuchte ihn regelmäßig im Gefängnis und setzte alle Hebel für seine Freilassung in Bewegung. Gemeinsam unterstützten die beiden dann in den nächsten Jahren in Not geratene Gesinnungsgenossen und hielten die Kontakte zu den Parteifreunden aufrecht, ohne sich politisch zu exponieren.

Am aristokratischen Lebensstil der Kronprinzentochter änderte sich nichts. Sie beschäftigte nach wie vor eine Reihe von Bediensteten, die sie auskömmlich bezahlte, aber nicht eben freundlich behandelte. Ihre Launen waren gefürchtet, ihre Grobheiten schwer zu ertragen. Selbst ihre Kinder, die ab und zu auf Besuch kamen, blieben davon nicht verschont. Sie wurden nur zu kurzen Aussprachen empfangen und von der gestrengen Mama abgewiesen, wenn sie sich nicht zur verabredeten Zeit zur Audienz einfanden. Im Palais der „Roten Erzherzogin" in Wien-Hütteldorf, das nach dem Willen seiner Besitzerin ein Miniatur-Schönbrunn darstellte, ging es auch nach dem Gesinnungswandel der Kronprinzentochter in republikanischer Zeit noch so strikt und exakt zu wie am Kaiserhof. Elisabeth Marie hielt trotz ihrer zuweilen rüden Umgangsformen auf Etikette. Die Anrede „Kaiserliche Hoheit" verbat sie sich allerdings. Es genügte ihr, wenn sie von ihrer untertänigen Dienerschaft per „Gnädige Frau" apostrophiert wurde.

In den Jahren zwischen 1939 und 1945 gab es auch in der Lebensführung der Elisabeth Windisch-Graetz kriegsbedingte Einschränkungen. Die Fürstin und ihr sozialdemokratischer Lebensgefährte waren vom Krieg zunächst jedoch weniger betroffen als viele andere Zeitgenossen. Sie hatte Geld, und damit ließ sich auch damals vieles besorgen. Als der Bombenkrieg Wien erreichte, wurden die wertvollsten Kunstgegenstände aus der „Windisch-Graetz-Villa" weggeschafft und an sicheren Orten untergebracht. Und dann kam der 22. August 1944. Leopold Petznek wurde im Gefolge der Maßnahmen nach dem Hitler-Attentat vom 20. Juli auf offener Straße von der Gestapo verhaftet und in die Untersuchungshaft abgeführt. Alle Versuche der Fürstin, ihn wieder freizubekommen, schlugen fehl. Petznek wurde in das Konzentrationslager Dachau eingeliefert und kehrte erst Anfang Juni 1945 wieder in die Heimat zurück.

Inzwischen war auch die dreiundsechzigjährige, gichtgeplagte ehemalige „Kaiserliche Hoheit" in ihrer Villa vom Krieg nicht ungeschoren geblieben. Die Russen quartierten sich in der Villa ein und vertrieben die Kaiserenkelin aus ihrem Besitztum. Elisabeth Windisch-Graetz, die zeitlebens, von den kaiserlichen Großeltern und dem Vater fürstlich versorgt, ein herrschaftliches Leben geführt hatte, war obdachlos geworden. Sie fand im benachbarten Kloster der Schwestern von der Kongregation der Dienerinnen des Hl. Herzens Jesu bereitwillig Aufnahme. Als Leopold Petznek schwer herzleidend aus Dachau zurückkehrte, mußte er mit seiner jahrzehntelangen Lebensgefährtin die Klosterräume teilen. Nach dem Abzug der Russen wurde die Windisch-Graetz-Villa von der französischen Besatzungsmacht requiriert. Elisabeth Windisch-Graetz und Leopold Petznek mußten in einem in der Nähe gelegenen Haus Zuflucht suchen. Es war stark bombenbeschädigt und so feucht, daß sich das schwere Gichtleiden der „Roten Erzherzogin" bis zur Gehunfähigkeit steigerte.

Fortan brachte sich die Enkelin des Kaisers Franz Joseph auf Krücken und später im Rollstuhl durch ein mühsam gewordenes Leben.

Am 4. Mai 1948 legalisierten Elisabeth Windisch-Graetz und Leopold Petznek im Standesamt Hadersdorf-Weidlingau ihren Lebensbund. Die Trauung ging vollkommen formlos, ohne jedwedes Zeremoniell vor sich. Es wurden keine Reden gehalten, es gab keine Feier. Die Öffentlichkeit nahm davon keine Notiz. Die Zeit war über das abwechslungsreiche, ungewöhnliche Leben der Tochter des Kronprinzen Rudolf längst hinweggegangen.

Das Leben im kriegsbeschädigten, baufälligen Ausweichquartier, in dem sie hausen mußten, fiel den Petzneks mit den Jahren zunehmend schwerer. Aber alle ihre Bemühungen, ihr beschlagnahmtes Heim zurückzuerhalten, scheiterten. Das französische Hochkommissariat, das dort logierte, gab die Villa nicht frei. Erst nach dem 15. Mai 1955, dem Tag, an dem Österreich seine staatliche Freiheit wiedererhielt, räumte die französische Besatzungsmacht das Palais Linzerstraße 452. Elisabeth und Leopold Petznek kehrten nach zehnjährigem Delogement in ihr Heim zurück. Leopold Petznek konnte sich freilich des neuen Lebens in der altgewohnten Umgebung nicht mehr lange erfreuen. Er starb am 27. Juli 1956.

Mit dem Tod ihres geliebten Mannes brach für Elisabeth Petznek der letzte Abschnitt ihres Lebens an. Sie kapselte sich nun fast völlig von der Welt ab, hielt nur noch den Kontakt zu ihren Kindern und zu einigen Freunden aufrecht. Ihr ältester Sohn Franz Joseph und Stephanie, das jüngste der vier Windisch-Graetz-Kinder, kamen von Zeit zu Zeit auf Besuch. Hingegen kam ihr Stiefsohn, Dr. Otto Petznek, den sie sehr liebte, wöchentlich einmal nach Hütteldorf. Mit den übrigen Verwandten und ihren ehemaligen aristokratischen Standesgenossen stand die habsburgische „Aussteigerin" längst nicht mehr in Verbindung. Nach dem Tod ihres Gatten erloschen auch die Kontakte mit den sozialdemokratischen Freunden. In diesen letzten Jahren lebte die Kronprinzentochter nur noch für ihre Schäferhunde. Ihnen gehörte ihre ganze Liebe, sie waren außer den Blumen ihr ganzer Trost.

Der Gesundheitszustand der einsamen, nur mehr von ein paar Bediensteten umsorgten, gichtkranken Frau, deren Altersstarrsinn groteske Formen annahm, verschlechterte sich von Jahr zu Jahr. Die schwere Arthrose, an der sie seit langem litt, machte sie schließlich bettlägerig. In den letzten zwei Jahren ihres Lebens war Elisabeth Petznek nach einem Schlaganfall beidseitig gelähmt. Ihr Körper war hinfällig geworden, aber ihr Geist und ihre Lebenskraft blieben wach. Die befehlsgewohnte ehemalige Erzherzogin „regierte" noch vom Bett aus und entschied bis zuletzt, was in ihrem „Reich" zu geschehen hatte. Ihre schwere Krankheit ertrug sie mit großer innerer Stärke und eiserner Selbstdisziplin.

Am 16. März 1963 wurde die einzige Tochter des Kronprinzen Rudolf und Lieblingsenkelin des Kaisers Franz Joseph von ihrem Leiden erlöst. Als Todesursache stellte die Beschauärztin Mycardiopathie und Arteriosklerose fest. Elisabeth Marie Petznek, geborene Erzherzogin von Habsburg-Lothringen, auf die einst der Glanz des Kaiserhofes gefallen war, schied einsam und verlassen aus dem Leben.

Ihr Erbe hatte die in vielerlei Hinsicht ungewöhnliche Habsburgerin längst geregelt. Alle Kunst- und Wertgegenstände, die aus dem Besitz des Kaiserhauses stammten, vermachte sie der Republik Österreich. Die Villa hatte sie bereits ein Jahr vor ihrem Tod der Gemeinde Wien verkauft, ihre Bediensteten erhielten großzügige Andenken. Zum Universalerben des Nachlasses bestimmte sie ihren ältesten Sohn Franz Joseph. Ihre Tochter Stephanie und alle ihre Enkelkinder setzte sie auf den gesetzlichen Pflichtteil. Die eigenwillige, zur Sozialdemokratin gewordene Erzherzogin verbat sich eine Todesanzeige und wünschte, in aller Stille begraben zu werden.

Das Begräbnis auf dem Hütteldorfer Friedhof im 14. Wiener Gemeindebezirk am 22. März 1963 verlief still und vollkommen unzeremoniell. Nicht viel mehr als fünfzig Menschen folgten dem Sarg, unter ihnen die nächsten Angehörigen, ein paar Freunde und Bedienstete, SPÖ-Abordnungen aus dem Triestingtal. Die Einsegnung nahm der Kapuzinerprovinzial Pater Cusin vor. Unter den Trauergästen befand sich auch die sozialistische Politikerin Rosa Jochmann. „Beim Begräbnis hat es mich erschüttert", schildert sie ihre Eindrükke, „daß es einen großen Kranz der Kinderfreunde unserer Partei gegeben hat, und daneben lag der Kranz eines Offiziers aus der k.u.k. Österreichisch-Ungarischen Monarchie. Das hat mich tief bewegt."

Die Gruft der „Roten Erzherzogin" im oberen Teil des Hütteldorfer Friedhofes an der rechtsseitigen Friedhofsmauer ziert ein großes weißes Steinkreuz. Kein Name, keine Inschrift weist darauf hin, wer unter der marmornen Grabplatte begraben liegt. Es war die letzte Eigenwilligkeit, die sich die extravagante Habsburgerin den Menschen, der Nachwelt gegenüber geleistet hat.

Die Aussteiger

Johann Orth

Leopold Wölfling

Ferdinand Burg

Johann Salvator (Johann Orth)

Der unbotmäßige Erzherzog

Am 8. Oktober 1889, etwas mehr als acht Monate nach der Mayerlingtragödie, schickte Erzherzog Johann Salvator an Kaiser Franz Joseph einen Brief ab, mit dem sich diese rebellische, ehrgeizige Persönlichkeit aus dem österreichischen Kaiserhaus katapultierte.

„Eure Majestät!“ formulierte der Erzherzog durchaus stil- und ehrfurchtsvoll, „Mein Verhalten seit bald zwei Jahren wird Eure Majestät überzeugt haben, daß ich ferne von allen mir nicht zukommenden Interessen gehorsam und zurückgezogen bemüht war, Eurer Majestät einstige Ungnade zu beheben. Zu jung, um für immer zu ruhen, zu stolz, um als bezahlter Nichtstuer zu leben, mußte meine Lage peinlich, ja mir unerträglich werden. Durch gewisses berechtigtes Ehrgefühl verhindert, um Wiederverwendung im Heer zu bitten, stand ich vor der Alternative: entweder das unwürdige Dasein eines fürstlichen Müßiggängers weiter zu führen oder als gewöhnlicher Mensch eine neue Existenz, einen neuen Beruf zu wählen. Es drängte mich schließlich zum Entschlusse auch deshalb, weil mein ganzes Wesen in den Rahmen der Stellung nicht paßt und mir wenigstens die persönliche Unabhängigkeit Ersatz bieten muß für das Verlorene. Ich verzichte demnach freiwillig und unbeeinflußt auf Rang und Stand, indem ich Titel und Rechte eines Erzherzogs sowie meine militärische Charge ehrfurchtsvoll in die Hände Eurer Majestät zurücklege, dagegen Eure Majestät untertänigst bitte, mir einen bürgerlichen Namen verleihen zu wollen.“

Er wolle, teilte er dem Kaiser in seinem Schreiben weiter mit, fern von seinem Vaterland einen Lebenserwerb zur See suchen. Sollte seine Majestät aber einmal seine Untertanen unter die Fahnen rufen, so sei er gerne bereit, dem Kaiser als einfacher Soldat in Reih und Glied sein Leben zu weihen. Abschließend bat er Franz Joseph, den er trotz aller Meinungsverschiedenheiten und weltanschaulichen Gegensätze schätzte und verehrte, für seinen Schritt um Verzeihung.

Der Entschluß Johanns war ausgesprochen ungewöhnlich. Es war in der jahrhundertelangen Geschichte des Hauses Habsburg noch nicht vorgekommen, daß ein Erzherzog mit einem Federstrich auf Rang und Stand, Titel, Würde und Ansehen verzichtete, aus einem privilegierten Familienverband ausschied, die Bande zerriß, die ihn mit den anderen Mitgliedern der Dynastie verknüpften. Immerhin verzichtete der Erzherzog auch auf ein jährliches Einkommen von ungefähr hunderttausend Gulden. Es ist zweifelhaft, ob sich Johann aller Konsequenzen, die sein Schritt nach sich zog, voll bewußt war. Die zahlreichen Schwierigkeiten, in die er nach dem Bruch mit dem Kaiserhaus geriet, sollten dem impulsiven Erzherzog jedenfalls noch schlaflose Nächte bereiten.

Der Kaiser reagierte prompt. Er genehmigte bereits vier Tage später in einem Handschreiben den Verzicht Johanns auf das Recht, als Prinz des kaiserlichen Hauses öffentlich angesehen und behandelt zu werden, gestattete ihm die Ablegung der Offizierscharge und veranlaßte seine Streichung aus den Reihen eines Ritters des Ordens vom Goldenen Vlies. Er verfügte die Einstellung der Auszahlung einer Apanage aus der Hofstaatsdotation, verbot dem Erzherzog, die Grenzen der Österreichisch-Ungarischen Monarchie zum dauernden oder auch nur zum zeitweiligen Aufenthalt im Inland zu überschreiten und gestattete ihm die Annahme eines bürgerlichen Namens.

Die Verfügungen Franz Josephs waren von schneidender Schärfe und ließen nichts an Bestimmtheit zu wünschen übrig. Der Kaiser war unbarmherzig und gnadenlos, wenn es darum ging, seine Rechte als Familienoberhaupt gegenüber ungebührlichen Anmaßungen oder gar Anfechtungen von seiten irgendeines Mitgliedes der weitverzweigten habsburgischen Familie zu wahren oder durchzusetzen. Ein vom Fürsten Metternich konzipiertes, aus dem Jahre 1839 stammendes, vor der Öffentlichkeit geheimgehaltenes „Familienstatut“ gab ihm dazu die (hausrechtliche) Möglichkeit. Nach den Bestimmungen dieses habsburgischen Hausgesetzes stand dem Kaiser nicht nur die Souveränität und Gerichtsbarkeit über sämtliche Familienmitglieder, sondern auch noch „das Recht einer besonderen Aufsicht“ zu, das sich „insbesondere auf Vormundschaften, Kurateln und Verehelichungen, überhaupt aber auf alle Handlungen und Verhältnisse der Familienmitglieder“ erstreckte, welche „auf die Ehre, Würde, Ruhe, Ordnung und Wohlfahrt des durchlauchtigsten Erzhauses einen Einfluß haben können“.

Das Familienoberhaupt war berechtigt, auf die Erziehung der Erzherzöge bis in die Einzelheiten Einfluß zu nehmen. Es kontrollierte die Wahl ihrer Umgebung, jede Auslandsreise bedurfte seiner Zustimmung. Was jedoch am schwersten wog, war die Verfügung, daß es keinem Mitglied des Kaiserhauses gestattet war, ohne Genehmigung des Kaisers zu heiraten. Für diese Eheerlaubnis schrieb das Familienstatut strengste Regelungen vor. Ein Sproß des Hauses Habsburg durfte nur seinesgleichen ehelichen, einen Partner wählen, der eine makellose Ahnenreihe bis zur Generation der Urgroßeltern nachweisen konnte, und diese Ahnen mußten darüber hinaus aus einem souveränen Herrscherhaus stammen. Die Fürstenhäuser, denen dieses Recht auf Ebenbürtigkeit zustand, waren im Familienstatut mit peinlicher Genauigkeit namentlich registriert.

Durch diese strengen Auslesebestimmungen wurde die Wahl der Partner stark eingeschränkt. Die Folge waren Verwandtenehen mit allen ihren beklagenswerten genetischen Auswirkungen. Der Kaiser war gemäß dem Statut aus dem Jahre 1839 aber auch der oberste Richter über alle Familienangehörigen. Verfehlungen jedweder Art wurden nicht von einem staatlichen Gericht, sondern von ihm, beziehungsweise vom Obersthofmarschallamt als der Gerichtsinstanz des kaiserlichen Hauses, geahndet. Die Mitglieder des Erzhauses waren rechtlich gewissermaßen exterritorial.

Die meisten Familienmitglieder des österreichischen Kaiserhauses ließen sich diese Eingriffsmöglichkeiten und Eingriffe in ihre persönliche Lebenssphäre willenlos gefallen. Sie fügten sich ohne Widerspruch in diesen strengen Ordnungsrahmen, dem sie ihre privilegierte Stellung verdankten, der sie aber andererseits mit Haut und Haaren der Autorität des Familienoberhauptes auslieferte. Sie wußten, daß der Kaiser jeden schwerwiegenden Verstoß gegen das Statut mit seiner unerbittlichen Richtergewalt beantwortete. Er stieß unbotmäßige Mitglieder seiner Familie aus dem Erzhaus aus. Da dieser Ausschluß mit dem Verlust des Offiziersranges und seiner Einkünfte sowie der Streichung der Apanage, einer jährlichen finanziellen Dotierung durch den Kaiser, verbunden war, bedeutete ein solcher kaiserlicher Entschluß für den Betreffenden den Verlust seiner Existenzgrundlage. Die meisten Erzherzöge und Erzherzoginnen zogen es daher vor, standesgemäß zu leben und zu heiraten oder ihre Eskapaden zu vertuschen beziehungsweise fern vom Hof ein möglichst unauffälliges Dasein zu führen.

Nicht so Erzherzog Johann Salvator. Er vertrat offen und freimütig seine Ansichten, er kämpfte gegen das militärische Establishment im Habsburgerreich, gegen die Ausbildungsmethoden in der k.u.k. Armee, die er für verzopft und wenig effektvoll hielt. Er liierte sich mit einer Bürgerlichen, der er trotz mancher Seitensprünge die Treue hielt. Und als er sah, daß seine moralischen Grundsätze mit dem Leben, das er zu führen gezwungen war, nicht mehr übereinstimmten, tat er freiwillig und konsequent den Schritt, vor dem sich viele seiner Standesgenossen ängstigten: Er brach mit dem Kaiserhaus. Dazu gehörten Mut, Charakterstärke und ein fester, bedingungsloser Glaube an die eigene Kraft und persönliche Tüchtigkeit. An all dem hat es dieser eigenwilligen, unverwechselbaren Persönlichkeit nicht gefehlt.

Erzherzog Johann Salvator entstammte der toskanischen Linie des Hauses Habsburg. Er wurde am 25. November 1852 als zehntes und jüngstes Kind von Großherzog Leopold II. und seiner Gemahlin Maria Antonia, einer Tochter Franz' I. von Sizilien, in Florenz geboren. Der Vater, der 1824 im Alter von sechsundzwanzig Jahren den Thron bestiegen hatte, war in seinen jungen Jahren ein Fürst von durchaus liberaler Gesinnung. Er förderte Handel und Wirtschaft, reorganisierte die Universitäten und brachte, seinen wissenschaftlichen Neigungen entsprechend, den technischen Neuerungen seiner Zeit großes Interesse entgegen. Zu seinen Untertanen hatte der Großherzog ein unproblematisches, patriarchalisches Verhältnis. Die Toskaner achteten und schätzten ihn. Zur Beliebtheit, zur Popularität, reichte es nicht. Dazu war er zu kühl, zu reserviert, zuwenig umgänglich. Die Mutter, die ihren Jüngsten besonders liebte und mit der ihn zeitlebens ein ausgeprägtes Näheverhältnis verband, war eine fromme, geduldige Frau, die sich dem Willen ihres Gemahls bedingungslos fügte. Sie mied, so gut sich das mit ihrer Stellung als Landesmutter vereinbaren ließ, öffentliche Schaustellungen. Der unverrückbare Anker ihres Lebens war ihre tiefe Religiosität, die bis an die Grenzen der Bigotterie heranreichte.

Der kleine Johann Salvator verbrachte im Palazzo Pitti, der Residenz seiner Eltern, eine, wie es scheint, unbekümmerte, sorglose Kindheit. Der toskanische Prinz stand aber erst im siebenten Lebensjahr, als die Weltgeschichte mit harter Hand an die Pforten des elterlichen Palastes klopfte. Im Verlauf der nationalstaatlichen Einigung Italiens mußte die großherzogliche Familie im April 1859 Florenz verlassen. Der Großherzog lehnte es ab abzudanken. Seine Kapitulation vor den revolutionären Kräften des Risorgimento war jedoch, wie sich herausstellen sollte, eine Entthronung für immer. Wenn alles auch beinahe gewaltlos ablief, so war die hundertzwanzigjährige Herrschaft des Hauses Habsburg in der Toskana damit doch unwiderruflich zu Ende gegangen.

Der Großherzog und seine große Familie gingen in die Emigration, genauer gesagt, sie kehrten in den Mutterschoß des Hauses Habsburg zurück. Es gibt keine Anzeichen dafür, daß Johann Salvator von den Vorgängen in seiner Heimatstadt ernsthaft betroffen gewesen wäre oder gar durch sie seelischen Schaden genommen hätte. Das kindliche Gemüt blieb davon unberührt. Eine Darstellung der Ereignisse aus der rückblickenden Erinnerung liest sich unbekümmert, geradezu belustigend. Dem Knaben fehlte wohl auch das Verständnis für die Tragweite des Geschehens.

Der Kaiser nahm die Toskaner gastlich, wenn auch sicherlich nicht mit freudiger Bewegtheit auf. Allzu viele Probleme politischer und finanzieller Natur knüpften sich an ihre Rückkehr. Er verlieh jedenfalls Leopold II., seinem „theuersten Oheim“, das Kommando des 71. Linien-Infanterie-Regimentes und wies Ferdinand, dem ältesten Sohn Leopolds, das ehemalige Residenzschloß der Erzbischöfe in der Salzburger Altstadt als Wohnsitz zu. „Nando“, wie er im habsburgischen Familienkreis liebevoll genannt wurde, hielt in Salzburg die Fiktion eines regierenden Fürsten aufrecht. Er dankte 1870 wohl als Großherzog der Toskana ab, blieb jedoch, wie übrigens auch seine Brüder und Schwestern, im Herzen ein Italiener und behielt seine italienische Muttersprache bei. Er erhielt vom Kaiser eine jährliche Apanage, mit der er, zuzüglich der fünfzigtausend Gulden, die ihm Franz Joseph aus dem Familienfonds gewährte, auskömmlich, wenn auch nicht übertrieben fürstlich leben konnte.

Leopold II. erwarb die böhmischen Schlösser Brandeis (heute Brandýs) an der Moldau und Schlackenwerth bei Karlsbad (das heutige Ostrov), wo der kleine Johann unter der Obhut der Eltern seine in Florenz jäh unterbrochenen Spiele fortsetzte. Er war jedoch des öfteren bei den Verwandten in Venedig, beim ältesten Bruder in Salzburg und am Wiener Kaiserhof zu Gast. Aus Venedig, wo er sich zwischen 1861 und 1864 mehrere Male aufhielt, schrieb er dem „Caro Papa" und der „Cara Mamma" zahlreiche Briefe (einen sogar in französischer Sprache), in denen er ihnen immer wieder in geradezu rührender Weise seine Zuneigung beteuerte. Ein stets wiederkehrendes Thema in diesen Briefen sind die Berichte über seinen Lerneifer und seine Studienfortschritte.

Johann Salvator war ein hochintelligenter Knabe, der schnell auffaßte und sich den Wissensstoff, den ihm seine Lehrer vorgaben, rasch aneignete. Leicht zu erziehen war er gewiß nicht. Er hatte ein stürmisches Temperament und neigte zu Zornausbrüchen. Sein Studienplan umfaßte Arithmetik, Französisch, Musik, Zeichnen, Religion, Geschichte, Deutsch, Turnen und Militärwesen. Später kamen natürlich noch weitere Fächer hinzu, wie zum Beispiel Waffentechnik, Fechten und Reiten.

Ab 1. August 1864 wurde Erzherzog Johann Salvator am Wiener Kaiserhof erzogen. Welche Überlegungen sich hinter dieser Entscheidung der Eltern und des Kaisers verbargen, läßt sich aus einem Brief Franz Josephs an seine Mutter folgern: „Gestern ist auch der kleine Johann von Toskana von Venedig eingetroffen", heißt es da unter dem Datum Schönbrunn, 2. August 1864, „um jetzt ganz hier zu bleiben und zu einem nützlichen Staatsbürger herangebildet zu werden, was keine leichte Aufgabe sein wird ..."

Die kaiserliche Bemerkung ist höchst aufschlußreich. Der kleine Johann sollte durch eine entsprechende Ausbildung wie jeder andere Erzherzog in das Kaiserhaus integriert werden. Der Kaiser hatte offenbar mit scharfem Blick das schwer zähmbare, ungebärdige Naturell des Knaben erkannt.

Für Johann begann nun gewissermaßen der Ernst des Lebens. In den nächsten sechs Jahren wurde er am Kaiserhof für die Offizierslaufbahn ausgebildet, vollzog sich sein Reifungsprozeß zur eigenständigen, voll entwickelten Persönlichkeit. Bereits im Alter von dreizehn Jahren, am 16. August 1865, erhielt Erzherzog Johann Salvator einen Posten in der kaiserlichen Armee. Er wurde zum Leutnant im Feldjägerbataillon Nr. 9 ernannt.

Diese Ernennung war natürlich nur eine Formsache. Sie zog keine Veränderung seiner Lebensumstände nach sich. Der kleine Erzherzog blieb am Wiener Hof. Er erhielt in den verschiedenen Fächern weiter Privatunterricht, verbrachte dann und wann ein paar (Fest-)Tage im Kreis der kaiserlichen Familie, fuhr mit dem um sechs Jahre jüngeren Kronprinzen zu Paraden und Manövern und unternahm mit seinem Kammervorsteher zahlreiche Reisen.

Der Kaiser brachte ihm offenkundig Wohlwollen entgegen, förderte seine Interessen und Neigungen. „Am Weihnachtsabend bin ich bei den Majestäten eingeladen gewesen", schrieb Johann am 13. Jänner 1866 seiner Mutter, „die sich mir gegenüber mit vielen Geschenken sehr wohlwollend zeigten. Ich habe einen Malkasten bekommen, zwei Pistolen, die gesammelten Werke von Shakespeare, Schiller, Lessing, Uhland und eine Kollektion alter deutscher Heldenlieder ..."

Schon diese kurze Aufzählung zeigt die Breite der Interessen dieses nicht mit normalen Maßstäben zu messenden Erzherzogs. Johann Salvator fertigte eine größere Anzahl von Bleistiftzeichnungen, Aquarellen und Ölskizzen an, komponierte Lieder und interessierte sich für die Naturwissenschaften und alles technisch Neue, wie z. B. das Fotografieren. Vor allem aber hatte er eine Vorliebe für Literatur und Kunst, was für ein Mitglied der Hofgesellschaft eher ungewöhnlich war. Die Jagd, die große Leidenschaft der Hocharistokratie, fand der Schöngeist hingegen reizlos. Auch Tanzveranstaltungen, Bälle und Diners bereiteten ihm kein Vergnügen. Für militärische Fragen und für die Zeitereignisse bewies er hingegen schon in jungen Jahren reges Interesse.

Zu Beginn des Jahres 1870 traf den ungestümen Erzherzog, der sich am Kaiserhof mehr und mehr in der Rolle des Außenseiters gefiel, ein schwerer Schlag: Am 29. Jänner verstarb sein Vater bei einem seiner jährlichen Aufenthalte in Rom. Obwohl das Verhältnis Johanns zum Papa keineswegs so eng war wie zur Mutter, war der Erzherzog untröstlich.

Da Johann beim Tod seines Vaters noch nicht volljährig war, mußte für ihn ein Vormund bestellt werden. Die Wahl fiel auf Erzherzog Albrecht, den konservativen Moralapostel der Dynastie. Johann widmete sich in den folgenden Jahren mit zäher Konsequenz, großem Kunstverständnis und bemerkenswerter Geschäftstüchtigkeit dem Kauf, der Adaptierung und Einrichtung von Schloß Ort bei Gmunden am Traunsee. Er ließ sich hierbei von zahlreichen Künstlern, unter anderen von Theophil Hansen, dem Erbauer des Wiener Parlamentsgebäudes, beraten. Es ist erstaunlich, mit welcher Gründlichkeit und welchem Sinn für das Detail sich der Erzherzog dieser Aufgabe unterzog. Schloß Ort ist in der Korrespondenz mit der Mutter ein stets aufs neue behandeltes, immer wiederkehrendes Thema.

Johann Salvator kaufte das Landschloß Ort im Jahre 1876, zwei Jahre später erwarb er das Seeschloß um den Kaufpreis von vierundzwanzigtausend Gulden mit allen darauf liegenden Patronatsverpflichtungen. Während die Bauform des Seeschlosses unangetastet blieb, wurde das Aussehen des Landschlosses verschiedentlich verändert.

Im Jahre 1872 beförderte der Kaiser den zwanzigjährigen Erzherzog, der sich entgegen allen Gepflogenheiten nicht für den Dienst in der Kavallerie, sondern für die Artillerie entschieden hatte, zum Major. Johann Salvator war zu einem stämmigen Offizier von kleiner, untersetzter Gestalt herangewachsen. Ein Porträt der Zeit zeigt ihn als einen nicht unhübschen, bärtigen jungen Mann mit hoher Stirn, wachen Augen und einem etwas vorspringenden Kinn, das auf Entschlußkraft und kraftvolle Männlichkeit hindeutet, Eigenschaften, die er bald zu beweisen Gelegenheit haben sollte.

1872 unternahm der Erzherzog eine Reise auf dem Mittelmeer. Johann, der unter dem Deckmantel eines Grafen Johann von Traunwart reiste, lernte auf dieser Fahrt eine neue Welt kennen, die ihn faszinierte; die Welt des Orients und des Südens mit ihrer lebenssprudelnden Farbigkeit, ihren Verlokkungen und unerfüllbaren Verheißungen. Die Reise hatte für ihn jedoch auch ein unerquickliches Nachspiel. Johann war in Rom von König Viktor Emanuel II. in Audienz empfangen worden, worüber die italienische Presse zum Teil verwundert, zum Teil hämisch in großer Aufmachung berichtete. Es blieb nicht beim Presseskandal. Vor allem war es der Kaiser, der dem politisch unerfahrenen Erzherzog diesen unüberlegten Schritt übelnahm. Franz Joseph hatte es nicht gern, wenn ein Mitglied des Kaiserhauses etwas unternahm, wozu es nicht ausdrücklich autorisiert war. Er betrachtete jede Eigenwilligkeit als Provokation, als Verstoß gegen seine kaiserliche Autorität. Schon gegen Ende des Jahres 1871 hatte er für den aufmüpfigen Johann das galizische Lemberg als Garnison bestimmt. Da er sich nach einem geeigneten Quartier umsehen mußte, hatte Johann den Kaiser bis Ende Juli um Aufschub des Dienstantrittes ersucht. Nun aber war das Maß voll. Der Herr Major mußte noch Mitte Juni in die von Wien weit entfernte Garnisonsstadt abreisen. Ein neuer Abschnitt in seinem abwechslungsreichen Leben hatte begonnen.

Lemberg, die Hauptstadt des österreichischen Kronlandes Galizien und Lodomerien, war ein militärischer Außenposten der Monarchie. Johann Salvator fühlte sich in seiner ersten Garnisonsstadt keineswegs wohl. Zwar war der neue Dienstort weniger häßlich als angenommen, aber die Tretmühle des Dienstbetriebes war zermürbend, und dem jungen, ungestümen Offizier fiel es schwer, sich in die militärische Hierarchie einzuordnen. Der Erzherzog hielt mit seiner Meinung nicht hinter dem Berg. Im September 1873 ließ er sich zu einem so schweren Vergehen hinreißen, daß er zu einer für ein Mitglied des Kaiserhauses höchst ungewöhnlichen Strafe verurteilt wurde: er erhielt acht Tage Hausarrest. Was er sich im Detail hatte zuschulden kommen lassen, geht aus dem Strafregister nicht hervor. Der Oberste Kriegsherr handelte jedenfals unverzüglich. Franz Joseph transferierte den Missetäter, der im Dezember 1872 für großjährig erklärt und aus der Vormundschaft entlassen worden war, kurzerhand nach Temesvar. Die Strafversetzung bewirkte nichts, denn der

Erzherzog überwarf sich auch in dieser Garnison bald mit seinem Kommandanten. Disziplinlosigkeiten gehörten zu seinem südländischen Naturell. Der Konflikt mit seinem militärischen Vorgesetzten hatte diesmal keine unmittelbaren Folgen. Johann Salvator, der im November 1874 zum Oberstleutnant befördert worden war, war nicht bloß aufmüpfig. Er hatte einen scharfen Blick. Er sah auch in Temesvar mit eigenen Augen die vielen Unzulänglichkeiten in der k.u.k. Armee. Es gab sinnlosen Drill und unnötigen bürokratischen Formalkram, die Moral und die Besoldung der Offiziere, vor allem in den unteren Rängen, war beschämend niedrig, die Versorgung der Artillerie mit modernen Waffen und Geräten ließ viel zu wünschen übrig. Der ehrgeizige, patriotische Erzherzog sah es mit Besorgnis. Er sparte nicht mit Kritik. Solange der junge, unbequeme Mahner nur redete, ließ man ihn höheren Ortes gewähren oder wies ihn nur kurz zurecht. Als er aber damit begann, seine Kritik zu publizieren und sie damit einer breiteren Öffentlichkeit vorzulegen, stieß der Erzherzog auf die geschlossene Abwehrfront der militärischen Führungsschicht.

Zu Beginn des Jahres 1875 veröffentlichte Johann Salvator anonym eine einhundertsechsunddreißig Seiten starke Schrift mit dem Titel: „Betrachtungen über die Organisation der österreichischen Artillerie“, in der er an den bestehenden Verhältnissen scharfe Kritik übte. Auf eine knappe Formel gebracht, bemängelte der Erzherzog:

- den unorganischen Aufbau und die vertrackte Gliederung des Artilleriewesens,
- die geist- und gedankenlose Ausbildung der Mannschaft,
- die schlechte Bezahlung und die geringen Beförderungschancen der Offiziere.

Im einzelnen sprach Johann vom Zopf der alten Schule, von Willkür nach unten und Servilismus nach oben, von Mangel an jedweder Selbständigkeit, von peinlicher Bevormundung.

Johanns Ansichten und Formulierungen nahmen eine moderne Militär- und Reformpädagogik um Jahrzehnte vorweg. Sie sind von erstaunlicher gedanklicher Progressivität und haben nach mehr als hundert Jahren von ihrer Aktualität

Das Landschloß Ort im heutigen Zustand

kaum etwas eingebüßt. Es ist verständlich, daß sie zu seiner Zeit auf beinahe einmütige Ablehnung gestoßen sind.

Erzherzog Johann wagte sich in seiner Streitschrift völlig überflüssigerweise auch an ein außenpolitisches Thema heran. „Trotz aller Freundschafts-Versicherungen müssen wir uns dessen vollkommen klar sein", äußerte er forsch, „daß die expansiven Bestrebungen des benachbarten preußisch-deutschen Reiches die Integrität der Monarchie gefährden." Von dieser politischen Maxime ausgehend, forderte er den Ausbau der Befestigungslinie in Böhmen und trat, um einem preußischen Angriff leichter begegnen zu können, für ein Bündnis mit Rußland ein. Mit diesen (undiplomatischen) Feststellungen überschritt Johann bei weitem seine Kompetenzen. Es war nicht Sache eines Erzherzogs, sich in die Außenpolitik der Monarchie einzumengen.

Johanns Autorschaft blieb natürlich nicht unentdeckt. Der Kaiser erteilte seinem Sorgenkind mündlich einen ernsten Verweis und versetzte ihn nach Krakau zur Infanterie. Und als er sich auch dort nicht systemkonform verhielt, mußte er bald darauf wieder die Garnison wechseln. Ab März 1876 versah der Erzherzog im ungarischen Komorn seinen Dienst. Seiner militärischen Karriere schadeten die vielen Auseinandersetzungen mit den vorgesetzten Behörden nicht. Johann war ein ungewöhnlich tüchtiger Offizier. Er besaß eine rasche Auffassungsgabe, einen scharfen Intellekt und eine ungewöhnliche strategische Begabung. Als er sich im Okkupationsfeldzug des Jahres 1878 in Bosnien als Kommandant der 2. Gebirgsbrigade der 7. Infanterietruppendivision durch Mut, Tapferkeit und Umsicht besonders auszeichnete, ernannte der Kaiser den Siebenundzwanzigjährigen zum Feldmarschalleutnant. Den k.u.k.- Militär-Maria-Theresien-Orden, die höchste militärische Auszeichnung, die die Österreichisch-Ungarische Monarchie zu vergeben hatte, schlug er aus. Er habe die Auszeichnung, die ihn unter seinen Kriegskameraden zu einem Gegenstand der peinlichsten Verlegenheit machen würde, nicht wirklich verdient, begründete er seine Ablehnung.

Im Jahre 1881 wurde der ungestüme, nonkonformistische toskanische Prinz nach einer steilen, typisch erzherzoglichen Militärkarriere zum Kommandanten der Stabsoffizierskurse in Wien ernannt. Die Rückkehr in die kaiserliche Hauptstadt war ein lange angestrebtes Ziel und erfüllte ihn mit Genugtuung. In der Weltstadt Wien herrschte jenes geistige Klima, das der intellektuelle, künstlerisch vielseitig interessierte Erzherzog brauchte. Johann Salvator ging in das Theater und intensivierte seine Kontakte zur Presse. Als Kommandant der Stabsoffizierskurse zeichnete er sich in seinem ureigensten Fachgebiet durch hervorragende Kenntnisse und einen blendenden Vortragsstil aus.

Obwohl der Erzherzog bestrebt war, mit dem Kaiser in Frieden zu leben, kam es Anfang 1883 doch wieder zu einem Konflikt mit dem Monarchen. In seiner Abneigung gegen Schaugepränge jeder Art war Johann Salvator der Sechshundert-Jahr-Feier des Regierungsantritts der Habsburger in Österreich ferngeblieben und hatte in Schloß Ort ein paar Tage unerlaubten Urlaub gemacht. Ein Telegramm rief ihn in gebieterischem Ton nach Wien zurück, wo er vom Kaiser (wieder einmal) einen scharfen Verweis erhielt.

Das Jahr 1883, das mit diesem peinlichen Mißton begonnen hatte, endete mit einer handfesten Überraschung. Am Abend des 3. November hielt Johann Salvator im Wiener Militärkasino vor illustrem Publikum einen Vortrag unter dem Titel: „Drill oder Erziehung". Wie gewohnt, nahm sich der Erzherzog kein Blatt vor den Mund. Mutig kritisierte er das seiner Meinung nach überalterte Ausbildungssystem in der k.u.k. Armee, das auf blindem Gehorsam und preußischem Drill aufbaute. Disziplin sei zwar in jeder Armee notwendig, aber die Zwangsjacke habe noch keinen Irrsinnigen geheilt, der Geist könne nicht durch den Körper diszipliniert werden, formulierte Johann Salvator. Der Soldat müsse, so forderte er, zum selbständigen Denken erzogen werden, man müsse ihm die erteilten Befehle einsichtig machen. Man müsse im Soldaten vom Rekruten an den Menschen sehen und auf dessen Gemüt veredelnd und anregend einwirken. Nur so werde man militärische Charaktere erziehen und nicht Sklaven züchten.

Was der Erzherzog in seinem Vortrag forderte, basierte auf den grundlegenden Überlegungen, die er bereits acht Jahre zuvor in seinen „Betrachtungen" dargelegt hatte. Seine Vorschläge, die weit in die Zukunft wiesen, liefen auf eine radikale Reform der Ausbildungsprinzipien, gewissermaßen auf eine „Demokratisierung" der kaiserlichen Armee hinaus. Als sie kurz darauf im Druck erschienen, stießen sie infolge ihrer geradezu sensationellen Fortschrittlichkeit auf begeisterte Zustimmung und wütende Ablehnung. Erzherzog Albrecht arbeitete eine Gegendarstellung aus, der Kronprinz, der in der Auseinandersetzung um die Armeereform eine mittlere Linie einnahm, stellte Johanns Devise „Man drille nicht, man erziehe" das Motto: „Man drille und erziehe" entgegen. Johann Salvator reagierte darauf, wie wir bereits gehört haben, scharf ablehnend. Er hielt nicht viel von Kompromißlern und Kompromissen.

Kronprinz Rudolf und Erzherzog Johann repräsentierten in der zweiten Hälfte des 19. Jahrhunderts am österreichischen Kaiserhof den liberal gesinnten geistigen Adel. Von den beiden so ungewöhnlichen Mitgliedern des Kaiserhauses war Johann die stärkere, die gefestigtere Persönlichkeit. Er war körperlich und seelisch robuster als Rudolf, energischer, der mutigere, der kühnere Soldat, der weitblickendere, strategisch versiertere Militär. Die Triebfedern seines Handelns waren sein unbändiger Ehrgeiz, sein Geltungsdrang, seine Sehnsucht nach (Kriegs-)Ruhm, seine Ichbesessenheit.

Rudolf und Johann hatten viele gemeinsame Interessen, Ansichten und Abneigungen. Sie waren beide weit über dem Durchschnitt begabt, gebildet, geistreich, künstlerisch interessiert und literarisch talentiert. Beide waren fortschrittlichen Ideen und Strömungen aufgeschlossen, beide standen dem monarchischen Herrschaftssystem kritisch gegenüber, haßten aristokratisches Gehabe und unnötiges Zeremoniell. In einer Autobiographie, die allerdings nie veröffentlicht wurde, bezeichnet sich Johann als Republikaner und Gegner des Klerikalismus. Rudolf und Johann betätigten sich wissenschaftlich, schrieben Artikel für Zeitungen und hatten ein positives Verhältnis zum Journalismus, dessen immense Einflußmöglichkeiten in der entstehenden Massen- und Kommunikationsgesellschaft sie frühzeitig erkannten.

Kronprinz Rudolf und Erzherzog Johann Salvator unterschieden sich natürlich auch voneinander durch Temperament, Charakter, Kunstverständnis und Geschmack. Der aus historischer Sicht ein wenig playboyhaft wirkende Sohn des Kaisers fand Vergnügen an der Jagd, liebte Zigeuner- und Heurigenmusik und mischte sich gerne unter das niedere Volk, was ihm von seiten seiner Standesgenossen natürlich übelgenommen wurde. Johann Salvator hatte wesentlich ausgeprägtere künstlerische Interessen und Neigungen als der Kronprinz. Er besuchte nicht nur Opernaufführungen und Konzerte, sondern betätigte sich auch selbst als Komponist. Er schrieb Walzer, die von Johann Strauß Sohn, den er glühend verehrte, orchestriert wurden. Auch das Textbuch zum Ballett „Die Assassinnen", das in der Hofoper sechs Aufführungen erlebte, stammte von ihm.

Im Jahre 1884, als Johann nach der Publikation von „Drill oder Erziehung" nach Linz versetzt worden war und Rudolf von Prag in die Wiener Garnison einrückte, fanden sich Rudolf und Johann, die beiden Intimfeinde, zunächst zu einer gemeinsamen Aktion gegen die um diese Zeit grassierende Seuche des Spiritismus zusammen. Aber diese Periode der gegenseitigen Annäherung wurde bald wieder von Mißtrauen und Eifersucht, vor allem von seiten des Erzherzogs, abgelöst. Johann fühlte sich bei den alljährlich stattfindenden Manövern gegenüber dem Kronprinzen zurückgesetzt. Schließlich sorgten Meinungsverschiedenheiten über das Monumentalwerk „Die österreichisch-ungarische Monarchie in Wort und Bild", dessen von Johann stammender Entwurf vom Kronprinzen abgeändert worden war, für zusätzliche Verstimmung. Das Verhältnis zwischen dem seelisch labilen Rudolf und dem launenhaften Erzherzog, der sich schon längst zum Enfant terrible des Kaiserhauses ausgewachsen hatte, erreichte Ende 1886 einen absoluten Tiefpunkt. Der Grund hierfür war Johanns bulgarisches Abenteuer.

Das von den Großmächten 1878 auf dem Berliner Kongreß aus der Konkursmasse des Osmanischen Reiches geschaffene Fürstentum Bulgarien stand in den achtziger Jahren des vorigen Jahrhunderts im Mittelpunkt der Weltpolitik. Als am 7. September 1886 Fürst Alexander Battenberg nach der Vereinigung Ostrumeliens mit seinem Land und einem Sieg über das benachbarte Serbien unter dem Druck Rußlands auf seinen Thron verzichtete, setzte sich das Karussell der europäischen Diplomatie schwungvoll in Bewegung. Der bulgarische Regentschaftsrat mit Stefan Stambulow an der Spitze bemühte sich, für den Balkanstaat einen neuen Herrscher zu finden. Die Besetzung des bulgarischen Fürstenthrones wurde zu einem Angelpunkt der europäischen Politik. In diplomatischen Kreisen, in der Tagespresse zahlreicher Länder und auf der Gerüchtebörse wurden die verschiedensten Namen gehandelt: König Karl von Rumänien, Prinz Ferdinand von Hohenzollern, der Herzog von Oldenburg, Fürst Nikolaus von Montenegro, Prinz Oskar von Schweden. Keiner von ihnen fand die einhellige Zustimmung der an der Bulgarienfrage interessierten Mächte. In dieser Situation entschloß sich Stambulow Anfang Dezember 1886, eine aus drei Männern bestehende Deputation in die Hauptstädte der Signatarmächte des Berliner Vertrages zu entsenden, um sich nach einem geeigneten Fürsten umzusehen. In das politische Intrigenspiel um den Thron des Fürstentums Bulgarien, das damit in ein neues Stadium trat, mischte sich auch Erzherzog Johann. Er verbrannte sich dabei gehörig die Finger.

Seiner eigenen Darstellung zufolge, die ich in seinem persönlichen Nachlaß gefunden habe, lancierte der Erzherzog, der in der Bulgarienfrage in einer neuen Rolle, nämlich als boshafter, kaltschnäuziger Intrigant, auftrat, im Pariser „Figaro“ eine Meldung, derzufolge Prinz Ferdinand von Coburg die Absicht habe, sich um den bulgarischen Thron zu bewerben. Die Nachricht wurde von der Wiener „Neuen Freien Presse“ übernommen, worauf der Erzherzog dem Prinzen zu seiner Kandidatur in einem Brief herzlich gratulierte und ihm seine Unterstützung anbot.

Erzherzog Johann kannte den Prinzen von der Linzer Garnison her, wo Ferdinand kurze Zeit unter seinem Kommando gedient hatte. Er hielt nicht viel von ihm. In einem Brief an Alexander Battenberg qualifizierte er ihn als „weibischen, unaufrichtigen, persönlich eitlen und furchtsamen Herrn“ ab. Jetzt, Ende 1886, ermunterte Johann den Prinzen zur Kandidatur um den bulgarischen Fürstenthron, umschmeichelte ihn und lobte seine Fähigkeiten. Es war fürwahr ein unwürdiges, seiner Stellung und seinem Charakter abträgliches Spiel, das er da trieb. Der zielstrebige, ambitionierte Erzherzog verfolgte damit natürlich bestimmte Absichten. Er erwartete, falls es ihm tatsächlich gelingen sollte, Ferdinand auf den bulgarischen Thron zu hieven, von den ihm dann zum Dank verpflichteten Monarchen zum Oberbefehlshaber der bulgarischen Armee ernannt zu werden. Der ehrgeizzerfressene Johann wollte Geschichte machen, er träumte von Ruhm und Anerkennung. Es waren Träume, die nicht in Erfüllung gingen.

Johann Salvator trat mit der bulgarischen Delegation, die Anfang Dezember 1886 nach Wien kam, über einen Mittelsmann und auch persönlich in Verbindung. Er vermittete Unterredungen zwischen Ferdinand von Coburg und den Bulgaren und stand in den spannungsgeladenen Wochen und Monaten von der Jahreswende 1886/87 bis Juli 1887, als Ferdinand vom bulgarischen Parlament durch Akklamation einstimmig zum Fürsten des Landes gewählt wurde, mit dem Coburger in dauernder brieflicher Verbindung. Die Verständigung erfolgte mittels chiffrierter Schreiben.

Alle diese Kontakte fanden natürlich hinter dem Rücken des Kaisers und seines Außenministers statt. Der in politischen Fragen höchst unerfahrene und naive Erzherzog machte auf eigene Faust Politik. Er glaubte, damit seinem Vaterland einen Dienst zu erweisen oder redete sich das zumindest ein. Genau das Gegenteil war der Fall. Die Thronkandidatur Ferdinands von Coburg verschlechterte das ohnehin gespannte Verhältnis zwischen der Österreichisch-Ungarischen Monarchie und Rußland, das in Balkanfragen äußerst empfindlich reagierte, und brachte Außenminister Gustav Kalnoky in nicht geringe Schwierigkeiten. Man kann sich vorstellen, welche Aufregung es verursachte, als die geheimen, amateurhaften Manöver des Politintriganten Johann Salvator ruchbar wurden. Der Außenminister war indigniert, der Kronprinz wütend, beim Kaiser hatte der unbequeme Erzherzog seinen letzten Kredit verloren. Johann Salvator, der trotz allem ein Mann von Charakter war, zog daraus die persönlichen Konsequenzen. Er bat den Kaiser, ihn vom Militärdienst zu entheben, und trat einen mehrwöchigen Urlaub an.

Franz Joseph konnte nichts gelegener kommen als das Ersuchen des Erzherzogs. Johann Salvator, dessen Fähigkeiten er an sich schätzte, hatte ihm immer wieder Ärger, Verdruß und Unannehmlichkeiten bereitet. Der Monarch hatte dem ungestümen Neuerer seine Eskapaden oft genug verziehen, lange genug Nachsicht geübt. Jetzt war die Gelegenheit da, ihn loszuwerden, noch dazu auf eigenen Wunsch. Franz Joseph nützte die Chance, handelte mit unerbittlicher Unbewegtheit.

In einem Schreiben vom 21. September 1887 teilte er dem Toskaner kühl mit, daß er seiner Bitte nachgekommen sei und alles Erforderliche veranlaßt habe. Drei Tage später stand es auch im Militärverordnungsblatt schwarz auf weiß zu lesen, daß Erzherzog Johann von seinem Linzer Kommando enthoben worden war.

Johann befand sich um diese Zeit bereits in London, wohin er sich nach seiner überstürzten Abreise aus Linz über Paris, Le Havre und Southampton begeben hatte. Er hatte die Absicht, eine Seereise an die Riviera zu unternehmen und setzte diesen Plan nach dem Kauf einer Yacht auch in die Tat um. Kurz vor seiner Abfahrt aus Southampton bahnte sich aber schon der nächste Konflikt mit dem Kaiser an. Der Linzer Gemeinderat hatte dem Erzherzog am 2. Oktober 1887 in einer außerordentlichen Sitzung und mit dessen vorheriger Zustimmung einstimmig das Ehrenbürgerrecht verliehen. Sowohl seine Linzer Verehrer als auch Johann dachten sich nicht viel dabei. Der Linzer Gemeinderatsbeschluß war allerdings in der vielhundertjährigen Geschichte des Hauses Habsburg ohne Beispiel. Eine solche Auszeichnung für ein Mitglied des Kaiserhauses lag freilich erst seit dem Anbruch der liberalen Ära, seit der Proklamation der Dezemberverfassung von 1867, im Bereich der Möglichkeit. Franz Joseph reagierte darauf mit allen Anzeichen höchster Indignation. Er hielt eine Ehrenbürgerschaft mit der Stellung eines Mitglieds der Dynastie für unvereinbar. Nach Beratung mit dem Grafen Eduard Taaffe, seinem damaligen Ministerpräsidenten, erteilte er dem Erzherzog die Weisung, die Annahme der Auszeichnung zu verweigern. Johann Salvator fügte sich zähneknirschend. Er befand sich zu diesem Zeitpunkt bereits auf hoher See.

Die nächsten zwei Jahre waren im abwechslungs- und eskapadenreichen Leben des Erzherzogs Johann damit ausgefüllt, mit seiner Yacht die Adria und das Mittelmeer zu befahren und sich dem Studium der Nautik zu widmen. Da die Chancen auf eine Wiederaufnahme in die Armee von Monat zu Monat geringer wurden, wollte der Erzherzog ein Handelskapitänsdiplom erwerben, das ihn zur Führung eines Schiffes berechtigte. Nach monatelangem emsigem Studium erlangte Johann im September 1889 das Diplom eines „Capitano al lungo corso", eines „Kapitäns der langen Fahrt". Er konnte sich nun auf seine eigenen Beine stellen, sein Schicksal selbst gestalten. Entschlossen tat der Erzherzog nun den Schritt, der die Voraussetzung für ein bürgerliches Leben war: Er trat aus dem Kaiserhaus aus.

Auf seinem Weg durch die k.u.k. Militärkarriere wurde Johann Salvator von einer Frau begleitet – wir haben es bereits angedeutet –, die bis in den Tod treu zu ihm hielt. Sie war eine kleine Balletteuse, stammte aus kleinbürgerlichem Milieu und hieß Ludmilla Hildegard Stubel. Der Erzherzog lernte seine „Milli" wahrscheinlich 1871 bei einem Besuch der Wiener Hofoper kennen. Das blauäugige, blonde Mädchen hatte eine wohlproportionierte Figur, aber nur eine geringe Schulbildung. Johann machte es gesellschaftsfähig. Er brachte seiner Ludmilla einen gewissen „äußeren Schliff" bei, besorgte ihre und sorgte sich um ihre Sprach- und Gesangsausbildung. Wenn man Zeitungsmeldungen Glauben schenken darf, sprach Milli in späteren Jahren geläufig Italienisch und Französisch, spielte leidenschaftlich Klavier, trug Lieder vor und schrieb sogar kleine eigene Kompositionen.

Das Liebesverhältnis zwischen Johann Salvator und Ludmilla Stubel blieb selbstverständlich auch dem Kaiser nicht verborgen. Franz Joseph forderte den heißblütigen Toskaner auf, die Liaison abzubrechen. Johann beugte sich dem kaiserlichen Wunsch nicht. Er nahm Ludmilla Stubel in einige Städte mit, in denen er garnisoniert war, und erregte dadurch immer wieder den Unmut der obersten Hof- und Militärkreise.

Natürlich machte das Verhältnis zwischen dem ungestümen Erzherzog und seiner treuen, biederen Geliebten auch Anfechtungen, harte Bewährungsproben und Krisen durch. Der Erzherzog, der als Angehöriger des Kaiserhauses und als (hoher) Offizier einen weiten Pflichtenkreis hatte, konnte Milli nicht überallhin mitnehmen. Es gab lange Wochen und Monate der Trennung, die die sensible Balletteuse nur schwer ertrug. Sie zeigte sich in der Öffentlichkeit wenig oder durfte sich vielmehr kaum zeigen. Ungeduldig sehnte sich die alleingelassene, einsame Frau dann nach einem Lebenszeichen von ihrem „Alterl", ihrem „innigstgeliebten Mann", ihrem „Bübchen" oder wie immer sie den geliebten Mann auch anzureden pflegte. Ihr Gianni ließ sie freilich oft genug (allzu) lange warten. Die Klagen, daß er zuwenig von sich hören lasse, sind neben der Sorge um seine Gesundheit in ihren Briefen ein sich ständig wiederholendes Thema.

Das unstete Leben, das Ludmilla Stubel an der Seite Johanns zu führen gezwungen war, das ständige Versteckspiel vor der Öffentlichkeit, die Geringschätzung, die ihr aus der Umgebung des Erzherzogs zuweilen entgegenschlug, das Gefühl der gesellschaftlichen und intellektuellen Unterlegenheit, ihre Unebenbürtigkeit dem Geliebten gegenüber zerrten an ihren Nerven. Vor diesen Anfällen von Minderwertigkeitsgefühlen und all den anderen schwer zu ertragenden Widerwärtigkeiten flüchtete sie sich in die Krankheit. Die Briefe der Dreißig- bis Fünfunddreißigjährigen sind voll von Berichten über Unwohlsein, Kopf-, Hals-, Zahn- und Magenschmerzen, Bauchweh, Nierenleiden und andere Übel. Die Mitteilungen über Arzt- und Bäderbesuche nehmen darin kein Ende. Diese Ludmilla Stubel war im Grunde ein armes, bedauernswertes Geschöpf. Sie hatte an der Seite Johanns wirklich kein leichtes Leben. Aber sie ging mit ihrem „Schani“ durch dick und dünn, sie war neben der geliebten Mutter der zuverlässige Anker in der Unrast seines Lebens. Johann Salvator bezeugte ihr für ihre Treue seine Dankbarkeit. Er bedachte sie in seinem Testament und heiratete sie im Dezember 1889 in London per procurationem.

Mit seinem Austritt aus dem Kaiserhaus begann für Erzherzog Johann Salvator, der nun Johann Orth hieß und auch so angeredet werden wollte, ein neuer Lebensabschnitt. Es sollte, was er natürlich nicht ahnen konnte, sein letzter sein. Johann hatte sich alles ganz einfach vorgestellt. Er wollte ein Handelsschiff kaufen und als freier Schiffseigentümer seinen Lebensunterhalt bestreiten. Aber nun türmte sich doch eine Reihe von unvorhergesehenen Schwierigkeiten vor ihm auf. Der Kaiser bestand auf dem Erwerb der schweizerischen Staatsbürgerschaft. Als Schweizer Staatsbürger war er aber nicht berechtigt, ein Schiff unter österreichisch-ungarischer Flagge zu führen. Johann war verzweifelt. „Für meinen Eintritt in fremde Dienste werden mir Bedingungen gestellt“, schrieb er an einen Freund, „die ich nicht erfüllen kann. Allein das Recht auf Arbeit, das jedermann zukommt, lasse ich mir nicht nehmen. Ich verfluche die Stunde, in der ich als Erzherzog geboren wurde und beneide jeden, der bürgerlicher Abstammung ist ...“

Wenn er schon nicht bürgerlicher Abstammung sein konnte, so kämpfte der Erzherzog jetzt mit ganzer Kraft um eine bürgerliche Existenz.

Die schweizerische Staatsbürgerschaft erhielt Johann Orth nicht. Nach langen Bemühungen, Eingaben und Bittschriften an die verschiedensten Behörden gelang es ihm, jene Dokumente zu bekommen, die er für die Durchführung seines Vorhabens brauchte: ein Passavanti nach Südamerika und eine Seebewilligung. Seine Pläne waren längst gefaßt. Johann wollte eine Schiffsladung Zement nach Chile bringen und von dort mit einer Ladung Salpeter nach Europa zurückkehren. Er kaufte um einen namhaften Betrag den 1428 BRT großen Dreimaster „St. Margaret“, nahm einen erfahrenen Kapitän in Dienst und heuerte eine Mannschaft an. Am 26. März 1890 war es dann endlich soweit. Von London aus setzte sich die „St. Margaret“ mit Johann Orth und seiner aus vierundzwanzig Mann bestehenden Besatzung zur Fahrt quer durch den Atlantik in Bewegung. Die Überfahrt, die etwas mehr als zwei Monate in Anspruch nahm, ging nicht ohne Schwierigkeiten vonstatten. Stürme, tropische Regengüsse und ein Feuer, das durch die Unachtsamkeit des Maates Giaconi an Bord ausbrach, machten den Seeleuten schwer zu schaffen. Schließlich lief das Schiff am 30. Mai 1890 wohlbehalten in La Plata ein. Sogleich eilte Johann Orth zum nächsten Telegrafenamt, um die geliebte Mutter von seiner Ankunft zu verständigen. „Felicamente arrivato“, kabelte er in die Heimat. Die Mutter, die das Seefahrtsunternehmen ihres Sohnes mißbilligte, wird über die glückliche Ankunft Johanns mehr als erleichtert gewesen sein.

Für Johann Orth begannen nun Tage hektischer Betriebsamkeit. Das Schiff mußte entladen und repariert, finanzielle Transaktionen mußten abgewickelt, Verhandlungen für eine neue Fracht geführt werden. Dazu kamen gesellschaftliche Verpflichtungen, die der jeder Etikette abholde ehemalige Angehörige des österreichischen Kaiserhauses jedoch in Grenzen zu halten verstand. Für die geplante Weiterreise nach Valparaiso brauchte er einen neuen Paß, da die Gültigkeit des alten abgelaufen war. Vor allem aber gab es Hader und Zank mit der Mannschaft. Johann entließ den Kapitän und den zweiten Offizier, mit denen er sich überworfen hatte. Der dritte Offizier und ein Teil der Besatzung schifften sich freiwillig aus, so daß Orth, der nun das Kommando des Schiffes selbst übernahm, genötigt war, sich nach neuen Seeleuten umzusehen. Es sollen nicht gerade die tüchtigsten und erfahrensten Matrosen gewesen sein, die Johann anheuerte.

In der ersten Juliwoche traf Ludmilla Stubel an Bord eines deutschen Passagierdampfers in La Plata ein. Sie wollte ihren Mann auf der Weiterfahrt nach Chile begleiten. Als die „St. Margaret“ Mitte Juli 1890 zur Ausfahrt aus dem Hafen von Ensenada bereitlag, tobten rund um Kap Hoorn schwerste Stürme. Johann Orth war davon unterrichtet. Er wußte, er

Johann Orth (zweiter von rechts) mit einem Teil seiner Schiffsmannschaft

mußte wissen, daß die Fahrt nach Chile zu diesem Zeitpunkt ein ungeheures Wagnis war, beinahe ein Todeskommando. Er war dennoch fest dazu entschlossen, dieses Wagnis einzugehen. Er hatte Verträge in der Tasche, und er wollte vor allem nicht kneifen, nicht als feige gelten. Und so vollzog sich sein tragisches Ende mit geradezu schicksalhafter Unabwendbarkeit. Johann Orth verließ am 12. Juli 1890 mit der „St. Margaret" Argentinien. Schiff und Mannschaft haben Valparaiso, den chilenischen Zielhafen, nie erreicht. Umfangreiche wissenschaftliche Erhebungen, die später angestellt wurden, haben ergeben, daß die „St. Margaret" in der Nacht vom 20. auf den 21. Juli 1890 zwischen Mitternacht und vier Uhr früh auf der Höhe von Kap Tres Puntas in etwa achtundvierzig Grad südlicher Breite und fünfundsechzig Grad westlicher Länge in einen Orkan geraten und untergegangen ist. Alle

Suchaktionen, die nach dem Bekanntwerden der Schiffskatastrophe gestartet wurden, blieben ergebnislos. Von Johann Orth, Ludmilla Stubel und den Besatzungsmitgliedern des Unglücksschiffes hat die Nachwelt nie wieder auch nur ein Sterbenswörtchen gehört. Am 6. Mai 1911, etwas mehr als zwanzig Jahre nach der Schiffskatastrophe im Atlantik, wurde Johann Orth, der bis zu diesem Zeitpunkt als verschollen gegolten hatte, vom k. k. Obersthofmarschallamt für tot erklärt. Die Nachwelt hat seinen Ertrinkungstod angezweifelt. Die Legenden um Johann Orth sind bis heute nicht verstummt. Der ungewöhnliche Erzherzog, der kaiserliche Aussteiger Johann Salvator, hätte sich keine bessere Nachrede wünschen können. Denn er, der stets nach Höherem strebte, der auf Ruhm und Unsterblichkeit erpicht war, lebt wenigstens durch diese Legenden im Gedächtnis der Nachwelt weiter.

Leopold Ferdinand (Leopold Wölfling)

Vom Erzherzog zum Würstelverkäufer

Dreizehn Jahre nach dem aufsehenerregenden Ausscheiden des Erzherzogs Johann Salvator aus dem österreichischen Kaiserhaus sorgte wiederum ein Mitglied der toskanischen Linie des Hauses Habsburg-Lothringen in der Wiener Hofburg für Verblüffung. Von Brüssel aus übersandte Erzherzog Leopold Ferdinand dem Kaiser unter dem Datum des 14. Dezember 1902 ein Schreiben, das an paradigmatischer Knappheit nichts zu wünschen übrig ließ: „Eure Majestät! Ich bitte Eure Majestät meine Stellung und Rang als Erzherzog ablegen zu dürfen, und den Namen Leopold Wölfling anzunehmen", formulierte der Erzherzog grammatikalisch unkorrekt und (gewollt?) ungelenk, um noch den Satz anzufügen: „Ich habe Dr. Adolf Ritter von Ofenheim mit der Regelung meiner Privatangelegenheiten betraut." Basta.

Wie sich später herausstellte, war der Aufgabeort des Briefes fingiert. Leopold Ferdinand befand sich zu diesem Zeitpunkt gar nicht in Brüssel, sondern in Genf. Sein Kammervorsteher Arthur Ritter von Töply, der seiner kaiserlichen Hoheit eine persönliche Antwort des Kaisers zustellen mußte, traf den Erzherzog in der belgischen Hauptstadt nicht an. Er mag sich darüber eher gewundert als geärgert haben. Ungereimtheiten dieser Art, um es gelinde auszudrücken, gehörten seit längerem zum Stil seines Herrn, der es in der k.u.k. Armee immerhin bis zum Obersten gebracht hatte.

Erzherzog Leopold Ferdinand war ein Neffe Johann Salvators, dem er nacheiferte, aber in seinem Buch „Habsburger unter sich" zwei Jahrzehnte später nicht nur Vorzüge nachsagte. Onkel und Neffe hatten zwar manches gemeinsam, ihre Vorliebe für die See etwa, ihr geistiges Revoluzzertum, eine hohe intellektuelle Begabung, schriftstellerische Qualitäten.

Aber Johann Salvator hatte nicht nur eine kräftigere Statur und einen gefestigteren Charakter. Er blieb auch als der Privatmann Johann Orth eine Persönlichkeit von untadeliger Haltung und hohen moralischen Ansprüchen, während sich in der Person Leopold Wölflings die Dynastie geradezu prostituierte. Jedem ehrlichen Broterwerb, jeder permanenten Tätigkeit im Grunde seines Herzens abhold, führte der ehemalige Erzherzog das unbekümmerte Leben eines Bohemien, lief den Weibern nach, lebte im Zuhältermilieu, stürzte sich in unüberlegte Ehen mit unsteten, ungebildeten Partnerinnen. Erst als er keine Zuwendungen vom Kaiserhaus mehr bekam und ihm das Wasser bis zum Hals stand, schrieb er Bücher über sein Leben und schlug damit ein wenig Kapital aus seiner von ihm ansonsten geschmähten Zugehörigkeit zur Herrscherfamilie. Er nahm dann vorübergehend Jobs an, die vom Fremdsprachenkorrespondenten bis zum Würstelverkäufer reichten, ohne zu vergessen, die republikanischen Behörden um eine Pension anzuschnorren, die er allerdings nicht bekam. Nicht einmal finanziell konnte er sich noch einmal in den Offiziersrang erheben. Es blieb bei seinem steilen sozialen Abstieg.

Leopold Ferdinand war der älteste Sohn des Großherzogs Ferdinand IV. und dessen zweiter Gattin Alice von Bourbon-Parma. Er wurde am 2. Dezember 1868 in Salzburg geboren, wo der Vater nach der Vertreibung aus der Toskana gewissermaßen im fürstlichen Ausgedinge lebte. Ferdinand hielt in der Salzachstadt die Fiktion eines regierenden Fürsten aufrecht. Er hatte einen großen Hofstaat, an dessen Spitze ein aus der Toskana stammender Obersthofmeister stand. Die umfangreiche diplomatische Korrespondenz wurde von einer Kanzlei besorgt, den Dienst in der weiträumigen Residenz in der Salzburger Innenstadt versahen livrierte Lakaien. Ferdinand, der ein passionierter Weidmann war, vertrieb sich den Großteil seiner Zeit mit der Jagd und dem Segelbootfahren in Lindau am Bodensee, wo er eine Villa besaß. Den Sommer verbrachte die großherzogliche Familie zumeist im böhmischen Schlackenwerth, das der Großherzog von seinem Vater geerbt hatte. Am Wiener Kaiserhof zeigte sich Ferdinand selten, doch war sein Verhältnis zu Franz Joseph im großen und ganzen harmonisch und ungetrübt.

Erzherzog Leopold Ferdinand als Seekadett

Leopold Ferdinand wurde, wie dies in aristokratischen Kreisen üblich war, durch Hauslehrer erzogen. Er erhielt nach der Grundschule eine gediegene Ausbildung, lernte Fremdsprachen, Mathematik (für die er sich besonders interessierte), Fechten und Reiten. Die Leitung der Erziehung seines ältesten Sohnes und seiner übrigen Kinder übertrug der Großherzog Albin Freiherrn von Teuffenbach, einem Offizier, der aus der kaiserlichen Militärkanzlei kam, vom jungen Leopold aber wegen seines überpatriotischen Eifers und seiner betont soldatischen Strammheit nicht sonderlich geschätzt wurde. Nach ein paar Reisen, die seinen Gesichtskreis erweiterten, bezog Leopold im Alter von fünfzehn Jahren als externer Zögling die k. k. Marineakademie in Fiume. Er wurde dort nach vier Jahren 1887 als Seekadett zweiter Klasse mit bestem Erfolg ausgemustert. Seine Qualifikation war hervorragend. „Hat viel Sprachtalent“, heißt es in der Qualifikationsliste für das Jahr 1888, „zeigt *besondere* Vorliebe für den seemännischen Beruf, ist *sehr* bestrebt, sich weiter auszubilden. Der Mannschaft gegenüber wohlwollend und *sehr* fürsorglich. Das bisherige Verhalten berechtigt zu den *besten Hoffnungen* für die Zukunft.“ Diese optimistische Prognose sollte sich leider nicht erfüllen.

Leopold Ferdinand beschreibt in seinem schon genannten Erinnerungsbuch seine Ausbildung zum Marineoffizier sehr ausführlich. „Es war ein ziemlich großes Pensum jährlich zu erledigen“, erinnert er sich, „und nur Fleißige konnten mitkommen. Von morgens acht bis Mittag, mit einer halbstündigen Pause für den Rapport, nebst kurzer Erholung im Garten; nachmittags von zwei bis fünf war theoretischer Unterricht; dann schlossen sich daran die Exerzitien, Turnen, Fechten, Tanzen, Segel-, Ruder-, Artillerie- und Infanterie-Exerzieren, so daß der Tag vollständig ausgefüllt wurde. Mit meinem Schiffsleutnant studierte ich zu Hause morgens ein bis eineinhalb Stunden und abends oft noch zwei Stunden, nebenbei lernte ich Ungarisch.“

Mit seinen Kameraden kam er im wesentlichen gut aus, wenn ihm auch als Mitglied des Kaiserhauses zuweilen Voreingenommenheit und abwartende Skepsis entgegenschlugen.

Am 15. Dezember 1889 wurde der einundzwanzigjährige Erzherzog zum Seekadetten erster Klasse befördert, eine Woche später war er bereits Linienschiffsfähnrich. Einer steilen erzherzoglichen Karriere in der k. u. k. Marine schien nichts im Wege zu stehen, zumal auch die Vorgesetzten mit der Dienstleistung Leopold Ferdinands weiterhin durchaus zufrieden waren. 1891 attestierten sie ihm eine rasche Auffassungsgabe, gutes Gedächtnis, richtiges Urteil und bezeichneten ihn als gutmütig und sehr talentiert. In dieses Jahr fiel aber auch ein Ereignis privater Natur, das im Leben des Erzherzogs möglicherweise *das* Schlüsselerlebnis schlechthin war. Nach seiner eigenen Darstellung hatte sich Leopold Ferdinand als Sechzehnjähriger in seine Cousine Elvira, die zweitälteste Tochter des spanischen Thronprätendenten Don Carlos, verliebt. Die Beziehung zwischen den beiden jungen

Menschen vertiefte sich, der Verlobung folgte die Heiratsabsicht. Wie jeder andere Erzherzog brauchte Leopold Ferdinand für eine Heirat die Einwilligung des Kaisers. „Ich fuhr nach Salzburg", schreibt er in seinen Aufzeichnungen, „und getreu den Traditionen des Hauses, erbat ich die Zustimmung meines Vaters, die Erlaubnis zu meiner Verheiratung mit Elvira von Bourbon beim Kaiser einzuholen. Mein Vater sagte weder nein noch ja, doch fuhren wir gemeinsam nach Wien. Erst waren die Eltern allein beim Kaiser. Dann wurde ich gerufen, und Franz Joseph teilte mir trocken mit, daß er seine Zustimmung aus politischen Gründen versagen müsse; auf meine Frage, welche Gründe dies seien (denn ich ahnte mit Recht, daß der alte Albrecht seine Finger im Spiel hatte), bekam ich kurz und abweisend zur Antwort, daß die Staatsraison eine nochmalige Verbindung mit dem bourbonischen Prätendentenhause nicht erlaube." (Elviras Schwester Blanca hatte im Oktober 1889 Leopold Salvator geheiratet, Anm. d. Verf.) Wölfling weiter: „Der Kindertraum war aus. Etwas in mir war gebrochen. Elvira, meine stille Braut, mein Freund, mein Kamerad, die mir Halt, ja Freude und Liebe zum Beruf gab, für mich verloren. Was künftig sein sollte, war mir egal; von diesem Momente an habe ich kein weiteres Interesse an der Entwicklung meiner Karriere, meiner ganzen Zukunft gehabt. Wozu auch ..."

Ob die kaiserliche Zurückweisung tatsächlich eine so tiefgreifende Wirkung gehabt hat, wie es Leopold Ferdinand aus der Rückschau darstellt, muß offenbleiben. Jedenfalls kam es im Jahr darauf zwischen dem zum Linienschiffsleutnant beförderten Leopold und Franz Ferdinand, dem späteren Thronfolger, zu einem Eklat, der für den jungen Erzherzog folgenschwere Konsequenzen haben sollte. Anscheinend war dem in Salzburg geborenen Toskaner wirklich alles egal.

Mitte Dezember 1892 trat Franz Ferdinand von Triest aus eine Seereise an, die ihn nach Ägypten, Indien, Japan, Australien, Nordamerika und von dort wieder zurück in die Heimat führen sollte. Mit von der Partie waren außer der Schiffsmannschaft vierzig Offiziere, Kadetten und Beamte, unter ihnen Leopold Ferdinand, der als Wach-, Batterie- und Quartieroffizier Dienst tat. Er hatte sich, so behauptete er jedenfalls später, um die Kommandierung nicht beworben und fand das Leben auf der „Kaiserin Elisabeth" eintönig und fad. So fad, daß er offenbar schon nach ein paar Tagen mit seinem Schicksal, Franz Ferdinand und dem Schiffskommandanten zu hadern begann. Jedenfalls bat der Thronfolger bereits am 20. Dezember 1892 den Kaiser per Telegramm um den Befehl, Erzherzog Leopold die Teilnahme an den Landreisen verbieten zu dürfen. Bezüglich seiner Intervention ersuchte er Franz Joseph um Verschwiegenheit. Die triftigen Gründe für seine Bitte wolle er Seiner Majestät schriftlich melden. Franz Joseph willfahrte dem Wunsch seines Neffen.[1] Der kaiserliche Befehl scheint keinerlei Wirkung gezeitigt zu haben. Leopold Ferdinand benahm sich an Bord weiterhin ungehörig. Er leistete dem Kommandanten keinen Gehorsam, verkehrte nur im Kreise der Kadetten und ließ, wenn er in der Offiziersmesse erschien, den gebührenden Anstand vermissen. Schließlich sah man ihn an Bord nur noch in Begleitung *eines* Kadetten, so daß man hinter vorgehaltener Hand alles mögliche zu munkeln begann. Als der Kapitän das Intimverhältnis zu unterbinden versuchte, drohte der Erzherzog mit Selbstmord. Der Konflikt zwischen den beiden menschlich und weltanschaulich völlig verschiedenen Erzherzögen schwelte weiter, bis Leopold Ferdinand schließlich Mitte Mai 1893 in Sidney ausgeschifft wurde und in Begleitung des Linienschiffsleutnants F. von Schleinitz die Rückreise in die Heimat antrat. Offiziell wurde die Ausschiffung mit Krankheit begründet.

Franz Ferdinand, der die Vorgänge an Bord des Schiffes dem Kaiser meldete, war fuchsteufelswild. Leopold Ferdinand sei ohne jede Erziehung, ohne jeden moralischen Halt, wetterte er. „Dieser junge Mann, der wirklich das Ansehen, die Ehre unseres Names und unserer Familie verunglimpft, der das schlechteste Beispiel gibt und dessen Ruf in der ganzen Marine bereits vollkommen untergraben ist", heißt es in seinem Schreiben dann wörtlich, müsse mit allen Mitteln auf den rechten Weg gewiesen werden. Und der Thronfolger schlug auch gleich die zu ergreifenden Maßnahmen vor. Man solle den Erzherzog längere Zeit vom Dienst suspendieren, ihn aus Pola abkommandieren und ihn in der Armee unter einem sehr strengen Vorgesetzten Dienst verrichten lassen.[2]

Für Erzherzog Albrecht, dem Franz Ferdinand ebenfalls

Bericht erstattete, war der Vorfall Wasser auf seine dynastieerhaltenden Moralmühlen: „Leopold hatte immer einen schwierigen, um nicht zu sagen bösen Charakter", meinte er in seinem Antwortschreiben vom 23. August 1893, „er ist hochmütig, ungehorsam, irreligiös und in der Marine unbeliebt." Und dann teilte er gegen die Toskaner undifferenziert Hiebe aus: „Du hast jetzt einen neuen Beweis", schrieb er, „was in der toskanischen Linie an wällischer Verschlagenheit, bourbonischer Miserabilität und antiösterreichischer Gesinnung geleistet wird und fortwuchert. Gebe Gott, daß es gelingen möge wenigstens die Mehrzahl zu besseren Gesinnungen zurück zu führen." Und in Anspielung auf das Schicksal des Kronprinzen und Johann Orths meinte er: „Rasch hintereinander ist dieß nun der dritte schmachvolle Fall im Erzhaus, welcher dieses in der ganzen Welt discreditirt und entehrt. Zwei haben sich selbst gerichtet. Was wird der dritte thun?"[3] Der dritte tat vorderhand nichts. Er fügte sich in sein Schicksal. Nach einer Beurlaubung von etwa einem Jahr – nach Meinung eines Vorgesetzten war Leopold Ferdinand im Hinblick auf seine neurasthenische Veranlagung dem nervenaufreibenden Seedienst und der vorherrschenden Monotonie des Seelebens nicht gewachsen – trat er im März 1894 auf kaiserlichen Befehl seinen Dienst als Hauptman im Infanterieregiment Nr. 8 an, das in Brünn stationiert war. In seinem Buch: „My Life Story. From Archduke to Grocer", das Jahrzehnte nach dem Vorfall auf der „Kaiserin Elisabeth" erschien, schildert Leopold Ferdinand seine (tätlichen) Auseinandersetzungen mit Franz Ferdinand. Er begründet den Konflikt im wesentlichen mit unüberbrückbaren weltanschaulichen Differenzen, den präpotenten Machtansprüchen und dem hochmütigen, autokratischen Gehabe des Möchtegernkaisers.[4]

Brünn, die Hauptstadt Mährens, war eine kleine Garnison, in der sich der Erzherzog nicht sonderlich wohlfühlte. Es dauerte einige Zeit, ehe er sich im neuen Truppenkörper zurechtfand. Die Umstellung von der Marine zur Infanterie war nicht leicht zu verkraften. Leopold Ferdinand scheint sich jedoch Mühe gegeben zu haben, seinen Dienstobliegenheiten ordnungs- und pflichtgemäß nachzukommen. Die Qualifikationsliste des Jahres 1894 billigt ihm jedenfalls Eifer und Interesse am Dienst zu: „Ist eifrig bestrebt, seine Kenntnisse in der Infanterie-Waffe zu erweitern", heißt es da, und: „Berechtigt bei consequentem Eifer zu besten Hoffnungen." Den Untergebenen gegenüber sei er streng und dienstfordernd, er halte sehr viel auf Manneszucht, meinten seine Vorgesetzten. Leopold Ferdinand selbst sah sein Verhältnis zur Mannschaft anders. „Ich ließ sie offen sehen, daß ich sie als Menschen betrachtete und nicht als Maschinen", stellte er in seinen Erinnerungen fest, und: „Ich gab mir Mühe, ihnen ein väterlicher Freund zu sein."[5] Seine menschenfreundliche Behandlung der Soldaten stieß im Offizierskorps auf Unverständnis und Ablehnung. Der Erzherzog hatte jedenfalls diesen Eindruck. Er fühlte sich ungerecht behandelt und glaubte, überall den weitreichenden Arm Erzherzog Albrechts zu spüren. Wie dem auch immer gewesen sein mag, ein Akt des Entgegenkommens war es gewiß nicht, als er nach ungefähr dreijähriger Dienstzeit mit 1. Mai 1897 als Major zum Infanterieregiment Nr. 45 nach Přemysl versetzt wurde. Der Grund, warum man den unliebsamen Erzherzog in eine von Wien so weit entfernte, ungeliebte Garnisonsstadt transferierte, könnten dessen persönliche Umstände gewesen sein. Leopold Ferdinand hatte – nach seinen Angaben im Wiener Augarten – ein Mädchen kennengelernt, in das er sich schnurstracks verliebte. Die Auserwählte des Erzherzogs war am 1. Mai 1877 in Lundenburg geboren, hieß Wilhelmine Adamovic und war die Tochter eines kleinen Postbeamten. Das Mädchen, das nach dem frühen Tod seiner Mutter eine schwere Kindheit durchgemacht hatte, war mit der Familie nach Brünn übersiedelt, Kellnerin und Kassierin in einem Kaffeehaus gewesen und hatte schon früh professionell Männerbekanntschaften gesucht. 1895 erhielt sie ein „Gesundheitsbuch" ausgefolgt, das sie aber bald wieder zurückgab. Das Auge des Erzherzogs war also, was die Herkunft betraf, keineswegs auf seinesgleichen gefallen. Leopold Ferdinand war in der Wahl seiner Partnerinnen jedoch nie zimperlich. Er hatte zum Zeitpunkt, als er Fräulein Adamovic kennenlernte, eine Geliebte mit Kind, die er nun für seinen neuen Schwarm im Stich ließ. (1928 wurde die Sache gerichtskundig, als die uneheliche Tochter eine Alimentationsklage gegen Leopold Ferdinand einreichte.) Um den Rang- und Bildungsunterschied ein wenig auszugleichen, ließ der Erzherzog seine „Flamme“ ausbilden und nahm sie nach Přemysl mit, wo sie ihm den Haushalt führte. Alle Versuche seitens des Kaiserhauses, die Liaison zwischen Leopold Ferdinand und der ehemaligen Prostituierten zu beenden, schlugen fehl.

Seiner militärischen Karriere schadete dieses skandalöse Privatleben zunächst nicht. Der Toskaner wurde 1899 zum Oberstleutnant und am 1. November 1900 zum Oberst des 3. Feldbattaillons in Iglau ernannt. Als Leopold Ferdinand jedoch hartnäckig an seinem Liebesverhältnis festhielt und den Willen bekundete, Wilhelmine Adamovic zu heiraten, bekam er Franz Josephs eiserne Hand zu spüren. Der Kaiser berief den Erzherzog kurzerhand aus Iglau ab und schickte ihn aus Gesundheitsrücksichten (offiziell hieß es „zur Heilung nervöser Zustände“) in die geschlossene Anstalt des Dr. Erlenmeyer nach Bendorf bei Koblenz am Rhein. Während seine kaiserliche Durchlaucht hinter vergitterten Fenstern genug Muße hatte, über seine Situation, seine Stellung und sein Schicksal nachzudenken, verbrachte seine Geliebte in einer Villa in der Sternwartestraße im 18. Wiener Gemeindebezirk, die ihr ihr Galan gekauft hatte, einige Monate unbeschwerten Glücks. Der Tapetenwechsel von der Kaserne in die Irrenanstalt zeitigte die vom Kaiser beabsichtigte Wirkung. Am 17. Jänner 1902 meldete Leopold Ferdinand seiner Majestät untertänigst, daß er sein Verhältnis zu Fräulein Wilhelmine Adamovic für immer gelöst habe, „wie schwer es ihm auch angekommen sein mag“. Er habe sich davon überzeugt, daß dies der einzige Weg sei, „um wieder ein anständiger Mensch und ein braver Soldat zu werden“.[6]

Wilhelmine Adamovic wurde vom Vater des Erzherzogs mit Wertpapieren in der Höhe von einhunderttausend Kronen abgefertigt. Außerdem wurde bei einer Wiener Bank Kapital zur Ausbezahlung einer Rente hinterlegt. Die Villa im Währinger Cottage wurde verkauft. Fräulein Adamovic zog nach Baden bei Wien, nachdem sie das Versprechen gegeben hatte, den Erzherzog nie wieder zu treffen. Der Verkauf des Hauses und die Umstände, unter denen Wilhelmine Adamovic Wien verließ, hatten ein Jahr später sogar ein parlamentarisches Nachspiel. Die Abgeordneten Pernerstorfer und Genossen brachten eine Interpellation ein, in der sie Aufklärung darüber verlangten, ob, wie einige Tageszeitungen berichteten,[7] Dr. Adolf Bachrach, der Rechtsvertreter des Großherzogs, mit Drohungen gegen Fräulein Wilhelmine Adamovic vorgegangen sei und somit den Tatbestand der Erpressung begangen habe. Gegen Dr. Bachrach wurde daraufhin von der niederösterreichischen Advokatenkammer eine Disziplinaruntersuchung eingeleitet, durch die der Rechtsanwalt jedoch vollkommen rehabilitiert wurde.

Leopold Ferdinand bat den Kaiser am 31. März 1902 mit dem Ausdruck tiefster Ehrfurcht, Treue und Anhänglichkeit um Wiedereinteilung zur aktiven Dienstleistung.[8] Der Erzherzog schien reumütig in den Schoß der Armee zurückkehren zu wollen. Der Kaiser lehnte das Ansuchen ab. Er gewährte jedoch aus Gesundheitsrücksichten großmütig einen Urlaub von unbeschränkter Dauer. Für den enttäuschten Leopold Ferdinand waren nun die Würfel endgültig gefallen. Er nahm die Beziehungen zu seiner Geliebten wieder auf und entschloß sich definitiv, sie zu heiraten und aus dem Kaiserhaus auszutreten. Ehe er diesen folgenschweren Schritt, der sein Leben von Grund auf veränderte, setzte, nahm er Kontakt mit seiner Schwester Louise, der Kronprinzessin von Sachsen, auf, die eben ihren Gemahl im Stich gelassen hatte, um mit dem Sprachlehrer ihrer Kinder durchzubrennen. Leopold Ferdinand, Louise und Giron, der besagte Sprachlehrer, „flohen" in die Schweiz. Wilhelmine Adamovic kam ein wenig später nach.

Die Presse griff die Affäre im Stil einer Sensationsberichterstattung begierig auf. In den Wiener Tageszeitungen erschienen über Leopold Ferdinand seitenlange Artikel.[9]

Kaiser Franz Joseph reagierte auf das eingangs erwähnte Schreiben Leopold Ferdinands, in dem dieser darum bat, den Rang eines Erzherzogs ablegen zu dürfen, in gewohnter Weise prompt und unbarmherzig. Er verlangte von Leopold Ferdinand in einem Allerhöchsten Handschreiben die Erfüllung aller jener Bedingungen, die er mehr als ein Jahrzehnt zuvor Johann Orth auferlegt hatte: Verzicht auf alle Rechte und Ansprüche eines Mitgliedes des Kaiserhauses, Ablegung der militärischen Charge, Entlassung aus dem Heeresverband, Streichung aus der Liste der Toison-Ehrenritter, Annahme einer fremden Staatsbürgerschaft, Verbot, die Grenzen der

Monarchie ohne ausdrückliche Erlaubnis des Kaisers zu überschreiten. Leopold Ferdinand, der offenbar das harte Schicksal seines Onkels vor Augen hatte, war jedoch nicht gewillt, die kaiserlichen Bedingungen glattweg zu akzeptieren. Er unterschrieb das Handschreiben nicht.

Seine Rechtsanwälte – der schon genannte Dr. Adolf Ofenheim, der später vom Hof- und Gerichtsadvokaten Dr. Emil Frischauer abgelöst wurde, und der Genfer Advokat Lachenal – setzten die kaiserlichen Behörden rechtlich gehörig unter Druck, so daß der Kaiser sogar eine Konferenz der höchsten Beamten einberief, die sich unter dem Vorsitz des Ministers des Äußeren, des Grafen Agenor Goluchowski, mit der ganzen Angelegenheit befaßte. Leopold Ferdinand ging es natürlich vorwiegend um die Sicherung seiner materiellen Existenz. Erst als diese gesichert war, unterwarf er sich am 9. April 1903 den Bedingungen des Kaisers. Die Abmachung zwischen dem Kaiser und dem renitenten Erzherzog wurde durch einen Gnadenakt Ferdinands IV. erleichtert, der dem Sohn gegen den Verzicht auf alle familien- und erbrechtlichen Ansprüche und Forderungen einen standesgemäßen Unterhalt zusicherte. Demzufolge sollte Leopold Ferdinand einen einmaligen Betrag von zweihunderttausend Kronen und Zeit seines Lebens eine monatliche Unterhaltszahlung von dreitausend Kronen erhalten, über die er zur Hälfte testamentarisch verfügen konnte. Leopold Ferdinand folgte nach der definitiven Regelung seiner bürgerlichen Verhältnisse am 10. April 1903 dem „Drange seines Herzens" und dankte Seiner Majestät für die „Huld und Gnade" sowie das „ganz ungewöhnliche Wohlwollen", das ihm der Kaiser zeitlebens entgegengebracht habe. Mit diesem abstoßenden, phrasenhaften Unterwerfungsschreiben, das den öffentlichen Schuldbekenntnissen von unliebsam gewordenen Parteibonzen in Diktaturen ähnelt, nahm Erzherzog Leopold Ferdinand endgültig Abschied vom österreichischen Kaiserhaus. Er war nun ein freier Bürger namens Leopold Wölfling.[10]

Ein paar Monate nach der Regelung seiner materiellen Verhältnisse, am 25. Juli 1903, heiratete Wölfling in einer Schweizer Kleinstadt an der französischen Grenze standesamtlich und kirchlich Wilhelmine Adamovic. Als Trauzeugen fungierten zwei Stadtbewohner, die das Brautpaar flüchtig kannte. Die Ehegatten verbrachten die Flitterwochen in Südfrankreich und bezogen hierauf ein geräumiges Haus in der Stadt Zug, das der Vater Leopolds um einhunderttausend Franken angekauft hatte. Im Kanton Zug erhielt Wölfling am 20. Mai 1905 auch das Kanton-Bürgerrecht. Der ehemalige Erzherzog hatte damit, wenn auch verspätet, den Wunsch des Kaisers erfüllt: Er war Schweizer Staatsbürger geworden.

Die Ehe zwischen den beiden herkunfts- und bildungsmäßig so ungleichen Partnern war von allem Anfang an, wie zu erwarten stand, wenig harmonisch. Frau Wölfling interessierte sich auf den Reisen, die das Ehepaar unternahm, nur für Trivialitäten. Kultur und alles, was damit zusammenhing, verachtete sie. Hingegen geriet sie nach einigen Besuchen der Vegetarierkolonie in Ascona ganz in den Bannkreis dieser Alternativbewegung – wie man das heute ausdrücken würde. Sie schwärmte von einem naturhaften Leben und ging ihrem Mann, der das Spiel zunächst mitmachte, mit diesem Spleen gehörig auf die Nerven. Leopold Ferdinand verließ den gemeinsamen Haushalt und reichte die Scheidung ein. Die Trennung der Ehe erfolgte offiziell am 1. Juli 1907. Frau Wölfling erhielt eine Abfertigung von fünfzigtausend Kronen, brachte aber in den nächsten Jahren immer wieder Alimentationsklagen gegen ihren Gatten ein.

Herr Wölfling kümmerte sich um die gerichtlichen Schritte seiner Exgattin herzlich wenig. Er hatte sich bereits am 26. Oktober 1907 wieder in eine neue Ehe gestürzt. Die Dame seines Herzens hieß Maria Ritter, stammte aus Schlesien, war acht Jahre jünger als er und stand in München unter sittenpolizeilicher Kontrolle. Leopold Wölfling, auf den Frauen aus solchem Milieu offenbar eine unwiderstehliche Anziehungskraft ausübten, spielte auch gegenüber seiner zweiten Gattin den Grandseigneur. Er verwöhnte sie mit Schmuck, überschüttete sie mit Geldgeschenken und übersiedelte, als ihr das Leben in der Schweiz nicht mehr behagte, nach Paris, wo das Ehepaar drei Jahre zubrachte. Nach vierjähriger Ehe wurde Madame Wölfling von einem Nervenfieber heimgesucht, das sich trotz mehrerer Kuraufenthalte (Schlangenbad, Taunus) mehr und mehr verschlechterte. Die Partnerschaft zerbrach.

Wölfling ging nach München, wo der kaiserliche Renegat

Leopold Wölfling in einem Fotolabor

den Ausbruch des Ersten Weltkrieges erlebte. Patriotische Gefühle loderten in ihm auf. Er wollte seinem Vaterland mit der Waffe in der Hand dienen. Aber die Mutter, die dem Kaiser die Bitte des Sohnes vortrug, wurde von diesem abschlägig beschieden. „Erwähne den Namen Leopold nicht mehr“, soll Franz Joseph gesagt haben. „Er ist, seit ich ihn verbannt habe, tot für mich und er wird es immer bleiben.“[11]

Leopold schlug sein Domizil wieder in der Schweiz auf. Wie er die Kriegsjahre verbrachte, ist mangels an Unterlagen nicht nachweisbar. Das Kriegsende traf ihn hart. Seine jährliche Apanage, mit der er eineinhalb Jahrzehnte auskömmlich hatte leben können, fiel in der Nachkriegszeit der Geldentwertung zum Opfer. Der ehemalige Erzherzog stand nun buchstäblich vor dem Nichts. Er wohnte auf Untermiete, hungerte, lebte von Gelegenheitsarbeiten, von der Hand in den

Mund. Er trieb für einen reichen Schweden genealogische Studien, war Übersetzer, Inserateneintreiber, Fremdsprachenkorrespondent, Automobilverkäufer, Bankbeamter, Versicherungsagent, Vertreter, Schauspieler, Schriftsteller, Hilfsregisseur beim Film, Würstelverkäufer und führte in einem Wiener Gemeindebau in Kaisermühlen einen Gemischtwarenladen. Er mußte nun auf viele gewohnte Annehmlichkeiten verzichten, aber er war, schenkt man seinen Worten Glauben, glücklicher als zu jener Zeit, als er dem Kaiserhaus angehörte.

In der harten Nachkriegszeit teilte eine Frau sein Leben, die er 1916 in einem Berliner Café kennengelernt hatte: Clara Gröger. Sie stammte aus Ostpreußen und war vierundzwanzig Jahre jünger als er (geboren am 6. Oktober 1892). Der fünfundsechzigjährige Leopold Wölfling ging mit ihr am 3. Juli 1933 in Berlin seine dritte Ehe ein.

Der Zusammenbruch der Österreichisch-Ungarischen Monarchie veränderte natürlich auch das Verhältnis des ehemaligen Erzherzogs zu seinem Heimatland. Die kaiserlichen Verfügungen waren unter den veränderten politischen Verhältnissen natürlich nicht mehr rechtsverbindlich. Leopold Wölfling reiste 1921 in die Republik Österreich ein, erhielt 1924 die österreichische Staatsbürgerschaft und weilte längere Zeit in Wien, wo er den verschiedensten Tätigkeiten nachging, jedoch so wenig verdiente, daß er Schulden machen mußte.[12] Unter anderem las er bei einer Sommernachtsredoute auf dem Wiener Eislaufplatz Passagen aus seinem Buch „Habsburger unter sich" vor, erntete damit jedoch lediglich Pfuirufe.[13]

Wölfling, der im Alter unter Asthma und einem chronischen Bronchialkatarrh litt, adoptierte in Wien – unter welchen Umständen und mit welchen Absichten entzieht sich unserer Kenntnis – ein „erwachsenes Mädchen", Aloisia Böhm, als Tochter, die in „wahrhaft kindlicher Liebe" für ihn sorgte.[14] Sie heiratete den sozialdemokratischen Gewerbetreibenden Johann Böhm und führte in der Schiffsmühlenstraße 58 (im heutigen 22. Wiener Gemeindebezirk) einen Gemischtwarenladen, in dem Leopold Ferdinand Salvator Extrawurst schnitt und Brot verkaufte. Als das Ehepaar Böhm die Greislerei aufgab, übersiedelte Leopold Ferdinand mit ihm nach

Wien-Mauer. Seine Apanage war 1925 infolge der Geldentwertung auf jährlich S 3,60 abgesunken. Was lag näher für ihn, als um eine Rente bzw. um eine Gnadenpension anzusuchen? In seiner Eingabe an das Bundesministerium für Finanzen vom 11. Februar 1925 bezeichnete er sich als loyalen Bürger, der mit den Gesetzen in Einklang lebe, aber vollkommen vermögens- und einkommenslos sei. Das Gesuch wurde abgewiesen. Wölfling ließ nicht locker. Er wandte sich in den folgenden Jahren mit immer neuen Ansuchen an die Behörden und den Bundespräsidenten. Die Zeiten hatten sich gewandelt. Wölfling, der sein letztes Gesuch Ende Oktober 1929 in Trier verfaßte, erbat die Antwort an die Adresse seines Schwiegersohnes Johann Böhm, „Ortsleiter der Heimwehr" in Wien-Mauer, Lange Gasse 6. Auch die Menschen wandeln sich, wie man sieht. Es nützte ihm alles nichts. Die Republik war (mit Recht) nicht bereit, Herrn Wölfling eine Pension auszubezahlen.[15]

Anfang der dreißiger Jahre hielt sich der kaiserliche Renegat Leopold Ferdinand Wölfling zumeist in Deutschland auf und erlebte dort den Anbruch der Hitler-Zeit, die er, ob aus Opportunismus oder Überzeugung wird kaum noch zu klären sein, freudig begrüßte. „Der 30. Januar 1933 ist gekommen", schrieb er in seinem letzten Buch. „Mit Spannung und waher Herzensfreude habe ich den beispiellosen Aufstieg und die zielbewußte Gesundung des deutschen Volkes miterlebt, bedauernd, daß ich als Schweizer nicht dazu die Hand reichen konnte."[16] Die Welt, aus der er stammte und von der er sich losgesagt hatte, war freilich längst untergegangen, als Leopold Wölfling am 4. Juli 1935 in Berlin, der Hauptstadt des neuen, „tausendjährigen" Reiches, in mißlichen Verhältnissen aus dem Leben schied.

Erzherzog Ferdinand Karl (Ferdinand Burg)

Der sanfte Rebell

Im Jahre 1902, als Erzherzog Leopold Ferdinand (Leopold Wölfling) den altersgebeugten Franz Joseph um die Erlaubnis bat, aus dem Kaiserhaus ausscheiden zu dürfen und die distinguierte Wiener Gesellschaft wieder einmal einen prickelnden, sensationellen Gesprächsstoff hatte, verliebte sich ein anderer Erzherzog auf dem Wiener Technikerball in die Tochter eines Universitätsprofessors. Das war an sich nichts Ungewöhnliches. So etwas kam immer wieder vor. Die Liebe des Erzherzogs wurde am Hof erst zum Ärgernis, als es sich Ferdinand Karl, der jüngste Bruder des Thronfolgers, in den Kopf setzte, seine bürgerliche Geliebte Bertha Czuber zu heiraten. Der Entschluß hierzu reifte in dem jungen Offizier, der es mit seinen vierunddreißig Jahren bereits bis zum Generalmajor gebracht hatte, verhältnismäßig rasch. Nach einem Wiedersehen in Prag, wo der Erzherzog stationiert war und Fräulein Czuber vorübergehend bei Verwandten zu Besuch weilte, erbat Ferdinand Karl im Jahr darauf von seinem kaiserlichen Oheim die Bewilligung seines Heiratsplanes. Franz Joseph lehnte, wie nicht anders zu erwarten war, ab. Wieder ein Jahr später, im Oktober des Jahres 1904, wurde der Erzherzog auf eigenes Ersuchen aus Gesundheitsgründen von seinem Kommando enthoben. Der Grund für sein Ausscheiden aus der Armee dürfte – was in solchen und ähnlichen Fällen eher unüblich ist – gestimmt haben. Ferdinand Karl war lungenkrank, ein mütterliches Erbe, an dem auch sein ältester Bruder, der Thronfolger, schwer zu tragen hatte. Der unscheinbare Erzherzog, dessen Privatangelegenheit von der Öffentlichkeit unbemerkt geblieben war, trat aus dem Gesichtskreis des Kaisers und des Hofes. Er ging seine eigenen

Wege. Sieben Jahre später, im Herbst 1911, machte Ferdinand Karl in der Presse Schlagzeilen. Nach Johann Orth und Leopold Wölfling schied innerhalb von zwei Jahrzehnten abermals ein Erzherzog nach einem ungewöhnlichen, bislang noch nicht dagewesenen Vorfall aus dem österreichischen Kaiserhaus aus.

Ferdinand Karl erblickte am 27. Dezember 1868 als dritter Sohn des Erzherzogs Karl Ludwig und seiner zweiten Gemahlin Maria Annunciata von Sizilien das Licht der Welt. Der Vater, ein Bruder des Kaisers, war einer von den vielen unbedeutenden Erzherzögen des Hauses Habsburg. Er war gutmütig, bieder und kunstsinnig. Sein Interesse galt der Wissenschaft, seine besondere Vorliebe der Literatur. Die Mutter, eine italienische Bourbonin, litt an Lungentuberkulose. Sie starb zweieinhalb Jahre nach der Geburt des jüngsten Sohnes, nachdem sie noch einem vierten Kind, einem Mädchen, das Leben geschenkt hatte.

Ferdinand Karl und seine Geschwister blieben nicht lange Halbwaisen. 1873, zwei Jahre nach dem Tod Maria Annunciatas, heiratete der Vater abermals. Seine Wahl fiel diesmal auf eine Tochter des ehemaligen Königs Miguel von Portugal. Sie hieß Maria Theresia und war zur Zeit ihrer Verehelichung kaum achtzehn Jahre alt. Aber der große Altersunterschied zwischen den Ehepartnern fiel nicht allzusehr ins Gewicht. Maria Theresia war außerordentlich lebenstüchtig und weit über ihre Lebensjahre hinaus gereift. Vor allem aber war sie den Kindern Karl Ludwigs aus zweiter Ehe eine äußerst fürsorgliche, liebevolle (Stief-)Mutter.

Die drei Söhne des ein wenig realitätsfremden Bruders Franz Josephs waren von Anlage und Temperament her sehr verschieden. Franz Ferdinand, der spätere Thronfolger, war mürrisch, launenhaft und in sich gekehrt. Otto, der Zweitälteste, war eine heitere, offene, übersprudelnde Frohnatur, Ferdinand Karl hatte ein weiches, sanftes Gemüt. Er war gewissenhaft, lernbegierig und interessierte sich früh für die klassische deutsche Literatur und für die Bühne. Bei Theateraufführungen im Hause des Vaters, die von Adolph Sonnenthal, dem großen Schauspieler, inszeniert wurden, trat er wiederholt auf und spielte einmal sogar die Titelrolle in Schillers „Wallenstein". Er wäre liebend gerne Intendant des Burg-

Erzherzog Ferdinand Karl als Leutnant

theaters geworden, dem seine ganze Zuneigung gehörte. Aber aus diesem Jugendtraum wurde nichts.

Ferdinand Karl genoß wie seine Brüder eine gediegene Erziehung durch Privatlehrer. Der Studienplan, der genau festgelegt und für jeden Erzherzog verbindlich war, umfaßte Unterricht in Religion, Deutsch, Geographie, Geschichte, Latein und neben den modernen Weltsprachen Französisch und Englisch auch Ungarisch und Tschechisch. Mathematik und rechtswissenschaftliche Studien standen ebenso auf der Tagesordnung wie Fechten, Reiten, Turnen, Schwimmen und Tanzen. Es war ein umfangreiches, anspruchsvolles Erziehungsprogramm, das auf die Schulung von Körper und Geist gleichermaßen bedacht war. Es nahm einen Großteil des Tages in Anspruch, aber es ließ doch auch ein wenig Raum für

Ruhe und Erholung. Vor allem in den Sommermonaten, die die Familie zumeist in der Villa Wartholz in Reichenau an der Rax und auf Schloß Artstetten bei Pöchlarn verbrachte, konnten die Kinder ihre Spiellust austoben und ihren eigenen Neigungen nachgehen.

Ferdinand Karl, der zu einem weltoffenen, hoffnungsvollen Sprößling heranreifte, war – wie die meisten Erzherzoge – für die militärische Laufbahn vorgesehen. Wie dies bei Mitgliedern des Kaiserhauses üblich war, wurde er schon in jungen Jahren in den Offiziersrang erhoben, ohne in einem Truppenkörper gedient zu haben. Am 28. April 1884, im Alter von fünfzehneinhalb Jahren, ernannte ihn der Kaiser zum Leutnant im Ulanenregiment Nr. 4. Drei Jahre später wurde der junge Erzherzog, der neben seiner Theaterleidenschaft auch eine große Vorliebe für die technischen Wissenschaften besaß, möglicherweise auf eigenen Wunsch zum Genieregiment Nr. 2 versetzt. Er machte ab Februar 1889 Dienst bei der Truppe, wurde im selben Jahr zum Oberleutnant befördert und besuchte, was für einen Erzherzog eher ungewöhnlich war, zwischen 1891 und 1893 die k. u. k. Kriegsschule in Wien, die er mit sehr gutem Erfolg absolvierte.

Ferdinand Karl war ein begeisterter Soldat, der seine militärischen Pflichten außerordentlich ernst nahm. Seine Vorgesetzten spendeten ihm bei jeder Gelegenheit Lob und Anerkennung. Seine Kenntnisse, seine umfassende Bildung und seine Führungsqualitäten spiegeln sich in den Qualifikationslisten wider, die im Wiener Kriegsarchiv aufbewahrt sind.[1] Sie attestieren ihm reges Pflichtgefühl, ausgesprochenen Diensteifer, Umsicht, Verläßlichkeit, rasche Entschlußkraft und ein bemerkenswertes militärisches Urteil. Seine Charakterfestigkeit und seine hervorragenden Geistesgaben befähigten den Generalstabsoffizier für hohe und höchste Aufgaben. Obwohl der Erzherzog seinen Soldaten dienstlich viel abverlangte, erfreute er sich bei der Mannschaft infolge seines liebenswürdigen, fürsorglichen und gewinnenden Wesens überaus großer Beliebtheit. „Gegen Untergebene angemessen streng, wohlwollend, versteht Manneszucht und Dienstordnung zu erhalten, wirkt auf den Geist vorzüglich ein, ist sehr vorsorglich, besitzt das Vertrauen der Untergebenen und deren wohlwollende Anhänglichkeit", heißt es im trockenen Ton der Dienstbeschreibung.

Das rasche militärische Avancement Ferdinand Karls ist also nicht nur unter dem Aspekt der Familienabkunft, sondern auch unter jenem der Tüchtigkeit und des Talentes zu sehen und zu verstehen. Die Beförderung von einer Rangstufe zur nächsten erfolgte im Zwei- bis Vierjahresrhythmus: 1893 Hauptmann, 1895 Major, 1897 Oberstleutnant, 1898 Oberst bei der Tiroler Kaiserjägern, 1902 Generalmajor und Kommandant der (in Prag stationierten) 18. Infanteriebrigade. Sein ererbtes Lungenleiden scheint dem Erzherzog in dieser Zeit keine größeren Schwierigkeiten bereitet zu haben. Seiner militärischen Karriere war es offenbar nicht hinderlich. Von einer Beurlaubung aus Krankheitsgründen ist in den Akten jedenfalls sehr selten die Rede. Um so überraschender kam im Jahre 1904 sein Ausscheiden aus der Armee.

Mit seiner Familie hielt Ferdinand Karl in alle diesen Jahren, wie es scheint, engen Kontakt. Dies war schon deshalb leicht möglich, weil er beinahe ausschließlich in Wien in Garnison lag. Sein Verhältnis zu den beiden älteren Brüdern dürfte lange Zeit unbeschwert gewesen sein. Bei Otto und dessen Familie war der Junggeselle häufig zu Gast, dem lungenkranken Franz Ferdinand stellte er zur Rekonvaleszenz seine Villa Rottenstein bei Meran mehrmals zur Verfügung, die er 1896 nach dem Tod des Vaters geerbt hatte. Er besuchte den kranken Bruder auch bei dessen Genesungsaufenthalt in Ajaccio auf Korsika. Das Verhältnis zwischen den beiden ungleichen Brüdern verschlechterte sich, als Franz Ferdinand energisch versuchte, beim Kaiser seine unstandesgemäße Ehe mit der böhmischen Gräfin Sophie Chotek durchzusetzen. Ferdinand Karl war gegen diese Verbindung. Die Beweggründe für seine Haltung sind undurchschaubar und können auch aus seinen Briefen an Franz Ferdinand nicht rekonstruiert werden, deren Ton durchaus freundschaftlich klingt. Jedenfalls legten Ferdinand Karl und Otto gegen den geplanten Ehebund ihres ältesten Bruders beim Kaiser heftigen Protest ein und verlangten, Franz Ferdinand möge entweder dem Thron oder dieser Ehe entsagen. Sie zogen bekanntlich den kürzeren, denn Franz Joseph, der dem Plan seines Neffen energischen Widerstand entgegensetzte, erteilte schließlich widerwillig seine Einwilligung zur morganatischen Ehe. Er verlangte freilich einen hohen Preis dafür: Der Thronfolger mußte in einem feierlichen Renunziationsakt in der Wiener Hofburg für seine Frau und seine Nachkommen auf alle Erbfolgerechte verzichten. Franz Ferdinand hatte seinen Willen durchgesetzt. Seiner Hochzeit mit Sophie Chotek am 1. Juli 1900 in der Schloßkapelle in Reichstadt in Böhmen wohnten seine beiden Brüder nicht bei. Sie nahmen statt dessen an diesem Tag an einer Seelenmesse für ihren Vater in Schloß Schönau in Niederösterreich teil und erfüllten damit den Wunsch Franz Josephs, der den Mitgliedern des Kaiserhauses das Fernbleiben von der Trauung nahegelegt hatte.

Das Verhalten der beiden jüngeren Brüder gegenüber dem Erstgeborenen führte zu einer schweren Verstimmung, aber zu keinem dauernden Bruch. Der Thronfolger hatte aber bald Gelegenheit, Ferdinand Karl dessen Ressentiments mit barer Münze heimzuzahlen. Als der Generalmajor den Kaiser um die Erlaubnis bat, Bertha Czuber heiraten zu dürfen, sprach sich Franz Ferdinand vehement dagegen aus. Wenn er selbst Mühe gehabt hatte, eine Gräfin aus altem böhmischem, aber unebenbürtigen Adel zum Altar zu führen, dann käme die Heirat eines Mitgliedes des Kaiserhauses mit einer Bürgerlichen wohl überhaupt nicht in Frage. Diese wahnwitzige Idee sei nicht einmal einen Gedanken wert. In dieser Angelegenheit deckten sich seine Ansichten ausnahmsweise einmal mit jenen des greisen Monarchen.

Bertha Czuber stand im zweiundzwanzigsten Lebensjahr, als sich Ferdinand Karl in sie verliebte. Sie war eine außergewöhnliche hübsche junge Frau. Ein Foto aus der Zeit, aufgenommen vom Hoffotografen Kosel, zeigt ein im buchstäblichen Sinn bildschönes, rundes Gesicht, einen vollen, wohlgeformten Mund, dichtes, dunkelblondes Haar und lebendige, ausdrucksstarke Augen. Ihre ganze Erscheinung strahlt Anmut aus, einen bestrickend-natürlichen, geradezu unwiderstehlichen Charme.

Der Kuriosität halber sei hier in Parenthese vermerkt, daß sich der junge Robert Musil in seiner Brünner Studentenzeit in das schöne junge Mädchen verliebt haben will. „Ich hatte mir anfangs Elsa von Czuber ausgesucht, um sie zu lieben“, schreibt er in seinem Tagebuch. „Ich bewahre eine Erinnerung an ihr dunkelblondes, seidenweiches, langes und sehr schön gewachsenes und gebürstetes Haar.“ Diese Erinnerung ist in das Bild einer imaginären Schwester Agathe im „Mann ohne Eigenschaften“ eingegangen. Musils Schwärmerei gehört in das Reich der literarischen Phantasie. Nicht von ungefähr vertauschte er den Vornamen (Elsa war der Name seiner eigenen, früh verstorbenen Schwester) und schrieb: „Später hat sie einen österreichischen Erzherzog geheiratet, der ihretwegen seiner Würde entsagte. Aus mir hatte sie sich nicht das geringste gemacht.“

Wann Robert Musil der schönen Czuber-Tochter wohl begegnet ist? In einer Brünner Tanzschule, wie er schreibt, kann es nicht gewesen sein, denn in den Jahren 1898 bis 1902, als er an der Brünner technischen Hochschule studierte, hatte die Familie Czuber längst ihren Wohnsitz in Wien aufgeschlagen. Bertha Czuber, die Auserkorene des Erzherzogs, wurde am 5. Dezember 1879 in Prag geboren. Sie entstammte einer angesehenen Gelehrtenfamilie. Die Mutter war eine Tochter des Prager Universitätsprofessors Dr. Erwin Willigk, der Vater, Emanuel Czuber, war zunächst an einer Prager Oberrealschule und später an der Technischen Hochschule in Brünn tätig, ehe er am 1. August 1891 zum ordentlichen Professor für Mathematik an der Technischen Hochschule in Wien ernannt wurde. Hofrat Czuber war ein namhafter Wissenschaftler, der auf dem Gebiet der Wahrscheinlichkeitsrechnung und der mathematischen Statistik internationalen Ruf genoß. Er war Ehrendoktor der Technischen Hochschule in München und Verfasser eines Lehrbuches über die Differential- und Integralrechnung, das nicht weniger als sechs Auflagen erlebte. Persönlich war er ein Mann von bescheidenem Wesen, eine eher scheue, kaisertreue Gelehrtennatur, dem seine Familie und seine Arbeit über alles gingen. Emanuel Czuber mied jedes Hervortreten in der Öffentlichkeit. Wohl auch, aber nicht nur aus diesem Grund stand er dem Gedanken einer Verbindung seiner Tochter mit einem Mitglied des Kaiserhauses mit Gefühlen größter Besorgnis gegenüber. Er fürchtete einen öffentlichen Skandal und damit im Zusammenhang eine Rufschädigung seines guten Namens. Professor Czuber und seine Gattin wollten von einer Verehelichung Berthas mit Ferdi-

Ferdinand Burg mit seiner Gemahlin

nand Karl lange Zeit absolut nichts wissen. Der Erzherzog hielt jedoch allen Widerständen zum Trotz an seiner Absicht fest. Es ist ihm auch gelungen, seine Beziehung zu Bertha Czuber vor der breiten Öffentlichkeit geheimzuhalten.

In den Jahren zwischen 1904 und 1909 hielten sich Ferdinand Karl und seine Braut häufig in Schweizer Kurorten, am Semmering, in Baden bei Wien und auf Burg Rottenstein auf. Am 25. August 1909 taten sie dann einen sicherlich gut überlegten, jedoch ungewöhnlichen und zweifellos folgenschweren Schritt. Sie schlossen in der alten Schweizer Bischofsstadt Chur klammheimlich den Bund der Ehe. Die Trauung in der bischöflichen Kapelle nahm Bischof Georg Schmid von Grüneck selbst vor, als Trauzeugen fungierten der Vater der Braut und Dr. Laurenz Vincenz, der Leiter der bischöflichen Kanzlei. Über die Gründe, die zu diesem schwerwiegenden Entschluß des Paares führten, liegt eine schriftliche Aussage des Erzherzogs vor. „Krank wie ich war", schrieb Ferdinand Karl in einem Brief vom 30. Juni 1911, auf den wir gleich noch weiter zurückkommen werden, an den Kaiser, „fand ich in Fräulein Czuber eine so treue und aufopferungsvolle Pflegerin, die ich nicht mehr entbehren konnte. Mein Zustand war ernst und die Nichterfüllung meines sehnlichsten Wunsches brachte es mit sich, daß ich immer deprimiert und unglücklich war. Hiezu kamen noch Gewissensbisse, die mich dazu brachten, mich mit ihr vor nun bald zwei Jahren trauen zu lassen."

Der Erzherzog hatte, das darf man diesen Zeilen entnehmen, aus Liebe und Dankbarkeit, aus Gesundheitsrücksichten und Gewissensnot seine langjährige Lebensgemeinschaft mit Bertha Czuber legalisiert. Das sind sehr ehrenwerte und edle Motive. Ferdinand Karls eheliche Verbindung verstieß allerdings gegen ein habsburgisches Hausgesetz aus dem Jahre 1839, in dem die Bestimmung enthalten war, daß die Verehelichung eines Mitgliedes des Kaiserhauses an die Zustimmung des Familienoberhauptes gebunden sei. Was aber noch schwerer wog, ist die Tatsache, daß der Erzherzog gegenüber dem Kaiser wortbrüchig geworden war. Er hatte Franz Joseph sieben Jahre zuvor das Versprechen gegeben, Bertha Czuber nicht zu heiraten. „Als ich dieses unglückselige Versprechen gab", erklärte er in dem erwähnten Schreiben, „war ich allerdings durch die beständigen Aufregungen, verschiedene Umstände und das gerade nicht sehr zarte Vorgehen der verschiedenen Organe dem geliebten Wesen gegenüber in einem geradezu unzurechnungsfähigen Zustande."

Die Argumentation des Erzherzogs ist menschlich durchaus verständlich. Sein Entschluß, hinter dem Rücken des Kaisers zu heiraten, war aber jedenfalls ein schwerer Vertrauensbruch dem kaiserlichen Oheim gegenüber. In der langen Regierungszeit Franz Josephs war dieser Fall ohne Beispiel, hatte es kein Mitglied des Kaiserhauses gewagt, den gestrengen Herrscher vor ein so folgenschweres Fait accompli zu stellen.

Nach beinahe zwei Jahren der Geheimhaltung, die für den kranken Erzherzog mit schweren Gewissensqualen verbunden gewesen sein müssen, hatte sich also Ferdinand Karl entschlossen, dem Kaiser reinen Wein einzuschenken. Er setzte Seine Majestät mittels des Briefes, aus dem wir nun schon zweimal zitiert haben, von seiner Eheschließung in Kenntnis und flehte Franz Joseph an, ihn seines gegebenen Versprechens zu entbinden und ihm nachträglich die Erlaubnis zu seiner Verheiratung zu geben. „Ein Ausweg, den ich finde, wäre der", schrieb er dem einundachtzigjährigen greisen Monarchen, dessen strenges Rechtsempfinden ihm doch bekannt sein mußte, „daß Euere Majestät mir vor zwei Jahren die Bewilligung zu einer geheimen Heirat gaben und Allerhöchst sich jetzt bewogen fühlen, den Vollzug meiner Ehe bekanntzugeben."

Ferdinand Karl wußte wohl, daß sein Vorschlag vom Kaiser nicht akzeptiert werden würde. „Falls Euere Majestät auf diese meine inständigste Bitte nicht allergnädigst eingehen würden", fuhr er fort, „wäre ich selbstverständlich wohl gezwungen, auf Titel etc. zu verzichten und unter irgend einem Namen z. B. Burg weiterzuleben." Er habe selbstverständlich keine Ambitionen für seine Frau und werde nie Ansprüche stellen. Er sei noch ein kranker Mann, hoffe aber gesund zu werden, wenn er in Rottenstein in aller Ruhe leben könne. Er könne das bisherige Leben und das aufreibende Versteckspielen nicht mehr länger ertragen.

Der Erzherzog, der den Kaiser gebeten hatte, Gnade und Barmherzigkeit walten zu lassen und sein Geständnis niemandem, vor allem nicht seinem Bruder Franz Ferdinand, mitzuteilen, hielt schon ein paar Tage später ein kaiserliches Antwortschreiben in Händen (datiert Lainz, 4. Juli 1911). Franz Joseph drückte darin sein höchstes Erstaunen über die Eröffnungen aus, die ihm der Erzherzog gemacht hatte, und sicherte ihm die erbetene Geheimhaltung zu. Eine Entscheidung der für den Wiener Hof höchst unerfreulichen Angelegenheit traf der Monarch erst drei Wochen später. Sie enthielt keine Überraschungen. Franz Joseph lehnte es ab, die Ehe des Neffen im nachhinein zu sanktionieren. Er forderte Ferdinand Karl auf, in einer Eingabe um seinen formellen Austritt aus dem Kaiserhaus zu ersuchen und auf Titel und Rang eines Erzherzogs sowie auf seine Stellung in der Armee zu verzichten (Bad Ischl, 21. Juli 1911). In einem Schreiben gleichen Datums teilte er seine Verfügungen dem Thronfolger mit, den er bat, über den Umstand des Wortbruches gegenüber jedermann strengstes Stillschweigen zu bewahren. Auch er werde bei der amtlichen Behandlung der Angelegenheit darüber kein Wort verlieren.

Ferdinand Karl entsprach bereits einen Tag später dem Ersuchen des Kaisers, das der Monarch mit Schreiben vom 6. August 1911 genehmigend zur Kenntnis nahm. Franz Joseph bewilligte dem Neffen die Annahme eines bürgerlichen Namens und forderte ihn auf, seinen Aufenthalt im Ausland zu nehmen.

Der Kaiser wollte die ganze Sache ohne Aufsehen in der Öffentlichkeit erledigen. Aus diesem Grunde sollte der Name des Erzherzogs in den amtlichen Jahrbüchern kommentarlos gestrichen und jede öffentliche Stellungnahme vermieden werden. Tatsächlich ist es gelungen, ein Vierteljahr lang über die ganze Affäre den Mantel der Verschwiegenheit zu breiten.

Nach dem erfolgten Ausschluß Ferdinand Karls aus dem kaiserlichen Familienverband wurde seitens des Obersthofmeisteramtes auf Weisung des Kaisers die Regelung der erzherzoglichen Vermögensverhältnisse in Angriff genommen. Das Einkommen des Erzherzogs hatte sich inklusive der Einkünfte aus dem Privatvermögen jährlich auf zweihunderteinunddreißigtausend Kronen belaufen. Um Ferdinand Karl eine bürgerliche Existenz zu ermöglichen, wurde ihm vom Kaiser nunmehr eine Unterstützung von vierundvierzigtausend Kronen pro Jahr zugesichert. Ein Rechtsanspruch seitens der Erben aus diesem Titel wurde in der entsprechenden Verfügung unter Hinweis auf § 955 des Allgemeinen Bügerlichen Gesetzbuches ausgeschlossen. Damit war die Angelegenheit für die Beteiligten erledigt. In der Öffentlichkeit hatte sie, wie nicht anders zu erwarten war, ein längeres Nachspiel.

Nachdem Details über die Vorgänge in der Wiener Hofburg durchgesickert waren, erschien am 18. November in der „Wiener Abendpost" ein Kommuniqué folgenden Inhaltes: „Wir sind in der Lage mitzuteilen, das Seine k.u.k. Hoheit der durchlauchtigste Herr Erzherzog Ferdinand Carl vor einiger Zeit im Auslande ohne Allerhöchste Bewilligung eine Ehe eingegangen ist und daß Seine k.u.k. Apostolische Majestät sohin höchstdessen Bitte, auf den Titel und den Rang eines Erzherzogs sowie auf seine Stellung in der Armee verzichten zu dürfen, zu genehmigen geruht haben; der Verzichtende wird fortan den Namen Ferdinand Burg führen." Die Verlautbarung leitete im In- und Ausland eine mehrmonatige, sensationell aufgemachte Presseberichterstattung ein.

Ferdinand Burg und seine Gattin hatten inzwischen Österreich verlassen. Sie waren in den folgenden Jahren größtenteils auf Reisen und hielten sich zumeist in der Schweiz auf (hauptsächlich im Engadin), wo der ehemalige Erzherzog von seinem Lungenleiden Heilung suchte, aber nur vorübergehend Besserung fand. Vor dem Krieg ließ sich das Paar, dessen kinderlos gebliebene Ehe vorbildlich harmonisch verlief, zu dauerndem Aufenthalt in München nieder. In der Stadt an der Isar konnte sich der gütige, liebenswürdige Ferdinand Burg ungezwungen bewegen und mit seiner gebildeten Frau, die ihn opfervoll pflegte, ein glückhaftes bürgerliches Leben führen. Sein Gesundheitszustand, der sich mehr und mehr verschlechterte, und das Bewußtsein, nicht mehr in die Heimat zurückkehren zu dürfen, waren freilich eine schwer zu ertragende seelische Hypothek. Nur ein einziges Mal nach seinem Ausscheiden aus dem Kaiserhaus betrat Ferdinand Karl mit Erlaubnis des Kaisers österreichischen Boden. Es war der Tag, an dem Franz Ferdinand, der Thronfolger der brüchig gewordenen Österreichisch-Ungarischen Monarchie, nach dessen Ermordung in Sarajewo im niederösterreichischen Artstetten beigesetzt wurde. Selbst schon vom Tode gezeich-

Schloß Rottenstein bei Meran

net, erwies Ferdinand Burg dem Bruder, weit hinten im Frauengefolge, wie eine Zeitung berichtet, die letzte Ehre. Nach Ausbruch des Krieges bat er den Kaiser um die Erlaubnis, in der österreichischen Armee dienen zu dürfen. Die Bitte, die wohl nicht mehr als eine schöne Geste war, wurde abgelehnt. Etwas mehr als ein halbes Jahr später, am 10. März 1915, hauchte der gütige, leidgeprüfte Erzherzog nach schwerem Todeskampf im Alter von siebenundvierzig Jahren in München sein Leben aus. Die Leiche wurde am 12. März vor dem engsten Familienkreis eingesegnet und nach Meran überführt. Seine letzte Ruhestätte fand Ferdinand Karl, der sympathische, sanfte Rebell des Hauses Habsburg-Lothringen, in der Gruft der Maria-Trost-Kirche.

Die Witwe, die der Frühverstorbene in seinem Testament vom 4. Dezember 1912 als Universalerbin eingesetzt hatte, ließ dem Gatten ein Grabdenkmal errichten, das vom Bildhauer Kassin geschaffen wurde. Bertha Burg hat ihren Mann um mehr als ein halbes Jahrhundert überlebt. Die gütige, vielseitig interessierte, belesene und bis ins hohe Alter geistig regsame Frau war jahrzehntelang ein Mittelpunkt der Meraner Gesellschaft. Sie schied am 5. Juli 1979 fast hundertjährig aus dem Leben. „Sie war eine bescheidene, stille, aber große Frau von wirklichem Herzensadel", schrieb mir ihre Nichte, Marie Christine Prinzessin Liechtenstein. Dieser schönen, stilvollen Nachrede aus berufenem Mund ist nichts hinzuzufügen.

Anhang

Literaturauswahl und Anmerkungen

Joseph II. – Der Reformkaiser

Arneth, Alfred Ritter von: Geschichte Maria Theresias, 10 Bände, Wien 1863–79
Benna, Anna Hedwig: Der Kronprinzenunterricht Josephs II. In: Mitteilungen des Österreichischen Staatsarchivs, 20. Bd. 1967, S. 115–179
Guglia, Eugen: Maria Theresia, 2 Bände, München-Berlin 1917
Hennings, Fred: Das Josephinische Wien, Wien 1966
Hennings, Fred: Und sitzet zur linken Hand. Franz Stephan von Lothringen, Wien 1961
Kretschmayr, Heinrich: Maria Theresia, Gotha 1925
Maaß, Ferdinand: Der Josephinismus. Quellen zu seiner Geschichte in Österreich 1760–1850, Wien-München 1951–1961
Magenschab, Hans: Joseph II. Revolutionär von Gottes Gnaden, Graz 1979
Mahovsky, Ekhard: Die Furche von Slawikowitz, Wien 1980
Mikoletzky, Lorenz: Kaiser Joseph II. Herrscher zwischen den Zeiten, Göttingen 1979
Mitrofanov, Paul von: Joseph II. Seine politische und kulturelle Tätigkeit. 2 Teile, Wien 1910
Rothe, Carl (Hg.): Die Mutter und die Kaiserin. Briefe der Maria Theresia an ihre Kinder und Vertrauten, Wien-München 1968
Valjavec, Fritz: Der Josephinismus. Zur geistigen Entwicklung Österreichs im achtzehnten und neunzehnten Jahrhundert, 1944
Winter, Eduard: Der Josephinismus und seine Geschichte, Brünn 1943
Zöllner, Erich (Hg.): Österreich im Zeitalter des aufgeklärten Absolutismus. Schriften des Institutes für Österreichkunde: 42, Wien 1983

Leopold II. – Der konstitutionell gesinnte Monarch

Peham, Helga: Leopold II. Herrscher mit weiser Hand, Graz 1987
Pesendorfer, Franz: Ein Kampf um die Toskana. Großherzog Ferdinand III. 1790–1824, Wien 1984
Reumond, Alfred von: Geschichte der Toskana unter dem Hause Habsburg-Lothringen, Gotha 1877
Wandruszka, Adam: Leopold II. Erzherzog von Österreich, Großherzog von Toskana, König von Ungarn und Böhmen, Römischer Kaiser, 2 Bände, Wien 1963, 1965

Maximilian Franz – Aufklärer im Bischofsornat

Braubach, Max: Maximilian Franz, letzter Kurfürst von Köln und Fürsterzbischof von Münster, Wien-München 1961

Oldenhage, Klaus: Kurfürst Erzherzog Maximilian Franz als Hoch- und Deutschmeister, Bad Godesberg 1962

Erzherzog Johann – Kaiserlicher Außenseiter, Volksfreund und Rebell

Erzherzog Johann: Der Brandhofer und seine Hausfrau, von ihm selbst erzählt, 1850. 2. Auflage hrsg. von Walter Koschatzky, Graz 1959

Erzherzog Johann: Gedächtnisausstellung, Katalog, Joanneum Graz 1959

Geramb, Viktor: Ein Leben für die Anderen. Erzherzog Johann und die Steiermark, Wien 1959

Hoor, Ernst: Erzherzog Johann von Österreich als Reichsverweser, Wien 1981

Magenschab, Hans: Erzherzog Johann, Habsburgs grüner Rebell, Graz-Wien-Köln 1981

Nenning, Günther: Erzherzog Johann. Mythos und Wirklichkeit. Wien 1982

Theiss, Viktor: Erzherzog Johann, der steirische Prinz. 3. erweiterte Auflage, hrsg. von Grete Klingenstein, Wien 1982

Wiesflecker, Hermann: Erzherzog Johann, ein Leben für die Steiermark, Graz 1959

Erzherzog Rainer – Der erste konstitutionelle Ministerpräsident des Kaisers

1 Im diplomatischen Dienst der k.u.k. Armee, S. 110

2 Die letzten Jahrzehnte einer Großmacht, S. 250

3 Eduard Sueß: Erinnerungen, S. 393

4 Vgl. dazu: Moritz Csáky: Von der Aufklärung zum Liberalismus, S. 99 ff.

5 Die Tagebücher Moerings wurden von Univ.-Prof. Dr. Adam Wandruszka im Archiv für Österreichische Geschichte, 125. Bd., 1966, veröffentlicht. Zitat auf S. 219

6 Haus-, Hof- und Staatsarchiv, Obersthofmeisteramt, Gruppe III/B, Kartons 25–28

7 Kriegsarchiv Wien, Grundbuchauszug EHZ Rainer, Abt. I und II–1/122

8 Parlamentsbibliothek Wien, Sitzungsprotokolle des verstärkten Reichsrates, S. 2

9 Vgl. dazu: Robert Kann: Geschichte des Habsburgerreiches 1526–1918, S. 300

10 Diese Ansicht vertreten Univ.-Prof. Dr. Helmut Rumpler sowie Dr. Horst Brettner-Messler und Dr. Stefan Malfér, die sich als Herausgeber bzw. Bearbeiter der „Protokolle des Österreichischen Ministerrates 1848–1867“, Abt. V, Bände 1 und 2 mit der Arbeit des Erzherzogs im Kabinett Rainer-Schmerling eingehend beschäftigt haben.

[11] Neues Wiener Tagblatt, 28.1.1913, S. 4

[12] Eder, Karl: Der Liberalismus in Altösterreich, S. 147

[13] Anton Schmerling und der Liberalismus in Österreich. In: Archiv für Österreichische Geschichte, Bd. 116, S. 51

[14] Aus den eigenhändigen Kalendereintragungen Rainers, die für die Jahre 1860, 1862, 1866, 1868 und 1869 vorliegen (Haus-, Hof- und Staatsarchiv, Sonderbestände, Sammelkarton 2) ist darüber nichts zu entnehmen. Die Eintragungen sind von geringem Quellenwert, da sie lediglich Ortsveränderungen festhalten (Reisen, Jagden, Bergtouren) und zudem sehr knapp gehalten sind. So heißt es etwa unter dem Datum 17.1.1868: „Ankunft der Leiche des Kaisers Max." Und am nächsten Tag: „Begräbnis desselben."

[15] Neue Freie Presse, 28.1.1913

[16] Dazu: Julius Lederer-Lothar Rendulić: Die Geschichte der k.k. Landwehr (1868–1914). Ungedrucktes, mehrhundertseitiges Manuskript im Kriegsarchiv Wien

[17] List, Joachim: Beiträge zur Stellung und Aufgabe der Erzherzoge unter Franz Joseph I. Phil. Diss. Wien 1982, S. 376

[18] Frühmann, Dietlinde: Erzherzog Rainer Ferdinand. Eine Darlegung seines Lebens von 1850–1913. Phil. Diss. Wien o.J., S. 105

[19] Haus-, Hof- und Staatsarchiv, Nachlaß Erzherzog Franz Ferdinand, Karton 5, Schreiben vom 2. Mai 1900. Der Nachlaß war für diese Arbeit im großen und ganzen unergiebig.

[20] Ausführliche Darstellungen der Feierlichkeiten finden sich in der Wiener Tagespresse

[21] List, a.a.O., S. 377

[22] Margutti, Albert Freiherr v.: Kaiser Franz Joseph, S. 147. Dazu noch an Literatur über Rainer: Kux, Egon: Die innere Politik der Regierung Erzherzog Rainer-Schmerling und ihrer deutschen Außenpolitik im Spiegel von „Ost und West". Phil. Diss. Wien 1937, und Matikan, Margarete: Kritische Untersuchungen der Memoiren Ritter Antons von Schmerling, phil. Diss. Wien 1955

Maximilian von Mexiko – Kaiserlicher Schwärmer und Phantast

Anders, Ferdinand/Eggert, Klaus: Maximilian von Mexiko. Erzherzog und Kaiser, St. Pölten-Wien 1982

Conti, Egon Caesar: Maximilian und Charlotte von Mexiko, 2 Bände, Wien 1924

Hamann, Brigitte: Mit Kaiser Max in Mexiko, Wien 1983

Haslip, Joan: Maximilian, Kaiser von Mexiko, München 1972

Ruaro Loseri, Laura (Hg.): Massimiliano. Von Triest nach Mexiko. Katalog der Ausstellung in Miramar, Triest 1986

Schöndorfer, Ulrich: Maximilian von Mexiko, Wien 1974

Sokol, Hans Hugo: Des Kaisers Seemacht. Die k.k. österreichische Kriegsmarine 1848–1914, Wien 1980

Elisabeth – Die Antikaiserin

Christomanos, Constantin: Elisabeth von Österreich, München 1983
Corti, Egon Caesar: Elisabeth, die seltsame Frau, 67.–72. Auflage, Salzburg-Leipzig 1934
Hamann, Brigitte: Elisabeth, Kaiserin wider Willen, Wien-München 1982
Herre, Franz: Kaiser Franz Joseph von Österreich. Sein Leben – seine Zeit, Köln 1978
Novotny, Alexander: Franz Joseph I. An der Wende vom alten zum neuen Europa, Göttingen 1968
Nostiz-Rieneck, Georg: Briefe Kaiser Franz Josephs an Kaiserin Elisabeth, 2 Bände, Wien 1966
Schnürer, Franz: Briefe Kaiser Franz Josephs I. an seine Mutter 1938–1872, München 1930

Kronprinz Rudolf – Antimonarchist, Freigeist und Philosemit

Hamann, Brigitte: Rudolf, Kronprinz und Rebell, Wien 1978
Judtmann, Fritz: Mayerling ohne Mythos, 2. Auflage, Wien 1982
Mitis, Oskar: Das Leben des Kronprinzen Rudolf, 2. Auflage, Wien 1971
Richter, Werner: Kronprinz Rudolf von Österreich, Zürich 1941
Salvendy, John T.: Rudolf, Psychogramm eines Kronprinzen, Wien 1987
Schiel, Irmgard: Stephanie, Wien 1978
Stephanie von Belgien: Ich sollte Kaiserin werden, Leipzig 1935
Szeps, Julius (Hg.): Kronprinz Rudolf. Politische Briefe an einen Freund, Wien 1922

Die Kronprinzentochter – Eine sozialistische Habsburgerin

Weissensteiner, Friedrich: Die rote Erzherzogin, Wien 1982

Johann Salvator (Johann Orth) – Der unbotmäßige Erzherzog

Flesch-Brunningen, Hans (Hg.): Die letzten Habsburger in Augenzeugenberichten, München 1982
P(ollak), Heinrich: Erzherzog Johann. Ein Charakterbild, Wien 1901
Schaffelhofer, Hans: Johann Orth. Im Weltmeer verschollen. Wien-Krems 1952
Weissensteiner, Friedrich: Ein Aussteiger aus dem Kaiserhaus: Johann Orth. Das eskapadenreiche Leben des Erzherzogs Johann Salvator, Wien 1985

Leopold Ferdinand (Leopold Wölfling) – Vom Erzherzog zum Würstelverkäufer

Leopold Wölfling: Habsburger unter sich, Berlin 1921
ders.: My Life Story. From Archduke to Grocer, London 1930
ders.: Die letzten Habsburger. In: Die Stunde, 24.7.–15.8.1923
Wilhelmine Wölfling-Adamovic: Meine Memoiren. Hrsg. von Josef Schmall, Berlin 1908

1 Kriegsarchiv Wien, Militärkanzlei Seiner Majestät 80–1/1
2 Haus-, Hof- und Staatsarchiv, Franz Ferdinand Nachlaß II Briefe, Karton 1
3 Ebenda, Karton 2
4 S. 87–91
5 From Archduke to Grocer, S. 99
6 Kriegsarchiv, Militärkanzlei Seiner Majestät 1902, 68–6/1
7 Neues Wiener Tagblatt und Neue Freie Presse, 12.5.1903
8 Kriegsarchiv, Militärkanzlei Seiner Majestät 1902, 91–3/2
9 Unter anderem in: Neues Wiener Abendblatt: 23.12. u. 27.12.1902; Österreichische Volks-Zeitung: 24.12.1902, 3.1.1903, 8.1.1903, 10.1.1903, 13.3.1913; Die Zeit: 24.12.1902, 27., 28. u. 30.12.1902, 2.1. und 12.4.1903; Neue Freie Presse: 24., 25., 27., 29., 31.12.1902, 1.1. u. 11.1.1903, 12.4.1903, 23.8.1928; Neues Wiener Tagblatt: 25.12., 28.12., 29.12., 30.12.1902, 2.1. und 5.1.1903; Die Reichswehr: 30.12.1902; Neues Wiener Journal: 1.1.1903, 23.2.1903; Breslauer Morgen-Zeitung: 1.1.1903; Die Stunde: 27.10.1926; Wiener Sonn- und Montagszeitung: 28.1.1929
10 Eine detaillierte Schilderung aller mit seinem Austritt aus dem Kaiserhaus verbundenen Umstände findet sich bei Joachim List, a.a.O., S. 86–100
11 From Archduke to Grocer, S. 225
12 So borgte er von Oberstleutnant Graf Erich Czernin 1922 fünfzigtausend Kronen, die er dann nicht zurückzahlen konnte (Österreichische Nationalbibliothek-Handschriftensammlung Nr. 437/5)
13 Neue Freie Presse, 15.7.1921, und Allgemeines Verwaltungsarchiv, BKA-Inneres, Bl. 171796/5/1921
14 Neues Wiener Tagblatt, 23.1.1926
15 Der gesamte Akt liegt im Kriegsarchiv Wien
16 Als ich Erzherzog war, Berlin 1935, S. 189

Erzherzog Ferdinand Karl (Ferdinand Burg) – Der sanfte Rebell

1 Für das Kurzporträt des Erzherzogs habe ich folgende Quellen und Unterlagen benützt:
Eine kurze Darstellung eines Bruders von Bertha Czuber über das Leben des Erzherzogs mit Datum vom 25.10.1927. Sie wurde mir dankenswerter-

weise von Frau Marie Christine Prinzessin Liechtenstein abschriftlich überlassen.

Einhorn, Rudolf: Vertreter der Mathematik und Geometrie an den Wiener Hochschulen 1900–1940. Diss. der Techn. Universität Wien

Franz Ferdinand-Museum, Artstetten: Briefwechsel zwischen Kaiser Franz Joseph und dem Erzherzog. Das Material wurde mir freundlicherweise von Dr. Wladimir Aichelburg zur Verfügung gestellt. Das Archiv besitzt auch neunundsechzig Briefe und ein Telegramm Ferdinand Karls an Franz Ferdinand, die jedoch über das Verhältnis der beiden Brüder nicht viel aussagen.

Haus-, Hof- und Staatsarchiv, Wien: Adm. Reg. F 1/65 Ferdinand Karl; Ministerium des k.u.k. Hauses, Einzelne Abhandlungen, Karton 14; Familienurkunden Nr. 2948–2950

Kriegsarchiv, Wien: Qualifikationslisten

Frisé, Adolf (Hg.): Robert Musil, Tagebücher. Bd. 1, S. 952 f., Reinbek bei Hamburg 1976

Meraner Zeitung: 12.2., 13.3. und 15.3.1915

Neue Freie Presse: 18.1., 5.11.1911; 11.–15.3.1915

Österreichische Volkszeitung: 25.10., 18.11., 23.11.1911

Wiener Abendpost: 17.11.1911

Wiener Salonblatt: 20.3.1915

Bildnachweis

Allgemeines Verwaltungsarchiv, Wien: 249.

Österreichische Nationalbibliothek, Bildarchiv: Porträts auf dem Schutzumschlag und auf den Seiten 15, 101, 183, 255. Weiters die Bilder auf den Seiten 26, 35, 44, 46, 71, 93, 94/95, 117, 122, 125, 128, 139, 149, 169, 177, 189, 194, 208, 211, 217, 236, 238, 245, 296, 301.

Alle übrigen Bilder stammen aus dem Besitz des Autors.

Stammtafel des Hauses Habsburg-Lothringen (Auszug)

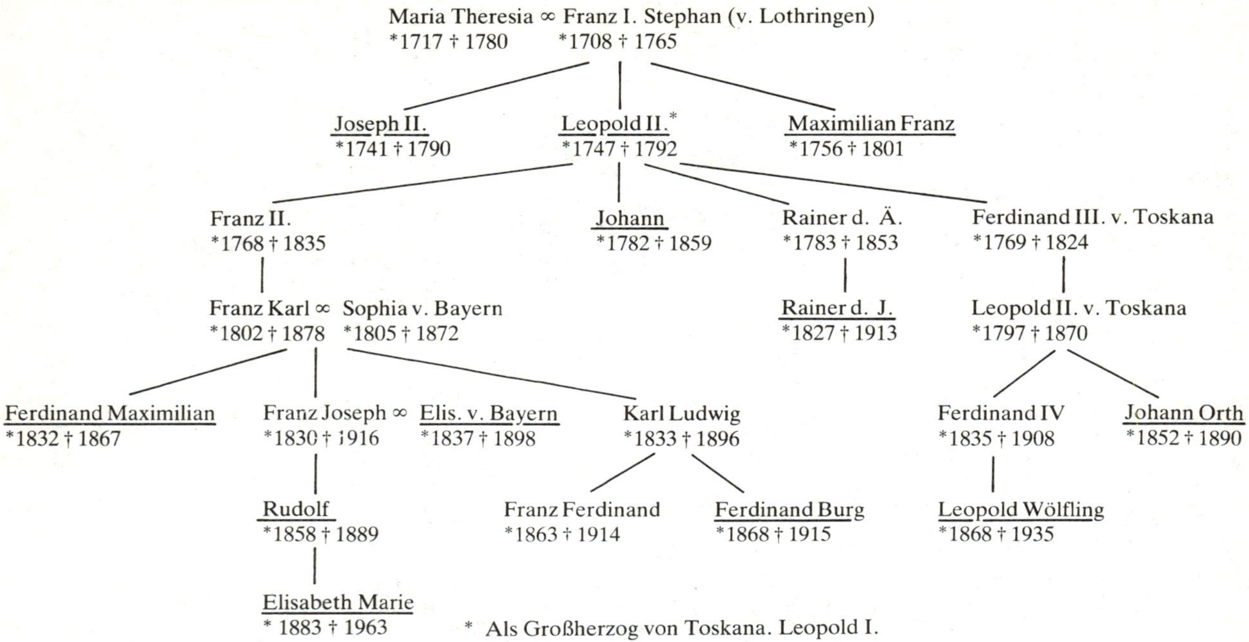

* Als Großherzog von Toskana. Leopold I.

Personenregister

Maria Theresia und Kaiser Franz Joseph wurden in das Register nicht aufgenommen, da ihre Namen in den entsprechenden Abschnitten gehäuft aufscheinen. Die Namen im Vorwort und in der Einleitung blieben ebenfalls unberücksichtigt.
Die fettgesetzten Seitenzahlen bei einzelnen Namen verweisen auf die geschlossenen biographischen Beiträge.